utb 4524

Eine Arbeitsgemeinschaft der Verlage

Böhlau Verlag · Wien · Köln · Weimar
Verlag Barbara Budrich · Opladen · Toronto
facultas · Wien
Wilhelm Fink · Paderborn
A. Francke Verlag · Tübingen
Haupt Verlag · Bern
Verlag Julius Klinkhardt · Bad Heilbrunn
Mohr Siebeck · Tübingen
Ernst Reinhardt Verlag · München · Basel
Ferdinand Schöningh · Paderborn
Eugen Ulmer Verlag · Stuttgart
UVK Verlagsgesellschaft · Konstanz, mit UVK/Lucius · München
Vandenhoeck & Ruprecht · Göttingen · Bristol
Waxmann · Münster · New York

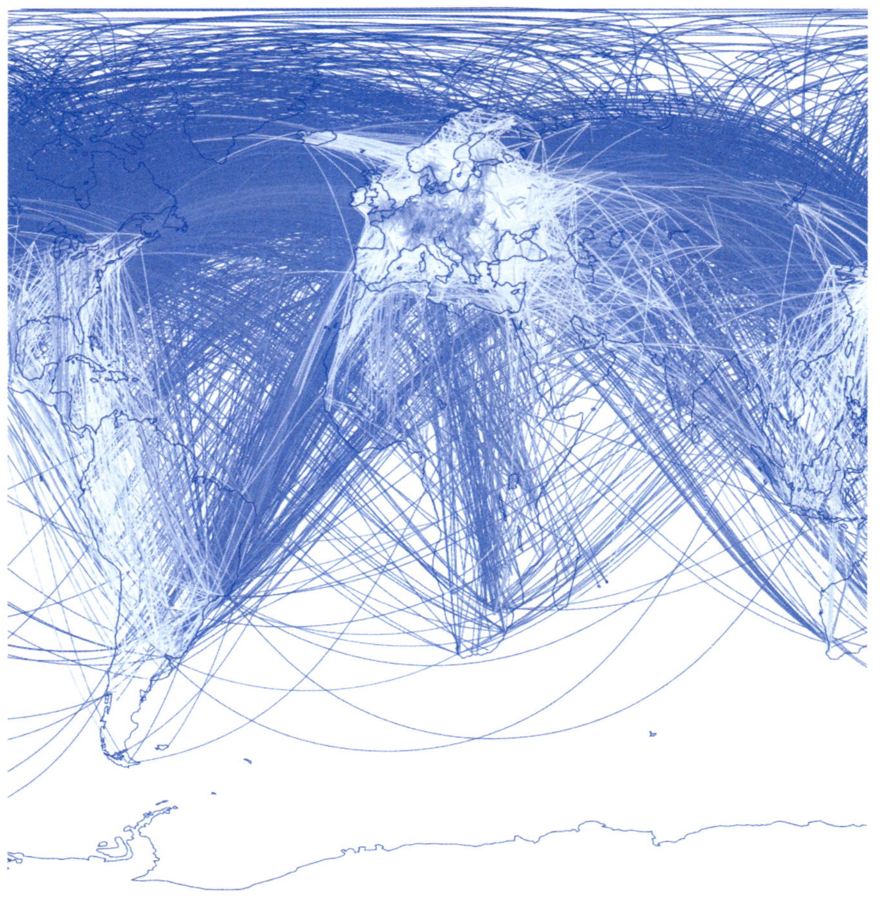

RALF KOERRENZ | KARSTEN KENKLIES |
HANNA KAUHAUS | MATTHIAS SCHWARZKOPF

Geschichte der Pädagogik

Ferdinand Schöningh

Umschlagabbildung:
Andreas Kaltenbrunner: Visualisierung der weltweiten Städtepartnerschaften auf einer Weltkarte. Kürzere Entfernungen in Rot, größere in Blau, 2013, lizensiert unter Wikimedia Commons: https://commons.wikimedia.org/wiki/File%3AConnections_between_sister_cities_visualised_on_a_world_map_(jetlog).svg

Online-Angebote oder elektronische Ausgaben sind erhältlich unter
www.utb-shop.de

Bibliografische Information der Deutschen Nationalbibliothek

Die Deutsche Nationalbibliothek verzeichnet diese Publikation in der Deutschen National-bibliografie; detaillierte bibliografische Daten sind im Internet über http://dnb.d-nb.de abrufbar.

Internet: www.schoeningh.de

Printed in Germany.
Einbandgestaltung: Atelier Reichert, Stuttgart
Herstellung: Brill Deutschland GmbH, Paderborn

UTB-Band-Nr: 4524
ISBN 978-3-8252-4524-5

Inhalt

Geschichte der Pädagogik – Einleitende Orientierungen

Im Allgemeinen glauben wir zu wissen, wer und was wir sind, warum wir etwas so oder so denken oder tun. Die meisten Menschen können ohne langes Nachdenken ihren Namen nennen, ihren Beruf und ihre Wohnadresse. Sie können sagen, ob sie eher lustig oder eher schwermütig sind, ob sie gern Süßigkeiten essen oder doch lieber Salat. Wir halten diese Dinge und vieles andere mehr für selbstverständlich. Jedoch ist vieles von dem, was wir stillschweigend und oft unbewusst für eine Selbstverständlichkeit halten, bei näherem Hinsehen gar nicht mehr so selbstverständlich. Ein Beispiel hierfür sind unsere Ansichten im Themenfeld Lernen, Erziehung, Schule. Wir alle lernen, sind (wie auch immer) erzogen worden und zur Schule gegangen. Das ist in unserem kulturellen Kontext selbstverständlich. Was aber denken wir konkret darüber? Da wird es schon schwieriger und in die Erinnerung an eigene Erfahrungen mischen sich allgemeine Anschauungen von der Welt oder darüber, wie ein Mensch sein sollte. Wir halten das, was wir im Alltag über Lernen, Erziehung und Schule im Gespräch mit Anderen äußern, also unsere Meinung und unser Wissen, für normal. Dann aber stellt sich die Frage: Sind wir uns selbst in dieser Hinsicht immer schon so völlig durchsichtig, dass wir unsere Position verstehen, könnten wir gar begründen, warum wir manches für normal und richtig, anderes aber für anormal und falsch halten? Eher doch nicht. Dafür haben sicher die meisten schon einmal die Erfahrung gemacht, dass man erst in einer völlig fremden Umgebung sich seiner eigenen Seltsamigkeit so richtig bewusst wird: Erst dort, wo alles anders ist, bemerken wir, was wir selbst für normal halten; erst wenn unsere Erwartungen enttäuscht werden, wird uns richtig bewusst, dass wir überhaupt welche hatten. Diese Erwartungen und Hoffnungen haben etwas mit der Kultur zu tun, in der wir aufwachsen, in der wir leben – und sie sind so alltäglich, dass wir sie nicht bemerken. Erst in der Begegnung mit dem Fremden, auf Reisen sozusagen, wird uns das Unbewusste bewusst. Dabei ist es fast egal, ob wir nun nur in Gedanken oder auch mit dem Körper verreisen: Eine echte Reise kann uns dabei ebensoviel über uns selbst beibringen wie eine virtuelle Reise zwischen zwei Buchdeckeln.

Begegnung mit dem Fremden

Eine Geschichte der Pädagogik ist die Einladung zu einer Reise in die Fremde. Die Beschäftigung mit Geschichte nimmt uns mit auf eine Reise an ferne Orte und in ferne Zeiten – Geschichte ist wie Science Fiction, nur rückwärts. Indem sie uns mit dem Unbekannten konfrontiert, macht sie uns bewusst, wer oder was wir sind – erst jetzt fällt uns wirklich auf, aus welchem Holz wir geschnitzt sind; erst jetzt lehren uns die eigenen Überraschungen, was wir eigentlich erwartet hätten und also für normal halten.

Pädagogische Normalität

So hilft uns die Geschichte der Pädagogik vor allem dabei herauszufinden, was wir selbst für pädagogische Normalität halten – sie hilft uns, unsere pädagogischen Intuitionen, unsere pädagogischen Vorurteile und angeblichen Wahrheiten bewusst und damit überhaupt erst befragbar zu machen.

Doch es passiert noch mehr: Die Reisenden finden nicht nur heraus, wer und was sie überhaupt sind – im besten Falle fangen sie auch an, sich darüber zu wundern, dass sie eben genau so sind und dass sie manche Dinge für normal halten. Geschichte macht uns vor allem eines deutlich: Alles könnte auch anders sein. Unsere Normalität ist kein Schicksal, ist nicht die einzige Möglichkeit; sie hat sich entwickelt und kann und wird sich weiter entwickeln, wird sich verändern und kann verändert werden. Das ist vielleicht das Wichtigste, was wir aus Geschichte lernen können. Mehr noch: Wir lernen auch, wie sich die Situation entwickelt hat, in der wir leben – wie sie wurde, was sie ist. Doch ist das eigentlich nur bedeutungsvoll, wenn wir gleichzeitig erkennen, dass dieses Werden nicht aufhört, sondern weitergeht und gestaltet werden kann – gestaltet werden muss. Die Situation, in der man das Buch liest, ist nur ein Augenblick in einer Reihe von Veränderungen, und es bleibt die Frage relevant, wie der nächste Schritt aussehen wird. Auf jede Frage an die Geschichte, wie es war, fragt sie zurück, wie es morgen sein wird. Auch wenn sie uns keine Rezepte an die Hand gibt, was wir tun sollen, so macht sie uns doch zunächst deutlich, dass das Morgen anders aussehen kann und es also auch von uns abhängt, wie es aussehen wird.

Mit Blick auf den Wandel in der Geschichte der Pädagogik werden zwei Herausforderungen für die Gegenwart deutlich: Zum einen stellt sich die Frage nach der zukünftigen Gestalt allen pädagogischen Denkens und Handelns immer wieder neu – sie ist daher auch an uns gestellt. Zum anderen geht es um den Umstand, dass die Zukunft pädagogischer Forschung, d. h. die Gestalt der wissenschaftlichen Pädagogik selbst, an uns herangetragen ist, denn natürlich unterliegt auch diese einem Wandel. Wie bei jedem anderen wissenschaftlichen Fachgebiet auch, erweist sich das gegenwärtige Verständnis davon, was Pädagogik ist, wie sie forscht, mit welchen Fragen und Problemen sie sich auf welche Weise auseinandersetzt, was ihr wichtig und was unwichtig ist – alles das erweist sich als zwar momentane, letztlich aber eben doch nur augenblickliche Gestalt des wissenschaftlich-pädagogischen Selbstverständnisses. Es handelt sich somit um ein Selbstverständnis, das geworden ist und immer auch weiter sich verändert, beeinflusst von verschiedenen inner- und außerwissenschaftlichen Faktoren, von Zufällen und persönlichen Strategien, von Moden, vom Zeitgeist und von anderen Mächten. Wer ohne einen historischen Blick auf sein eigenes wissenschaftliches Tun ausgebildet wird, hält die augenblickliche Gestalt seiner Wissenschaft für die einzig mögliche – und sieht nicht, inwiefern sie das Produkt von Entscheidungen und Prozessen ist, die eben historisch bedingt und daher oft einfach kontingent, d. h. nicht zwingend so, sind oder beeinflusst wurden von Faktoren, die nicht in der Wissenschaft selbst liegen (z. B. politischen Konstellationen). Ohne ein historisches Bewusstsein bleibt eine Gestaltung der pädagogischen Zukunft in vielerlei Hinsicht nur unzureichend reflektiert.

Pädagogik als Wissenschaft

Zusammenfassend lässt sich also sagen: Geschichte kann am ehesten dazu dienen, uns mit uns selbst bekannt zu machen und uns daran zu erinnern, dass das Gegenwärtige ein Gewordenes und weiter Werdendes ist, dessen zukünftige Gestalt wir ein Stück weit auch selbst in der Hand haben.

Es stellt sich nun die Frage, wie eine Geschichte geschrieben sein muss, damit sie wenigstens dieses Ziel erreichen kann. Ganz offensichtlich ist es aus vielerlei Gründen unmöglich, eine vollständige Geschichte zu schreiben, d. h. eine Wiederholung allen Geschehens in Textform zu bieten. Die Länge eines Textes, der dieses versucht, wäre dabei nur *ein* Problem – derartige Universalgeschichten sind berechtigterweise oft mehrbändig. Das größere Problem liegt in der Verschleierung der Tatsache, dass auch eine solche anvisierte Gesamtdarstellung eben nur eine Darstellung aus einer ganz bestimmten, historisch bedingten Perspektive ist. Wie oben bereits erwähnt: Wie jede Wissenschaft, so liegt auch die wissenschaftliche Pädagogik nur jeweils in der historischen Gestalt vor, die sie nun einmal gerade hat. Das gilt auch für die Teilbereiche der Pädagogik, und eben auch für die Historische Pädagogik: Auch die gegenwärti-

Perspektivität

ge Historische Pädagogik ist eine historisch gewordene und damit veränderliche Perspektive auf die Geschichte der Pädagogik. Wir stehen damit also vor einer doppelten historischen Kontingenz: Ausgehend von der (nur) gegenwärtigen Ansicht 1) darüber, was *Pädagogik* ist, und 2) darüber, was *Geschichte* ist und wie und wozu sie geschrieben wird, schreibt also eine Historische Pädagogik eine eben nur *gegenwärtig gültige* Geschichte der Pädagogik in einer nur *gegenwärtig gültigen* Art und Weise. Jede Zeit hat quasi nicht nur ihre eigene Pädagogik, sondern auch ihre eigene Geschichte der Pädagogik – eine Geschichte, die immer wieder neu geschrieben wird und auch immer wieder neu geschrieben werden muss. Diese Perspektivität kann man nicht umgehen – man kann sie nur bewusst machen und dem Leser und der Leserin vorher zur Kenntnis geben, damit sie als Rezipienten und Rezipientinnen wissen, von welchem Standpunkt aus die vorliegende Geschichte geschrieben wurde.

Geschichte und Gegenwart

Die Perspektivität einer jeden Geschichtsdarstellung kommt vor allem in drei Dimensionen zum Tragen: 1) in ihrer Auswahl – in dem, wonach sie in der Geschichte schaut und was sie dann aus all dem Gefundenen auswählt, um es im Text darzustellen; 2) in den Wertungen, denen sie das Gefundene unterzieht, und die vor allem in der Sprache zum Tragen kommen, die sie zur Darstellung wählt, da es keine wirklich neutrale Sprache gibt, in der man Geschehnisse beschreiben kann. Jede Sprache ist Ausdruck einer Haltung, einer Perspektive auf Geschichte und ihre Geschehnisse; 3) in der Art und Weise der Formulierung und des Aufbaus des Textes, der einer spezifischen Vorstellung der didaktischen Wirksamkeit von Texten entspringt.

Zusätzlich zu den drei eben genannten Aspekten der Perspektivität, die generell für alle Geschichtsdarstellungen gelten, kommt für unseren Band noch ein vierter Aspekt hinzu, der sich ebenfalls im Text bemerkbar machen wird: 4) die Individualität der vier hier schreibenden Personen. Denn ohne dass wir im Einzelnen kenntlich gemacht haben, welches (Unter-)Kapitel von wem geschrieben wurde, so wird man doch – trotz mancher Angleichungsversuche – Unterschiede in der Sprache, im Stil feststellen können, die eben einer Mehrautorenschaft entspringen und die vor allem verschiedene Möglichkeiten vorstellen, wie solche Texte geschrieben werden können. Und obwohl wir im Grundsätzlichen auch einen bestimmten Bewertungshorizont teilen, so lassen sich sicher im Einzelnen atmosphärische Varianzen zwischen den Kapiteln ausmachen.

Wenn derartige Perspektivitäten nicht vermeidbar sind, sondern maximal kenntlich gemacht werden können und auch sollten, was bleibt dann zu den vier Punkten mit Blick auf unsere Darstellung zu sagen? Beginnen wir beim letzten Punkt: Die unvermeidbare Varianz in der Sprache, im Stil und in der Dichte des Textes, hervorgerufen durch die vierfache Autor_Innenschaft, halten wir für einen Vorteil, nicht für einen Nachteil. Sie erinnert immer wieder daran, dass das Verfassen einer Geschichte das Einnehmen einer Perspektive bedeutet – einer Perspektive, die man auch jeweils anders einnehmen könnte, was einen gänzlich unterschiedlichen Text zur Folge hätte.

Sprache

Mit Blick auf den dritten Punkt wäre zu sagen, dass wir im Aufbau, in der Sprache und in den gestalterischen Mitteln den didaktisch begründeten Vorgaben der UTB-basics-Reihe gefolgt sind. Der Text richtet sich an Studienanfänger und Studienanfängerinnen und versucht, Fachterminologie entweder zu vermeiden oder dort, wo sie unvermeidlich eingesetzt werden muss, entsprechend zu erläutern. Damit einher geht eine gewisse Vereinfachung historisch-systematischer Komplexität – eine Vereinfachung, die natürlich trotzdem den Anspruch erhebt, eine adäquate Darstellung des ausgewählten Materials zu sein. Nichtsdestotrotz bleibt daran zu erinnern, dass das hier Vorgestellte lediglich der Beginn einer Geschichte ist – eine Einladung auf eine lange, höchst wichtige, interessante und von Untiefen und wechselnden Gezeiten geprägte Reise.

Wertfreiheit

Der im zweiten Punkt angesprochene Aspekt der Wertungen lässt sich kaum auf einen einzigen Begriff bringen. Zunächst verfolgen die Verfasser und die Verfasserin den Anspruch, Geschichte „allgemein“ und weitgehend wertfrei darzustellen. Gleichzeitig wissen sie aber, dass genau dies nicht möglich ist und eigene weltanschauliche Prägungen in den Umgang und die Aufarbeitung des Materials einfließen. Dies näher zu kennzeichnen, wäre jedoch selbst wieder ein Problem. Man müsste hier stark umstrittene Begriffe einführen, mit denen Positionen im wissenschaftlichen, politischen, weltanschaulichen oder religiösen Kontext benannt werden. Damit wäre kaum etwas gewonnen, weil diese umstrittenen Kennzeichnungen selbst weder wirklich klar noch gar allgemeingültig sind. Daher überlassen wir es den Lesern und Leserinnen, sich selbst mit den Darstellungen und ihren implizit enthaltenen Wertvorstellungen auseinanderzusetzen.

Am folgenreichsten für die hier vorgelegte Geschichte der Pädagogik ist natürlich die im ersten Punkt benannte Perspektivität, die im spezifischen Blick auf die Geschichte und in der dann getroffenen Auswahl des Dargestellten zum Ausdruck kommt. Weit mehr als die drei bisher erläuterten Aspekte bestimmt sie, welches Buch man hier liest. Was bleibt also in Hinsicht auf die Auswahl zu sagen?

Kennzeichen von Pädagogik

Keine Geschichte der Pädagogik kommt aus ohne einen vorher bestimmten Begriff der Pädagogik bzw. des Pädagogischen. Was verstehen wir unter „Pädagogik" und woran erkennen wir, ob wir es mit etwas „Pädagogischem" zu tun haben? Ohne diese Klärungen bliebe der Blick in die Geschichte notwendig blind, da er nicht wüsste, wonach er schauen sollte. Eine Orientierung an Signalworten – etwa Unterricht, Erziehung, Bildung, Schule etc. – müsste ebenso zuerst begründet werden und bliebe nur dort erfolgreich, wo sie als solche auch auftauchen: in einem deutschsprachigen Kontext seit der Entwicklung einer modernen deutschen Schriftsprache. Will man mehr sehen, darf man nicht nur nach Worten suchen, sondern muss bereits Konzepte des Pädagogischen im Kopf haben, die ein Auffinden passender Praktiken und auch (fremdsprachlicher) Texte zuallererst ermöglichen. Uns leitet dabei die Idee, dass dort Pädagogik stattfindet, wo Lernen absichtsvoll gesteuert, d. h. initiiert und angeleitet wird – sei es in einer Steuerung durch einen selbst, sei es durch eine andere Person, sei es in direkter Begegnung oder durch vermittelnde Medien oder Strukturen. Dies alles können wir sowohl in der Darstellung einer sozialen Praxis als auch in der Beschreibung von Ideen antreffen. In diesem Sinne kommt eine Geschichte der Pädagogik bei aller Betonung der Perspektivität und des Wandels nicht ohne die Vorstellung eines kontextunabhängigen Kontinuums aus – eines Kontinuums, das die Menschen jenseits ihrer kontextgebundenen Prägungen in Raum und Zeit miteinander verbindet.

Absichtsvolle Steuerung von Lernen

Ein solcher Zugang fokussiert den Blick in die Geschichte bereits und lässt nur das scharf sichtbar werden, was dieser (noch recht offenen) Definition entspricht. Doch auch die so getroffene Auswahl ist noch viel zu umfangreich, um in einem Buch der hier vorliegenden Art dargestellt werden zu können. Es bedarf also einer weiteren Auswahl aus der Mannigfaltigkeit des Darstellungsmöglichen. Auch diese

Merksatz

Pädagogik findet statt, wo Lernen absichtsvoll gesteuert, d. h. initiiert und angeleitet wird – sei es in einer Steuerung durch einen selbst, sei es durch eine andere Person, sei es in direkter Begegnung oder durch vermittelnde Medien oder Strukturen.

– wie jede – Auswahl konnte nur auf der Grundlage vorher bestimmter Kriterien von uns getroffen werden. Wir können die Kriterien an dieser Stelle erst einmal nur nennen, um dann das Buch für sich selbst sprechen zu lassen.

Im Großen und Ganzen leiteten vier Ansprüche unsere Auswahl: Erstens wollten wir jene Episoden der historischen Entwicklung des pädagogischen Denkens und Handelns darstellen, an denen sich besonders gut verstehen lässt, was es bedeutet, die Welt mit pädagogischen Augen zu sehen und zu befragen. Es sollten also Inhalte sein, die uns wichtig erscheinende Grundfragen und Grundprobleme der Pädagogik verdeutlichen und auf diese Weise am ehesten ein Gefühl für den thematischen Horizont des Faches vermitteln können – unabhängig davon, ob wir sozialgeschichtlich reale Praktiken oder ideen- bzw. geistesgeschichtlich Theorien darzustellen versuchen. Zum zweiten betrachteten wir es als zentral, zu zeigen, wie in einer historischen Situation eine jeweils spezielle Vorstellung oder Praxis der Pädagogik aus einer ebenso speziellen Vorstellung vom Menschen, von seinen Fähigkeiten und Potentialen, von seinem realen Sein und seinen erträumten Zukünften hervorging. Diese grundlegende Verbundenheit von Anthropologie und Pädagogik bildet gewissermaßen das systematische Rückgrat unserer thematischen Ausführungen. Zum dritten wollten wir zeigen, dass pädagogisches Denken und Handeln zum einen stets eingebettet ist in gesamt-kulturelle Situationen und Entwicklungen und zum anderen aber auch alle Sphären von Kultur und Gesellschaft durchdringt. Zum vierten wollten wir die spezifisch abendländische bzw. eurozentrische Perspektive aufgeben zugunsten einer Position, die sich dafür interessiert, was in den anderen Teilen der Welt vorgeht, während sich die üblicherweise dargestellte Entwicklung der europäischen Pädagogik ereignet. Natürlich können wir auch hier nur Streiflichter anbieten – und letztlich natürlich nicht aus unserer, in einem westeuropäischen bzw. deutschen Sinne sozialisierten Haut heraus. Dennoch sollen eben jene kurzen Ausflüge zumindest daran erinnern, dass es noch etwas anderes und vor allem jemand anderen gibt, auf den zu schauen sich nicht nur lohnt, sondern sich sogar gehört. Dies geschieht jeweils im vierten Teil eines Moduls. Auch wenn diese Ausblicke oft wenig Schönes vor Augen führen, sind sie doch notwendig, denn auch das gehört zur Geschichte der Pädagogik – die ebenso eine Geschichte von Entdeckungen und sogar Befreiungen wie eine von Missbräuchen und Vergewaltigungen ist.

Anthropologie und Pädagogik

Globale Perspektiven

Sich für eine Sache auszusprechen, bedeutet auch immer, sich gegen andere Sachen entscheiden zu müssen. Und vielleicht fehlen der einen oder dem anderen einige der sonst so ausführlich behandelten Klassiker, die hier eventuell nur kurz genannt oder gar vollständig übergangen werden; vielleicht kommen auch manche Realitäten viel zu kurz in unserer Darstellung. Jede dieser Auslassungen war schwer, manche waren hart umkämpft und diskutiert. Nicht immer wurden wir uns einig – dann entschied die Person, in deren Hauptverantwortung das jeweilige Kapitel lag. Letztlich spiegelt sich hier nichts anderes als das Grundprinzip aller Geschichtsschreibung: Jede Auslassung ist zu verstehen als eine Einladung, weitere Bücher zur Geschichte der Pädagogik zu lesen, sich mit weiteren Perspektiven vertraut zu machen, tiefer zu bohren dort, wo wir notwendigerweise oberflächlich bleiben mussten, zu ergänzen, was wir übersprungen haben. Es gibt vielerlei Angebote, es gibt unendlich viel Material, das zu sichten wäre. Wie bereits gesagt wurde: Jedes Buch ist eine Reise – doch die Reise endet nicht auf der letzten Seite. Auch hier nicht.

Antike (bis 313) – Von Mykene bis Kaiser Konstantin | 1

Inhalt

Im ersten Kapitel werden die Ausgangspunkte der Pädagogik in Europa von der ersten Hochkultur in Mykene um 1200 vor unserer Zeitrechnung (v. u. Z.) bis zur Inanspruchnahme des Christentums zur Legitimation politischer Herrschaft durch Konstantin im 4. Jahrhundert unserer Zeitrechnung (u. Z.) unter pädagogischen Aspekten vorgestellt. Dabei spielen die Zusammenhänge von Lernen auf der einen und Kultur (u. a. mit Blick auf Recht, Beruf, Arbeit) auf der anderen Seite eine leitende Rolle. Die pädagogischen Ansätze in Sparta und Athen, bei Homer, Hesiod, den Sophisten, Platon und Aristoteles werden ebenso skizziert wie die Konzeption von Cicero. Als Spiegel der europäischen Entwicklung wird auf die in der „Achsenzeit" (Karl Jaspers) parallel entstandenen Kulturmuster im indischen (Hinduismus, Buddhismus) und chinesischen Kontext (Konfuzius, Lao Tse) verwiesen.

Europäische Ausgangspunkte | 1.1

Mykene

Mykene – unsere Darstellung soll in einer kleinen Gegend auf der griechischen Halbinsel Peleponnes ihren Anfang nehmen. Mit Mykene wird allgemein die erste relativ eigenständige Hochkultur auf dem Gebiet Europas verbunden. Theoretisch hätten wir die Reise durch die Geschichte der Pädagogik auch bei den Felsbildern in den steinzeitlichen Höhlen von El-Castillo im spanischen Kantabrien oder Chauvet im Süden Frankreichs beginnen lassen können. Wir finden dort Darstellungen unterschiedlicher Tiere, aber auch Jagdszenen, an denen Menschen beteiligt sind.

Mykene

Dies pädagogisch zu interpretieren würde allerdings voraussetzen, dass wir die Darstellungen aus der Zeit ab ungefähr 35.000 v. u. Z. als ein Zeichensystem interpretieren, bei dem es um die Vermittlung von Informationen gegangen ist. Dann könnte in die-

Abb. 1.1.1 | ▶ Darstellung von Löwen in einer Höhle von Chauvet

sen Zeichnungen auch eine Organisation von Lernprozessen gesehen werden. Dies aber kann aufgrund fehlender Kenntnisse nicht entschieden werden.

Wenn wir unter Pädagogik die Steuerung des Lernens von außen (= Erziehung) und des selbstreflexiven Umgangs mit diesem Lernen (= Bildung) verstehen, hat es Sinn, die Entwicklung der Pädagogik in Europa vom Süden Griechenlands aus in den Blick zu nehmen. In Mykene gab es (fast) alles, was wir an Aspekten benötigen, um in einem elementaren Sinne von Erziehung, also der absichtsvollen Steuerung von Lernprozessen von außen, zu sprechen.

Definition

„Pädagogik" beschäftigt sich mit der absichtsvollen Steuerung von Lernprozessen. „Erziehung" wird dabei als absichtsvolle Steuerung des Lernens durch äußere Impulse und „Bildung" als selbstreflexiv-interne Steuerung des Lernens verstanden.

Wir finden in der mykenischen Kultur, deren Blütezeit ungefähr in die Zeit von 1700 bis 1200 v. u. Z. datiert werden kann, die Beschreibung eines organisierten Gemeinwesens, wir haben einen beachtlichen Stand an berufsbezogenen Kulturtechniken und wir haben nicht zuletzt ein in Schriftform überliefertes Sprachsystem. Um in der mykenischen Kultur eine Position zu erlangen, mussten Menschen lernen und dieses Lernen musste um der Bewahrung kultureller Standards willen organisiert werden. Wir können also über die Informationen zur mykenischen Kultur darauf schließen, *was* gelehrt und *was* gelernt werden musste. Uns fehlen jedoch nähere Informationen darüber, *wie* dieses Lehren organisiert wurde.

Kulturelle Standards

Das allgemeinste Ziel aller Erziehung kann jedoch klar identifiziert werden: die Aufrechterhaltung von kulturellen Standards durch die Weitergabe von entsprechenden Kenntnissen und durch die Schulung entsprechender Fertigkeiten. Was dies genau bedeutet, kann an zwei Bereichen veranschaulicht werden: der Tradierung der Kompetenz der Schriftsprache und der Tradierung der beruflichen Kompetenz. Allgemeiner kann man von der Weitergabe sogenannter Kulturtechniken sprechen, zu denen dann auch Mathematik gehört. Die in einer Kultur vorhandene Schriftsprache und die unterschiedlichen Berufsfelder lassen – vor aller ausdrücklichen Thematisierung von Erziehung und Schule – Rückschlüsse auf organisierte Lehr-Lernprozesse zu.

Kulturtechniken

Schriftsprache

Schriftsprache muss tradiert, muss übermittelt werden. Die Zeichen einer Sprache müssen dabei standardisiert sein, damit andere Menschen auch die Informationen entziffern können, die beispielsweise ein Schreiber mit Schriftzeichen festhalten wollte. Über die in Mykene gesprochene Sprache (wie z. B. die Melodie, Aussprache) wissen wir (fast) nichts – wir kennen aber jene Schriftzeichen, über die Kommunikation quasi konserviert wurde. Die Schriftsprache in Mykene basiert auf der sogenannten Linear-B-Schrift, die eine frühe Vorstufe des klassischen Griechisch darstellt. Bis zu den Schriftzeichen, in denen beispielsweise die Dialoge von Platon, die Abhandlungen von Aristoteles oder die Theaterstücke von Aischylos überliefert sind, war es zwar noch eine lange Entwicklung. Es wurde jedoch festgestellt, dass die Linear-B-Schrift der griechischen Sprache verwandt und deswegen die Geschichte Griechenlands in der Antike auf diese mykenische Kultur zurückzuführen ist. Die Linear-B-Schrift ist eine Silbenschrift und das bedeutet: Ein Zeichen steht jeweils für eine Silbe. Ergänzt werden diese Silbenelemente durch ganz bestimmte Ideogramme. Das heißt, es gibt Zeichen für ganze Wörter wie beispielsweise Mann, Frau, Wagen, Schale usw. Einen kleinen Eindruck der Fremdheit dieser Sprache gibt das Bild 2.

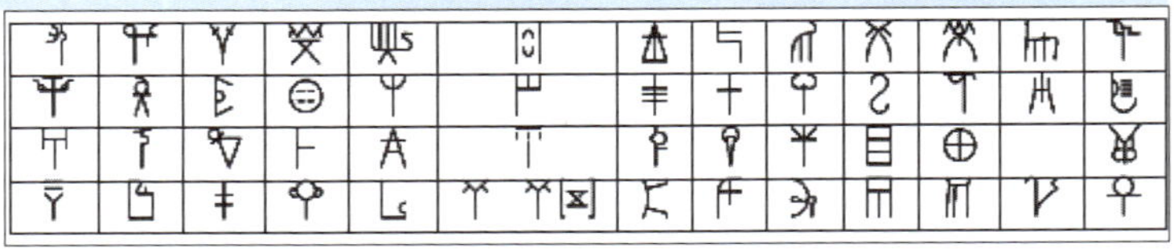

Abb. 1.1.2 | ▶ Linear-B-Schrift

Für uns ist pädagogisch zunächst von grundlegender Bedeutung, dass ein solches Schriftsystem notwendigerweise über Lehren und Lernen weitergegeben werden muss. Auch wenn nicht genau zu rekonstruieren ist, welche Gruppen der mykenischen Kultur über entsprechende Sprach- und Schriftkompetenzen verfügt haben, so ist doch offensichtlich, dass für die Tradierung einer solch komplexen Schrift durchdachte Lehr-Lernprozesse erforderlich waren. Andernfalls wären die notwendigen Kenntnisse zwischen den Generationen verloren gegangen. Dabei wurde die Schriftkompetenz vor allem für Vorgänge der Verwaltung des Gemeinwesens eingesetzt. Wir verfügen über Archivstücke aus der Verwaltung der Paläste von Knossos, Pylos oder Mykene. Enthalten sind darin Verzeichnisse von gelagerten Vorräten oder von Viehbeständen. Es finden sich auch Personallisten von Beamten, Arbeitern oder Soldaten und Angaben über Opfergaben für die Götter.

Schriftkompetenz

Merksatz

Um Kulturtechniken an die nächste Generation weitergeben zu können, ist es notwendig, Lernszenarien zu entwickeln, durch die Lerner die jeweilige Kulturtechnik gut erwerben können. Wir nennen dies die Steuerung von Lernprozessen bzw. Pädagogik. Schriftkultur ist dafür ein Beispiel.

Entsprechend müssen wir für die mykenische Kultur bereits Strategien annehmen, durch die entsprechende Lehr-Lernprozesse inszeniert wurden. Ob dies nun in Form von einzelnen Lehrer-Schüler-Verhältnissen geschehen ist oder ob es schon soziale Einrichtungen gegeben hat, die wir im weitesten Sinne als „Schule" bezeichnen können – dies ist für uns aus den vorliegenden Quellenbeständen nicht genau zu entscheiden.

Arbeitsteilung

Der zweite pädagogisch bedeutsame Sachverhalt resultiert aus der Arbeitsteilung und der damit verbundenen Entwicklung einer Verwaltung innerhalb des mykenischen Gemeinwesens. Kenntnisse der Verwaltung müssen über Lehren und Lernen vermittelt werden. Zu dieser Verwaltung gehörte unter anderem das Eintreiben von

Steuern in Form von Naturalien sowie die Organisation der Betreuung jener Herden, die fern vom Palast weideten. Zudem musste auch die Arbeit der Handwerker koordiniert werden. Für die Herstellung von Schmiede- oder Tischlerarbeiten mussten die entsprechenden Materialien beschafft werden. Auch für die Keramikproduktion war die Koordination der Belieferung mit Rohstoffen grundlegend. Das Fortbestehen solcher Formen von Organisation setzt Lernen voraus.

Die Notwendigkeit einer Weitergabe von Kulturtechniken erstreckte sich jedoch auch noch auf ganz andere Bereiche. So finden wir in Mykene ausdifferenzierte Arbeitsfelder, die auf spezialisierte Lehr-Lernprozesse rückschließen lassen. Die Kompetenzen der Bronzeverarbeitung, das Herstellen von Töpfen oder auch die Anfertigung von Möbeln – all dies basierte notwendigerweise auf der Weitergabe von Kenntnissen und dem Einüben von Fertigkeiten von Generation zu Generation. Erziehung stabilisiert in dieser Form eine Gesellschaft und ermöglicht ihr das Überleben. Verbunden mit diesen Kulturtechniken gibt sie aber auch Werte und Verhaltensnormen weiter.

Berufskompetenz

Merksatz

Eine erfolgreiche Erziehung ist das generationenübergreifende Scharnier der Kultur: im Sinne der Weitergabe von Kenntnissen und Fertigkeiten auf der einen Seite und der Aufrechterhaltung eines Sozialgefüges auf der anderen Seite.

Durch das Vorhandensein von Kulturtechniken wie Schriftsprache, Mathematik, Handwerk u. ä. können wir auch hier rückschließen, dass es über die Generationen hinweg Lehr- und Lernzusammenhänge gegeben haben muss, durch die die entsprechenden Kenntnisse weitergegeben und Fertigkeiten eingeübt wurden. An Mykene wird so auch eine Schwierigkeit deutlich, Geschichte zu schreiben Viele Aussagen, die wir hier und auch im weiteren Verlauf dieses und weiterer Kapitel treffen können, beruhen auf den schriftlichen Überlieferungen von Kulturen. Die Fähigkeit zu schreiben wurde aber vor Einführung der Schulpflicht meist nur bei einem kleinen Teil der Bevölkerung ausgebildet. In vielen Fällen waren dies nur diejenigen, die in einem Staat Entscheidungen trafen und die Macht hatten. Wir werden daher immer wieder auf die Gruppen hinweisen, die keine Schriftzeugnisse hinterlassen konnten und ähnlich wie hier für die Handwerker in Mykene überlegen, welche pädagogischen Zusammenhänge aus den Strukturen einer Gesellschaft geschlussfolgert werden können.

Wir haben also in Mykene die Blüte einer ersten griechischen Kultur vor Augen. Im Verlauf des 12. Jahrhunderts vor unsere Zeit beginnt offensichtlich ein schrittweiser Verfallsprozess dieser Kultur.

Homer

Auf die mykenische Zeit folgte das sogenannte „dunkle Zeitalter", für das uns keine größere Kenntnis der Kultur überliefert ist. Wichtige Bezugspunkte für die Pädagogik bieten dann als nächstes die Schriften von Homer und Hesiod, die älteste Literatur der griechischen Antike. Diese Schriften mit ihrer impliziten Pädagogik führen uns in ihrer Entstehung und in ihrer Wirkung in den Zeitraum von etwa 800 bis 500 v. u. Z. Um etwa 800 war die große Wanderungsbewegung in den Regionen, die wir zum antiken Griechenland rechnen, weitgehend abgeschlossen. Es entstand – über eine gemeinsame Sprache und nicht zuletzt die genannten Überlieferungen von Homer und Hesiod – so etwas wie ein gesamtgriechisches Bewusstsein. Dieses Bewusstsein verband die hellenischen Staaten, die nach innen durch Dialekte des Griechischen unterschieden waren. Nach außen wirkte die Sprache als Abgrenzung gegenüber den sogenannten Barbaren wiederum identitätsstiftend. Neben der Gemeinsamkeit der Sprache waren auch die Pflege ähnlicher religiöser Kulte und die Wettkämpfe beispielsweise der Olympischen Spiele ein Bindeglied zwischen den ansonsten durchaus verschiedenen Bevölkerungsgruppen. Bedeutsam wurde für die weitere Geschichte des antiken Griechenland insbesondere der Gegensatz zwischen den Dorern und den Ioniern. Dabei spielten zwei Städte eine hervorgehobene Rolle: Athen und Sparta. Mit den beiden Städten war jeweils eine bestimmte Sprachkultur verbunden: Athen ist dem ionischen Dialekt und Sparta dem dorischen Dialekt zuzuordnen. In der Sprache kommen Gemeinsamkeit in der Abgrenzung nach außen (Hellenen ↔ Barbaren) und Verschiedenheit nach innen (ionisch ↔ dorisch) gleichermaßen zum Ausdruck. Bei Homer und Hesiod blicken wir zunächst auf das Gemeinsame, während im kommenden Kapitel über das „klassische" Griechenland im 5. Jahrhundert v. u. Z. die Differenz von Athen und Sparta im Mittelpunkt stehen wird.

Athen und Sparta

Homer

Unter dem Namen Homer sind zwei große Epen überliefert: die Ilias und die Odyssee. Diese Epen haben die Kulturgeschichte der griechischen Antike maßgeblich beeinflusst. Wenn wir uns pädagogisch mit den Schriften Homers beschäftigen, so müssen wir mindestens zwei Ebenen unterscheiden. Zum einen können wir danach fragen, welche pädagogischen Szenen wir in den Darstellungen der beiden großen homerischen Epen antreffen. Dies ist die Frage nach der Pädagogik in den Werken Homers. Zum anderen ist jedoch die bedeutsame Rezeptionsgeschichte Homers zu berücksichtigen. Wir fragen dann, wie die Schriften Homers als Schriften pädagogisch gewirkt haben. Die Rede von Homer als dem Erzieher Griechenlands hat hier ihren Ausgangspunkt.

Abb. 1.1.3 | ▶ Kopf des Homer. Das griechische Original stammt aus dem 5. Jahrhundert v. u. Z.

Über den historischen Homer wissen wir wenig. Ursprünge seiner Dichtung gehen bis ins 8. Jahrhundert v. u. Z. zurück. Schon in der griechischen Antike hat man festgestellt, dass zwischen diesen beiden Texten eine große Anzahl von Widersprüchen festzustellen ist. Da ist auf der einen Seite die Ilias, in der eine große adlige Welt dargestellt wird. Es geht um eine erfolgreiche Kriegsführung und ein vorbildhaftes Heldentum. Auf der anderen Seite gibt es in der Odyssee eine Art Familienerzählung, die die von legendären Abenteuern durchzogene Heimkehr des Odysseus zu Frau und Sohn schildert.

Ilias

Die Ilias (abgeleitet von dem griechischen Namen für die Stadt Troja: Ilion) gilt als das ältere Werk. Der pädagogische Schlüssel zum Verständnis der Ilias liegt darin, dass der Held einerseits immer bestrebt sein muss, der Erste und der Beste zu sein, und dabei andererseits darauf zu achten hat, dass dies mit der Wahrung seiner Ehre in Einklang zu bringen ist. Dieser Leitmaßstab kommt in der Mahnung des greisen Peleus gegenüber Achill zum Ausdruck.

Zitat

„Peleus, der Greis, ermahnte den Sohn und riet dem Achilleus, immer der erste zu sein und sich auszuzeichnen vor allen.“ (Homer, Ilias, Gesang XI, um 700 v. u. Z.)

Die Helden der Ilias, allen voran die Figur des Achill, bieten so etwas wie ein Modell, an dem nachfolgende Generationen ein bestimmtes

Verständnis von idealem Erwachsensein erlernen konnten. Allerdings richten sich diese Vorbilder vor allem an Männer des Adels: Frauen und Sklaven haben – mit wenigen Ausnahmen – keinen Platz als Vorbilder. Sie sind Objekte der herrschenden Männer. Die Ilias ist eine Aneinanderreihung vorbildhafter Einzel-Lebensläufe, die den Hörern und Lesern des Handlungsablaufs einen eindrücklichen Lernappell für die eigene Lebensgestaltung vermitteln. Das ideale Leitbild wird in dem griechischen Wort *arete* gebündelt, ein Wort, das wir vielleicht am ehesten mit Tugend im Sinne eines bestimmten Kriegerideals übersetzen können. Die Ilias feiert in ihren Texten solche Schlachten, in denen diese Tugend anschaulich gemacht werden soll.

arete

Aus den 24 Büchern der Ilias, die auch als „Gesänge" bezeichnet werden, kann entnommen werden, dass der entscheidende Lehr-Lern-Vorgang an den verschiedenen Adelshöfen in einer Art Hofdienst stattgefunden haben mag. In kleinen Gruppen begleiten die Heranwachsenden die Älteren bei bestimmten politischen Aktionen oder nehmen eine bestimmte Rolle im Opferkult ein. Inszeniert wird eine Art Beiläufigkeit des Lernens. Es ist eine Inszenierung und Beiläufigkeit zugleich. *Inszeniert* wird das Lernen insofern, als die ältere Generation gegenüber der jüngeren sehr genau auf die Bewährung in den bestimmten Situationen achtet. *Beiläufig* ist dieses Lernprogramm jedoch, weil es zwar bestimmte gesteuerte Gelegenheiten, nicht jedoch gesonderte Organisationen wie z. B. eine Schule von morgens um 8 Uhr bis 12 Uhr mittags gegeben hat. Lernen, d. h. der Erwerb von Verhaltens- und Deutungskompetenzen für die spätere Position im Sozialgefüge der Erwachsenen, findet statt durch das Miterleben und Mitgestalten von Alltagssituationen.

Lernen durch Teilhabe

Wenden wir uns jetzt dem zweiten Epos zu, das unter dem Namen Homers überliefert ist: der Odyssee. Inhalt der 24 Bücher der Odyssee sind die Irrfahrten des griechischen Helden Odysseus nach Ende des Trojanischen Krieges, bevor er schließlich zu seiner Gattin Penelope heimkehrt. In der antiken Überlieferung wurden die Geschichten des Odysseus unter anderem auf Keramik-Darstellungen „erzählt".

Odyssee

Bei seiner Irrfahrt durch das Mittelmeer hat Odysseus zahlreiche Abenteuer zu bestehen. Er muss unter anderem gegen die Zyklopen kämpfen. Er überlistet die Sirenen und kehrt nach weiteren Abenteuern, darunter eine siebenjährige Gefangenschaft bei der Nymphe Kalypso, schließlich als Bettler in die Heimat zurück. Als er die

Abb. 1.1.4 | ▶ Darstellung von Odysseus bei den Sirenen

Freier seiner Frau Penelope getötet hat, beweist er der Zweifelnden, dass er ihr vor Jahren aufgebrochener Gemahl ist. Pädagogisch rückt hier als Maßstab für erwachsenes Verhalten ein anderer Akzent als bei Achill in den Vordergrund. Nicht mehr das Handeln nach einem übergeordneten Maßstab der Ehre spielt für Homer die entscheidende Rolle. Wichtig ist nicht die Unversehrtheit der kriegerisch definierten *arete*, sondern die Abstimmung des eigenen Handelns auf mögliche Folgen. Der leitende Maßstab für das Verhalten ist eine kritische Folgenabschätzung. Das damit verbundene Bild vom Menschen kann in einer Art Dreischritt beschrieben werden:

- Es gibt im Verlauf des Alltagslebens immer wieder neue Probleme, die es zu bewältigen gilt.
- Probleme sind nichts anderes als Herausforderungen zum Lernen. Probleme sind damit Nötigungen zur Veränderung, weil es

darauf ankommt, sein Verhalten und Handeln auf die zu erwartenden Folgen möglichst effektiv abzustimmen.
- Die Nötigungen zur Veränderung erweitern permanent das Repertoire an Verhaltens- und Handlungsmöglichkeiten, so dass sich über den Zugewinn einer solchen Erfahrung eine zunehmende Weisheit einstellt.

Der Figur des Odysseus werden die Attribute „listig" und „erfindungsreich" zugeordnet. Es ist die Gestaltungsinitiative, d. h. wir können auch sagen: die Lernbereitschaft und Lernfähigkeit des Odysseus, die ihm ein Abenteuer nach dem anderen erfolgreich zu überstehen hilft. Das Heldenhafte des Odysseus liegt geradezu in einer Kompetenz, sich immer wieder neu, d. h. lernend, auf die Probleme einer Situation einzulassen, bei Problemen nicht aufzugeben, sondern auf dem Hintergrund bisheriger Erfahrungen nach der bestmöglichen Lösung zu suchen.

Kompetenz zur Problemlösung

Der Kontrast ist deutlich. Achills Begriff der Ehre verlangte nach einer bestimmten körperlichen Bewährung im Krieg und Kampf. Es geht um das Durchsetzen in Form der körperlichen Unterwerfung bzw. im Extremfall der Vernichtung des Gegenübers. Der ideale (männliche) Erwachsene ist der körperlich Überlegene. In dieser Vorstellung von Ehre spielt das (Nach-)Denken bestenfalls eine untergeordnete Rolle. Das Bild des Erwachsenseins bei Odysseus trägt geradezu entgegengesetzte Züge: Nicht die Bewährung in kriegerischer Auseinandersetzung macht einen Helden aus. Vielmehr geht es um die Bewältigung von Problemen, die zunächst im Kopf bedacht werden müssen und für die dort eine Lösungsperspektive entwickelt werden muss. Es ist die Kompetenz zur Folgenabschätzung, die dem Listenreichtum von Odysseus und damit auch seinem Erfolg zugrunde liegt und ihn zu einem Helden (oder Anti-Helden – je nach Perspektive) macht.

Bis hierhin haben wir danach gefragt, welche Lernimpulse vom Hören oder Lesen von Homers großen Epen ausgehen. Es werden mit Achill auf der einen und Odysseus auf der anderen Seite Modelle eines (männlichen) Erwachsenseins präsentiert, an dem sich nachfolgende Generationen orientieren konnten.

Modelle des Erwachsenseins

Auf der Textebene der Ilias und der Odyssee gibt es nun auch noch Szenen, in denen pädagogische Konstellationen geschildert werden. In der Ilias wird Phoinix als der Lehrer des Achill vorgestellt. Bei allem Respekt, den Achill seinem greisen Lehrer entgegenbringt,

Phoinix

erweist sich Achill letztlich als unverständig und uneinsichtig. So wie Achill das Musterbild eines schwer belehrbaren Schülers darstellt, zeigt sich Telemachos, der Sohn des Odysseus und der Penelope, geradezu als Musterknabe an Einsicht und Gelehrsamkeit. Zur Unterweisung des Telemachos war die Göttin Athene in die Rolle eines Fremdlings namens Mentor geschlüpft. Lernwilligkeit wird geradezu zum vorrangigen Kennzeichen „des verständigen Jünglings Telemachos". Auf die Lehrangebote von Mentor antwortet Telemachos mit dem Satz: „Nie will ich die Mahnung vergessen".

Merksatz

Homer präsentiert in seinen Epen Ilias und Odyssee unterschiedliche Modelle des Erwachsenseins. Neben dem Ideal des ehrenhaften Kriegers (Achill) steht das Vorbild des listigen Pragmatikers (Odysseus). Bei Homer gibt es unterschiedliche Muster für ein Lernen am Modell.

Mentor

Erklärung

Der Name „Mentor" steht bei Homer für einen Lehrenden, der den Lernenden mit einem schützenden Wohlwollen begleiten und in seiner Beratung zu selbstverantwortlichem Nachdenken anregen möchte. Das hat sich in den heutigen Begriff „Mentor" übertragen.

Auch in den unterschiedlichen Lehrer-Schüler-Konstellationen der Ilias und der Odyssee spiegeln sich die unterschiedlichen Rollenangebote, die Homer bereithält: auf der einen Seite ein auf Bewährung im harten Kampf fixierter Krieger, der wenig belehrbar ist, auf der anderen Seite der mit abwägender List und Fähigkeit zur Wirklichkeitsanalyse ausgestattete Pragmatiker Odysseus und sein gelehrsamer Sohn Telemachos. Homer als der „Erzieher Griechenlands" transportierte mit seinen Epen somit ganz unterschiedliche Modelle des Erwachsenseins.

Hesiod

Hesiod

Ein weiteres Modell ist mit dem Werk Hesiods verbunden. Hesiod wurde ungefähr um 700 v. u. Z. geboren. Er gilt als Begründer der griechischen Lehrdichtung. Wir hatten gesehen, dass den homerischen Epen ein ganz bestimmter Verhaltenscodex, ein Ethos, zugrunde liegt. Diese moralischen Botschaften werden jedoch immer nur indirekt über das Vorbildhafte der jeweiligen Helden vermittelt. Bei Hesiod werden bestimmte Moralprinzipien hingegen direkt angesprochen und als lernbare Tugenden über seine Dichtungen den Lesern und Hörern angetragen. Und noch ein weiterer, pädagogisch relevanter Unterschied von Hesiod und Homer lässt sich feststellen. Während in den homerischen Epen vor allem eine Geschichte, eine „Story“, erzählt wird, geht es Hesiod explizit um die Formulierung eines richtigen Verhaltens. Hesiod will nicht beschönigen oder gar phantasieren – vielmehr will er beschreiben und dokumentieren. Über die Darstellung der Welt sollen die Leser und Hörer in seinem Sinne eines Besseren belehrt werden – dies aber ist nichts anderes als ein mittelbarer Akt der Erziehung über das Medium Literatur. Wir haben hier also den ersten europäischen Literaten vor Augen, der unmittelbar mit einem pädagogischen Anspruch der Belehrung auftritt.

Abb. 1.1.5 | ▶ Hesiod

Pädagogisch interessiert uns vor allem das Gedicht *Erga kai hemerai* (Werke und Tage). Von zahlreichen Sinnsprüchen, märchenhaften Episoden, Fabeln und Mythen (Prometheus, Pandora) durchzogen, will diese Lehrdichtung die Möglichkeit eines rechten Lebens aufzeigen. Die Welt, die Hesiods Schilderungen zugrunde liegt, ist die der Viehwirtschaft und des Ackerbaus.

Ländliche Verhältnisse

Lernen und Rechtsbewusstsein

Es ist vor allem das Rechtsbewusstsein, eine die Menschen verbindende Sitte, die das soziale Lernen im bäuerlichen Kontext prägt. Deutlich wird dies an der Rahmenhandlung. Hesiod verweist auf einen Erbkonflikt mit seinem Bruder Perses, in dem dieser elementare Grundregeln der verbindenden Sitte missachtet habe. Hesiod unterstellt Perses Ungerechtigkeit, Habsucht und Faulheit. Der Appell an den Bruder zur Achtung der Sitte richtet sich mittelbar immer auch an die Hörer und Leser:

Zitat

„Du, mein Perses, höre aufs Recht, mehr' nicht die Gewalttat. Nämlich Gewalttat bekommt nicht dem Kleinen; doch auch ein Hoher ist nicht sie mühelos zu tragen imstand, ihr Gewicht wird ihm lastend, stößt er mit Unheil zusammen. Die andere Straße geleitet besser vorbei, die zum Rechten. Das Recht übertrumpft die Gewalttat, setzt am Ende sich durch.“ (Hesiod, Werke und Tage, 7. Jahrhundert v. u. Z.)

Das Recht als kulturelles Produkt, als kultureller Standard, den es zu gewährleisten und zu entwickeln gilt, erlaubt den Menschen überhaupt erst den Aufbau einer differenzierteren Sozialstruktur.

Die Entwicklung und das Erlernen von Rechtsbewusstsein ist also Basis für die menschliche Kultur schlechthin. Das Recht ist im gewissen Sinne Erziehungsgrundlage und Erziehungsziel zugleich. Das Recht geht allem sozialen Lernen voraus und muss im Lebenslauf der Einzelnen als Rechtsbewusstsein über Lernen angeeignet werden. Verwiesen wird auf die alle Menschen verbindende Sitte. Sie umgreift alle Menschen, ist für alle verbindlich und hält eine klare Unterscheidung von Gut und Böse bereit. Dieses Rechtsbewusstsein unterscheide die Menschen gerade von den Tieren.

Zitat

„Fische und wildes Getier und geflügelte Vögel, sie sollen eines das andre verzehrn, denn es gibt kein Recht unter ihnen; aber den Menschen verlieh er das Recht, das weitaus als Bestes sich erweist." (Hesiod, Werke und Tage, 7. Jahrhundert v. u. Z.)

Lernen und Arbeit

Neben dem Verständnis für das Recht steht bei Hesiod die Einsicht in die Bedeutung von Arbeit für den Lebensweg der Menschen. Es geht auf dem Lernweg des bäuerlichen Menschen um den Aufbau einer ganz bestimmten Haltung gegenüber der Arbeit. Es geht um den Aufbau eines ganz bestimmten Arbeitsethos. Arbeit mache die Männer in materieller Hinsicht reich. Darüber hinaus würden sie durch ein diszipliniertes Arbeitsverhalten auch das Wohlwollen der Götter erlangen. Dies ist die metaphysische, religiöse Einbettung des Arbeitsethos. Dieses Ethos, dieses Bewusstsein menschlicher Tätigkeit, wird von Hesiod aber auch als Appell an die Leser und Hörer seiner Schrift in ein einfaches moralisches Prinzip gegossen.

Zitat

„Arbeit, *die* ist nicht Schande, das Nichtstun jedoch, das ist Schande." (Hesiod, Werke und Tage, 7. Jahrhundert v. u. Z.)

Die Kombination von Rechtsbewusstsein und Arbeitsethos steht beispielsweise in Abmachungen zur Entlohnung auf dem Prüfstand. So müsse beispielsweise ein Lohn, der mit dem Freund vereinbart werde, auch unveränderlich bleiben. In diesem Sinne erteilt Hesiod eine ganze Reihe praktischer Ratschläge und stellt Regeln zur Haushaltung auf.

Die Rezeption von Homer und Hesiod vollzog sich in einem politischen Kontext, in dem die hellenische Kultur zwischen 800 und 500 v. u. Z. durch die Kolonisation im Mittelmeerraum immer

Merksatz

Während Homer die Lernwege des Adels und des Kriegers schildert, geht es bei Hesiod um die bäuerliche Existenz, die von Rechtsbewusstsein und Arbeitsethos geprägt sein soll.

stärker verbreitet wurde. Damit einher ging ein Ausbau von Handelsbeziehungen. Im Laufe des 6. und 5. Jahrhunderts entwickelte sich in vielen Städten jene Regierungsform, die wir aus heutiger Perspektive als die antike Form der Demokratie bezeichnen. Es gab jedoch auch gegenläufige Tendenzen, die zu einer Art zentralistischem Militärstaat führten. Diese Konstellation bildet den Hintergrund für die im nächsten Abschnitt behandelte Erziehung in den griechischen Stadtstaaten.

1.2 | Erziehung in den griechischen Stadtstaaten

Die Art der Verflechtung mit der Kultur bildet auch in der Folgezeit für die Pädagogik einen Schlüssel, um Phänomene wie Lernen und Erziehung zu verstehen. In der „klassischen" griechischen Antike entwickelten sich Muster der politischen Organisation, die jeweils ein bestimmtes Verständnis von Pädagogik mit sich führten. Wir werden hier vor allem zwei Musterkonstellationen näher betrachten: Sparta und Athen. Während Sparta auf eine Unterwerfung der Einzelnen unter das Kollektiv zielte, entwickelte sich im Rahmen der Athenischen Demokratie das Leitbild selbstverantwortlicher Persönlichkeiten.

Erziehung in Sparta

Sparta

Die Sozialordnung in Sparta, dessen Ursprünge als Staat ins 10. Jahrhundert v. u. Z. zurückreichen, entwickelte sich um die Mitte des 6. Jahrhunderts immer stärker zu einem Militärstaat, dessen Hauptziel die Aufrechterhaltung eines bestimmten Herrschaftsgefüges war. Die regierende Schicht, die spartanischen Vollbürger, war durch Landbesitz und Herrschaftsbefugnisse privilegiert. Die überwiegende Mehrheit der Bevölkerung bildeten jedoch die unterworfenen Heloten, die als Staatssklaven die Güter, die jedem Spartiaten vom Staat zugeteilt waren, bewirtschaften mussten. In einer solchen Konstellation musste sich Erziehung komplett an der Herrschaftssicherung orientieren.

Merksatz

Das pädagogische Ideal der Herrscherschicht in Sparta war das des Berufssoldaten im Dienste des Kollektivs. Dieses Ideal sollte durch harte militärische Disziplin in Ausbildung und Lebensführung erreicht werden.

Der griechische Schriftsteller Plutarch führt die Organisation der Erziehung in Sparta auf einen Gesetzgeber namens Lykurg zurück, der Erziehung „für die größte und wichtigste Aufgabe des Gesetzgebers gehalten" habe. Überliefert ist ein Modell von Erziehung, in dem militärischer Drill, Abhärtung und die völlige Unterwerfung der Einzelnen unter die Interessen des Kollektivs gefordert wurden. Lykurg

Erklärung

Wenn wir heute das Wort „spartanisch" für die Bezeichnung einfachster, „harter" Verhältnisse verwenden, so knüpft dies an das Bild vom antiken Sparta an.

Lykurg sah danach „die Kinder nicht als Eigentum ihrer Väter, sondern als Gemeineigentum des Staates an". Die Erziehung fand dabei immer im Kollektiv und durch das Kollektiv statt – mit dem Ziel der willenlosen Eingliederung in das militärische Gesamtsystem. Plutarch fasste dies in die Formel: Kollektiv

Zitat

„Lesen und Schreiben lernten sie nur soviel, wie sie brauchten; die ganze Erziehung war darauf gerichtet, dass sie [die Kinder und Jugendlichen] pünktlich gehorchen, Strapazen ertragen und im Kampfe siegen lernten." (Plutarch, Über die spartanische Erziehung, 1. Jahrhundert u. Z.)

Der musische Bereich war dabei nicht wichtig, körperliche Fitness rückte in den Vordergrund. Härte, Disziplin, Gehorsam und kriegerische Kompetenz – die Notwendigkeiten des Erwachsenseins im Militärstaat bildeten die Grundlage und zugleich das Ziel für die Erziehung in Sparta.

Erziehung in Athen

Eine andere Konstellation sehen wir im Kontext des Stadtstaates Athen. Auch hier spielt wieder ein Gesetzgeber eine wichtige Rolle: Solon. Er soll um 594 v. u. Z. einen Rechtskodex verfasst haben, der eine andere Idee vom Menschen enthielt. Solon sah auf der einen Athen Solon

Seite, dass die Einzelnen für das Gemeinwesen verantwortlich sind – nicht zuletzt haben sie einen Beitrag zur Verteidigungsfähigkeit des Staates zu leisten. Daneben steht jedoch zum anderen der weitgehende Gedanke, dass alle Vollbürger in Athen als Individuen über gleiche Rechte verfügen und insofern frei sind. Allerdings gab es auch hier Sklaven und die politische Teilhabe war nur den Männern vorbehalten. Die höchste Autorität im antiken Athen wurde die Volksversammlung. In diese neue gesellschaftliche Institution konnte im Prinzip jeder Vollbürger per Los aus einer der Verwaltungsbezirke Athens abgeordnet werden. Der entscheidende Unterschied zur Sozialstruktur Spartas besteht damit in dem Aspekt der sozialen Teilhabe an Herrschaft. Außerdem gab es eine relative soziale Mobilität, also die Möglichkeit des Aufstiegs aufgrund von Leistung. In einer Rede des Staatsmanns Perikles (495–429 v. u. Z.) heißt es:

Volksversammlung

Perikles

Zitat

„Nach dem Gesetz haben in den Streitigkeiten der Bürger alle ihr gleiches Teil, der Geltung nach aber hat im öffentlichen Wesen den Vorzug, wer sich [Anm.: in Athen] irgendwie Ansehen erworben hat, nicht nach irgendeiner Zugehörigkeit, sondern nach seinem Verdienst; und ebenso wird keiner aus Armut, wenn er für die Stadt etwas leisten könnte, durch die Unscheinbarkeit seines Namens verhindert." (Thukydides, Geschichte des Peloponnesischen Krieges, 5. Jahrhundert v. u. Z.)

Nicht militärische Härte wie in Sparta, sondern kommunikative Kompetenz und Urteilsfähigkeit wurden zu Leitmaßstäben der Erziehung. Erziehung stand für die athenischen Vollbürger unter dem Vorzeichen der Freiheit. Perikles brachte die Eigenheit der Pädagogik gerade in Abgrenzung zu Sparta auf die Formel:

Zitat

„Bei der Erziehung wollen jene (Anm.: die Spartaner) durch allerhand beschwerliche Übungen gleich aus Kindern schon Männer machen. Wir hingegen gewöhnen uns, gemächlich zu leben, und sind nichtsdestoweniger imstande, wenn es darauf ankommt, unsern Feinden die Spitze zu bieten." (Thukydides, Geschichte des Peloponnesischen Krieges, 5. Jahrhundert v. u. Z.)

Die politische Kultur bot in Athen einen Rahmen dafür, dass Erziehung auf sehr vielfältige Weise durchdacht und praktiziert werden konnte.

Merksatz

Das pädagogische Ideal der Bürger in Athen war das der Erziehung für eine (relativ) offene Gesellschaft. Nicht Herkunft, sondern die über Lernen erworbenen Kompetenzen und Fertigkeiten sollten die Position der Einzelnen in der Gesellschaft begründen.

Sophisten

Die vielleicht bedeutendsten Pädagogen dieser Zeit waren Personen, die in den Jahrzehnten um das Jahr 400 unter der Bezeichnung „Sophisten" zusammengesehen wurden. Ihre zentrale Frage war die nach der menschlichen Kommunikation im Hier und Jetzt. Die Sophisten waren Lehrer, die von Ort zu Ort reisten und ihre Schüler gegen Geld in Philosophie und Rhetorik unterwiesen. Im gewissen Sinne war „Sophist" somit eine der ersten Bezeichnungen für einen professionellen Pädagogen. Zu dieser Gruppe gehörten unter anderem Protagoras, Gorgias von Leontinoi, Menon oder Isokrates.

„Sophisten"

Protagoras, Gorgias, Menon, Isokrates

Von den Sophisten sind nur Fragmente erhalten, die jedoch eine Reihe pädagogischer Grundanliegen erkennen lassen. Das Ziel allen Lehrens war kommunikative Kompetenz. Dem produktiven Einsatz der Sprache und der Analyse von Sprachinhalten kam eine zentrale Bedeutung zu. Wahrheit und Moral hängen danach von kulturellen Prägungen und zugleich von subjektiven Perspektiven ab. Umso bedeutsamer ist es dann, diese (immer nur sprachlich vermittelten) Perspektiven zu durchschauen und seine eigene Perspektive zur Geltung zu bringen. Neben der Grammatik der Sprache rückten so vor allem die Rhetorik – der Ausdruck von Sprache – und die Dialektik – die argumentative Aufbereitung von Inhalten – in den Vordergrund. Dabei spielte die Kunst des argumentativen Streitens (Eristik) eine zentrale Rolle. Die Kunst der Rhetorik zielte auf die möglichst wirksamste Präsentation, die Kunst der Dialektik zielte auf die Durchsetzung der eigenen Sichtweise der Dinge. Bei alledem ließen sich die Sophisten von der aufklärerischen Überzeugung leiten: Der Mensch schafft sich selbst das Gesetz, er ist auto-nom. In diesem Sinne formulierte Protagoras die provokative Formel vom „Menschen als Maß aller Dinge".

Kommunikative Kompetenz

Grammatik
Rhetorik
Dialektik

Erklärung

In „Autonomie" steckt das griechische Wort „nomos" (= Gesetz). Verbunden mit dem Wort „autos" (= selbst) geht es in Autonomie also um die Selbstgesetzgebung.

Platon

Platon

Eine andere Sicht auf die Welt und den Menschen treffen wir bei dem Philosophen Platon (428–348 v. u. Z.) an.

Abb. 1.2.1 | ▶ Der Ausschnitt aus dem Gemälde „Die Schule von Athen" von Raffael (1483-1520) zeigt Platon mit seinem bedeutendsten Schüler Aristoteles im Gespräch.

Sokrates

Platons „Ideenlehre"

Für ihn waren die Sophisten die Gegner, vor deren Hintergrund er sein eigenes Denken entwickelte. Dieses Denken ist uns in zahlreichen Dialogen überliefert, in denen Platon seinen Lehrer Sokrates (469–399 v. u. Z.) zur Hauptfigur machte. In diesen Dialogen lässt Platon Sokrates zumeist mit den Sophisten diskutieren. Die Bedeutung des Denkansatzes von Platon für die weitere Entwicklung von Theorie und Praxis der Erziehung kann kaum überschätzt werden. Bei ihm findet sich vor allem eine Bestimmung des Menschen, die untrennbar mit seiner Deutung des gesamten Seins verbunden ist. Den Schlüssel hierfür bietet die sogenannte Ideenlehre. Danach wird unterschieden zwischen der sichtbaren Welt der Dinge und der Menschen auf der einen sowie der unsichtbaren und nur im Denken einsehbaren Welt auf der anderen Seite. Entscheidend ist nun die Wertung, die Platon vornimmt: Die eigentlich entscheidenden Ebenen des Seins finden sich in der Welt des im Denken Einsehbaren und nicht in der Welt des Sichtbaren. Platon hat diese Stufung des Seins im Rahmen seines großen Dialogs über den „Staat" (Griech.: *politeia*) in drei Gleichnissen entwickelt: dem Liniengleichnis, dem Sonnengleichnis und dem Höhlengleichnis.

Für den Aspekt der Erziehung ist entscheidend, dass diese sich an dem „wirklichen" Sein, also den Ideen, ausrichtet. Darüber diskutiert Platons Sokrates dann auch mit den Sophisten. Während diese zur Erläuterung dessen, was beispielsweise das Schöne ist, immer auf „sichtbare" Dinge in der Wirklichkeit verweisen, ist für Sokrates das eigentlich Wirkliche immer nur die Einsicht in die normierende Kraft der Idee des Schönen. Diese Idee des Schönen können wir als Menschen nie beherrschen, wir können nie darüber vollständig verfügen, aber wir können daran teilhaben – so die Argumentation von Sokrates bei Platon. Diese Teilhabe zu ermöglichen, ist Aufgabe der Erziehung. Entscheidend sind dabei zwei pädagogische Kerngedanken:

Der Mensch hat erstens von Geburt an durch den vernunftmäßigen Teil seiner Seele Anteil an der Idee aller Ideen, der Idee des Guten. Weil dies Potential in allen Menschen angelegt ist, kommt es darauf an, dieses Potential freizulegen und zu entbergen. Der erste Punkt verweist auf die Vorstellung von der Unsterblichkeit des vernunftmäßigen Teils der Seele und dem darauf aufbauenden Gedanken, dass Lernen dann eine Wiedererinnerung (Anamnese) der Vernunft an die im Kreislauf von Geburt und Wiedergeburt geschauten Ideen ist (Anamnesislehre). Der zweite Punkt verweist auf ein bestimmtes Konzept des Lehrens als förderndes Entbergen der in den Lernenden angelegten Potentiale des Wissens und Urteilens. Danach kann Didaktik mit der Kunst der Hebamme verglichen werden. Diese Kunst der Hebamme nennt man Mäeutik. Die entsprechende Folgerung für das Verständnis von Lernen hat Platons Sokrates in dem Dialog „Menon" auf den Punkt gebracht:

Anamnesislehre

Mäeutik

Zitat

> „Das Suchen und Lernen ist demnach ganz und gar Erinnerung." (Platon, Menon, um 380 v. u. Z.)

Diese Aussagen über Menschen sind weitreichend, weil es dann in der Pädagogik primär um die Förderung eines bestimmten Teils der seelischen Fähigkeiten geht. In der menschlichen Seele kommt es vor allem auf den kleinen vernünftigen Anteil an, mit dem der Mensch mit der Welt der ewigen Ideen verbunden ist. Dies hat zur Folge, dass das Leibliche letztlich vernachlässigt werden kann. Insbesondere im philosophisch geprägten Teil des Christentums wird diese Idee ein pädagogisches Leitbild.

Platon entwickelt auf der Basis dieser Überlegungen in der „Politeia“ die Idee des Erziehungsstaats. An der Spitze stehen die Philosophen, die als Einzige zur vollen Erkenntnis der Ideen gelangt sind. Sie sind dafür verantwortlich, die anderen Bewohner des Staats in entsprechende Klassen einzuteilen und den Staat zu verwalten. Die Konsequenz der Ideenlehre ist bei Platon, dass im Namen von Wirklichkeitsdeutungen, die sich als Umsetzung von Ideen präsentieren, Unterwerfung und Gehorsam gefordert werden kann. Das hat Platons Staatslehre im 20. Jahrhundert den Vorwurf eingetragen, ein Feind der offenen, demokratischen Gesellschaft zu sein (Karl R. Popper). Der Kontrast zu den Anliegen der Sophisten, die Menschen in deren Kommunikationsfähigkeit zu stärken, ist jedenfalls deutlich.

Die Konzeptionen des Lehrens und Lernens bei Platon und bei den Sophisten als zwei Paradigmen der gesamten Pädagogik sind noch einmal in Tabelle 1 zusammengefasst:

Tab. 1 | ▶Platon und die Sophisten im Vergleich

	PLATON/SOKRATES	**SOPHISTEN**
Allgemeiner Anspruch	das Gute, Wahre und Schöne lehren	das Praktische lehren
Strategie	mäeutische Dialektik	eristische Dialektik
weltanschauliche Grundlage	Ideenlehre	Pragmatismus
Pädagogisches Ziel	Glück durch philosophische Kompetenz	Glück durch kommunikative Kompetenz
Zentraler Inhalt	Ontologie/Seinslehre	Rhetorik als Verhaltenslehre

Die pädagogischen Leitmotive Platons und der Sophisten

Merksatz

Die Programme von Platon und den Sophisten bilden idealtypisch das Spektrum von Ausgangspunkten und gleichzeitig von Zielen der Erziehung ab – auf der einen Seite steht die Orientierung an einer Idee des Guten, auf der anderen Seite eine Lebensführung die auf der Anerkennung der radikalen Individualität der Menschen beruht.

Aristoteles

Aristoteles

Platons Schüler Aristoteles (384–322 v. u. Z.) setzt andere Akzente. Für ihn ist die sichtbare Welt der Raum, in dem er die Dinge mit verschiedenen Kategorien zu erfassen sucht. Für den Menschen bestimmt er als Ziel die Ausrichtung des Denkens und Handelns auf ein gutes, „glückliches" Leben. Für eine solche Ausrichtung gilt es einen entsprechenden Umgang mit dem Verstandesvermögen zu erlernen. Vor allem aber sollen Erziehung und Lehren zum Aufbau einer charakterlichen Haltung beitragen, in der die Begierden und die Gefühle dem Glück untergeordnet werden. Glück basiert darauf, dass ein Mensch das richtige Maß, in der Regel die Mitte zwischen Extremen, für sein Leben findet. Jedem Menschen wohnt das Ziel inne, dieses Potential an gelingendem Leben zu verwirklichen. Diese Teleologie (telos = Ziel; logos = Lehre) kann der Mensch nur in der Gemeinschaft mit anderen Menschen realisieren. Deswegen ist Erziehung immer auch auf die Sozialwerdung des Individuums ausgerichtet, weil der Mensch letzten Endes nur als ein soziales Wesen, als ein *zoon politikon* angemessen verstanden werden kann.

„zoon politikon"

Ein interessanter Nebenaspekt pädagogischer Motive bei Aristoteles findet sich in dessen Poetik, nach der der Tragödie im Theater eine den Menschen reinigende Funktion zugeschrieben wird: Indem Menschen „Mitleid" und „Furcht" durchleben, reinigen sie sich selbst und können dadurch ihre eigene Balance stärken oder wiedererlangen. In diesem Motiv seiner Poetik verarbeitete Aristoteles die bedeutende Funktion, die im klassischen Athen das Theater als Erziehungsanstalt gehabt hat. Neben der Volksversammlung waren es die großen Theaterwettbewerbe, anlässlich derer sich ein Großteil der Athenischen Bevölkerung zusammenfand. Diese Inszenierungen fanden anlässlich von religiösen Feiern zu Ehren des Gottes Dionysios („Dionysien") statt. Überliefert sind die Tragödien von Aischylos, Sophokles und Euripides sowie Komödien von Aristophanes. In diesen Stücken zeigt sich, wie z. B. Geschichte verarbeitet („Die Perser") und das Schicksal von Menschen („Ödipus") gedeutet wurde. Es wurde also eine Lehre, wie die Welt und das Leben verstanden werden kann, auf die Bühne gebracht. In Aischylos' Tragödie „Die Perser" wurde übrigens an die großen Schlachten um 490 bzw. 480 v. u. Z. erinnert, die alle Griechen gemeinsam, also Spartaner und Athener Seite an Seite, erfolgreich gegen die Bedrohung durch die Perser geschlagen haben. Hier wur-

Theater

Aischylos, Sophokles und Euripides

Aristophanes

de die Verschiedenheit der politischen Systeme durch den gemeinsamen Feind überdeckt. Im Peloponnesischen Krieg (431–404 v. u. Z.) stand dann später das Spartanische Bündnis dem der Athener gegenüber. Ein griechischer Feldherr steht auch am Ende des Zeitraums, den man als die klassische griechische Antike bezeichnen kann: Alexander der Große (356–323 v. u. Z.). Alexander führte die griechischen Truppen in seinen Eroberungszügen bis nach Indien und dehnte den Einflussbereich der griechischen Kultur (Hellenismus) in den gesamten östlichen Mittelmeerraum und nach Vorderasien aus.

1.3 Erziehung in der Oikumene des Mittelmeerraumes

Erziehung hat – gesellschaftlich betrachtet – vor allem die Funktion, die Sozialwerdung des Individuums zu steuern. Im 4. Jahrhundert v. u. Z. vollzog sich hierbei eine weitreichende Veränderung. Die Frage war, an welcher sozialen Norm der Einzelne sich orientieren konnte und sollte. Während sich die Mitglieder im Einflussbereich eines Stadtstaates über die Kultur eben dieses Stadtstaates definieren konnten, funktionierte dies ab 334 v. u. Z. nach der Ausweitung der griechischen Herrschaftsbereichs durch Alexander den Großen so einfach nicht mehr.

Alexander der Große

Der Einzelne sah sich konfrontiert mit einer Vielfalt an Kulturen, die alle unter *einem* Herrschaftseinfluss vereint waren. Auch wenn nach dem Tod Alexanders dessen Großreich in vier Teile (Diadochenreiche) zerfiel, war der Horizont im Mittelmeerraum nunmehr ein „ökumenischer", also auf alle damals bekannten bewohnten Erdteile gerichtet.

Ökumene

Erklärung *Ökumene bedeutet ursprünglich: ganzer bewohnter Erdkreis.*

In dieser Situation bekam die Selbstwahrnehmung des Individuums als Ergebnis von Erziehung eine neue Funktion. Die so verstandene Bildung, die griechische „paideia", wurde zum Bindeglied einer kulturellen Identität über die räumliche Entfernung hinweg. Von Ägypten über den heutigen Iran bis hin ins griechische Kernland bot in der Zeit des Hellenismus (etwa 323 bis 30 v. u. Z.) die Teilhabe an den Bildungsvorstellungen des antiken Griechenland die Möglichkeit, sich mit anderen Menschen kulturell verbunden zu fühlen. In

Bildung
„paideia"

dieser Konzeption der „paideia" liegen auch die Ursprünge dessen, was im europäischen Mittelalter Jahrhunderte später zu den sieben freien Künste (septem artes liberales) formiert wurde und dann den „Lehrplan des Abendlandes" bildete. Dabei handelt es sich um Wissens- und Kompetenzbereiche, die sich mit Sprache und der Welt insgesamt auseinandersetzten. Der Umgang mit der Sprache wurde in die Bereiche der Grammatik, der Rhetorik und der Dialektik unterschieden und bildete als Dreiheit (Trivium) dabei den einen großen Bereich. Der andere Bereich bestand aus einer Vierzahl (Quadrivium) der nicht-sprachlichen Bereiche Arithmetik (Zahlentheorie), Geometrie, Musiktheorie und Astronomie. Das gebildete Leben im Sinne der paideia wurde für die oberen Bevölkerungsschichten zur leitenden Norm eines gelingenden Lebens.

septem artes liberales

Pädagogische Konsequenzen der Stoa und der Lehre Epikurs

Inhaltlich gab es in hellenistischer Zeit eine wachsende Konkurrenz an Angeboten zur Deutung des Lernwegs von Menschen. Neben die Ansätze der Sophisten, von Platon und Aristoteles traten in Athen zwei weitere bedeutende philosophische Schulen: die Epikureer und die Stoa. Die Stoa wurde von Zenon von Kition um 300 v. u. Z. in Athen begründet, entfaltete jedoch vor allem bei römischen Denkern wie Seneca (ca. 1–65 n. u. Z.) oder Marc Aurel (121–180 n. u. Z.) ihre Blüte.

Stoa

Seneca

Marc Aurel

Das Interesse der Stoa richtete sich darauf, dass ein Mensch seine ihm zugewiesene Position in der Welt erkennen solle. Diese Erkenntnis soll im besten Fall zum Akzeptieren des Gegebenen und darauf aufbauend zu einer sowohl inneren als auch äußerlichen Gelassenheit führen. Die Versöhnung des Menschen mit sich selbst als Teil des umfassenden Kosmos soll eine innere Seelenruhe eröffnen.

Abb. 1.3.1 | ▶ Statue Senecas in seinem Geburtsort Cordoba

Für Epikur (ca. 341–270 v. u. Z.) spielten hingegen materialistische Aspekte eine stärkere Rolle. Das Ziel allen Lernens ist hier eine andere Art der Standfestigkeit, der Unerschütterlichkeit des Individuums in der Welt. Das Ziel allen Lernens besteht darin, der eigenen „Lust" folgen und die eigenen Interessen realisieren zu können. „Lust" wird dabei nicht als Ausleben von Triebstrukturen oder zufällige Laune, sondern als kontrollierte Abwesenheit von Furcht und

Epikur

Leiden z. B. durch körperliche Schmerzen verstanden. Voraussetzung für eine solche Haltung ist, dass die Einzelnen in der je individuellen Situation prüfen, was ihnen als Handlungsoption praktisch überhaupt möglich ist.

Im Übergang von der kulturellen Dominanz der griechischen Stadtstaaten im 5. und 4. Jahrhundert über den Hellenismus bis hin zur Vormachtstellung der römischen Kultur hatten sich somit unterschiedliche Muster entwickelt, durch die sich der Einzelne ***in*** der Welt deuten lernen konnte. Daneben gab es von den Dionysos-Feiern im antiken Athen bis hin zu Mysterienkulten im römischen Reich immer auch Deutungsangebote, wie sich der Mensch mit Sphären ***außerhalb*** der sichtbaren Welt verbinden konnte und sollte. Die gewissenhafte und sorgfältige Beachtung von solchen Angeboten und sozialen Regelstrukturen wurde im römischen Reich als Religion bezeichnet. Im römischen Reich wurde diese „religio"-Praxis in die öffentliche Anerkennung der politischen Macht- und Herrschaftsstrukturen eingebunden. Diese Verbindung von „religio" und Herrschaft gipfelte in der Kaiserzeit in dem Motiv, dass dem Kaiser selbst Göttlichkeit zugeschrieben wurde und ihm eine entsprechende Verehrung entgegenzubringen war. Religion und Politik waren im römischen Reich untrennbar verbunden. Dieses Motiv wird auch die Geschichte der Pädagogik begleiten.

Römisches Reich

Bis es zur Umformung der römischen „religio" durch die Erhebung des Christentums zur Machtideologie kam, hatte das römische Reich ganz unterschiedliche Organisations- und Herrschaftsformen durchlaufen. Nach einer als Königszeit bezeichnet ersten Phase bis etwa 500 v. u. Z. folgte mit der römischen Republik bis 27 v. u. Z. die erste große Blütezeit der römischen Kultur. In dieser Zeit wurde als soziales Leitbild das Selbstverständnis des römischen Bürgers entwickelt. Dieses Ideal des Bürgers war einerseits durch den Erwerb einer umfassenden Sprachkompetenz (Rhetorik) und andererseits durch eine Orientierung an einem sozial verbindenden Recht geprägt. Damit war auch die Ablösung des Griechischen durch das

Latein

Lateinische als Leitsprache verbunden. Latein kam als Amtssprache im gesamten Reich, dem Imperium Romanum, eine verbindende Funktion zu, auch wenn im Osten die griechische Sprache weiterhin von großer Bedeutung blieb. Wenn wir auf die Lernwege der Menschen in dieser Zeit schauen, so war die Herkunft von entscheidender Bedeutung. Auf der einen Seite der Skala stand die Abstammung aus einer wohlhabenden „familia" mit vollen Bürgerrechten, auf der anderen Seite die einer Herkunft aus der verarmten und versklavten Randbevölkerung. Im 1. Jahrhundert v. u. Z. vollzog sich im römischen Herrschaftsbereich ein langwieriger und von Bürgerkriegen durchzogener Wandlungsprozess, der schließlich zur Ablösung der Republik durch die gesellschaftliche Struktur der römischen Kaiserzeit ab 27. v. u. Z. führte. Die Zentralfigur in dieser Zeit des Übergangs war Gaius Julius Cäsar (100–44 v. u. Z.), dessen militärisches Eroberungsgeschick und erfolgreiche Stilisierung zum übermenschlichen Herrscher Eingang in die moderne Comic-Kultur („Asterix und Obelix") gefunden hat. Im römischen Kaiserreich erlebte die Kultursphäre Roms von Großbritannien über das Schwarze Meer bis hin zu den Regionen um das Mittelmeer seine größte Ausdehnung. Die Menschen erfuhren sich in diesem Kontext dabei als Teil einer römischen Provinz und hatten ihr Lernen vor allem auch auf die Verwaltungsvorgänge (z. B. das Steuer- oder Rechtssystem) abzustimmen.

Gaius Julius Cäsar

Pädagogische Akzente der römischen Kultur

Pädagogisch sind es vor allem drei Aspekte, die die römische Zeit prägen. *Erstens* entwickelte sich mit dem Konzept der „familia" ein soziales Regelsystem, das als Besitz eines Mannes (des „pater familias") definiert war. Zu diesem „Besitz" gehörten Ehefrau, Kinder, Sklaven, Tiere sowie Gebäude und andere Gegenstände. Die antike „familia" ist somit zu unterscheiden von unserem Verständnis von „Familie", in dessen Hintergrund Vorstellungen von (Bluts-)Verwandtschaftsbeziehungen vorherrschen. Das römische Verständnis von „familia" als „Besitz" einer Hausgemeinschaft war geprägt von einem Spannungsverhältnis zwischen Herrschaft und Verantwortung. Der pater familias war zum einen Herrscher in dieser Sozialstruktur, diese Herrschaft aber war zum anderen rückgekoppelt an eine Verantwortung für alle Bereiche der Herrschaftssphäre.

„familia"

Der *zweite* Aspekt betrifft die Ausbildung der sprachlichen Kompetenz. Insbesondere im Rahmen der römischen Republik waren aufgrund der komplexen Organisation die sprachliche Kompetenz allgemein und die rhetorische Kompetenz (z. B. vor Gericht) im Besonderen von großer Bedeutung. In kritischer Aufnahme der griechischen Überlieferung entwickelte insbesondere Marcus Tullius Cicero (106–43 v. u. Z.) im Ausgang der römischen Republik die Rhetorik weiter.

Cicero

Abb. 1.3.2 | ▶ Dieser Holschnitt aus der Mitte der 16. Jahrhunderts u. Z. zeigt Cicero beim Schreiben seiner Briefe.

Cicero gilt als der bedeutendste Redner der römischen Antike und hat neben den von ihm schriftlich überlieferten Reden auch wichtige Texte zur (pädagogischen) Theorie der Rhetorik verfasst. In seinem Werk „De Oratore" (Vom Redner) erörterte Cicero insbesondere die Frage, inwieweit die Rede auf reines Überzeugen im Sinne des Überredens gerichtet sein oder doch an die ethische Reflexion dessen, was inhaltlich „wahr" ist, rückgebunden werden soll. Eine Bündelung der rhetorischen Theorie in der römischen Antike findet sich rund 100 Jahre später in den zwölf Büchern „Institutio oratoria" von Marcus Fabius Quintilianus (ca. 35–96 u. Z.). Dieses Werk wurde dann im Mittelalter zu einer wichtigen Grundlage des Sprachunterrichts im Rahmen des Triviums.

Rechtssystem

Der *dritte* pädagogisch relevante Aspekt der römischen Antike betrifft einen Bereich, der bis heute unseren Alltag – wenn auch oftmals unbewusst – bestimmt: das Rechtssystem. In unserem Aufwachsen werden wir neben den von Erwachsenen oder Freunden vermittelten persönlichen Normen des Denkens und Handelns immer auch von gesellschaftlichen Erwartungen geprägt. Diese Erwartungen wurden vor allem in konkreten Gesetzen und allgemeinen Rechtsvorstellungen zum Ausdruck gebracht. Das betrifft beispielsweise die Vorstellungen von Eigentum („Mein und Dein") oder auch die Umgangsweisen von Menschen untereinander (z. B. die Regeln, wie frei welche Meinungen geäußert werden können). Auch wenn es bereits vor dem antiken Rom schon weitreichende Vorstellungen von Recht und Unrecht (z. B. im Alten Israel) gegeben hat, so ist doch das Recht als System mit speziellen Verfahrensweisen, auf die man sich verlassen können sollte, vor allem ein römisches Erbe. Dabei war es wichtig, das neben das Recht, das nur für römische Bürger galt („ius civile"), eine quasi für die ganze bekannte Erde, eine „ökumenische" Rechtsordnung für die Völker („ius gentium") trat. Auch wenn dieses Völkerrecht von modernen Vorstellungen beispielsweise der Menschenrechte noch weit entfernt war, wurde hier vor allem mit Blick auf den Handel zwischen Völkern ein Verständigungsinstrument geschaffen, das eine Alternative zu Krieg und Unterwerfung bot. Insbesondere die Regelungen des bürgerlichen, des zivilen Rechts wirkten über die im 6. Jahrhundert

Justinian

von Kaiser Justinian (ca.482–565 u. Z.) in Auftrag gegebene Sammlung von Rechtsvorschriften im „Corpus Iuris Civilis" bis in die

Merksatz

Eine besondere Akzentuierung hat die Pädagogik im antiken Rom durch drei Aspekte bekommen: durch die Formierung des Modells „familia“, durch die weitere Ausarbeitung der Rhetorik und durch die Entwicklung eines Rechtssystems, das implizit immer auch die Absicht der Steuerung von Lernprozessen in sich birgt.

Rechtsvorstellungen der modernen Zeit hinein. Das, was wir tun dürfen oder lassen sollen, wird durch das Recht umgrenzt und bestimmt unseren Lebensweg als Lernweg nachhaltig.

Pädagogik im jüdischen und christlichen Kontext

Im Kontext der römischen Antike entfalteten sich jene zwei Spielarten monotheistischer Religion, welche die europäische Geschichte fortan entscheidend prägten: das Judentum und das Christentum. Das Judentum war aus Entwicklungen im Alten Israel (seit etwa 900 v. u. Z.) entstanden und bildete die Wurzel für das Christentum. Im römischen Reich wurden die Juden und die frühen Christen, da sie die Loyalitätsbekundung zur Göttlichkeit des Kaisers verweigerten, als a-theoi, als Atheisten, bezeichnet. Für sie war aus ihrem Glauben heraus die Nicht-Anerkennung von religiös überhöhten Herrschaftsansprüchen geboten.

Judentum

Christentum

Die römische „religio“ bildete einen normativen Rahmen für das Lernen und Verhalten im politischen Raum. Dieser Rahmen für die Sozialwerdung änderte sich für die Christen im frühen 4. Jahrhundert u. Z. grundlegend. Mit Konstantin dem Großen wurde – nach einem längeren Prozess – das Christentum zunächst zur staatlich anerkannten Religion und nach Konstantin im Laufe der Jahrzehnte in einem engeren Sinne zur Staatsreligion erhoben. Der Einzelne hatte sich im europäischen Kontext fortan mit der (in sich durchaus heterogenen) Deutung des Menschseins über das Christentum auseinanderzusetzen. Im folgenden Kapitel über das sogenannte Mittelalter werden wir diese Spur weiterverfolgen.

Konstantin der Große

Die für Judentum und Christentum gemeinsame Basis der Pädagogik resultiert aus der hervorgehobenen Bedeutung von schriftlichen Überlieferungen, also von Büchern bzw. „dem“ Buch (biblos = Buch). Mit der hebräischen Bibel haben Judentum und Christentum ein „Heiliges Buch“ gemeinsam, in dem die Idee von dem Einen Gott, dem eine alleinige und exklusive Verehrung zukommen soll, entwickelt wurde. Den gemeinsamen Schlüssel für das Gottesverständnis in diesen monotheistischen Religionen findet sich im sogenannten „S'ma Israel" im 5. Buch Mose:

Zitat

„Höre, Israel, der Herr ist unser Gott, der Herr ist einzig. Darum sollst du den Ewigen, deinen Gott, lieben mit ganzem Herzen, mit ganzer Seele und mit ganzer Kraft. Diese Worte, auf die ich dich heute verpflichte, sollen auf deinem Herzen geschrieben stehen. Du sollst sie deinen Kindern erzählen. Du sollst von ihnen reden, wenn du zu Hause sitzt und wenn du auf der Straße gehst, wenn du dich schlafen legst und wenn du aufstehst." (5. Buch Mose)

Es geht im Zeichen des Einen Gottes darum, dass Menschen ihr Lernen von der Erinnerung an das Handeln Gottes bestimmen lassen sollen. Das Leitmotiv ist, dass diese Erinnerung die Menschen so befreit, wie Gott der Erzählung nach Israel aus Ägypten befreit hat („Exodus"). Diese Befreiung erfolgt einerseits durch die Erinnerung an diese Geschichte selbst, zum anderen jedoch durch die Aneignung einer bestimmten Regelstruktur des Alltags (z. B. für den Umgang mit sozial Benachteiligten oder Fremden, aber auch mit Nahrung). Diese Regelstruktur wird in den fünf Büchern Mose, der Tora, entfaltet. „Tora" kann als Weisung oder aber auch als Gesetz übersetzt werden.

Tora

Judentum und Christentum haben diesen gemeinsamen Rahmen für den Lebensweg als Lernweg unterschiedlich fortgeschrieben. Im Judentum entwickelte sich eine liberale Debattenkultur im Rahmen des Talmuds. Kern des Talmud ist die seit etwa 200 u. Z. erfolgte Verschriftlichung einer mündlichen Überlieferung, der Mischna (hebräisch: Wiederholung), die auf eine Offenbarung Gottes an Moses zurückgeführt wird. In den Kommentaren zur Mischna, der Gemara (hebräisch: Lehre), als zweiter Schicht des Talmud sowie in den über Jahrhunderte fortgeführten Kommentaren am Rande wurden unterschiedliche Positionen zur Auslegung der Alltagsregeln nebeneinander gestellt und in ihrer Plausibilität gegeneinander abgewogen.

Das Christentum hat die hebräische Bibel als sogenanntes „Altes Testament" im sogenannten Neuen Testament fortgeschrieben. Im Zentrum dieser neuen Schriftensammlung stand das Leben und der gewaltsame Kreuzestod des jüdischen Wanderlehrers Jesus von

Nazareth, der von den Christen später als der „Christos", der „Gesalbte", verehrt wurde. Im christlichen Glaubensbekenntnis wird Jesus Christus gemeinsam mit Gott als Vater und Gott als Wirken in seinem Heiligen Geist als Teil einer dreieinigen Dynamik (Trinität) verehrt, der den Menschen aus seiner irdischen Existenz mit ihren Begrenzungen zu erlösen vermag.

Jesus Christus

Judentum und Christentum wohnt ein letztlich pädagogischer Grundkonflikt inne. Es geht dabei um die Antwort auf die Frage, was wozu gelernt werden soll. Auf der einen Seite steht die Ansicht, dass es in der Religionsausübung um ein richtiges Wissen, um ein Für-Wahr-Halten und ein entsprechendes Bekennen geht. Demnach geht es um die richtige Lehre, die Orthodoxie. Im griechischen Begriff der Orthodoxie steckt zunächst das Wort „orthos", das „richtig" bedeutet. Der Wortteil „-doxie" kann unterschiedliche Bezüge haben und unter anderem auf „doxa" im Sinne von „Verehrung" oder auf „dokeo" im Sinne von „meinen" zurückgeführt werden. Assoziiert wird damit in der Regel eine „richtige" Bezugnahme auf Wirklichkeit im Denken, Fühlen und Reden, die als Lehre zum Ausdruck gebracht werden kann. Auf der anderen Seite wird nicht im Reden und Denken, sondern im Handeln, in der richtigen Praxis, der Orthopraxie (orthos = richtig; praxis = Handlung), die entscheidende Form der Religionsausübung gesehen. Das Für-Wahr-Halten tritt dabei in den Hintergrund – wegen des begrenzten Wissens des Menschen können durchaus unterschiedliche Positionen nebeneinander stehen bleiben. Die in beiden Traditionen angelegte Frage ist also, ob die Ausübung der Religion eher in der Orthodoxie oder in der Orthopraxie gesehen wird. Auch wenn diese Optionen natürlich nicht völlig voneinander getrennt werden können (auch eine Praxis braucht irgendeine Form von Lehre und jede Lehre ist an sich bereits im gewissen Sinne eine Praxis), ist diese Spannung unaufhebbar und wirkt bis heute fort.

Orthodoxie

Orthopraxie

Merksatz

Das Ziel des Lernens kann in Judentum und Christentum sowohl in der Ausbildung richtigen Handelns als auch in der Erlangung und Verbreitung richtigen Denkens und Wissens bestehen.

Judentum und Christentum ist in pädagogischer Hinsicht überdies ein eher kritischer Blick auf die gesellschaftlich definierte Existenz des Menschen gemeinsam. Das Symbol hierfür ist die im ersten Buch Moses („Genesis") geschilderte Entfremdung des Menschen sowohl von Gott als auch vom Mitmenschen (Vertreibung des Menschen aus dem Paradies; Kain ermordet seinen Bruder Abel; Turmbau zu Babel). Von der hebräischen Bibel her ist beiden Traditionen eine eher kulturkritische Skepsis gegenüber innerweltlicher Macht eigen. Insbesondere das Christentum wird im Mittelalter (Kreuzzüge) und früher Neuzeit (Kolonialisierung) jedoch durch eine weitgehende Deformation der ursprünglich auf die Befreiung und Erlösung gerichteten Botschaft pervertiert. Diese Geschichte beginnt mit der Verknüpfung von Christentum und Legitimation weltlicher Macht (Kaiserkult) durch Konstantin den Großen.

Kulturkritik

1.4 Parallele Aufbrüche in der Achsenzeit

Das Lernen wird geprägt durch die kulturellen Muster, die die Umwelt für das Verständnis des menschlichen Lebenslaufs und der sozialen Ordnung bereithält. Ein Mensch hat immer die Möglichkeit, auf diese Vorgaben so oder so zu reagieren und die Muster in seinem Denken und Verhalten zu variieren. Aber letztlich entfaltet die Umwelt eine starke prägende Kraft – nicht zuletzt vermittelt durch die konkreten Lernsteuerungen, die als Interpretation der Umwelt von den Eltern, von anderen Erwachsenen oder von Institutionen wie „Schule" ausgehen. Karl Jaspers (1883–1969) hat die Beobachtung formuliert, dass es – global betrachtet – einen Zeitraum von wenigen Jahrhunderten gab, in denen sich an verschiedenen Orten solche Kulturmuster entwickelt haben.

Karl Jaspers

„Achsenzeit"

Jaspers hat diese Konstellation als „Achsenzeit" bezeichnet. Ein erster kultureller Kontext sei der indische, in dem sich neben dem Hinduismus vor allem der Buddhismus entwickelt habe. Ein zweiter Kontext finde sich im chinesischen Ostasien, in dem sowohl Konfuzius als auch die sagenumwobene Gestalt des Lao Tse eigene Deutungen des menschlichen Lebens geprägt hätten. Der vordere Orient sei als dritter Kulturraum vor allem durch die hebräischen Propheten und durch die Lehre des Zarathustra in Persien bestimmt gewesen. Schließlich seien viertens die griechischen Stadtstaaten ein Kontext, in dem musterhafte Deutungen von Mensch und Welt formuliert worden seien. All dies spielte sich etwa vom 6. bis zum 4. Jahrhundert v. u. Z. ab. Auch wenn man nicht alle Annahmen von Jaspers teilen muss, so sind doch zwei Sachverhalte für die Geschichte der Pädagogik bedeutsam. Zum einen ist es offensichtlich, dass in diesen parallelen Aufbrüchen der Mensch als ein Lernender angesprochen wird. Der Mensch ist gleichermaßen auf Lernen angewiesen und zu diesem Lernen befähigt. Die Kulturmuster, die in der Achsenzeit formuliert werden, deuten den Menschen und seinen Lernweg überaus unterschiedlich. Dieser Sachverhalt ist an sich bereits spannend, gewinnt zum anderen jedoch durch die Annahme einer Langzeitwirkung an aktueller Bedeutung. Denn wir müssen heute in interkulturellen Begegnungen fragen, inwieweit die in der „Achsenzeit" formulierten Muster vielleicht bis heute nachwirken. Deswegen lohnt ein Blick auf globale Zusammenhänge nicht nur historisch.

Indien – Hinduismus

Der erste Weg führt uns nach Indien zu der zunächst mündlich überlieferten, dann im Laufe der Jahrhunderte in der Sprache Sanskrit verschriftlichten Tradition des Hinduismus: den Veden. Hier handelt es sich um umfassende Textsammlungen, deren Ursprung in exakt rezitierten Gesängen lag, in denen es um Rituale und die soziale Ordnung der Menschen ging. Es gibt vier große solcher Schriftsammlungen: Rigveda, Samaveda, Yajurveda und den Atharvaveda. Träger der Überlieferung war die Priesterschicht der Brahmanen, die in den Veden das geheime „Wissen" zu tradieren hatten. Im Volk spielt parallel die Verehrung verschiedener Gottheiten eine zentrale Rolle. Die höchste Schicht der Wirklichkeit, der Brahman, zeigt sich den Menschen in männlichen Gottheiten wie Vishnu und Shiva oder in weiblichen Gottheiten wie Durga, Kali und Devi.

Indien

Hinduismus

Der für die Pädagogik wohl wichtigste Teil der Veden sind die Upanishaden, eine Sammlung philosophischer Texte. In dem Sanskrit-Wort „Upanishad" ist selbst bereits eine pädagogische Grundkonstellation zum Ausdruck gebracht: Das Wort setzt sich aus den Elementen „Upa" (nahe), „Ni" (nieder) und „Shad" (sitzen) zusammen und verweist auf eine Situation, in der ein Schüler Weisheit von einem Lehrer zu erlangen sucht. Während in anderen Teilen der Veden das (äußere) rituelle Opfer im Vordergrund steht, rückt in den Upanishaden die (innere) Selbstbesinnung des Einzelnen auf seinen Lebenslauf und seine Verbindung mit dem Kosmos ins Zentrum. Das Lernen ist hier wesentlich ein Sich-auf-sich-Selbst-Besinnen angesichts der im Alltag erfahrenen Vielfalt und Vergänglichkeit. Die tragende Wirklichkeit des Universums ist nach dieser Lehre mit dem innersten Wesenskern des Menschen, dem Atman,

Upanishaden

verbunden. Es geht auf dem Lernweg des Menschen darum, zu einer Einheit mit dieser tragenden Dimension des Universums, dem Brahman, zu gelangen und von dort aus ein neues Verhältnis zur Wirklichkeit zu entwickeln. Letztes Ziel ist die Befreiung aus den irdischen Zwängen durch das Einswerden mit dem Brahman.

Zitat

„Er ist Gott Brahman, er ist Shiva, Indra, der unvergängliche, höchste Herrscher. Er ist Vishnu, er ist der Lebenshauch, er ist das Feuer der Zeit, der Mond. Er ist alles, was entstanden ist und was sein wird in alle Ewigkeit. Wer ihn erkannt hat, überwindet den Tod; nicht gibt es einen anderen Weg zur Erlösung. Wer in allen Wesen sich und in sich alle Wesen sieht, der geht, nicht aus einem anderen Grunde, in das höchste Brahman ein.“ (Kaivalya-Upanishad)

Yoga

Diese Grundgedanken haben unter anderem durch die Meditationswege des Yoga eine breite Rezeption erfahren. Pädagogisch gewendet geht es um die Wahrnehmung des Selbst als eine Leib-Seele-Einheit. Die Lehre spielt in dieser weisheitlichen Tradition eine große Rolle, dem Verhältnis der Lernenden zu ihrem Lehrer („Guru“) kommt eine zentrale Bedeutung zu. Lehren nimmt hier die Form einer Anleitung zur Selbstbefreiung an. In eigentümlicher Spannung zu dieser auf individuelle Einheit gerichteten Weisheitslehre steht sozialgeschichtlich die politische Ordnung innerhalb des Hinduismus. Der Lernweg des Menschen ist danach gebunden an die Herkunft aus einer bestimmten Kaste. Unterschieden werden dabei vier bzw. fünf Kasten. Eine Leitfunktion nimmt die Kaste der Brahmanen ein, deren Repräsentanten vor allem die Auslegung der Heiligen Schriften zu verantworten haben. Daneben gibt es die Kaste der Krieger und höheren Beamten (Kshatriyas) sowie die der Händler, Bauern und Kaufleute (Vaishyas). In der vierten Kaste der Shudras sind die Handwerker und Tagelöhner zusammengefasst. Als unterste Schicht in diesem System ausgegrenzt sind die sogenannten Unberührbaren. Insbesondere bei den Unberührbaren wird die soziale Position in der Gesellschaft von der Herkunft geprägt – sie werden bis heute zu niedersten Diensten instrumentalisiert.

Indien – Buddhismus

Das zweite große Muster zur Deutung des Seins aus Indien ist mit der Biographie, vor allem aber mit der Lehre einer Person verbunden: Siddhartha Gautama, später genannt: Buddha.

Siddhartha Gautama, später genannt: Buddha

Der historische Buddha lebte im 6. oder 5. Jahrhundert v. u. Z. in Nordindien und stammte aus einem wohlhabenden Königshaus. Die biographische Erzählung schildert das Elternhaus als eine Konstellation der Überbehütung, in dem Siddhartha von allem menschlichen Leiden in Alter, Krankheit oder Tod und damit von einem wesentlichen Teil der Alltagsrealität abgeschirmt wurde. In dieser Erzählung wird berichtet, dass Siddhartha im Erwachsenenalter durch Begegnungen mit einem Greis, einem Fieberkranken und einem Toten mit der Gegenwart und Dominanz des Leidens im Leben konfrontiert wurde. Durch dieses Erlebnis wurde das bisher als Deutung des eigenen Lebens Erlernte radikal in Frage gestellt. Die Begegnung mit dem Leiden als einer dominanten Dimension der irdischen Existenz führte zu der Frage, worauf das Lernen gerichtet sein solle. In der religiösen Tradition seiner Umgebung suchte Siddhartha die Antwort zunächst in einem asketischen Leben und in der Begegnung mit religiösen Lehrern. Der Überlieferung nach konnten ihn beide Wege nicht zufriedenstellen und er suchte nach einer eigenen Lösung, wie das Leiden als Dimension menschlicher Existenz gedeutet und wie es letztlich überwunden werden kann. Die Antwort für den Umgang mit dem Leiden fand Siddhartha Gautama danach im Alter von 35 Jahren nach einer Phase intensiver Meditation unter einem Baum, die ihn zu vollkom-

Abb. 1.4.1 | ▶ Die Statue im japanischen Kamakura zeigt Buddha in einer typischen Sitzhaltung.

Merksatz

Die „Vier Edlen Wahrheiten" werden von Buddhisten heute so ins Deutsche übersetzt:

1. Das Leben im Daseinskreislauf ist letztlich leidvoll.
2. Ursachen des Leidens sind Gier, Hass und Verblendung.
3. Erlöschen die Ursachen, erlischt das Leiden.
4. Zum Erlöschen des Leidens führt der Edle Achtfache Pfad.

mener Erkenntnis, zur Erleuchtung (Bodhi) führte. Der Inhalt dieser Erkenntnis wurde in vier Lehrsätzen, den „Vier Edlen Wahrheiten", zusammengefasst.

Diese Sätze bilden das Zentrum der Lehre (Dharma) von Siddhartha, der nunmehr als Buddha (der Erleuchtete) seine Botschaft in Lehrreden und Unterweisung seiner Umwelt präsentierte. Das letzte Ziel des Lernens besteht in einem Lebenswandel, der einen Austritt aus der Gefangenschaft im leidgeprägten Kreislauf von Sterben und Wiedergeburt ermöglicht. In diesem Sinne ist das letzte Ziel der Eintritt ins Nirwana, das Erlöschen des leidgetränkten Ichs. Der Lehrplan des Buddhismus ist zusammengefasst in dem sogenannten „Achtfachen Pfad", der die praktischen Herausforderungen für den Lebenswandel beschreibt. Hierzu zählen unter anderem rechtes Reden, rechtes Handeln, rechte Aufmerksamkeit und ein rechter Lebensunterhalt.

Die pädagogischen Parallelen zur hinduistischen Tradition sind offensichtlich. Es geht um das Lehren des Lernens als Selbstbesinnung, als Meditation. Der Einzelne soll lernen, dass er sich selbst auf einen (angeleiteten) Lernweg zu begeben hat, um seine Existenz und das kosmische Sein zu verstehen. Auf einem solchen durch Meditation und Selbstbesinnung geprägten Lernweg ist das Ziel nicht nur eine theoretische Erkenntnis, sondern auch eine gewandelte Lebenspraxis. Der Buddhismus radikalisiert diesen Grundansatz – zumindest der Theorie nach – insofern, als Buddha die Konzentration auf die Lehre als Lehre (Kontemplation) ganz ins Zentrum gestellt hat. Der Lehrer verweist in noch stärkerer Form als im Hinduismus den Lernenden auf sich selbst, seine Selbstverantwortung und damit zugleich von sich selbst als Lehrer weg. Es geht nicht um Gefolgschaft, sondern um Selbstbesinnung. Eine Einteilung der Menschen nach ihrer Herkunft oder gar in Kasten ist unvereinbar mit der buddhistischen Lehre von der Gleichheit aller Menschen.

Wenn alles Leben durch Leiden bestimmt ist, wird die irdische Existenz nur unter dem Aspekt der Leidensminimierung zu betrachten sein. Der Lebenswandel ist nicht gleichgültig, aber eher auf eine passive Haltung des Nicht-Leid-Zufügens gerichtet. Die Ordnung in der realen Welt ist dann lediglich eine Negativfolie, die als zu bewältigender Hinderungsgrund auf dem Weg zur individuellen Erleuchtung und Erlösung betrachtet wird.

Merksatz

Aus dem indischen Kontext stammen die großen Weltdeutungen des Hinduismus und des Buddhismus. Das Lernen wird als ein Sich-auf-sich-Selbst-Besinnen angesichts der im Alltag erfahrenen Vielfalt und Vergänglichkeit verstanden. Für das Lernen bietet dabei im Hinduismus die Herkunft (Kastensystem) und im Buddhismus die Überwindung des Leidens in der Welt und an der Welt eine zentrale Orientierung.

China – Kung Fu Tse (Konfuzius)

Konfuzius

Eine gänzlich andere Verbindung von Lernen und Kultur findet sich im ostasiatischen Raum bei Konfuzius und den auf ihn zurückzuführenden Vorstellungen des Konfuzianismus, die die Lebens- und Weltauffassung im chinesischen Kulturkontext bis heute beeinflussen.

Wir treffen hier auf das Modell eines sich als Lehrer verstehenden Philosophen, der ungefähr 551 bis 479 v. u. Z. in verschiedenen Regionen des heutigen Chinas gelebt hat. Kung Fu Tse (Konfuzius) hat eine Weisheitslehre entwickelt, die auf eine Stabilisierung der Ordnung in der Welt gerichtet war. Wie diese Ordnung aussehen sollte, davon hatte Konfuzius klare Vorstellungen: Er entwickelte ein Leitbild, in dem der Respekt vor den Traditionen und vor den Ahnen eine zentrale Stellung einnahm. Im Mittelpunkt aller seiner Überlegungen aber stand die individuelle Verantwortung des Einzelnen, der sich über Lernen einen entsprechenden Habitus aneignen sollten. Dieser Habitus wiederum sollte vor allem in einer Haltung

Abb. 1.4.2 | ▶ Diese stilisierte Zeichnung zeigt Konfuzius als weisen Gelehrten.

des Respekts vor anderen Menschen und der Ordnung zum Ausdruck kommen.

Die pädagogische Fundierung dieser Weisheitslehre ist vor allem über die nach seinem Tod verschriftlichten „Gespräche des Meisters Kung Fu Tse" überliefert. Diese Sammlung von Sprüchen und Gesprächsszenen wird eröffnet mit einem Plädoyer für die Wertschätzung des Lernens. In der ersten Sequenz der „Gespräche" von Konfuzius lautet der Grundgedanke:

Zitat

„Der Meister sprach: Zu lernen und das Erlernte immer wieder zu üben – erfreut das etwa nicht?" (Kung Fu Tse: Gespräche)

Lernen mit dem Ziel einer permanenten Annäherung an so etwas wie die Selbstvervollkommnung des edlen Menschen ist zugleich Weg und Ziel allen Lebens. Dabei spielt die Art des Umgangs mit Wissen eine besondere Rolle.

Zitat

„Als Wissen gelten lassen, was du weißt, und was du nicht weißt, nicht als Wissen vorzugeben. Das ist Wissen." (Kung Fu Tse: Gespräche)

Weisheitslehre

In der Weisheitslehre des Konfuzius wird deutlich, dass das Leben auf eine bestimmte Haltung zielt und als ein nie abschließbarer Lernprozess verstanden wird. In diesem Lernprozess geht es um das Einlassen auf die Aufgabe, die vorgegebene Ordnung zu bewahren und auszugestalten. Die Ordnung hat für den Einzelnen eine entlastende Funktion, weil sie dann, wenn sie intakt ist, das Zusammenleben der Menschen gewährleistet. Dabei kommt bestimmten Beziehungen eine besondere Bedeutung zu: der Beziehung vom Vater zum Sohn, vom Ehemann zur Ehefrau, vom älteren Bruder zum jüngeren Bruder, vom Herrn zum Diener sowie vom Freund zum Freund. Ordnung realisiert sich in der Stabilität eines festen Beziehungsgefüges. Genau hierzu kann und soll der Einzelne seinen Beitrag leisten. Ethische Leitmotive der „Gespräche" sind hierfür Mitmenschlichkeit, Gerechtigkeit, Respekt der Kinder vor ihren Eltern und das Einhalten bestimmter Riten. Die menschliche Unzulänglichkeit an sich ist nicht das Problem. Zum Problem wird diese erst, wenn zum Beispiel Fehler nicht als Fehler eingestanden und zur Grundlage eines Strebens nach Veränderung gemacht werden.

Zitat

„Der Meister sprach: Fehler begehen und sich nicht ändern, das nenne ich fürwahr verfehlt." (Kung Fu Tse: Gespräche)

All dies zielt auf eine Verantwortung des Einzelnen für sein Tun und Handeln. Das menschliche Leben wird von Konfuzius in einer Weise vom Lernen her gedacht, die dem ursprünglichen Bedeutungsgehalt des deutschen Wortes „Bildung" bei Humboldt nahe kommt (vgl. Kap. 5.1). Die Vorstellungen von Konfuzius wurden in eine Praxis staatsbürgerlicher Tüchtigkeit übertragen und spielten insbesondere bei der Ausbildung der Staatsbeamten eine zentrale Rolle.

China – Lao Tse

Eine gänzlich andere und doch vergleichbare Vorstellung vom Lernen finden wir in einem Buch, das im deutschen Sprachraum als Tao Te King („Das Buch vom Tao und vom Te") bekannt ist. Es gehört zu den am häufigsten übersetzten Büchern der Kulturgeschichte und vermittelt ebenfalls eine besxtimmte Vorstellung vom Menschen als lernendem Wesen. Das Buch besteht aus einer Sammlung von Spruchеinheiten und wird einer mythischen Figur namens Lao Tse zugeschrieben. Ob es eine solche Person je gegeben hat, ist umstritten. Aus pädagogischer Sicht ist auch nicht die Frage der Urheberschaft, sondern die nach den pädagogischen Implikationen dieser chinesischen Weisheitslehre entscheidend. Auch im Tao Te King geht es um die verantwortliche Gestaltung der sozialen Ordnung und um das Arrangement des Zusammenlebens. Ziel ist eine Zeit des Friedens und der Harmonie, in der Gewalt und Armut überwunden werden. Die Hinwendung zur Welt wird mit dem Konfuzianismus geteilt. Grundlegende Unterschiede tun sich jedoch in der Bestimmung des Lernwegs auf. Nicht der Erwerb von Wissen und dessen reflexive Einordnung in tugendhaftes Verhalten, sondern die meditative Einstimmung in die Ordnungsprinzipien des Kosmos sollen den „Lern"-Weg des Menschen ausmachen. Hier wird ein anderes Lernverständnis deutlich. Betont werden Empfindung und Intuition als normative Maßstäbe für das eigene Denken. Es geht um die Meditation des Tao bzw. Dao, des Weges und Kreislaufs, der den harmonischen Wandel des Kosmos bestimmt. Dieses Tao ist letztlich für das menschliche Reflexionsvermögen unzugänglich und unerforschlich. So beginnt denn das Tao Te King nicht mit dem Lernen, sondern mit der Einsicht in die Nicht-Lehrbarkeit des Tao.

Tao Te King

Lao Tse

Zitat

„Tao, kann es ausgesprochen werden, ist nicht das ewige Tao. Der Name, kann er genannt werden, ist nicht der ewige Name.“ (Lao Tse: Tao Te King)

Der Lernweg des Menschen ist danach einerseits von dem Bewusstsein der Grenzen der Lehrbarkeit bestimmt und macht andererseits gerade diese Einsicht zur entscheidenden „lehrbaren“ Tugend. Tao ist danach nicht nur das metaphysische Prinzip, das nicht erkannt werden kann, sondern gleichzeitig der Weg und das Ziel des Menschen, den es im Sinne des Te als Tugend bzw. Kraft zu beschreiten gilt. Dies führt zum Ideal eines weisen Menschen, der in der Welt in Anerkenntnis der inneren Gegensätze des Lebens handelt und dabei zugleich nicht sich selbst, sondern die Harmonie des Kosmos zur Geltung bringen will.

Zitat

„Der heilige Mensch beharrt im Wirken des Nicht-Tun. Wandel, nicht Rede, ist seine Lehre. [...] Er erzeugt und besitzt nicht, Er wirkt und gibt nichts darauf. Ist Verdienstliches vollendet, besteht er nicht darauf.“ (Lao Tse: Tao Te King)

Abb. 1.4.3 | ▶
Yin-Yang-Zeichen

Ziel aller Einsicht ist somit die Bedeutungslosigkeit des Bedeutsamen und zugleich die Bedeutsamkeit alles Bedeutungslosen. Der Kosmos vereint in sich harmonisch einander ergänzende Widersprüche, wie diese musterhaft in dem auch in Europa berühmten Yin-Yang-Zeichen zum Ausdruck kommt.

Merksatz

Die pädagogischen Impulse der im chinesischen Kulturkreis entstandenen Traditionen des Konfuzianismus und des Taoismus sind sehr unterschiedlich. Während bei Kung Fu Tse der Erwerb von Wissen und eine darauf aufbauende Einübung in tugendhaftes Verhalten im Mittelpunkt stand, rückte für Lao Tse die meditative Einstimmung in die Ordnungsprinzipien des Kosmos ins Zentrum.

Gemeinsam ist Taoismus, Konfuzianismus und auch Buddhismus die Suche nach der Verwirklichung der richtigen Prinzipien. Gemeinsam ist auch die Vorstellung, dass Menschen sich über Lernen auf den Weg machen können, sich diesen Prinzipien zumindest anzunähern, wenn nicht gar (im Zustand geistiger Erleuchtung) sie zu verwirklichen. Was jedoch die richtigen Prinzipien und damit die richtigen Lernziele sind und welcher Lernweg eine Annäherung an diese eröffnet, wird in diesen Kulturmustern verschieden bestimmt.

Zusammenfassung

Die Ausgangspunkte der Pädagogik können in Europa an der Schriftkultur und der gesellschaftlichen Struktur in Mykene um 1200 v. u. Z. festgemacht werden. Bei Homer und Hesiod finden wir die ersten großen Erzählungen, in denen mit sehr unterschiedlichen Akzenten Lernwege von Menschen beschrieben wurden. Sparta und Athen als die führenden Stadtstaaten in der klassischen griechischen Antike repräsentieren mit ihrer gesellschaftlichen Organisation zugleich zwei unterschiedliche Rahmenmodelle für Erziehung und Lernen. Der Erziehung zum Kollektiv in Sparta kann der auf kulturelle Individualität gerichtete Handlungsrahmen in Athen gegenübergestellt werden. Die Sozialstruktur der „familia", die Weiterentwicklung der sprachlichen Kompetenz (Rhetorik) und die Rahmung des sozialen Lebens durch das Rechtssystem kennzeichnen den Beitrag der römischen Antike zum Grundverständnis von Pädagogik. Daneben finden wir im Kontext des Alten Israels, des entstehenden Judentums und im Christentum eine Denkfigur, die das Lernen mit einer Kritik an religiösen Überhöhungen des Alltags verbindet. Im Rahmen der Vorstellung einer „Achsenzeit" (Karl Jaspers) wird deutlich, dass in der Antike in ganz unterschiedlichen Weltgegenden Kulturmuster entwickelt wurden, mit deren Hilfe sowohl der Lebenslauf des Einzelnen als auch die soziale Ordnung gedeutet werden. Vor allem aus dem indischen (Hinduismus, Buddhismus) und chinesischen Kontext (Konfuzius, Lao Tse) sind Deutungsfiguren des Menschen als Lernwesen hervorgegangen, die bis heute nachwirken.

Literatur

Baeck, Leo: Das Wesen des Judentums. Werke, Band I. Gütersloh 1998.

Contag, Victoria (Hg.): Konfuzianische Bildung und Bilderwelt. Zürich/Stuttgart 1964.

Finley, Moses I.: Die Welt des Odysseus. Frankfurt/Main 1992.

Jaspers, Karl: Vom Ursprung und Ziel der Geschichte. München 1949.

Johann, Horst-Theodor (Hg.): Erziehung und Bildung in der heidnischen und christlichen Antike. Darmstadt 1976.

Lichtenstein, Ernst: Paideia. Die Grundlagen des europäischen Bildungsdenkens im griechisch-römischen Altertum, Band I. Der Ursprung der Pädagogik im griechischen Denken. Hannover 1970.

Marrou, Irénée: Geschichte der Erziehung im klassischen Altertum. Freiburg 1957.

Wolff, Hans Walter: Anthropologie des Alten Testaments. Neu hg. von Bernd Janowski. Gütersloh 2010.

Testfragen

1. *Inwiefern kann über die Beschreibung von Kultur auf Pädagogik rückgeschlossen werden?*
2. *Welche Modelle des Erwachsen-Seins bietet Homer in der „Ilias" und der „Odyssee"?*
3. *Welches Verständnis von Individuum und Gesellschaft liegt den Sozialstrukturen in Sparta und Athen zu Grunde?*
4. *Was kennzeichnet die Vorstellung vom Menschen bei den Sophisten und bei Platon?*
5. *Welche Themen sind für die Pädagogik in der römischen Antike besonders wichtig?*
6. *Was kennzeichnet die Pädagogik im Judentum und im Christentum?*
7. *Was kennzeichnet das Lernen im Hinduismus und im Buddhismus?*
8. *Worauf ist das Lernen nach Konfuzius und Lao Tse ausgerichtet?*

Mittelalter (313–1492) – Von Kaiser Konstantin bis Christoph Kolumbus | 2

Inhalt

Die Zeit zwischen Konstantin und Kolumbus ist in Europa weitgehend durch das Christentum als Norm für das Denken und Handeln bestimmt. In diesem Rahmen wurde das zu lernende Wissen auf eine „christliche" Deutung sowohl des einzelnen Lebenslaufs als auch der sozialen Ordnung hin zugespitzt. In diesem Rahmen wurden neue Profile von „Schule" (Klosterschule, Domschule) und der öffentlichen Kommunikation (Mission) entwickelt. Im Hoch- und Spätmittelalter wurden erste Universitäten gegründet und es entstanden die Strömungen des Humanismus und der Mystik. Dem Islam, über Jahrhunderte der maßgebende Orientierungsrahmen im Süden Europas, kommt dabei eine wichtige Funktion als Mittler antiker Überlieferungen und als Begründer eigener Wissenschaftsbereiche zu.

Erziehung als Alltagsgestaltung des Christentums | 2.1

Lernen wird von außen durch unterschiedliche Instanzen bewusst gesteuert. In allen Fällen solch bewusster Steuerung sprechen wir von Erziehung. Neben Personen, die unmittelbar auf uns einwirken, sind es vor allem Institutionen und deren kultureller Rahmen, die mittelbar die Möglichkeitshorizonte der persönlichen Lernwege abstecken. In diesen Horizonten werden Variationen des „Normalen" definiert, innerhalb dessen sich ein Mensch entwickeln kann und soll. Die Bandbreite des „Normalen", des „Normgebenden", prägt dann wiederum auch das pädagogische Handlungsspektrum von Personen wie z. B. Eltern oder Erziehern. Wenn wir jetzt in einem großen Bogen einen Zeitraum von über 1000 Jahren betrachten, so ist dieser in weiten Teilen Europas von einem großen Thema umrahmt: der Orientierung am Christentum als Fundament des „Normalen", des Normgebenden, und der Diskussion darüber, was diese Norm theoretisch bedeuten und wie sie praktisch umgesetzt werden soll. Wie ist es dazu gekommen? Normen

Christentum als Lernrahmen

Die Beziehung von Christentum (und Judentum) zur europäischen Kultur war – wie wir in Kapitel 1.3 sahen – in den ersten Jahrhunderten u. Z. auch durch eine kritische Distanzierung zu aller religiösen Legitimation von innerweltlicher Macht und Herrschaft bestimmt. Dies änderte sich mit dem römischen Kaiser Konstantin dem Großen im frühen 4. Jahrhundert grundlegend. Konstantin der Große (ca. 270–337) ist das Symbol für eine Entwicklung, in der das Christentum immer stärker positiv zur Legitimation und zur Ausgestaltung weltlicher Macht herangezogen wurde.

Konstantin der Große

Abb. 2.1.1 | ▶ Diese Darstellung von Kaiser Konstantin findet sich auf einem Mosaik in der Kirche Hagia Sophia im heutigen Istanbul, dem früheren Konstantinopel.

Der Lernweg des Einzelnen bekam dadurch einen neuen Rahmen. Durch die im Jahr 313 mit von Konstantin veranlasste Mailänder Übereinkunft, nach der auch das Christentum als eine staatstragende Religion anerkannt werden soll, änderten sich die Bedingungen sowohl für die Selbstdeutung der Individuen als auch für die Interpretation politischen Handelns in Europa grundlegend. Auch wenn mit dieser Übereinkunft zunächst nur eine Freiheit der Glaubensentscheidung für alle Religionen, d. h. eben auch für das bis dahin offiziell ausgegrenzte Christentum, proklamiert wurde, nahm die Entwicklung faktisch einen anderen Lauf. Nach der Übernahme der Alleinherrschaft ab 324 u. Z. setzte Konstantin zunächst eine politische Privilegierung des Christentums durch, die dazu führte, dass das Christentum unter Kaiser Theodosius 380 zur Staatsreligion im Römischen Reich erhoben wurde. In den folgenden Jahrhunderten wurde die Funktionalisierung des Christentums als normgebender Staatsreligion immer stärker ausgebaut. Seitdem wurde das Christentum als ideologische Überhöhung weltlicher Macht (in späteren Jahrhunderten nicht zuletzt auch zur Unterdrückung von Juden und zur Abgrenzung gegenüber dem Islam) instrumentalisiert. Diese Stützung weltlicher Macht durch (christlich-)

Ideologie

religiöse Motive reichte bis ins 20. Jahrhundert („Thron und Altar") und wirkt heute noch in bestimmten Motivlagen („God save the Queen", „God bless America") fort. Die ursprüngliche Kritik seitens der Juden und Christen an einer Instrumentalisierung von Religion zum Zwecke der Überhöhung innerweltlicher Herrschaft wurde damit unterdrückt. Eine kritische Position zu Macht und Reichtum findet sich im Mittelalter bei einigen der von normgebender Seite so genannten „Ketzer". Zu diesen alternativen Strömungen des Christentums gehören unter anderem die Waldenser und die Hussiten (siehe Kap. 2.4). Die für das Mittelalter so prägende Allianz von Christentum und weltlicher Herrschaft wird deswegen von manchen als Verfallsgeschichte des Christentums und des Umgangs mit der biblischen Überlieferung interpretiert.

„Thron und Altar"

Die Folgen für Erziehung und Bildung machten sich sowohl in der Alltagsgestaltung als auch in der Ordnung des Wissens bemerkbar. Auch wenn – wie in 1.3 ausgeführt – Orthopraxie und Orthodoxie nicht strikt voneinander getrennt werden können, so ist es doch sinnvoll und möglich, diese voneinander zu unterscheiden. Im Folgenden wird an Beispielen gezeigt, welche Konsequenzen die normgebende Funktion des Christentums für die Suche nach der richtigen Praxis hatte (Orthopraxie), während in 2.2 dann die Aufmerksamkeit auf die Ordnung des Wissens und der Lehre im engeren Sinne gerichtet wird (Orthodoxie).

Wenn es um die Praxis geht, können die Entwicklungen einerseits als Verflechtung des Christentums in die Legitimation innerweltlicher Herrschaftsverhältnisse (Christentum als öffentlich-politische Norm) beschrieben oder aber andererseits aus einer eher anthropologischen Perspektive betrachtet werden. In anthropologischer Hinsicht stellt sich die Frage, welche Modelle eines gottgefälligen Lebens für den Einzelnen (Christentum als anthropologische Norm) entwickelt wurden. In beiden Perspektiven geht es um die Wirkung des Christentums auf Lebensvollzüge als Orthopraxie, um die Ziele und Wege des Lernens.

Orthopraxie

Wenn wir uns der öffentlich-politischen Instrumentalisierung des Christentums als Normierung des Alltags zuwenden, so müssen wir uns zunächst von der Illusion verabschieden, dass das Christentum in sich eine im engeren Sinne einheitliche Größe ist. Es gibt verschiedene Traditionen und Konfessionen (Konfession = Bekenntnis). In der Überlieferung des sogenannten „Neuen" Testaments finden sich bereits neben *vier* Erzählungen zu dem jüdischen Wan-

Evangelien

derlehrer Jesus von Nazareth („Evangelien") Briefe und weitere Schriften (z. B. eine Apokalypse über das Ende der irdischen Welt), die sehr unterschiedliche Anknüpfungspunkte für das Verständnis von Lernen und Alltagsgestaltung enthalten.

Abb. 2.1.2 | ▶ Die vier Verfasser der Evangelien werden in Kirchen und auf Bildern mit unterschiedlichen Symbolen dargestellt, die auf die unterschiedlichen Schwerpunktsetzungen in ihren Berichten über Jesus von Nazareth verweisen.

a)

b)

c)

d)

Gestritten wurde in den ersten Jahrhunderten der christlichen Kirchen insbesondere darum, was es bedeuten sollte, dass der Wanderlehrer Jesus aufgrund seiner Kreuzigung (und Auferweckung) als Christos (griechisch für „der Gesalbte", lateinische Form „Christus") zu verehren und selbst als Gott anzubeten ist. Gestritten wurde auch über die Rolle der aktuellen Wirkmächtigkeit Gottes im Alltag durch seinen „Heiligen Geist". Gestritten wurde schließlich um die Zusammenschau von Gott Vater, Gott Sohn (Jesus als der Christos) und Gott Heiliger Geist in einem Gottesbild, in der die Dreiheit zugleich als Einheit verstanden werden sollte. Zu allen diesen Streitpunkten wurden in überregionalen Zusammenkünften Beschlüsse gefasst und festgelegt, was als wahr und was als falsch anzusehen war – und dies wurde in den folgenden Jahrhunderten dann durch die jeweiligen Herrscher durchgesetzt. Das hatte für das Lernen im Alltag mindestens zwei Konsequenzen. Zum einen musste sich der Einzelne lernend zu dem Anspruch verhalten, dass in einem bestimmten sozialen Kontext die Anerkennung der weltlichen Herrschaftsverhältnisse zugleich mit der Unterwerfung unter eine bestimmte Deutungsvariante des christlichen Bekenntnisses verbunden war. Die Abweichung vom Bekennen wurde als Ketzerei verurteilt und konnte weitreichende Konsequenzen bis hin zum Todesurteil haben. Zum anderen hat sie bis heute Folgen für die Art, wie christliche Riten wie z. B. Gebete und Gottesdienste vollzogen werden.

Ketzerei

Der Gottesdienst ist in allen Religionen ein ganz spezieller Lernort. Der Gottesdienst kann als ein Ort verstanden werden, in dem Menschen durch das Miterleben und Mitvollziehen religiöser Handlungen lernen, wie der eigene Lebenslauf und die sie umgebende Kultur zu deuten sind. Das Christentum spaltete sich früh in einen eher griechisch geprägten Teil – dieser wird „Orthodoxe Kirche" genannt (hier als Konfessionsbezeichnung, die nicht einfach mit der sonstigen Verwendung von „Orthodoxie" in diesem Lehrbuch gleichzusetzen ist) – und in einen römisch geprägten – die „Katholische Kirche". In der „Göttlichen Liturgie" der im oströmischen Reich entstehenden „Orthodoxen Kirchen" spielt die visuelle und akustische Repräsentation der ewigen Glaubensideen durch Lieder, Texte, Bewegungen und Bilder (Ikonen) die entscheidende Rolle. Die wichtigste Liturgie geht auf Johannes Chrysostomos (ca. 349–407) zurück und wird seit der Spätantike als ästhetischer Erfahrungsraum des Glaubens weitgehend unverändert inszeniert. Lernen findet hier im Miterleben der Liturgie und im Erleben des Kirchenraumes statt. Durch Lieder, Bilder und Gebete werden die wesentlichen Botschaften des Glaubens wiederholt. Der Lernweg in einer römisch-katholischen Messe ist in seiner Wirkung ähnlich, aber in seiner Ausgestaltung völlig verschieden von der Liturgie der Orthodoxen Kirchen. Das beginnt bereits bei der Art, wie Kirchen gebaut und ausgestaltet sind. Dies hat zur Folge, dass Katholiken und Orthodoxe die jeweils andere Konfession als fremd und mit der jeweils eigenen Tradition als unvereinbar wahrnehmen, obwohl sie in ihren Grundaussagen nicht weit voneinander entfernt sind.

Gottesdienst

Johannes Chrysostomos

Die Vorstellung, dass das Christentum als Orientierungsrahmen für das Lernen allen Menschen zu verkündigen sei, geht zurück auf einen im Markus-Evangelium formulierten Auftrag von Jesus:

Zitat

„Geht hinaus in die ganze Welt, und verkündet das Evangelium allen Geschöpfen! Wer glaubt und sich taufen lässt, wird gerettet; wer aber nicht glaubt, wird verdammt werden." (Markus Evangelium 16,15 f.)

Mission = Sendung

Dieser Sendungsauftrag (Mission = Sendung) kann an sich als problematisch angesehen werden, weil er in einer bestimmten Weise gelesen und als Lernappell verstanden werden kann. Danach führt *nur* der Glaube an Jesus als den Christus zum Heil. Jeder andere Glaube führt zum Untergang. Der Sendungsauftrag wird aber besonders problematisch, wenn er innerweltlich interpretiert und politisch zur Durchsetzung von Machtinteressen eingesetzt wird. Diese Interpretation funktioniert so: Gott will, dass alle Menschen sich zum Christentum bekehren. Da diejenigen, die nicht Christen werden, verdammt sind, dürfen wir sie auch gleich töten, versklaven o. ä. So ist der Missionsauftrag in der Bibel zwar nicht gemeint. Das Christentum wurde auf diese Weise jedoch häufig politisch instrumentalisiert. Die Regel war: Wer den christlichen Glauben vertritt, hat Recht und darf für sich auch die politische Herrschaft beanspruchen. Christliche Mission war daher oft Zwangsbekehrung – von den Sachsen im 8. Jahrhundert bis hin zu den kolonialen Ausbeutungs- und Unterdrückungsprozessen im Süden der Welt seit dem 16. Jahrhundert.

Gregor der Große: Öffentliche Volkserziehung

Gregor der Große

Dabei hatte es schon früh neben der gewaltgeleiteten Unterwerfung auch ein anderes, ein didaktisches Verständnis von Mission als öffentlich-politische Strategie der Volkserziehung gegeben. Diese Strategie findet sich in einem Schreiben von Gregor dem Großen (ca. 540–604), der ab 590 als Papst in Rom wirkte. Im Kontext der Ausbreitung eines römisch verstandenen Christentums auf der britischen Insel hatte Gregor in einem Brief an einen Abt Mellitus eine Didaktik indirekter Lernsteuerung entworfen. In dem Brief ordnet er an,

Zitat

„dass die Heiligtümer der Götzen bei diesem Volk keineswegs zerstört werden müssen, dass aber die Götzenbilder, die sich darin befinden, zerstört werden sollen [...]. Denn wenn diese Heiligtümer gut gebaut sind, müssen sie notwendigerweise vom Dämonenkult in die Verehrung des wahren Gottes verwandelt werden, damit dieses Volk, wenn es sieht, dass diese seine Heiligtümer nicht zerstört werden, den Irrglauben aus dem Herzen verbannt und, den wahren Gott erkennend und bewundernd, mit mehr Zutrauen an den Orten zusammenkommt, an die es gewöhnt ist. [...] Denn zweifellos ist es unmöglich, schwerfälligem Verstand alles auf einmal wegzunehmen, da ja auch derjenige, der den höchsten Gipfel besteigen möchte, Schritt für Schritt und nicht in Sprüngen nach oben kommt." (Beda der Ehrwürdige: Kirchengeschichte des englischen Volkes, 731)

Der Realist Gregor sieht, dass der Mensch ein träges Wesen ist, dem eine Umorientierung schwerfällt. Was einmal gelernt wurde, verfügt über eine alltagsprägende Macht. Das Gelernte kann nicht ohne weiteres insgesamt ersetzt werden, so dass es auf die Strategie ankommt, mit der das Umlernen in Gang gesetzt wird. Im Hintergrund steht die Annahme, dass von den sozialen Regeln des Alltags eine erzieherische Wirkung ausgeht. Deswegen muss über die Umgestaltung der Alltagserfahrung nachgedacht werden. Die naheliegende Weise der Umerziehung des Menschen ist die über eine allmähliche Gewöhnung, bei der das Neue mit Gewohntem verbunden wird. Gregors Umlern-Programm basiert auf der Anerkennung von Alltagsgewohnheiten einerseits und der Unterscheidung „Äußeres ↔ Inneres" andererseits. Seine Grundidee besteht darin, dass das Evangelium als Inhalt durchaus kompatibel mit unterschiedlichen äußeren Gegebenheiten ist. Gregors didaktische Schlussfolgerung lautet: Die gewohnte Form soll beibehalten, zugleich jedoch umgeprägt werden durch die neuen Inhalte. Die bereits zuvor im Christentum praktizierte christliche Strategie der Umwidmung von Festen (vgl. das Weihnachtsfest oder Ostern) wurde bei Gregor ein wesentlicher Baustein einer umfassenden christlichen Inkulturationsdidaktik: In eine vorfindliche Kultur mit ihren Praktiken und Symbolen werden christliche Inhalte eingepasst, inkulturiert – ein Vorgang, der sich bei der Ausbreitung des Christentums in Asien, Afrika und Amerika in vielen Variationen wiederholen wird.

Alltagserfahrung

Inkulturation

Neben der Verpflichtung auf das Christentum *als öffentliche Norm* entstand parallel die Frage, wie der Einzelne mit einer bestimmten Gestaltung des Lebenslaufs sein individuelles „ewiges"

Merksatz

Die Pädagogik des Christentums war oft von einer Inkulturationsdidaktik geprägt: In eine vorfindliche Kultur mit ihren Praktiken und Symbolen werden christliche Inhalte eingepasst.

Heil realisieren oder zumindest vorbereiten konnte. Neben die Formen von Alltagsfrömmigkeit mit Gebetsstrukturen und Gottesdienstbesuch für die breite Masse der Bevölkerung trat die Suche von Einzelnen nach Modellen einer strengeren „Nachfolge Christi". Diese Suche führte manche zum Leitbild des in der Einsamkeit lebenden Asketen. Für diese Asketen ging es in dem Erlernen der eigenen Bedürfnislosigkeit um ein geheiligtes Leben, aber immer bezogen auf sich als Einzelfall. Daneben trat jedoch im Laufe des 6. Jahrhunderts eine Institution, die als Institution einen Rahmen für eine solche strenge Nachfolge bieten wollte: das Kloster. Im Kloster wird die Suche nach Modellen eines Lebenslaufs in der „Nachfolge Christi" quasi sozialisiert. *In* der Gemeinschaft und *durch* die Gemeinschaft sollten die Mitglieder des Klosters, die Mönche (und später in den Frauenklöstern auch die Nonnen), ihr Lernen ganz in den Dienst eines gottgefälligen Lebens stellen. Dies geschah und geschieht zum Beispiel in einer Alltagsgestaltung im Rhythmus von „ora et labora" (Beten und Arbeiten).

Kloster

Benedikt von Nursia: Das Kloster als Schule

Benedikt von Nursia

Ein Blick auf die von Benedikt von Nursia (ca. 480–547) ausformulierte Klosterordnung, die Benedikt-Regel, zeigt, dass und wie das Kloster mit seinen alltagsprägenden Regeln eine Schule war. In der Benedikt-Regel wird als Ziel des Klosters formuliert, „eine Schule für den Dienst des Herren einzurichten" („Dominici schola servitii"). Das Lernen war im Kloster als Schule zunächst an dem Vorbild von Personen, vor allem dem des Abtes, ausgerichtet. Zu diesem „Lernen am Modell" heißt es in der Benedikt-Regel, dass der Abt „mehr noch durch Beispiel als durch Worte" seine Schüler belehren solle. Bei den Lernvoraussetzungen der Mönche sollen vom Abt sowohl deren ‚Aufnahmefähigkeit' als auch ‚Entwicklungsstand' berücksichtigt werden.

Kloster als Schule

Zitat

„Die verständigeren Jünger unterweise er (der Abt) demnach in den Geboten des Herrn mit Worten, den weniger empfänglichen und beschränkteren veranschauliche er die Vorschriften Gottes durch sein Beispiel." (Benedikt von Nursia: Die Regel des Heiligen Benedikt, 529)

Jenseits dieser Unterschiede der Auffassungsgabe soll der Abt im Kloster jedoch keinen Unterschied der Person machen. Die Herkunft darf das (lehrende) Handeln und Verhalten des Abtes nicht leiten. Mit Blick auf den Lehrplan im engeren Sinne sollen insbesondere die für die Gottesdienstgestaltung notwendigen Kompetenzen vermittelt werden. Dies gilt gleichermaßen für Wissensgehalte (Schriftkenntnis) wie für Techniken (Lesen, Schreiben, Singen). Eine aufschlussreiche Vorschrift im 38. Kapitel lautet:

Zitat

„Übrigens sollen die Brüder nicht der Reihe nach vorlesen und singen, sondern nur, wer die Zuhörer erbaut." (Benedikt von Nursia: Die Regel des Heiligen Benedikt, 529)

Diese Vorschrift verweist auf die Bedeutung sprachlicher und gesanglicher Fähigkeiten. Von dieser Wertschätzung aus kann sowohl auf direkte Unterrichtsprozesse als auch auf mitläufiges Lernen rückgeschlossen werden. Die Lese-Kompetenz gehörte zumindest programmatisch zum Profil klösterlicher Allgemeinbildung. Denn für die Fastentage wird folgende Anweisung formuliert:

Zitat

„Für diese Tage der Fastenzeit erhalte jeder ein Buch aus der Bibliothek, das er von Anfang an ganz lesen soll." (Benedikt von Nursia: Die Regel des Heiligen Benedikt, 529)

An dieser Bestimmung ist auch bemerkenswert, dass in der Organisation des Klosters zwingend der Aufbau und die Pflege einer Bibliothek vorgesehen gewesen sein musste. Daneben aber wird das Lehren und Lernen wesentlich indirekt von der Institution als System sozialer Regeln gesteuert. Das vorrangige Lernziel für die Mönche ist die Unterordnung unter das vorfindliche Alltagsgefüge von Arbeits- und Gebetszeiten bis hin zu einer bestimmten Anordnung des Schlafgemachs. Mit dem Kloster haben wir also eine Institution vor Augen, die *in* der Welt zugleich einen Ort *außerhalb* der Welt repräsentieren wollte. Es ging um das Muster einer sozial organisierten Nachfolge Christi außerhalb des sonstigen Alltags mit dessen Hierarchien.

Merksatz

Im Kloster als Schule wird das Lernen von der Institution *als* Institution gesteuert – als ein System sozialer Regelstrukturen, die einen Lernappell an die in der Institution agierenden Personen richten.

Diese „außerweltliche" Orthopraxie in den Klöstern war jedoch eigenen Verfallsprozessen unterworfen, so dass im Laufe des Mittelalters immer wieder Forderungen nach einer Reform entstanden. Durch die Kopplung der Klöster mit weltlichen Herrschaftsansprüchen von Teilen der Kirche waren irdische Wertmaßstäbe wie Besitz und Eigentum auch in dieser Institution in den Vordergrund getreten. Dagegen wandte sich u. a. im 10. und 11. Jahrhundert eine vom burgundischen Benediktinerkloster Cluny ausgehende geistliche Reformbewegung, in der eine Erneuerung sowohl der Gottesdienstkultur als auch der mönchischen Frömmigkeit eingefordert wurde. Letztlich ging es damit auch um eine Reform des Klosters als Schule. Eine weitere Reaktion auf Fehlentwicklungen in den Klöstern war die Gründung anderer Klosterorden. Die heute vielleicht bekannteste Alternativkonzeption eines zugleich weltzugewandten und kontemplativen Lebens initiierte Franz von Assisi (1182–1226). Gemeinsam mit anderen sogenannten „Bettelorden" wie den Dominikanern, den Karmeliten oder den Augustiner-Eremiten verpflichteten sich die Franziskaner auf ihrem Lernweg auf Besitzlosigkeit und suchten darin einen eigenen Weg der Nachfolge Christi als Kritik an einer durch Eigentum und Besitzmaximierung definierten sozialen Ordnung.

Franz von Assisi

2.2 | Erziehung als Wissensordnung des Christentums

Erziehung und Bildung, Lehren und Lernen brauchen immer eine inhaltliche Seite des „Wissens", auch wenn sie sich nie darin erschöpfen. Neben den Lehrangeboten, die – wie in Kapitel 2.1 an Beispielen veranschaulicht – von den Lernappellen einer gestalteten Öffentlichkeit (Mission) oder von der Regelstruktur einer auf den ersten Blick gar nicht so pädagogischen Institution (Gottesdienst, Kloster) ausgehen, gibt es den „Lehrplan" in einem engeren pädagogischen Sinne. Bei diesem Lehrplan geht es um jene Inhalte, die Gegenstand von explizit so bezeichneten Lehr-Lern-Situationen im Rahmen einer ausdrücklich so ausgewiesenen pädagogischen Institution sind. Die Institution schlechthin ist die „Schule", die Lehr-Lern-Situation schlechthin ist der Unterricht (im engeren Sinne). Die unterrichtliche Auseinandersetzung mit dem „Lehrplan“ im Kontext von „Schule“ ist Gegenstand dieses Teilkapitels.

Schule

Dabei müssen wir jedoch zuvor festhalten, dass die Bestimmung dessen, was eigentlich eine „Schule“ ausmacht, gar nicht so einfach ist. Was gehört an Merkmalen unverzichtbar dazu? Ein professionelles Lehrpersonal, Unterrichtsmaterialien, eine Zeitstruktur von Unterricht (am Tag, in der Woche, im Jahr), ein Bezug auf bestimmte Altersstufen, das Nachdenken über das Wie (Methodik) in Verschränkung mit dem Was (Didaktik) des Lehrens, ein Gebäude – so oder ähnlich wird eine Sammlung von Merkmalen aussehen, die es uns über den Wandel im Laufe der Jahrtausende hinweg ermöglicht, von der Antike bis zu unserer Gegenwart überhaupt von „Schule“ zu sprechen. Andere Aspekte wie z. B. die staatliche Schulaufsicht, die allgemeine Schulpflicht, die Zugänglichkeit von Schule für alle Bevölkerungsschichten und vor allem für beide Geschlechter, die Kopplung des Schulbesuchs an eine Abschlussqualifikation, die Voraussetzung für einen Beruf oder ein Studium ist – all diese Aspekte, die wir heute auch mit „Schule“ in Verbindung bringen, würden es schwierig machen, von einer „Schule“ in der Antike oder auch im Mittelalter zu sprechen. Im Kern von Schule geht es um einen lehrplanbasierten Unterricht als ein von Menschen in einem institutionellen Rahmen getragenes Vermittlungs- und Aneignungsgeschehen – Lernende, Lehrende und Inhalte. Wir müssen diese didaktische Fokussierung in Erinnerung halten, um nicht zu falschen Übertragungen zu kommen. „Schule“ früherer Zeiten (und übrigens auch an fernen Orten) ist uns gewissermaßen gleichzeitig völlig nah und völlig fremd – je nachdem, welche Merkmale herangezogen werden.

Schule

Die Eigenheit der Schulen im Mittelalter gewinnt durch den Vergleich mit der Antike an Konturen. Wenn man eine gemeinsame Linie identifizieren wollte, so könnte man darauf verweisen, dass es sich in den westlichen Staaten der römischen Antike und im Mittelalter jeweils um „Lateinschulen“ gehandelt hat, die Vermittlung und der Gebrauch der lateinischen Sprache also im Mittelpunkt stand. Die Bedeutung der Sprache als Gegenstand und zugleich Medium von Lehren und Lernen kann kaum überschätzt werden. In der Sprache werden immer die Möglichkeiten und Grenzen festgelegt, wie Wirklichkeit und „Wahrheit“ beschrieben werden können.

Lateinschule

Latein und nicht mehr das Griechische galt im westeuropäischen Mittelalter als sprachlicher Standard für die Erfassung politischer, religiöser und philosophischer Sachverhalte. Grammatik und in fortgeschrittenen Lernphasen Rhetorik standen im Mittelpunkt des Unterrichts. Eine solche „schola" (lateinisch „schola" = Schule) war in der römischen Kultur eine feste Instanz, deren inhaltliche Ausrichtung jedoch damals wie heute umstritten war. Seneca beispielsweise hatte in seinen Moralischen Briefen an Lucilius den uns heute auf den ersten Blick fremd anmutenden Gedanken formuliert:

Seneca

Zitat

„Nicht für das Leben, sondern für die Schule lernen wir." („Non vitae, sed scholae discimus.") (Seneca: Epistulae morales ad Lucilium um 62 u. Z.)

Wir könnten diesen Satz im Sinne von Schule als besonders zu schützender Lernraum verstehen, so dass sich das Lernen in der Schule auf Wesentliches (vor allem die philosophische Selbstreflexion) konzentrieren und die Lernzeit nicht mit lebensnahen Belanglosigkeiten der Alltagstauglichkeit vertan werden soll. Eine solch reflektierte Praxisferne und damit einhergehende Abgrenzung vom Alltagsgeschehen durch Konzentration auf das, was den Menschen ausmacht und der Mensch nur in einer „schola" lernen kann, hatte Seneca jedoch nicht im Blick. Vielmehr kritisierte er gerade die Alltagsferne der Schule – ein Motiv, das in Aufnahme der Absicht Senecas im Laufe der Zeit zu einer Umstellung des Spruches geführt hat: „Nicht für die Schule, sondern für das Leben lernen wir." In dieser Reihenfolge wird die schulkritische Intention Senecas heute gerne zitiert, steht als Sinnspruch über manchem Schuleingangstor und behauptet, dass sich das Lernen in der Schule dem „Leben" (auch im Sinne des jeweiligen Herrschafts- und Wirtschaftssystems) ausliefern müsse. Die Diskussion darum, ob Schule ein Ort (relativer) pädagogischer Autonomie mit eigener Sinnstruktur und eigenen Spielregeln sein soll oder sich den Verwertungsinteressen menschlichen Lernens auszuliefern hat, stellt bis heute einen unlösbaren Konflikt im Verständnis von Schule dar. Diese Widersprüchlichkeit, diese Spannung, bietet ein mögliches Kriterium, anhand dessen Konzeptionen von „Schule" bis heute überprüft werden können.

Wenn wir vor diesem Hintergrund einige Schulmodelle des Mittelalters betrachten, so ist zunächst darauf zu verweisen, dass die Möglichkeit zum Schulbesuch stark von der Herkunft abhängig war.

Die meisten Menschen sowohl auf dem Land als auch in den Städten besuchten keine solche Institution. Sie konnten oftmals nicht lesen, schreiben und im weiteren Sinne rechnen. Schulbesuch blieb ein Privileg von Wenigen. Schule war bei alledem in Europa gekoppelt an die über das Christentum legitimierte weltliche Macht. Eine allgemeine Möglichkeit zum Schulbesuch, eine allgemeine „Volksschule", hat sich erst seit dem 16. Jahrhundert zunächst als Idee und später als Praxis durchgesetzt. Heute gibt es in den meisten Ländern der Welt entweder eine Unterrichts- oder eine Schulpflicht.

Blicken wir noch einmal zurück auf die Situation in der Antike, dann können wir festhalten, dass mit dem schleichenden Niedergang des römischen Reiches vom 5. bis 7. Jahrhundert auch eine weitreichende, wenn natürlich auch nicht vollständige Auflösung der tradierten Form von „schola" einhergegangen ist. „Weltliche" schulische Erziehung war zur Aufrechterhaltung der sozialen Ordnung zwar weiterhin unverzichtbar, doch stellte sich unter dem Eindruck des Christentums als ideologischer Überbau der Kultur die Frage, welche Funktion Lernen und die Tradierung von Wissen denn haben sollte. Unter dem Einfluss des Christentums entwickelten sich mehrere Schulmodelle.

Klosterschule und Domschule

In dieser Hinsicht erfuhr das Lateinische im Rahmen eines ersten, das Mittelalter prägenden Schulmodells eine weitreichende Veränderung: die Klosterschule. Mit Blick auf Schule ist die Klosterschule im weiten Sinne (‚Kloster als Schule') von der Klosterschule im engeren Sinne zu unterscheiden. Im weiten Sinne war bereits zuvor in einer Analyse der für viele Klöster maßgebenden Benedikt-Regel die gesamte Institution des Klosters als Schule bezeichnet worden, insofern dort das Lernen durch soziale, zeitliche und räumliche Regeln gesteuert wurde. Dem steht die Klosterschule im engeren Sinne gegenüber, in der das Lernen durch einen speziell arrangierten Unterricht mit der Intention der Kulturtradierung organisiert wurde. Die zeitliche Entwicklung der Lernorganisation im Kloster kann in der Formel zusammengefasst werden: vom Kloster als Schule zur Klosterschule (im engeren Sinne). Dabei muss beachtet werden, dass die Dimension des Klosters als Schule mit der Zeit keineswegs verschwunden ist. Vielmehr drückt sich gerade im Mit- bzw. Gegeneinander beider Lernwege jene bleibende Spannung aus, die immer wieder zu Kontroversen über die Berechtigung und Bedeutung unterrichtlichen Lehrens und

Klosterschule

Abb. 2.2.1 | ▶ Die Darstellung einer Handschrift aus der Mitte des 14. Jahrhunderts zeigt Knaben auf dem Weg in die Klosterschule.

Lernens im Raum des Klosters Anlass gegeben hat.

Im Kloster war Latein nicht mehr ein durch die Alltagskultur definierter Sprachraum, sondern wurde instrumentell als Träger einer Botschaft jenseits des Alltags verstanden. Latein wurde vor allem gelernt, um damit die lateinische Bibel lesen und lateinische Psalmen und Gebete singen und sprechen zu können. Innerhalb der septem artes liberales waren Grammatik, Rhetorik und Dialektik (= Trivium) jetzt vor allem Medium und nicht so sehr Gegenstand des Unterrichts. Das zuvor geltende Ideal der rhetorischen Sprachbeherrschung wurde abgelöst durch ein weitgehend instrumentelles Verständnis der Sprache, die dem Vorrang der Inhalte, der „Botschaft", untergeordnet wurde. Die Binnendifferenzierung vom Kloster als Schule und der Klosterschule entwickelte sich vor allem im Gefolge der irofränkischen und angelsächsischen Mission im 7. und 8. Jahrhundert. In diesem Prozess wurde die abgeschiedene Stellung des Klosters innerhalb der sozialen Ordnung weitgehend aufgelöst. Das in dieser Zeit ausgebaute System des Feudalismus sorgte im Hinblick auf die Klöster für einen grundlegenden Funktionswandel. Jetzt wurde in vielen Fällen der Adel die Autoritätsinstanz des Klosters, quasi eine Art Vorgesetzter. Dem Kloster wurde vom Adel die Aufgabe übertragen, das künftige „ewige" Seelenheil der Menschen vorzubereiten, nicht zuletzt aber auch die Versorgung der Adelsfamilie sicherzustellen. Hierzu wurden durch entsprechende Stiftungen die Klöster mit einer zum Teil weitreichenden Macht und einem entsprechenden Grundbesitz ausgestattet. Damit war die pädagogische Dimension des Klosters *als Schule* zwar nicht aufgehoben, doch rückten pädagogische Dienstleistungen einer speziellen Klosterschule für die allgemeine Sozialstruktur in den Vordergrund, beispielsweise in der Ausbildung für die Verwaltung des jeweiligen Herrschaftsbereichs.

Eine ebenfalls eng mit der Entwicklung des Christentums in diesen Jahrhunderten verbundene Form von Schule als Kulturträger war die Domschule. Dabei handelt es sich um die an den politisch-religiösen Macht- und Organisationszentren der Bischofssitze eingerichteten Schulen, die primär der Ausbildung der Geistlichen in dem entsprechenden Kirchenbereich (Diözese) dienen sollten. Neben dieser Ausrichtung auf die inneren Belange der Kirche sollte dieses Schulmodell die Ausbildung von Staatsdienern für die Aufrechterhaltung der politischen Ordnung gewährleisten. Schulen an Bischofssitzen waren schon in der christlichen Spätantike vorhanden und seit dem Konzil von Toledo (527) auf Kirchenversammlungen eingefordert worden, konnten jedoch erst in späteren Jahrhunderten eine zentrale Stellung in der gesellschaftlichen Struktur einnehmen.

Domschule

Von besonderer Bedeutung für die Entwicklung des Schulwesens im Mittelalter waren die Reformprozesse um das Jahr 800, die mit der Herrschaft Kaiser Karls des Großen (ca. 748–814) verbunden sind. Die sogenannte Karolingische Bildungsreform forcierte aus politischen und kulturellen Gründen einen Ausbau des Bildungswesens und betonte die Bedeutung von Schule als eigenständiger Institution mit Lehrplan und Unterricht. Im Rahmen der Aachener Synode von 799 wurde die Forderung erneuert, an allen Domstiften Schulen einzurichten. Damit war die Absicht verbunden, insbesondere die Sprachkompetenz des Klerus zu verbessern, um die religiös legitimierte Herrschaftsstruktur auf verbindliche Aussagegehalte des Christentums zu stützen. Es lag (auch) im politischen Interesse, dass das Christentum als Buchreligion gepflegt wurde.

Karl der Große

Abb. 2.2.2 | ▶
Die Darstellung aus dem 9. Jahrhundert zeigt Karl den Großen mit seinem ältesten Sohn Pippin dem Buckeligen. Darunter die Abbildung eines Schreibers.

Mit Blick auf das Kloster wurde die Ausdifferenzierung in eine der kulturellen Ausbildung von weltlichen Bürgern nachkommende schola exterior („äußere“ Schule) und eine schola interior („innere“ Schule), die dem Gemeinschaftsleben des klösterlichen Nachwuchses vorbehalten bleiben sollte, vorangetrieben. Allgemein wurde zum einen die Beschäftigung mit außerchristlicher Literatur (wie den philosophischen Traditionen der Antike) diskutiert, zum anderen jedoch der Nutzen von (wissenschaftlicher) Reflexion an sich in Frage gestellt. Die Konflikte äußerten sich in der zeitweisen Abwertung bzw. grundsätzlichen Ablehnung der gelehrten Studien. Die Kontroverse, inwieweit über die Lektüre der biblischen Schriften hinaus eine Beschäftigung mit antiken Autoren sinnvoll bzw. unerlässlich war, spiegelt sich unter anderem in den unterschiedlichen Beständen der Bibliotheken in Klöstern und an den Domschulen. Vor allem für die schola exterior erschien es zwingend, die bereits von Augustinus legitimierte Beschäftigung mit antiken Schriften zur Grammatik, Rhetorik und Dialektik und auch des Quadriviums in den schulischen Lehrplan mit einzubeziehen – wenn auch im Licht des inhaltlich normierenden Maßstabs der biblischen Lehre.

Neben der Pflege der Glaubenslehre war der Bereich des Rechts von zentraler Bedeutung. So war die an religiösen Gehalten zu schulende Sprachkompetenz für die Lektüre, Tradierung und Abfassung von Rechtstexten grundlegend. Die zu erwerbende Sprachkompetenz bekam eine wichtige politische Funktion. Bei der Pflege des Lateinischen ging es Karl dem Großen nicht nur um Religion. Vielmehr sollte durch die Standardisierung der lateinischen Sprache auch die Einheit seines weite Teile Europas umfassenden Reiches aufrechterhalten werden. Konkret ging es zunehmend um die Ausbildung kompetenter Persönlichkeiten, die an den Kanzleien für die Frömmigkeits- und Rechtspflege zuständig waren oder als Diplomaten die Kommunikation mit anderen Herrschaftshäusern gewährleisten sollten. Die lateinische Sprach- und Schriftkultur diente innerhalb des karolingischen Großreiches insgesamt als Integrationsmittel, zu dem die Schulen nun durch systematische Unterrichtung ihren Beitrag zu leisten hatten.

Rechtstexte

Stadtschulen und Universitäten: Ausdifferenzierung institutionellen Lehrens

Die Geschichte der Modelle Klosterschule und Domschule ist somit ab dem 8. Jahrhundert geprägt durch die Ausrichtung auf regelgeleitete Alltagsfrömmigkeit einerseits und auf die sozialen Verpflichtungen (und Neigungen) zur Kulturgestaltung andererseits. Die Spannung zwischen den Erziehungszielen weltabgewandter Kontemplation einerseits und weltoffener Gelehrsamkeit andererseits begleitete die Diskussion in den Kloster- und Domschulen über die

Jahrhunderte. Ihre Blütezeit erlebte die Institution der Domschule im 10. bis 11. Jahrhundert. Zu den bedeutendsten Domschulen dieser Zeit gehören die Schulen in Mainz, Münster, Hildesheim, Salzburg, Chartres und Reims. Die Konflikte um den Status von Lernen und Bildung im Rahmen der Kloster- und Domschulen mussten in jenem Zeitraum zurücktreten, in dem Konkurrenten auf dem Bildungsmarkt auftraten und die Versorgung mit kulturell notwendigen Ausbildungsangeboten durch andere Institutionen gewährleistet werden konnte. Einen Bedeutungsverlust erlitten die Modelle der Klosterschule und der Domschule im Hochmittelalter durch zwei gegenläufige Tendenzen inmitten eines umfassenden Strukturwandels. Dieser vollzog sich im 12. Jahrhundert durch das Entstehen der transregionalen Universitäten auf der einen und von städtischen Schulen auf der anderen Seite.

Entstehung der Universität

Auf der einen Seite ersetzten quasi von ‚oben' die entstehenden „Hoch"-Schulen, die Universitäten, die Funktion der Tradierung der gelehrten Studien und der Wissenstradierung. Hier etablierte sich ab dem 12. Jahrhundert das Lateinische vor allem als leitende Wissenschaftssprache der Philosophie. Die ersten Universitäten in Europa entstanden in Bologna, Paris und Oxford. Die lateinische Bezeichnung universitas leitet sich ab von der Formel: „universita(ti)s magistror(um) et scolariu(m)" und verweist so auf die Gemeinschaft der Lehrenden und Lernenden. Der inhaltliche Anspruch dieser Institution ist umfassend und verweist auf das Konzept eines *studiums generale*. Neben den septem artes liberales waren es vor allem die Bereiche der christlichen Religion (Theologie), der Rechtswissenschaft und der Medizin, die gelehrt wurden.

Merksatz

Ab dem 12. Jahrhundert entstand für das unter direktem kirchlichen Einfluss stehende System von Schulmodellen eine Konkurrenz von „oben" und von „unten". Neben die Universitäten mit dem Anspruch einer Gemeinschaft von Lehrenden und Lernenden traten die oftmals in städtischer Trägerschaft entstehenden Lateinschulen und Schreibschulen.

Städtische Lateinschule

Auf der anderen Seite entstanden von ‚unten' eine neue Art von Lateinschulen sowie Schreibschulen. Die in städtischen Trägerschaften entstehenden Lateinschulen des 12. und 13. Jahrhunderts veränderten die inhaltliche Ausrichtung des Lateinischen. Jetzt rückten im Horizont neu erschlossener Handelswege und erweiterter wirtschaftlicher Möglichkeiten ökonomische und diplomatische Interessen in den Vordergrund, die unter anderem über den Erwerb lateinischer Sprachkompetenz in Lesen und Schreiben befriedigt werden sollten. In den Schreibschulen wurde der Unterricht oftmals auch in der Alltagssprache (z. B. dem Deutschen) von zunächst zumeist frei unterrichtenden Magistern verantwortet. Mit den Schreibschulen sollte dem weltlich gelagerten Ausbildungsinteresse vor allem des Handwerks und Handels Rechnung getragen werden. Das umfassende Lehrmonopol der Kloster- und Domschulen wurde so schrittweise zersetzt, so dass zwar die entsprechenden Schulmodelle bestehen blieben, deren zentrale strukturelle Bedeutung für die gesellschaftliche Organisation jedoch verlorenging.

Schreibschulen

2.3 | Erziehung zwischen Humanismus und Mystik

Mit der Gründung der ersten Universitäten im 12. bis 14. Jahrhundert war ein neues Fundament für die „Höhere“ Bildung gelegt worden. Auch wenn noch über Jahrhunderte hinweg die Organisation des Wissens von der Deutungshoheit eines mit den weltlichen Machtinteressen verwobenen Christentums normiert werden sollte, war damit doch eine Grundlage für die Dynamisierung des Wissens gegeben. Das menschliche Vernunftvermögen wurde als Steuerungsinstanz für die menschliche Verstandestätigkeit immer stärker anerkannt, auch wenn sich bis in das 17. bzw. 18. Jahrhundert hinein die Vernunft immer an dem normierenden Anspruch des durch „Kirche“ repräsentierten „Glaubens“ auszurichten hatte. In den Jahrhunderten bis zum Aufbruch in die Neue Welt durch Christoph Kolumbus sorgte diese neue Wertschätzung von Vernunft und Verstand für einen Aufschwung des Denkens.

Scholastik

Anselm von Canterbury

Dieses Denken konnte verschiedene Wege einschlagen. Mit dem Wirken von Anselm von Canterbury (ca.1033–1109) wurde eine Denkweise begründet, die in der Art der Argumentationsführung den zentralen Aspekt der menschlichen Sprache sah. Grammatik und Rhetorik waren dabei zwar auch wichtige Dimensionen des Sprachgebrauchs – entscheidend aber wurde eine Weiterentwicklung der antiken Dialektik. Der neue Name hierfür war „Scholas-

Scholastik

tik". Diese Kennzeichnung geht zurück auf das lateinische Wort scholasticus, das sowohl auf die Institution der „schola" (schulisch, schulmäßig) als auch auf eine entsprechend tätige Person (den „Gelehrten") verweist. Im Zentrum der „Scholastik" steht eine bestimmte Form der Beweisführung durch Argumente. Die Logik der Sache wird von einem allgemeinen (und damit – so die Idee – weithin anerkannten) Grundgedanken aus formuliert und die einzelnen Schritte werden dann daraus abgeleitet (Deduktion). In der Deduktion geht es um das Schließen vom Allgemeinen auf das Besondere. Anselm von Canterbury hatte in einer seiner Schriften, dem Proslogion, Grundgedanken formuliert, mit deren Hilfe er das Verhältnis von Vernunft und (christlichem) Glauben zu beschreiben suchte:

Zitat

„Neque enim quaero intelligere ut credam, sed credo ut intelligam." / „Ich such ja auch nicht zu verstehen, um zu glauben, sondern glaube, um zu verstehen." (Anselm von Canterbury: Proslogion, 1077)

In der Welt der Gelehrten wurde die Scholastik vor allem an den Universitäten als Methode angewandt und zu umfassenden Lehrgebäuden weiterentwickelt. Insbesondere die Schriften des griechischen Philosophen Aristoteles mit seiner Theorie des Schlussfolgerns hatten dabei einen großen Einfluss. Lehren und Lernen bedeutete in diesem Kontext das Einüben in eine bestimmte Art des Argumentierens mit dem Ziel eines allgemein anzuerkennenden „Beweises".

Zu den wichtigsten Repräsentanten der Scholastik gehörte unter anderem Albertus Magnus (ca. 1200–1280), der als Gelehrter die Verbindung von Christentum und Aristotelismus begründete. *Albertus Magnus*

Sein bedeutendster Schüler war Thomas von Aquin (ca. 1225–1274), der zu den einflussreichsten Philosophen und Theologen in der europäischen Kulturgeschichte zählt. Wie auch Albertus gehörte Thomas den Dominikanern an. Dieser Orden geht auf Dominikus (ca.1170–1221) zurück und hatte sich das Ziel gesetzt, den christlichen Glauben im Sinne des römischen Papsttums durch Predigt und Lehre zu verbreiten und damit zugleich Irrlehren zu bekämpfen. In dem beeindruckenden Gedankensystem von Thomas von Aquin nimmt – pädagogisch betrachtet – das Einüben von Tugenden eine wichtige Rolle ein. Neben den antiken Haupttugenden der Klugheit *Thomas von Aquin* *Dominikus*

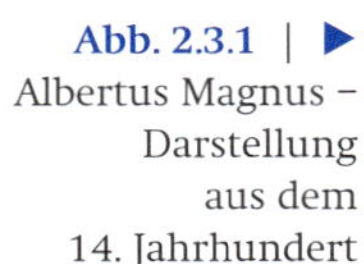

Abb. 2.3.1 | ▶ Albertus Magnus – Darstellung aus dem 14. Jahrhundert

(prudentia), Gerechtigkeit (iustitia), Mäßigung (temperantia) und Tapferkeit (fortitudo) treten bei Thomas – im Anschluss an Augustin – die drei christlichen Tugenden „Glaube, Hoffnung, Liebe", die in dem in der Bibel zu findenden 1. Korintherbrief (Kapitel 13, Vers 13) formuliert sind. Mit einer Orientierung des eigenen Lernweges an diesen Tugenden vermag der Mensch dann auch dem guten Kern der natürlichen Schöpfungsordnung zu entsprechen. Neben dieser praktischen Lebenslehre für den einzelnen Lebenslauf zeichnete sich die Scholastik jedoch vor allem durch große Lehrgebäude und spitzfindige Debatten aus, bei denen die Bedeutung dieses Wissens für die alltägliche Praxis schwer zu erkennen war.

Humanismus

Genau an diesem Punkt entzündete sich die Kritik an dieser Form der Gelehrsamkeit. Formuliert wurde diese Kritik vor allem von Personen, deren Werk heute unter der Bezeichnung „Humanismus" zusammengefasst wird. Üblicherweise werden drei Phasen des Humanismus unterschieden, die durch bestimmte systematische Leitgedanken miteinander verbunden sind: erstens die Phase des frühen, italienischen Humanismus im 13. bis 15. Jahrhundert, zweitens die Phase eines europäischen Humanismus im 15. bis 16. Jahrhundert und schließlich drittens die Phase des Neuhumanismus im ausgehenden 18. und frühen 19. Jahrhundert.

Humanismus

Der gemeinsame Vorwurf lautete, dass die scholastische Denkweise abgehoben und für den Alltag und die praktischen Belange der Lebensführung nutzlos sei. Zudem sei bei der Betonung der dialektischen Argumentationsführung die notwendige Sorgfalt für die anderen Dimensionen der Sprache, also der Grammatik und der Rhetorik, verlorengegangen. Nicht zuletzt zeige sich dies daran, dass bei genauerem Hinsehen die Schriften des Aristoteles, auf die sich die Scholastik gründen würde, in einer völlig unzulänglichen Textgestalt überliefert seien. Grammatische und rhetorische Kompetenz statt logischer Spitzfindigkeiten – so lautete für die Humanisten die Alternative. Im italienischen Frühhumanismus war die Leidenschaft für die kritische Rekonstruktion der Originaltexte untrennbar mit einer Zeitkritik verbunden. Pietro Paolo Vergerio (1370–1444) ging in seiner Schrift über „Die Frucht der Beschäftigung mit den ‚Literrae'" so weit, dass seines Erachtens „das Erhaltene in vielen Teilen so falsch ausgebessert, zerstört und verstümmelt ist, dass es fast besser wäre, wenn gar nichts davon auf uns gekommen wäre." Leonardo Bruni Aretino (ca. 1369–1444) beklagte dementsprechend den „Mangel an gelehrten Menschen, [...] die nicht einmal Latein, geschweige denn Griechisch können". Die Bücher, die Aristoteles zugeschrieben werden, hätten bei einer näheren Betrachtung der überlieferten Ausgangsquellen eine so große Veränderung durchgemacht, dass Aristoteles selbst sie gar nicht mehr als seine eigenen Schriften erkennen würde. Der pädagogische Leitgedanke der Humanisten lautete dementsprechend: Zurück zu den Quellen in ihrer ursprünglichen Textgestalt („ad fontes") als Grundlage allen Lernens. Diese Parteinahme für eine ursprüngliche Textgestalt gewann ihre Brisanz vor allem dadurch, dass mit eben jener verfälschten Überlieferung Hierarchie und gesellschaftliche Macht legitimiert wurden. Die Kritik richtete sich zum einen gegen den Anspruch der römischen Kirche auf Unterwerfung des eigenen Denkens unter die kirchlichen Dogmen und zum anderen gegen den Anspruch der Scholastik auf Unterwerfung des eigenen Denkens unter eine bestimmte Form logischen Denkens. In dem Verlangen nach einer neuen Sensibilität für die überlieferten Texte schwang somit ein autoritätskritisches Grundanliegen mit. Es ging darum, die (immer auch sprachlich vermittelte) Legitimation von Herrschaft auf ihre Berechtigung und Tragweite zu hinterfragen.

Italienischer Frühhumanismus

Die pädagogische Aufmerksamkeit richtete sich bei alledem nicht auf eine antiquarische Pflege der Überlieferung. Vielmehr ging es um ein Lernen für das Hier und Jetzt in Auseinandersetzung und Abgrenzung zu den großen scholastischen Systemen der Welterfassung. Es ging um Bildung in dem Sinne, sich über die Möglichkeiten und Grenzen der eigenen Weltwahrnehmung und des eigenen Handelns bewusst zu werden. Vittorino da Feltre (1378–1446) entwickelte zur Schulung der Gegenwartswahrnehmung ganz eigene Strategien, indem er seine Schüler durch bewusst falsche Erklärungen bestimmter Sachverhalte zu kritischem Widerspruch provozierte. Der Umgang mit den antiken Quellen durfte seiner Ansicht nach nicht zu einem reinen Selbstzweck werden. Deswegen wurde auch die scheinbare Selbstverständlichkeit problematisiert, dass primär oder gar ausschließlich literarische Gehalte der Antike herangezogen werden sollten, um die zum Kampf gegen die Scholastik erforderliche Urteilsfähigkeit zu schulen. So kritisierte der Humanist Lino Coluccio Salutati (1331–1406) in einem Brief an Poggio Bracciolini selbstkritisch die Unterwürfigkeit gegenüber der Antike, mit der die schriftstellerischen Leistungen der Gegenwart aus dem Blick zu geraten drohen.

Zitat

> „Ich bin dafür, dass wir diesen ganzen Autoritätsglauben, diese unberechtigte Hochschätzung des hochgerühmten Altertums endlich abschaffen, und ich wünsche, dass Du Dich von Deiner Auffassung über die Würde und den Vorrang der zeitlichen Priorität ein für allemal, wie es billig ist, befreien mögest." (Lino Coluccio Salutati: Brief an Poggio Bracciolini, Anfang 15. Jhdt.)

Dahinter stand das Problem der Autorität für das menschliche Denken und Handeln: Liegt diese Autorität außerhalb des Menschen selbst, z. B. in den Texten antiker Philosophen und Theologen? Oder geht es vielmehr darum, dass der Einzelne sich kritisch mit den diversen Autoritätsansprüchen auseinandersetzt, die an ihn herangetragen werden? Die Wertschätzung der Antike war in Gefahr, sich selbst zu dem unhinterfragbaren Götzen einer Ideologie zu entwickeln. Das, was mit gutem Recht gegen die Erstarrung in scholastischen Lehrgebäuden angeführt wurde, drohte selbst zu einer bloßen Unterwerfungsinstanz zu werden, die mit dem Leben nicht mehr viel zu tun hatte. Erasmus von Rotterdam (ca. 1467–1536) wird in seinen Auseinandersetzungen um die angemessene Gestalt der Cicero-Rezeption ganz ähnlich argumentieren. Um das humanistische Lernangebot nicht selbst zu pervertieren, darf man nicht bei einer kulthaften Verehrung des Alten um des Kultes willen stehenbleiben. Die Hochschätzung der Antike hat ihre Berechtigung – doch sie hat diese Berechtigung nur, wenn zugleich danach gefragt wird, wie die antike Deutung des Menschen und der Welt in gegenwärtige Lernangebote übertragen werden kann. Die Aktualisierung des

Erasmus von Rotterdam

Humanen, nicht jedoch das Klassische um des Klassischen willen sei letztlich das Ziel allen Lernens. An dieser Stelle wird die implizite pädagogische Dimension allen humanistischen Denkens sichtbar. Denn diese Aktualisierung des Humanen fällt nicht vom Himmel, auch nicht vom Himmel der Antike, sondern wird vermittelt durch Lernen in entsprechenden Bildungsprozessen.

Mystik

Eine pädagogische Perspektive ganz anderer Art ist mit der Richtung verbunden, die als „Mystik" bezeichnet wird. Ein wichtiger Repräsentant dieses Denkens ist Meister Eckhart (ca. 1260–1328), der bezeichnender Weise ebenfalls dem Orden der Dominikaner angehörte. Seine Verkündungstätigkeit war jedoch nicht auf die Erfassung der Welt in großen Deutungssystemen gerichtet. Sein Interesse galt vielmehr einer bestimmten Deutung des Menschen, mit der er das klösterliche Ideal der „Nachfolge Christi" für alle Menschen zugänglich machen wollte. Seine pädagogische Bedeutung liegt auf verschiedenen Ebenen. Zunächst einmal hat er zum einen seine Botschaft nicht mehr nur in lateinischer Sprache, sondern auch auf Deutsch den Menschen präsentiert. Die Sprache der Verkündigung hat sich nach Meister Eckhart nicht nur vom Stand der Gelehrten her zu definieren. Es geht um die Botschaft auch an die „einfachen" Menschen, die der Gelehrtensprache Latein nicht mächtig sind.

Mystik

Meister Eckart

In seinen deutschen Predigten und Schriften finden sich zum anderen auch die Ursprünge eines Sprachsymbols, mit dem die deutsche Sprache in besonderer Weise Lernvorgänge zu charakterisieren versucht: das Wort „Bildung". Dieses sprachliche Symbol wird – wenn auch mit anderen Grundlagen – ab dem 18. Jahrhundert in der deutschen Verständigung über Lernprozesse Karriere machen und eine Eigenheit gegenüber anderen Kulturen markieren, da es in anderen Sprachen kaum eine angemessene Übersetzung für „Bildung" gibt (vgl. Kap. 5.1). Meister Eckhart knüpft dabei der Sache nach an ein Motiv aus der Schöpfungsgeschichte in der hebräischen Bibel an, wenn er das Verhältnis des Menschen zu Gott und umgekehrt Gottes zum Menschen unter dem Aspekt des Bildes interpretiert. Einerseits hat Gott den Menschen „nach seinem Bilde" geschaffen. Andererseits lautet eines der zentralen Gebote in der hebräischen Bibel, dass sich der Mensch von Gott kein Bild machen solle. In der Kombination beider Aspekte sieht Meister Eckhart „Bildung" als

Bildung

einen Prozess, in dem Gott den Menschen auf den tragenden Grund seiner Existenz verweist. Bildung ist somit ein Prozess, in dem Gott den Menschen die Augen dafür öffnet, was den Menschen eigentlich ausmacht. Dieser Grund ist im Letzten nicht benennbar, sondern nur dadurch erfahrbar, dass Gott sich im Menschen bildet. Aufgabe des Menschen ist es, dafür offen zu bleiben, das bedeutet, Lernender zu sein. In diesem Sinne verweist „Bildung" auf die Ein-Bildung Gottes im Menschen, durch die der Mensch zu einer inneren Ruhe und zu innerem Frieden gelangen könne.

Die mit der mystischen Philosophie verbundene Denkbewegung zielt darauf, dass der Mensch sich im Denken nicht „nach außen" die ganze äußere Welt durch systematische Ordnung unterwerfen soll. Der Lernweg sollte vielmehr „nach innen" darauf gerichtet sein, sich dem tragenden Grund des Lebens in Stille, Abgeschiedenheit und Meditation zu nähern. Meister Eckhart nimmt dabei ein Motiv der Philosophie Platons auf, nach der die menschliche Seele in verschiedene Teile gegliedert ist und ein Teil der Seele „gottähnlich" ist. Dieser gottähnliche „Seelengrund" soll auf dem Lernweg des Menschen zu sich selbst freigelegt und so die Einwohnung Gottes im Menschen offensichtlich werden. Auch wenn der entscheidende Punkt die Ein-Bildung Gottes im Menschen ist, bleibt der Mensch nicht vollständig passiv, sondern muss sich auf eine bestimmte Art des Lernens einlassen. Diese Lernbewegung geht vom Individuum selbst aus und führt letztlich als Verantwortung für das Denken und Handeln auch zu ihm zurück.

Die Denkfigur zielt in letzter Konsequenz darauf, dass durch diese Entdeckung Gottes in sich selbst der Mensch Gott auch als tragenden Grund allen Lebens in anderen Menschen entdecken kann. Mit seiner Deutung des Christentums hat Meister Eckhart ganz unterschiedliche Reaktionen ausgelöst. Zu seinen Lebzeiten wurde er innerhalb der katholischen Kirche der Irrlehre („Häresie") bezichtigt. Nach seinem Tod wurden mehrere seiner Sätze als unvereinbar mit der Kirchenlehre verurteilt. Innerhalb der europäischen Kulturgeschichte hat er eine anthropologische Position des Christentums formuliert, die einen Lernweg vorzeichnet, mit dem eine spezielle Form der Verständigung mit anderen Religionen und Kulturen möglich wird. Der Lernweg ist geprägt von Meditation, innerer Einkehr und Relativierung von rationaler Welterfassung. Wir haben ähnliche Ansätze im indischen Kontext bei den Upanishaden, im buddhistischen Kontext und im Rahmen der Lehre des Tao-Te-

King gesehen. Im europäischen Mittelalter gab es parallele Entwicklungen im Judentum und im Islam (Sufismus). Auch wenn die Unterschiede z. B. hinsichtlich der Konsequenzen für den Umgang mit der irdischen Welt nicht außeracht gelassen werden dürfen, ist ein Lernweg, der von einer Relativierung rationaler Weltbeherrschung bestimmt ist, eine Möglichkeit der interkulturellen Verständigung und der interkulturellen Bildung. Der pädagogisch in dieser Hinsicht wohl bedeutendste Denker war Nikolaus von Cues (1401–1464), in dessen Philosophie mystische und humanistische Anliegen miteinander verbunden wurden.

Nikolaus von Cues

Seine pädagogische Leitfigur war von der Spannung bestimmt, einerseits nach Wissen (vor allem um Gott) zu streben, andererseits jedoch in diesem Streben notwendig zu der Einsicht zu gelangen, dass ein solch umfassendes Wissen gerade nicht möglich ist. Ziel ist somit ein Wissen über sein eigenes Nichtwissen, das in dem Motiv der „belehrten Unwissenheit" (docta ignorantia) auf den Punkt gebracht wird. Das Lernen des Menschen hat danach in allem Erkenntnisstreben vor allem auf der Einsicht in die Grenzen des Erkennens zu münden. Das führt ihn insbesondere dazu, nach dem Wahrheitsgehalt in allen Religionen (auch dem Judentum und dem Islam) zu suchen und das Lernen der Menschen auf Verständigung auszurichten.

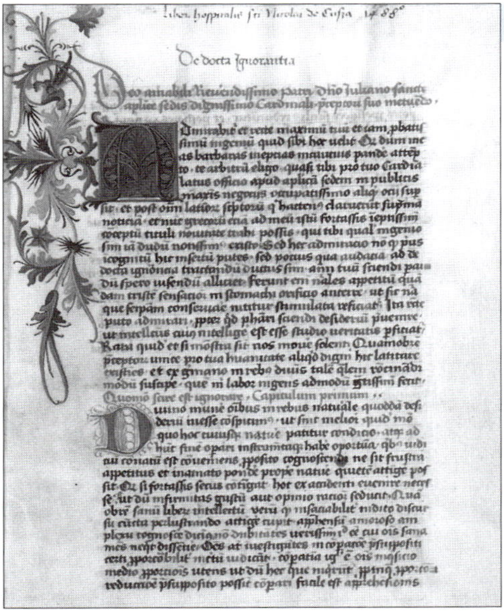

Abb. 2.3.2 | ▶ Der Anfang der Ausführungen von Nikolaus von Cues über die belehrte Unwissenheit in einer Handschrift aus dem 15. Jahrhundert

Merksatz

Scholastik, Humanismus und Mystik stellen drei Modelle dar, wie Grundlagen, Wege und Ziele des Lehrens und Lernens bestimmt werden können. Während es in der Scholastik um eine rationale Erfassung und Gliederung der inner- und überweltlichen Wirklichkeit unter der Herrschaft der Kirche geht, betont der Humanismus die freie Selbsterfahrung des Menschen über Sprache und über eine kritische Bezugnahme auf die Geschichte. Mit der Mystik wird schließlich ein Weg des Lernens aufgezeigt, in der es um ein Passivwerden des Menschen und um die Einsicht in die eigene Begrenztheit geht.

Meinungsverschiedenheiten in der Sache können in einem Zustand des Friedens durchaus nebeneinander bestehen bleiben. Mit seiner auf Toleranz gerichteten Deutung des Christentums und seiner Kritik des menschlichen Erkenntnisstrebens nahm Nicolaus von Cues wesentliche Anliegen der Aufklärung ab dem späten 17. Jahrhundert vorweg (vgl. Kap. 4.2).

Rittererziehung

Rittererziehung

Einen besonderen pädagogischen Bereich stellte im Mittelalter die ritterlich-höfische Erziehung dar. Die Aufnahme in den Ritterstand setzte einen langwierigen Lernprozess voraus. In den großen, in mittelhochdeutscher oder altfranzösischer Sprache überlieferten Epen wie Parzival spielt diese Erziehung für Jungen eine wesentliche Rolle. Nach einer ersten Phase in der Familie, während der insbesondere die Mutter für die Vermittlung christlicher Werte zuständig war, begann die Ausbildung zum Ritter durch ein strukturiertes Alltagslernen an einem fremden Hof, zu dem der Knabe geschickt wurde. Hier hatte der angehende Ritter zunächst einmal zu dienen und wurde mit den Umgangssitten vertraut gemacht. Dieses Lernen durch Teilhabe an einer Umgebung wurde ergänzt durch einen Unterricht im engeren Sinne. Neben dem elementaren Umgang mit der Sprache und dem weiteren Vertrautwerden mit der biblischen Überlieferung waren es vor allem musisch-literarische Kompetenzen, die der Heranwachsende im Idealfall erwerben sollte. Auch wenn die intellektuellen und kreativen Fähigkeiten in der Realität höchst unterschiedlich entwickelt wurden, ist das heutige Ritterbild oftmals mit dem „Minnesang", einer bestimmten Art von Gedichten, verknüpft. Diese Liebeslyrik beispielsweise von Walther von der Vogelweide, Wolfram von Eschenbach oder Oswald von Wolkenstein knüpften dabei an die literarischen Vorbilder der französischen Troubadoure an. Neben der musischen Komponente war es darüber hinaus vor allem die körperliche Fitness, in der der angehende Ritter sich zu bewähren hatte. Neben Laufen, Reiten und Schwimmen waren dabei Kriegstechniken des Nahkampfs Inhalte des Ausbildungsprogramms. Nach dem Nachweis entsprechender Kompetenzen mündete die Ausbildung in eine feierliche Übernahme in den Ritterstand, bei der im Rahmen der sogenannten Schwertleite ein Gelübde abzulegen war. In diesem Gelübde wurde nach der Überlieferung von Johann de Beka eine ganze Reihe an Verpflichtungen religiöser, politischer und sozialer Art übernommen.

Zitat

> „Das also ist die Regel des Rittertums: Zuerst mit frommem Denken an das Leiden des Herrn die Messe täglich hören, für den christlichen Glauben kühn das Leben wagen, die heilige Kirche und ihre Diener von allen Bedrückern befreien, Witwen, Unmündige und Waisen in ihrer Not beschirmen, ungerechte Kriege vermeiden, unbillige Dienste verweigern, für die Befreiung eines jeden Unschuldigen den Zweikampf aufnehmen, Turniere nur der ritterlichen Übung halber besuchen, dem römischen Kaiser oder seinem Stellvertreter in zeitlichen Dingen ehrfurchtsvoll gehorchen, den Staat unverkürzt in seiner Macht lassen, niemals Lehnsgüter des Königreiches oder Kaiserreiches veräußern und untadelig vor Gott und den Menschen in dieser Welt leben." (Johannes von Beka, Schwertleite, 1247)

Wenn heute gelegentlich von einem „ritterlichen" Verhalten die Rede ist, so bietet dieses Spektrum an ethischen Verpflichtungen im Rahmen des „Ritterschlags" der Schwertleite hierfür den Referenzrahmen.

Interkulturalität zwischen Konfrontation und Wissenstransfer

2.4

Zwischen Konstantin und Kolumbus hat die kulturelle Entwicklung auch in anderen Weltregionen nicht stillgestanden. Es bestand weltweit eine große Kluft zwischen denen, die mit der Tradierung und Weiterentwicklung von Wissen, politischer Herrschaft oder wirtschaftlichem Erfolg befasst waren, und den sogenannten „einfachen Menschen". Die gemeinsamen Rahmenbedingungen für das Lernen wurden weitgehend von religiösen Deutungsmustern bestimmt. In China entstand ein Mit- und Gegeneinander der verschiedenen Philosophenschulen – nicht zuletzt auch unter dem Einfluss einer weiteren Ausbreitung des Buddhismus nach Ostasien. In Indien wurde die Verehrung der Götterwelt inmitten einer Kasten-Gesellschaft durch Konzepte der inneren Einkehr und Meditation flankiert. In der noch nicht „entdeckten" Neuen Welt war die Organisation von Lehr-Lern-Prozessen von Nord- bis Südamerika eine Herausforderung, der sich die verschiedenen Hochkulturen stellen mussten. Insbesondere die kultische Seite der Götterverehrung, aber auch die Weitergabe des agrarischen oder astronomischen Wissens und nicht zuletzt die Verwaltung der sozialen Ordnung war auf eine strukturierte Form des Lehrens angewiesen. Das galt – um nur die bekanntesten Kulturen zu nennen – für die Maya, die Inkas oder die Azteken gleichermaßen. Die Kultur der Mayas kann bis ins vorchristliche Jahrtausend rekonstruiert werden. Die Kultur der Azteken erlebte ab dem 14. Jahrhundert ihre Blütezeit auf dem Gebiet des heutigen Mexiko. Das in Südamerika sich ab dem 13. Jahrhundert ausbreitende Reich der Inkas integrierte in seiner sozialen Ordnung Gruppen verschiedenster ethnischer Herkunft. Mit der Kolonialisierung, Missionierung und damit letztlich Vernichtung dieser Kulturen im Gefolge der Entdeckungsfahrten von Christoph Kolumbus änderte sich nach 1492 im Laufe der Jahrhunderte die Basis der Lehr-Lern-Prozesse – weg von einer Didaktik der kulturellen Symbole und vor allem mündlichen Wissensweitergabe hin zu eher wort- und schriftbasierten Deutungsmustern der Wirklichkeit. Mit Hilfe der christlichen Botschaft wurden Unterwerfungs- und Ausbeutungsprozesse initiiert und legitimiert, die heute in postkolonialen Perspektiven einer kritischen Revision unterzogen werden.

Lehren und Lernen im Islam

Eine solch kritische Perspektive auf die Geschichte und die Geschichtsschreibung kann auch von anderen kulturellen Kontexten aus formuliert werden. Dabei geht es immer auch um die Frage, was als Mitte der Welt und damit auch der Wahrnehmung von Geschichte gelten soll. Dem Islam kommt dabei aus europäischer Perspektive eine besondere Rolle zu. Gerade mit der Geschichte der Islam Pädagogik in Europa ist dabei die Kultur des Islam in einem sehr viel stärkerem Maße verwoben, als dies heute oftmals im Bewusstsein ist. Blicken wir zunächst auf die Ursprünge dieser – nach Judentum und Christentum – dritten „monotheistischen" (an nur einen

Gott glaubenden) Weltreligion, so werden wir auf das 7. Jahrhundert verwiesen. Der Islam geht zurück auf Mohammed (ca. 570 in Mekka – 632 in Medina). Mohammed gilt im islamischen Glauben als der letzte in einer Reihe von Propheten, der von Gott („Allah") beauftragt wurde, den Menschen im arabischen Kulturraum die Wahrheit der Religion zu übermitteln. Diese Verkündigung manifestierte sich im Koran, der aus 114 Abschnitten (Suren) besteht. Eine der ältesten Suren, die Mohammed als Gottes Botschaft mitgeteilt hat, kombiniert die Aussage der Geschöpflichkeit des Menschen mit dem Motiv des Lernens. In deutscher Übertragung lautet der Text der ersten fünf Verse in dieser 96. Sure:

Mohammed

Koran

Zitat

„Im Namen Allahs, des Gnädigen, des Barmherzigen.
1. Lies im Namen deines Herrn, Der erschuf,
2. Er schuf den Menschen aus einem Klumpen Blut.
3. Lies! denn dein Herr ist der Allgütige,
4. Der (den Menschen) lehrte durch die Feder,
5. Den Menschen lehrte, was er nicht wusste." (Der Koran, Sure 96)

In der bereits an Christentum und Judentum aufgezeigten Spannung von rechter Lehre (Orthodoxie) und rechtem Lebenswandel (Orthopraxie) weist der Islam – pädagogisch betrachtet – eine eigene Grundstruktur auf. Im übertragenen Sinne kann hier von einer sozialen Orthopraxie gesprochen werden, in der die Orthodoxie jedoch ein fester Bestandteil ist. Es handelt sich um eine soziale Orthopraxie, insofern der Islam von seiner Verkündung durch Mohammed an auf die Gestaltung und Durchdringung der sozialen Ordnung zielte.

Anders als das Christentum zielt der Islam nicht auf eine Nachfolge Jesu (quasi als Lernen am Modell), sondern auf eine Gestaltung des eigenen Lebenswandels unter den von Gott über Mohammed verkündeten Grundsätzen. Orthodoxie im Sinne der korrekten Befolgung einer Lehre und Orthopraxie als eine Verpflichtung auf einen bestimmten Lebenswandel fallen insofern in eins. Ausdruck hierfür ist die Orientierung des Lebenslaufs an fünf elementaren religiösen Pflichten, auf die das eigene Lernen verbindlich ausgerichtet werden soll. Diese Pflichten werden auch die „Fünf Säulen des Islam" genannt. Manche dieser Pflichten beziehen sich auf den Alltag, manche auf herausgehobene Zeiträume im Jahr oder sind einmalig im Lebenslauf.

Religiöse Pflichten

Fünf Säulen des Islam

Merksatz

Die „fünf Säulen" des Islam sind:

1. Das Bekenntnis des Glaubens
2. Das Gebet als Alltagselement
3. Die Reinigung von Körper und Geist durch Fasten.
4. Die Fürsorge für die Armen
5. Eine Pilgerfahrt nach Mekka

Diese „fünf Säulen" markieren Aspekte eines permanenten Lernprozesses. Der erste und der fünfte Gesichtspunkt des Merksatzes sind einmalige Akte, der zweite und der vierte Aspekt sollen das Alltagshandeln prägen und der dritte Punkt einen hervorgehobenen Zeitraum im Jahr markieren. „Es ist kein anderer Gott außer Allah und Mohammed ist sein Prophet" – so lautet singgemäß das Grundbekenntnis des Islam. Dieses Bekenntnis ist die Grundlage der selbsterklärten Zugehörigkeit zu dieser Religionsgemeinschaft. Dieses Bekenntnis soll öffentlich vorgetragen und in die Praxis des alltäglichen Gebets integriert werden.

Bekenntnis

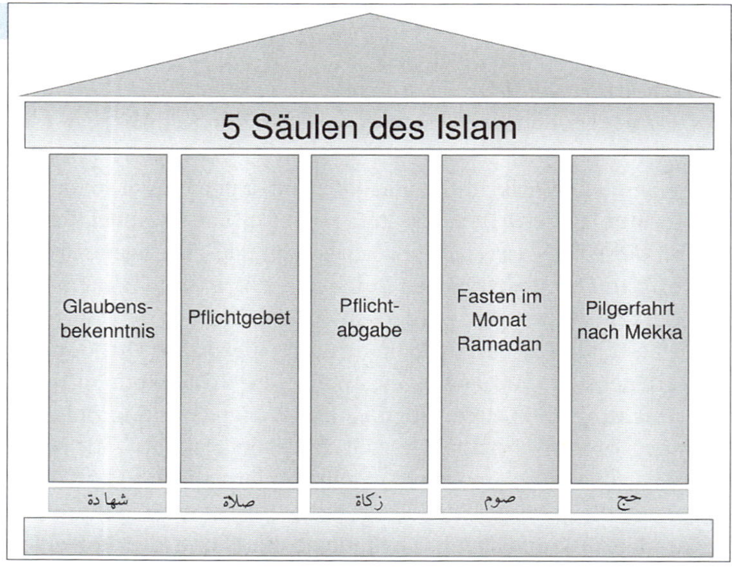

Abb. 2.4.1 | ▶ Die Fünf Säulen des Islam

Gebet

Jeder Muslim soll einen bestimmten Tagesablauf einüben und diesen nach einer vorgegebenen Gebetsabfolge strukturieren. Fünfmal soll unabhängig davon, wo man gerade ist, gebetet werden: am Beginn des Tages, am Mittag, nachmittags, nach Sonnenuntergang und am Ende des Tages. Ein wichtiger Bestandteil des Gebets ist die innere und äußere Reinheit, die unter anderem durch den mitgeführten Gebetsteppich symbolisiert wird. Die Betenden sollen sich geographisch in ihrer Gebetshaltung nach Mekka, einem der zentralen heiligen Orte des Islam, ausrichten. Die Gebetspraxis strukturiert somit die Wahrnehmung des Tages.

Fasten

Beim Fasten soll im Monat Ramadan tagsüber auf Essen und Trinken verzichtet werden. Nach Sonnenuntergang darf wieder Nahrung zu sich genommen werden. In dieser Zeit soll eine Rückbesinnung auf die Botschaft Gottes im Koran den inneren Reinigungsprozess begleiten. Da ein ganzer Monat dem Fasten gewidmet ist, kann man sagen, dass das Fasten in besonderer Weise die Wahrnehmung des Jahres strukturiert.

Armenfürsorge

Die Fürsorge für die Armen ist in einer Art Steuer geregelt, zu der sich jeder Muslim und jede Muslima durch die Abgabe eines Teils des Besitzes verpflichtet. Auch hier spielt der Aspekt der inneren Reinigung eine wesentliche Rolle, insofern die Einzelnen sich durch diese Verpflichtung vor Augen führen, dass Gier und Hass nicht mit der Religion vereinbar sind.

Pilgerreise

Die letzte „Säule" beschreibt ein Ziel, auf das das Lernen im gesamten Lebenslauf ausgerichtet sein soll. Im Erwachsenenalter sollen Angehörige des Islam eine zweiwöchige Pilgerreise nach Mekka, die sogenannte „Hadsch", unternehmen. Die Pilgerpraxis strukturiert somit in besonderer Weise die Wahrnehmung des gesamten Lebenslaufs.

Umma

Alles Lernen ist auf die Gestaltung der Welt und die Zugehörigkeit zur Gemeinschaft der Muslime, der Umma, gerichtet. Das Ziel ist dabei immer die soziale Ordnung, zu der die Einzelnen mit ihrem Lebenswandel nur einen kleinen, wenn auch unverzichtbaren Beitrag liefern. Von seinen Anfängen an ist der Islam auf Kulturgestaltung und weit weniger auf Kulturkritik gerichtet. Allah gibt die Richtlinien für diese Gestaltung vor. Er steht über den irdischen Dingen und agiert quasi als oberster Lehrer dadurch, dass er Menschen über seine Propheten die Normen für das Denken und Handeln mitteilen lässt. Mohammed, der letzte und damit die Reihe dieser Kundgaben abschließende Prophet ist mit den früheren Propheten wie Adam, Noah, Abraham oder Jesus in der Grundaussage einig, dass Gott als oberster Lehrer über die Kundgabe seines Willens Richtschnur für die Gestaltung des Alltags sein soll. In diesem Gedanken wird auch schon das vielschichtige Verhältnis des Islam zum Judentum und zum Christentum angedeutet. Einerseits sind diese beiden Religionen als Hüter des „Buches" quasi engste Verwandte, andererseits jedoch auch problematische Vorläufer, weil sie die Kundgabe von Gottes Willen verfälscht haben sollen. Als Angehörige von Buchreligionen wurden Juden und Christen in islamischen Herrschaftsbereichen oftmals, keineswegs jedoch generell Sonderrechte eingeräumt.

Der Gebrauch des Begriffs „Islam" unterschlägt, dass es sich – ebenso wie beim Christentum – nicht um eine einheitliche Religion handelt. Im Islam gibt es verschiedene Richtungen, die verschiedene Lernwege anbieten. Die Mehrheitsgruppe der Sunniten und die daneben größte weitere Richtung der Schiiten sind die bekanntesten dieser Strömungen. Aber auch sie haben in sich noch weitere Konfessionen.

Sunniten

Schiiten

Islam als Impulsgeber der Kulturentwicklung

Sozialgeschichtlich sind in den Jahrhunderten bis Kolumbus und darüber hinaus das Christentum und der Islam immer wieder in kriegerischen Auseinandersetzungen aufeinander getroffen. Eine erste Phase der Konfrontation war mit der Expansion des Islam im Mittelmeerraum während des 7. und 8. Jahrhunderts u. a. bis in weite Teile des heutigen Spaniens (Andalusien) gegeben. Mit den sogenannten Kreuzzügen der Christen im 11., 12. und 13. Jahrhundert und der Eroberung Konstantinopels durch die muslimischen osmanischen Herrscher im Jahr 1453 sind weitere historische Punkte markiert. Für die Geschichte der Pädagogik wichtiger noch als diese militärischen Konfrontationen ist ein anderer Aspekt: der Islam als Träger der Kulturentwicklung.

Kreuzzüge

In der Überlieferung und Weiterentwicklung antiken Wissens über die Jahrhunderte hinweg kam islamischen Gelehrten eine zentrale Funktion zu. Auch wenn umstritten ist, in welchem Ausmaß die Wahrung antiker Schriften im arabischen Kulturraum überhaupt erst die intellektuellen Aufbrüche im Rahmen der christlichen Scholastik und des Humanismus ermöglichten, so steht die Bedeutung des Islam als Wahrer der antiken Kultur an sich außer Zweifel. Eine besondere Mittelrolle kam islamischen Gelehrten hinsichtlich der Philosophie des Aristoteles zu. Ibn Ruschd (1126–1198), der im lateinischen Kontext Averroes genannt wurde, hat als einer der größten Universalgelehrten des Islam Kommentare zu den meisten Werken des Aristoteles verfasst. In der christlichen Scholastik wurde er als „Kommentator" stark rezi-

Averroes

piert. Grundlage für seine Kommentare war unter anderem das Wirken von Ishāq al-Kindī, lateinisch Alkindus (ca. 800–873), der in Bagdad, einem der kulturellen Zentren des Islam, Schriften von Aristoteles, Platon und anderen aus dem Griechischen ins Arabische übersetzt hatte. Die Ordnung des Wissens mittels logischer Schlussverfahren hat ganz wesentlich über eine arabische Rezeption der griechischen Antike im mittelalterlichen Europa Eingang gefunden.

Neben den philosophischen Grundlagen des Wissens waren es spezielle Kenntnisse und Fertigkeiten, die erst über den Kulturaustausch mit islamischen Einflussbereichen nach Europa gelangten. Wichtige Bereiche waren die Mathematik (arabisches Ziffersystem), die Medizin oder auch die Astronomie. Zu all diesen Gebieten wurden zum Teil umfangreiche Lehrbücher verfasst, die bis in die frühe Neuzeit hinein Geltung beanspruchen konnten. Das Spektrum reichte über Erkenntnisse zur Augenheilkunde über die Unterscheidung von Masern und Pocken bis hin zur Einführung von Gipsverbänden als Unterstützung des Heilungsprozesses bei Knochenbrüchen. Aus dem Bereich der Literatur sind in Europa die „Märchen aus tausend und einer Nacht" berühmt geworden, deren Ursprünge bis ins 8. Jahrhundert zurückreichen. Sie zeigen vor allem, wie der Islam am persischen Hof eine – insbesondere im Vergleich zum christlichen Europa – offene Form der Sexualität praktizierte und lehrte und wie Genuss – u. a. von Wein – und Bildung hochgeschätzt wurden.

Sexualpädagogik

Pädagogisch ist die islamische Kultur im Mittelalter vor allem als Überträger antiken Wissens und als Quelle für wesentliche Erkenntnisse in zentralen Wissensbereichen bedeutsam.

Eine Entwicklung, die den Islam mit dem Christentum und dem Judentum eint, ist die Ausbildung von Strömungen, in denen das Lernen des Menschen vor allem auf Meditation und innere Einkehr gerichtet ist. Auch wenn die Strömung des seit dem 11. Jahrhundert in Orden organisierten Sufismus im Islam nicht mit der stark individualisierten Mystik im Christentum gleichzusetzen ist, finden sich doch hinsichtlich der Deutung menschlichen Lernens bemerkenswerte Parallelen. Das oberste Ziel allen Lernens ist das Einswerden mit Gott, das durch eine allmähliche Persönlichkeitsänderung erreicht werden soll. In einem ersten Schritt werden alle sinnlichen Wahrnehmungen und insbesondere alle Individualitätsmerkmale in Frage gestellt. Gelingt es, diese beiden Ebenen im Bewusstsein

Sufismus

zurückzudrängen bzw. auszulöschen, ist damit die Voraussetzung dafür gegeben, das individuelle Ich zu verabschieden und sich in Gott aufzulösen. In dieser Suche nach Wegen zu einer unmittelbaren Beziehung zu Gott bestehen auch Parallelen zur jüdischen Spielart der Mystik im Mittelalter: der Kabbala. In pädagogischer Hinsicht ist bei all diesen Strömungen wichtig, dass die Anleitung auf diesem Weg der Annäherung an Gott immer explizit als ein Lehr-Lern-Weg beschrieben wird, den der Mensch beschreiten kann.

Alternative Lernwege im Christentum: die Pädagogik der „Ketzer"

Die verschiedenen Lernwege der Mystik standen im Mittelalter in der Regel jenseits der Vorstellungen, über eine Staatsreligion Herrschaft legitimieren zu können bzw. zu müssen. Neben den kontemplativen Alternativen zu dieser Verbindung von Thron und Altar gab es über die Jahrhunderte hinweg auch Modelle, die nicht ein Aufgehen des Individuums in einer mystischen Gotteserfahrung, sondern die konkrete Gestaltung irdischer Verhältnisse zum Lernprogramm machten. Damit wurde diese Gruppen zu einer direkten Konkurrenz zu der Verbindung von Thron und Altar. Diese oftmals als „Ketzer" bezeichneten Gruppen standen für alternative sozialpolitische Ordnungsvorstellungen und bereiteten mit ihren Lernmodellen im gewissen Sinne auch den Weg für die Diskussionen um Reformation und Gegenreformation im 16. Jahrhundert.

Ketzer

Eine dieser Gruppen waren die Waldenser, die seit dem Ende des 12. Jahrhunderts auf das Wirken von Petrus Valdes (ca. 1140–1208) Bezug nahmen.

Waldenser

Abb. 2.4.2 | ▶ Das Wappen der Waldenser zeigt einen Leuchter mit der lateinischen Umschrift „Lux lucet in tenebris" (Das Licht leuchtet in der Finsternis).

Valdes war in Lyon als Kaufmann erfolgreich tätig, als er ähnlich wie Franz von Assisi (nur einige Jahrzehnte früher) angesichts von beobachteter Armut neu nach den Grundlagen des christlichen Glaubens fragte. Seine Folgerungen können in mehrfacher Hinsicht als eine alternative Sozialpädagogik beschrieben werden. Zum einen bestimmte er das Verhältnis von weltlichem Besitz und Nachfolge Christi neu, indem er sein Vermögen unter die Armen verteilte und Strukturen der Armenfürsorge aufzubauen versuchte. Zum anderen bestand sein didaktisches Anliegen auch darin, dem Volk die Verkündigung der biblischen Botschaft in der jeweiligen Volkssprache zugänglich zu machen. Hierzu ließ er die biblischen Texte vom Lateinischen ins Französische übersetzen. Diese Übersetzung nahmen Valdes und seine Anhänger zur Grundlage, um dem einfachen Volk zu predigen. Diese Praxis der Laienpredigt (und Volksbildung) führte zum Konflikt mit der christlichen Zentralgewalt in Rom und letztlich zur Verfolgung der „Waldenser" als Ketzer. Der Lernweg in diesem Deutungsmodell des Christentums, das häufig auch als Vorläufer der reformierten Theologie interpretiert wird (vgl. Kap. 3.1), ist von einer hohen Wertschätzung des persönlichen Bibelstudiums einerseits und eines einfachen Lebensstils andererseits bestimmt. Übergeordnete Kirchenstrukturen und mittelalterliche Normvorstellungen wie Fegefeuer, Ablasshandel oder Heiligenverehrung werden abgelehnt. Bis heute gibt es waldensische Glaubensgemeinschaften in Italien, Süddeutschland und in Südamerika.

Hussiten

Eine vergleichbare Ausrichtung innerhalb des Christentums prägt die ebenfalls von der römisch-katholischen Kirche als „Ketzer" verurteilten Hussiten. Dieses Modell sozialen Lernens geht auf den tschechischen Theologen Jan Hus (ca. 1370–1415) zurück, der ebenfalls übermäßigen weltlichen Besitz und die kirchlichen Praktiken seiner Zeit wie den Ablasshandel kritisierte. Die kirchliche Hierarchie mit der Behauptung, an deren Spitze müsse ein Papst von Rom aus das Lehren und Lernen im Christentum normieren, erkannte Hus nicht an. Hus wurde 1415 in Konstanz auf einem Scheiterhaufen als Ketzer verbrannt. In Aufnahme der theologischen Anliegen von Jan Hus verbreitete sich in Böhmen seine Lehre als Muster für das christliche Leben. Die Leitvorstellungen wurden 1420 in den vier Prager Artikeln zusammengefasst.

Merksatz

Die vier Prager Artikel lauten:

1. Die Freiheit der Predigt der Bibel.
2. Die Freiheit für das Abendmahl mit Wein und Brot.
3. Die Freiheit von weltlichen Herrschaftsansprüchen der Kirche.
4. Die Freiheit zur Bestrafung schwerer Sünden.

John Wyclif

Freiheit ist das entscheidende Symbolwort – mit diesen Artikeln nahmen die Hussiten Forderungen auf, die wenige Jahrzehnte zuvor der englische Reformer John Wyclif (ca. 1330–1384) aufgestellt hatte und die auf den mit Martin Luther eingeleiteten Prozess der Reformation im 16. Jahrhundert vorausweisen. Verbindendes Motiv vieler „Ketzer“ war, dass diese Bewegungen ein alternatives Modell sozialen Lernens entwarfen und praktizierten. Ein wesentliches Motiv war die Befähigung des Einzelnen, seine Freiheit zu erkennen und im Rahmen sozialer Spielregeln zu entfalten. Diese „Ketzer“-Traditionen verweisen somit nicht nur auf ein anderes Deutungsmodell des Christentums, das zumindest teilweise an die Figur der „atheoi“ in den Ursprüngen unserer Zeitrechnung anknüpft, sondern führen auch ein anderes Verständnis christlichen Lernens mit sich. Der Lernweg sollte nicht als Eingliederung in eine zentralistische Hierarchie gedacht und praktiziert werden, sondern in Auseinandersetzung mit der Kultur (und den Besitzverhältnissen) der Gegenwart als kritisches Prinzip.

Christoph Kolumbus

Zur Kultur im umfassenden Sinne gehören vor allem auch die Bereiche der Warenproduktion, des Warenaustauschs und einer marktorientierten Konsumentenerziehung. Als Christoph Kolumbus (ca.1451–1506) und seine Gefährten 1492 in die sogenannte Neue Welt aufbrachen, verfolgten sie das Ziel, einen Seeweg nach Indien zu finden. Dafür erhielt er die Unterstützung von Isabella und Ferdinand von Spanien, die hofften, durch die kürzere Route nach Indien den Portugiesen den Gewürzhandel streitig machen zu können. Das Zeitalter einer von den europäischen Großmächten betriebenen Unterwerfung der Erdkugel begann. Die Kolonisierung war – von Ausnahmen abgesehen – auf Unterwerfung und Ausbeutung ausgerichtet. Diese Prozesse werden als Spiegel die Wandlungsprozesse in der europäischen Erziehungsgeschichte von der Reformation bzw. Gegenreformation über die Aufklärung bis hin zur Globalisierung der Gegenwart begleiten.

Zusammenfassung

Mit der Entscheidung von Konstantin dem Großen im 4. Jahrhundert, das Christentum in den Stand einer staatstragenden Religion zu erheben, wurde für die Zeit bis Kolumbus ein Handlungsrahmen für das Lehren etabliert, in dem nach dem Niedergang der antiken Institutionen ein kirchlich dominiertes Schulsystem neu geschaffen werden musste. Den Klöstern und den Orten mit einem Dom kam dabei als kulturellen Zentren in schulischer Hinsicht eine zentrale Rolle zu. Daneben wurden Strategien der Volkserziehung (Inkulturationsdidaktik) verbreitet. Mit der Scholastik, dem Humanismus und der Mystik entwickelten sich verschiedene Modelle, wie Rationalität, Ästhetik und Selbstwahrnehmung zum Lernen in Beziehung gesetzt werden können. Im Mittelmeerraum wurde die pädagogische Entwicklung über Jahrhunderte hinweg durch den Austausch und die Konfrontation von Christentum und Islam bestimmt. In Mittel- und Westeuropa bildeten sich alternative Deutungen von christlichen Lernwegen (Waldenser, Hussiten) heraus, die die Ausdifferenzierung des Christentums und damit einhergehend auch der Pädagogik im 16. und 17. Jahrhundert vorbereiteten.

Literatur

Ansary, Tamim: Die unbekannte Mitte der Welt. Globalgeschichte aus islamischer Sicht. Frankfurt 2010.

Böhme, Günther: Bildungsgeschichte des frühen Humanismus. Darmstadt 1984.

Böhme, Günther: Bildungsgeschichte des europäischen Humanismus. Darmstadt 1986.

Dolch, Josef: Lehrplan des Abendlandes. Ratingen 1962.

Kintzinger, Martin: Wissen wird Macht. Bildung im Mittelalter, Ostfildern 2003.

Köster, Fritz: Religiöse Erziehung in den Weltreligionen. Hinduismus, Buddhismus, Islam. Darmstadt 1986.

Nigg, Walter: Das Buch der Ketzer. Zürich 1949.

Schoelen, Eugen (Hg.): Pädagogisches Gedankengut des christlichen Mittelalters. Paderborn 1956.

Testfragen

1. *Was zeichnet das Programm der Volkserziehung bei Gregor dem Großen aus?*
2. *Was bedeutet es, vom „Kloster als Schule" im Gegensatz zur Klosterschule zu sprechen?*
3. *Was kennzeichnet das scholastische Denken?*
4. *Welche pädagogischen Anliegen verfolgt die humanistische Philosophie?*
5. *Welchen Lernweg sollte ein Mensch in Sinne der Mystik beschreiten?*
6. *Was zeichnet den Ausbildungsgang eines Ritters aus?*
7. *Welche pädagogische Bedeutung hatte der Islam im Mittelalter und welche didaktische Funktion haben die „fünf Säulen" im Islam?*
8. *Welche Lernwege haben alternative, „ketzerische" Deutungsmodelle des Christentums im Mittelalter vorgezeichnet?*

Frühe Neuzeit I (1492–1689) – Von Christoph Kolumbus bis zur Bill of Rights

3

Inhalt

Dieses Kapitel widmet sich den Umbrüchen, die Europa und die Welt im 16. und 17. Jahrhundert bestimmen und das pädagogische Denken grundlegend verändern: Die Spaltung der christlichen Religion in Protestantismus (Kap. 3.1) und Katholizismus (Kap. 3.2), die Wirren und Zerstörungen des 30-jährigen Krieges (Kap. 3.3) und die Eroberung und Kolonisierung der Neuen Welt (Kap. 3.4).

Erziehung im Protestantismus des 16. und 17. Jahrhunderts

3.1

In der Zeit zwischen der Ausdehnung der abendländischen Kultur durch die Entdeckungen und Eroberungen weit entfernter Erdteile (Stichwort: Kolumbus, 1492) und der frühen Festschreibung von Rechten des Parlaments gegenüber dem König (Bill of Rights, 1689) kam es in Europa zu Umbrüchen, die das gesamte Leben der Menschen betrafen: Religion, soziale Ordnung, Wissenschaft, Alltagskultur, wirtschaftliche und politische Verhältnisse veränderten sich radikal. Einerseits waren es neue Möglichkeiten und Ideen, die dazu beitrugen: Neben der Eroberung bisher unbekannter Erdteile gehören hierzu die Erfindung des Buchdrucks mit beweglichen Lettern, die Erfindung des Fernrohrs und der Taschenuhr, die Umwälzungen in der Astronomie durch Kopernikus, Galilei und Kepler, Fortschritte in der Medizin zum Beispiel durch Paracelsus und insgesamt ein wachsendes Interesse an Naturbeobachtungen und Experimenten. Andererseits waren es Spannungen von innen und außen, die sich in den Umbrüchen und im 30-jährigen Krieg entluden: Das Nebeneinander von wirtschaftlicher Not (bei den Bauern) und neuem Reichtum (bei städtischen Kaufleuten), die von vielen Predigern befeuerte Angst vor Tod und Höllenstrafen, das Befremden über Priester mit Konkubinen, die militärische Bedrohung durch das Osmanische Reich.

Aus westeuropäischer Perspektive besteht der gewaltigste Umbruch im 16. Jahrhundert im Umsturz der bestehenden einheitlich römisch-katholischen Kirche. Schon seit dem 11. Jahrhundert sind die orthodoxen Kirchen im Osten (Russland, Griechenland...) und die römisch-katholische Kirche voneinander getrennt. Weil sich diese Trennung aus Sicht der Westeuropäer weit entfernt abspielte und von vornherein entlang bestehender Regionen bzw. Herrschaftsgebiete geschah, spielte sie für das Bewusstsein in West-, Süd- und Nordeuropa aber keine so entscheidende Rolle. Das christliche Abendland wurde in Westeuropa als römisch-katholisch wahrgenommen, und jüdische Gemeinden – die einzigen, die überhaupt eine andere Religion lebten – waren meistens stark ausgegrenzt. Anstelle einer einheitlichen christlichen Religion gab es nach der Reformation in Westeuropa mindestens drei große christliche Konfessionen, die miteinander konkurrierten: Den Lutherischen Protestantismus (Schwerpunkt Mittel- und Norddeutschland, Skandinavien), den reformierten Protestantismus (Schwerpunkt Schweiz, Niederlande, Schottland, später auch Nordamerika) und den Katholizismus (Schwerpunkt Südeuropa, Frankreich, Bayern, Rheinland). Erziehung und Bildung wurden sowohl im Protestantismus als auch im sich neu formierenden Katholizismus zu zentralen Trägern der Veränderungen.

Durch die Reformation entstand im 16. Jahrhundert der Protestantismus. Der Begriff wird heute als Sammelbegriff für die verschiedenen evangelischen Kirchen und ihren Glauben verwendet.

Erklärung

Als „Protestanten" bezeichnet man Angehörige der christlichen Konfessionen, die im Zuge der Reformation aus der römisch-katholischen Kirche hervorgegangen sind, indem sie für ihre Glaubensfreiheit öffentlich eintraten, das heißt „protestierten" (von lateinisch protestare = öffentlich bezeugen). Die protestantischen Konfessionen waren im 16. und 17. Jahrhundert vor allem die Lutheraner und die Reformierten.

Die beiden wichtigsten Richtungen des Protestantismus, die im 16. Jahrhundert durch die Reformation entstanden, sind der **Lutherische Protestantismus** unter Leitung von Martin Luther (1483–1546) und Philipp Melanchthon (1497–1560) auf der einen und der **reformierte Protestantismus**, begründet vor allem von Huldrych Zwingli (1484–1531) und Jean Calvin (1509–1564), auf der anderen Seite. Der Lutherische Protestantismus entstand etwas früher, jedoch ist der Reformierte Protestantismus durchaus nicht nur eine Variante des Luthertums, sondern wesentliche Grundpfeiler sind eigenständig in Zürich und Genf entstanden.

Die Reformation führte dazu, dass sich größere Teile der Bevölkerung mit Glaubensfragen auseinandersetzten als vorher, dass mehr Menschen lesen lernten, dass das Studium an den Universitäten grundlegend umgestaltet wurde und insgesamt Erziehung und Bildung einen höheren Stellenwert bekamen. Das wurde zunächst dadurch begünstigt, dass wichtige Reformatoren humanistisch geprägt und damit einem bestimmten Bildungsideal verbunden waren, unter anderen Melanchthon, Zwingli und Calvin (vgl. zum Humanismus Kap. 2.3). Der tiefere Grund für diesen Bildungsimpuls liegt aber darin, dass die protestantische Religiosität nicht ohne Bildung auskommt.

Bildungs- und Erziehungsimpuls der Reformation

Abb. 3.1.1 | ▶ Portrait einer alten Frau beim Lesen der Bibel, Gerrit Dou, ca. 1630–1635

Ein wichtiger Umbruch im Zuge der Reformation betraf die Lehrautorität, das heißt die Frage, woher der einzelne Christ weiß, was richtig und was falsch ist. War bis dahin das Vertrauen in die Autorität von Papst und Bischöfen leitend, sollte jetzt die Bibel allein zum Maßstab werden („sola scriptura“).

Exkurs

Luthers Bibelübersetzung

Luther fertigte selbst mit Hilfe von Philipp Melanchthon und anderen eine Übersetzung der Bibel ins Deutsche an. Dabei legte er – sehr ungewöhnlich für seine Zeit – nicht nur die gebräuchliche lateinische Übersetzung „Vulgata“ zugrunde, sondern arbeitete mit den Originalsprachen der biblischen Schriften, nämlich Althebräisch, Aramäisch und Altgriechisch. Bei seiner Übersetzung war ihm besonders wichtig, dass sie verständlich und möglichst nah an der Umgangssprache war. Durch Luthers herausragendes Sprachtalent – Verständlichkeit, Griffigkeit, eleganter und eingängiger Stil –, die generelle Aufwertung der Bibellektüre durch die Reformation und die neuen Möglichkeiten des Buchdrucks erreichte Luthers Bibelübersetzung eine enorme Verbreitung und wurde für die Entwicklung der deutschen Sprache prägend.

Damit das Ideal „sola scriptura" eine Chance auf Verwirklichung hat, müssen möglichst viele Menschen die Bibel lesen, verstehen und diskutieren können. Natürlich wurde das nicht von jedem einfachen Mann und schon gar nicht von jeder Frau erwartet, aber ein Grundwissen und Grundverständnis von den Glaubensinhalten sollte tatsächlich jeder und jede haben. Deshalb wurden neben der Bibelübersetzung Luthers die sonntäglichen Predigten, die Hausandachten und der Katechismus so wichtig.

Erklärung

Ein Katechismus (von griechisch katechein = unterrichten) ist eine Zusammenstellung von zentralen Glaubenslehren zu Unterrichtszwecken. Martin Luther verfasste 1529 zwei Katechismen in deutscher Sprache, den Großen und den Kleinen Katechismus. Darin erklärt er die Zehn Gebote, das Glaubensbekenntnis, das Vaterunser und die Sakramente Taufe und Abendmahl möglichst leicht verständlich und in ihrer Bedeutung für den einzelnen Christen. In der folgenden Zeit entstanden zahlreiche weitere Katechismen in allen christlichen Konfessionen. Sie wurden für einen Grundunterricht in den grundlegenden Glaubensfragen verwendet, und zwar sowohl in Schulen als auch in Hausandachten für Kinder und Hausangestellte.

Standen im Mittelalter Taufe, Teilnahme an Messen, Orientierung am Fest- und Heiligenkalender, Bußleistungen und ähnliches für die meisten Christen im Vordergrund, so wurde der Glaube jetzt stärker eine Frage der Gedanken und Überzeugungen. Es sind einerseits die Umbrüche und der Verlust der christlichen Einheit an sich, andererseits die spezifischen Charakteristika des Protestantismus, die eine stärkere Beschäftigung des Einzelnen mit Glaubensfragen erforderten.

Lutherischer Protestantismus: Grundzüge und bildungstheoretische Aspekte

Für den Lutherischen Protestantismus ist die Veröffentlichung der 95 Thesen Luthers im Jahr 1517 ein wichtiger Startpunkt. Luther richtete sich mit seinen 95 Thesen gegen den Missbrauch des Ablasses. Anstelle eines käuflichen Erlasses der Sündenstrafen (wie der

Ablass es damals war), forderte Luther nun, dass das Leben des Christen eine tägliche Buße sei.

Tägliche Buße als Selbstbildung

Zitat

„These 1: Da unser Herr und Meister Jesus Christus spricht „Tut Buße“, hat er gewollt, dass das ganze Leben der Gläubigen Buße sein soll.“ (Martin Luther, Thesen wider den Ablaß, 1517)

Das bedeutet: Selbstprüfung vor Gott, Reue und Abkehr von der Sünde soll das tägliche Leben jedes Einzelnen durchziehen. Aus pädagogischer Perspektive kann man darin einen starken Impuls zur Glaubens-, Gewissens- und insgesamt zur Persönlichkeitsbildung sehen. Der Mensch soll sich ständig innerlich verändern und erneuern. Luther hätte dieser Interpretation der Buße als Selbstbildung allerdings sicher widersprochen, wenn sie für sich allein steht. Die tägliche Buße ist für ihn nicht denkbar ohne die Rechtfertigung des Sünders durch den Glauben an Jesus Christus (Rechtfertigungslehre). Das ist der entscheidende Punkt: Ein Mensch kann lernen, mit sich klar zu kommen und sich zu akzeptieren, indem er den Glauben an die stellvertretende Schuldübernahme durch Jesus lebt. Eine grundlegende Selbstbesserung aus eigener Kraft ist für Luther gerade nicht möglich und auch nicht nötig. Was einen Menschen zum guten und „neuen“ Menschen macht, ist der „fröhliche Wechsel“ – das bedeutet, dass der einzelne durch den Glauben gewissermaßen sein sündhaftes Wesen und seine Schuld mit dem vollkommen guten Wesen und der Schuldlosigkeit Jesu Christi tauscht. Aus diesem Tausch folgt dann allerdings nicht, dass der Glaubende nun keine Zweifel mehr hat und für alle Zeit gut wie Jesus wäre. Luther sieht – etwas paradox, aber vielleicht durchaus realistisch – stattdessen eine Gleichzeitigkeit des „alten“ und „neuen“ Menschen in ein und derselben Person. Deshalb ist die tägliche Buße und Selbstbesserung eben doch nötig.

Rechtfertigung vor Gott ohne Selbstbesserung

Über den „fröhlichen Wechsel“ schrieb Luther in der Schrift „Von der Freiheit eines Christenmenschen“ im Jahr 1520, keine drei Jahre nach Veröffentlichung der 95 Thesen. In dieser Schrift entfaltet Luther Grundzüge seiner Anthropologie und Ethik. Das Thema „Freiheit“ ist zentral für alles Nachdenken über Pädagogik, geht es doch um die Frage, in welcher Weise die Einzelnen für ihren Lernweg verantwortlich sind und diesen selbst gestalten können. Der Grundgedanke der Freiheit ist bei Luther folgender: Der einzelne ist

Freiheit

vor Gott verantwortlich und von Gott abhängig – hier also gewissermaßen unfrei –, gewinnt dadurch aber Freiheit allen menschlichen Ansprüchen gegenüber. Eine Situation in Luthers Biografie illustriert das gut: Als Luther vor dem Kaiser und dem Reichstag und den päpstlichen Gesandten seine Lehre widerrufen sollte, stand er allein vor all dieser weltlichen und kirchlichen Macht und blieb seiner Überzeugung treu:

Zitat

„[...] [M]ein Gewissen [ist] in den Worten Gottes gefangen, ich kann und will nichts widerrufen, weil es gefährlich und unmöglich ist, etwas gegen das Gewissen zu tun. Gott helfe mir. Amen." (Martin Luther, Rede auf dem Reichstag zu Worms, 1521)

Abb. 3.1.2 | ▶ Martin Luther. Porträt von Lucas Cranach d. Ä. 1529

Luther fühlte sich seinem Gewissen verpflichtet. Er fühlte sich der Wahrheit verpflichtet, die er in der Bibel gesehen hat. Er fühlte sich darin Gott verpflichtet. In dieser Verpflichtung gewann er die Freiheit, anderen Mächten, Ansprüchen und Erwartungen nicht zwingend gehorchen zu müssen.

Bildungstheoretische Aspekte

Bildungstheoretisch sind an diesen Grundauffassungen Luthers – Rechtfertigung des Sünders durch den Glauben, tägliche Buße, Gleichzeitigkeit von Gerechtem und Sünder in einer Person, Freiheit des Christenmenschen – vor allem vier Aspekte wichtig:

Hochschätzung von Texten und von sprachlicher Bildung

1. Die Rechtfertigung des Sünders bedarf des Glaubens. Der Glaube wiederum entsteht nach Luthers Auffassung beim Hören von Predigten und beim Lesen der Bibel. Die Rechtfertigung setzt demnach ein gewisses Maß sprachlicher und kognitiver Bildung voraus: Zuhören, lesen, Zusammenhänge wissen, verstehen. Dies ist für den Lutherischen Protestantismus zentral, gilt aber prinzipiell auch im Reformierten Protestantismus. Deshalb entstanden im Protestantismus Volksschulen, Sonntagsschulen, Hausandachten etc. Und deshalb gibt es im Protestantismus eine *Hochschätzung von Texten und eine Hochschätzung von sprach-*

licher Bildung. Naturwissenschaftliche oder berufspraktische Bildung spielte demgegenüber keine entscheidende Rolle und wurde erst seit dem 18. Jahrhundert stärker wertgeschätzt.

2. Die tägliche Buße bringt eine lebenslange Charakter- und Gewissensbildung mit sich. Die Besserung des Menschen setzt dabei nicht zuerst bei den Taten an, sie versucht nicht zuerst einen bestimmten Verhaltenskodex durchzusetzen. Das Tun des Guten folgt für Luther aus der inneren Veränderung quasi automatisch. *Bildung und Erziehung müssen also auf die innere Veränderung des Menschen ausgerichtet sein.*

Lebenslange Charakter- und Gewissensbildung

3. Jeder Mensch ist unmittelbar Gott verantwortlich und ist allen anderen Verpflichtungen gegenüber prinzipiell frei. Damit liegt beim einzelnen Menschen eine große *Verantwortung, wahr und falsch sowie Gut und Böse zu unterscheiden.* Um dieser Verantwortung gerecht zu werden, sind Erziehung und Bildung nötig.
4. Der Christenmensch ist und bleibt Gerechter und Sünder, neuer und alter Mensch zugleich. Das bedeutet für alle Bemühungen um Erziehung und Bildung einen *prinzipiellen Vorbehalt.* Dass manche Bemühungen scheitern, ist quasi eingeplant. Es lohnt nicht, vom perfekten Menschen zu träumen. Wenn Schwächen und Widerstände auftreten, ist das kein Grund zur Enttäuschung. Kein Mensch kann einen anderen ganz durchdringen und formen, und kein Mensch kann sich selbst vervollkommnen. So birgt Luthers Anthropologie auch die Chance, einem pädagogischen Totalitarismus vorzubeugen.

Die theologischen Grundsätze im Protestantismus, die hier anhand von Martin Luther dargestellt und auf ihre bildungstheoretischen Implikationen befragt wurden, brachten zum Teil ganz reale institutionelle Veränderungen mit sich. Die Männer der Reformation waren nicht nur Theologen und Kirchenmänner, sondern sie bemühten sich auch um die Verbesserung gesellschaftlicher Strukturen. Sie schufen langfristig wirksame Kirchenordnungen und Schulordnungen, weil sie wussten, dass diese sich auf die Lebens-, Glaubens- und Denkwelt der Menschen stark auswirken. Menschen werden durch die Strukturen geprägt und erzogen, in denen sie leben.

Merksatz

Die Lutherische Theologie bedeutete in pädagogischer Hinsicht vor allem, dass eine grundlegende sprachliche Bildung (Lesen, Verstehen) für alle nötig wurde und dass Erziehung und Bildung den Menschen von seinem Inneren her verändern sollten.

Schule und Universität im Lutherischen Protestantismus

Für Luther war die Schule ein wesentlicher Baustein zur Besserung des Volkes und zu einem eigenständigen evangelischen Glauben. In seiner Schrift an den Adel (1520) und dann noch ausführlicher in der Schrift an die Ratsherren (1524) führte er das aus und legte dar, wie wichtig Schule als Institution für die Erziehung und Bildung ist. In einer berühmten Predigt von 1530 („Predigt, daß man die Kinder zur Schule halten solle") wandte er sich an die Eltern und redete ihnen ins Gewissen, ihre Kinder nicht als Arbeitskräfte zu Hause zu behalten, sondern sie zur Schule zu schicken.

Schulreform durch Philipp Melanchthon

Für die praktische Ausgestaltung des Schulwesens in den Lutherischen Ländern war besonders Philipp Melanchthon prägend. Dies geschah vor allem auf vier Ebenen:

1. Er reformierte das Studium an der Universität und damit die Ausbildung der zukünftigen Lehrer.
2. Er verfasste Lehrbücher, die in den Schulen verwendet wurden. Er behandelte dabei so unterschiedliche Themen wie Rhetorik, Ethik, Physik, Geschichte, Geographie und Astronomie.
3. Er war an der Gründung von Schulen beteiligt und entwarf deren Schulordnungen. Dabei entstand auch der Vorläufer des (humanistischen) Gymnasiums.
4. Er war an der Schulaufsicht beteiligt, indem er Visitationen durchführte, Missstände benannte und versuchte, Abhilfe zu schaffen.

Mädchenbildung bei Johannes Bugenhagen

Neben Melanchthon waren andere Reformatoren an der Ausgestaltung des Schulwesens in den verschiedenen Ländern beteiligt. So setzte sich beispielsweise Johannes Bugenhagen (1485–1558) dafür ein, die Erziehung von Kindern nicht nur als Sache der Eltern zu betrachten, sondern als Verantwortung der Gemeinde. Bemerkenswert ist, dass nach seinen Schulordnungen auch einfache Mädchen eine elementare Schulbildung bekommen sollten.

Universitätsreform durch Philipp Melanchthon

Im Zuge der Reformation wurden auch die Universitäten verändert. Das begann mit der Wittenberger Universität, an der sowohl Luther als auch Melanchthon lehrten. Melanchthon hielt schon seine Antrittsvorlesung 1518 über das Thema einer Studienreform. Später entwarf er neue Statuten der Wittenberger Universität, die in den kommenden Jahren für viele andere Universitäten in protestantischen Ländern (bis hin zur Kopenhagener Universität) als Vorbild dienten. Wichtig waren dabei die Betreuung der neuen Studenten durch Tutoren, die gründliche Schulung der sprachlichen Ausdrucksfähigkeit und – insbesondere für Theologiestudenten – das Erlernen von Griechisch und Hebräisch neben dem üblichen Latein, um die Bibeltexte im Original lesen zu können.

Familienerziehung im Lutherischen Protestantismus

Die Erziehung der Kinder zu Hause rückte im Protestantismus stärker ins Bewusstsein, als dies im Mittelalter der Fall war. Luther predigte über die Verpflichtung der Eltern, ihre Kinder zur Schule zu schicken – aber nicht nur das, auch zu Hause sollten die Kinder zusammen mit den Lehrlingen, Knechten und Mägden durch Hausandachten und Gebet christlich erzogen werden.

Luther selbst verfasste als religionspädagogische Schriften den Großen und den Kleinen Katechismus, in denen er die Grundlagen des christlichen Glaubens in Fragen und Antworten möglichst lebensnah und gut verständlich aufbereitete. Außerdem ist von ihm ein Morgensegen und ein Abendsegen überliefert, kurze Andachten, die täglich zu Hause gesprochen werden können. Luther betont die

Abb. 3.1.3 | ▶ Familienporträt, Marten von Heemskerck, um 1530

Verantwortung des Hausvaters für die christliche Erziehung der ganzen Hausgemeinschaft. Erstmals gab es dafür auch Vorbilder, nämlich die Hausgemeinschaften in den Pfarrhäusern – es ist ja ganz neu, dass der Pfarrer selbst Familie hatte. Aus der Familie Luther sind viele Familienszenen überliefert, gerade auch aus Luthers Umgang mit seinen Kindern. Er freute sich an ihnen und ihren Entwicklungsfortschritten, trauerte um die Verstorbenen, brachte ihnen kleine Geschenke von seinen Reisen mit, hielt die Kleinsten bei den Tischgesellschaften auf dem Schoß und nahm seine Beziehung zu ihnen als Ausgangspunkt für theologische Vergleiche, wie Gott als Vater mit den Menschen umgeht. Vieles, was überliefert ist, mag stilisiert sein – es prägte sich aber auf jeden Fall als Familienideal ins Bewusstsein ein.

Reformierter Protestantismus: Grundzüge und bildungstheoretische Aspekte

Wer im 16. und 17. Jahrhundert in ein reformiertes Herrschaftsgebiet kam, nach Genf etwa oder nach Schottland oder in die Niederlande, dem fiel zuerst auf, dass die Kirchenräume schlichter ausgestattet sind als in katholischen oder in vielen Lutherischen Kirchen. Es gab keine Bilder, keine Schmuckgegenstände und selten Orgeln. Im Gottesdienst wurde wenig gesungen, das gesprochene Wort stand hier noch stärker im Mittelpunkt als im Lutherischen Gottesdienst. Man spricht von einer „Abräumung des Kultes" im reformierten Protestantismus, die zu einer noch stärkeren Fokussierung auf den Intellekt führte als im Luthertum. Diese Betonung des Intellekts spiegelte sich in der frühen Einführung der allgemeinen Schulpflicht in einigen reformierten Ländern. In Schottland zum Beispiel trug die Intellektualisierung unter dem Reformator John Knox (1514–1572) dazu bei, dass eine breite Volksbildung und eine Hochschätzung der Wissenschaft entstand, die zu einer außergewöhnlichen wissenschaftlichen Blüte im 18. Jahrhundert mit Männern wie David Hume und Adam Smith führte (vgl. Kap. 4.2).

Betonung des Intellekts

Neben der Verstandeserziehung und -bildung spielte die Durchsetzung ethischer Normen im reformierten Protestantismus eine große Rolle. Lehre und Lebensführung sollten nicht auseinander klaffen, sondern die Gebote Gottes sollten möglichst genau eingehalten werden. Dafür war nicht nur jeder und jede selbst verantwortlich, sondern auch die Gemeinde, die die Einhaltung der Nor-

Durchsetzung ethischer Normen

men kontrollierte und durchsetzte (sogenannte Kirchenzucht). Diese Form der Sozialdisziplinierung kann als gegenseitige Erziehung betrachtet werden. Im Vordergrund stand dabei (als „Erziehungsziel") ein maßvoller Lebensstil ohne Überfluss, die Einhaltung des Kirchgangs und der Sonntagsruhe sowie Enthaltsamkeit von außerehelicher Sexualität, von Trunkenheit und Glücksspiel.

Darüber hinaus spielten Fleiß und wirtschaftlicher Erfolg als anzustrebende Werte eine wichtige Rolle. Man kann sowohl bei Lutheranern als auch bei Reformierten von einer religiösen Interpretation der Arbeit sprechen: Beide betonten, dass jede Tätigkeit, ob die eines Bauern oder Handwerkers, einer Magd oder eines Gelehrten, ein Dienst im Auftrag Gottes sei. Der moderne Begriff „Beruf" hat hier seine Wurzeln, denn für Luther war jede Stellung und jede Arbeit eine Berufung Gottes. Jede und jeder sollte seine Aufgaben so verrichten, als ob er oder sie damit direkt Gott diene, egal ob es das Füttern der Tiere oder die Arbeit im Bergbau ist. Zusätzlich zu dieser gemeinsamen Grundüberzeugung interpretierten die Reformierten wirtschaftlichen Erfolg als Zeichen, dass Gott den Menschen segnet und erwählt hat – gute Arbeit und damit verbundener wirtschaftlicher Erfolg bedeuteten also nicht nur materiellen Wohlstand, sondern auch Ansehen in der Gemeinde und die Beruhigung des eigenen Gewissens. Erziehung richtete sich demnach nicht nur auf den Verstand und ein diszipliniertes Verhalten aus, sondern auch auf Tüchtigkeit im Beruf.

Protestantische Arbeits- und Berufsethik

Als weiteres Merkmal des reformierten Protestantismus, das einen Lernappell mit sich bringt, kann die Rolle der Laien in der Kirchenverfassung angeführt werden. In reformierten Gemeinden trugen Laien eine ungewöhnlich große Verantwortung. Neben dem Pfarrer gab es einen Kreis von Männern, sogenannte „Älteste" (Presbyter), die eine fast ebenso große Autorität hatten wie der Pfarrer, obwohl sie neben der Gemeindebeteiligung normal ihren Berufen nachgingen. Sie entschieden mit dem Pfarrer gemeinsam über alle Belange der Gemeinde und waren an der Durchsetzung der Kirchenzucht beteiligt. In manchen reformierten Kirchen wurden die Ältesten von den Gemeindegliedern gewählt. Insgesamt verstand sich die reformierte Kirche als eine Kirche „von unten", die allein von der Heiligen Schrift und den auf ihr beruhenden Kirchenverfassungen geleitet wird. Jeder, der die Bibel gut kennt und sich durch eine untadelige Lebensführung auszeichnet, kann Verantwortung für die Gemeinde tragen.

Große Verantwortung der Laien

Merksatz

Für die Pädagogik im Reformierten Protestantismus des 16. und 17. Jahrhunderts ist das Lernen ethischer Normen durch eine gegenseitige Sozialkontrolle sowie die Erziehung zur Tüchtigkeit im Beruf und zur gesellschaftlichen Verantwortungsübernahme kennzeichnend.

3.2 Erziehung im Katholizismus des 16. und 17. Jahrhunderts

Die zweite prägende Kraft im Europa des 16. und 17. Jahrhunderts war der sich neu formierende Katholizismus. Er wurde in den katholischen Ländern zum entscheidenden Bildungsträger: Höhere und niedere Schulen, Universitäten und das allgemeine pädagogische Klima waren von diesem Katholizismus geprägt. Bevor einzelne pädagogische Institutionen vorgestellt werden, werden zunächst die gemeinsamen Grundzüge deutlich gemacht.

Als Reaktion auf die Reformation konstituierte sich im 16. Jahrhundert auch die katholische Kirche neu. Es ist kein bruchloser Übergang aus der Kirche des Mittelalters. Die Reformation drängte auch die nunmehr verbliebene Papstkirche dazu, ihr Profil im Gegenüber neu zu schärfen und bewusst um die Treue und Wiedergewinnung der katholischen Gläubigen zu kämpfen. Diese Festigung und Rückgewinnung wird als „Gegenreformation" bezeichnet. Es ging dabei tatsächlich um die Rückgewinnung ganzer Territorien, denn in jedem Land galt die Religion seines Herrschers. Besonders wichtig war es also, die Fürsten zu überzeugen, damit sie beim Katholizismus blieben oder zu ihm zurückkehrten. Daneben bemühten die Katholiken sich aber genau wie die Protestanten darum, das ganze Volk zu gewinnen und möglichst fest an die eigene Konfession zu binden. Hier kam Erziehung ins Spiel: Die katholische Erziehung, vor allem die Schulerziehung, war ein wichtiger Pfeiler der Gegenreformation.

Gegenreformation

Die Motivation „gegen die Reformation" war aber nicht die einzige, die in dieser Zeit den sich neu konstituierenden Katholizismus bestimmte. Es waren auch innerkatholische Reformbestrebungen, der Wunsch nach innerer Erneuerung, der die Veränderungen antrieb. Besser ausgebildete Geistliche, großflächige Durchsetzung der moralischen Normen zuerst bei den Priestern und dann beim Volk, eine stärkere Durchdringung aller Lebensbereiche mit den

Innerkatholische Reformbestrebungen

Ausdrucksformen katholischer Frömmigkeit: Das waren die wichtigsten katholischen Reformziele.

Die Beschlüsse des Konzils von Trient und ihre Bedeutung für die katholische Pädagogik

Konzil von Trient 1545–1563

Die Neuformierung der katholischen Kirche wurde durch das Konzil von Trient vorangetrieben. Zu diesem Konzil kamen zwischen 100 und 200 Kardinäle, Bischöfe, Äbte und Theologen aus verschiedenen katholischen Ländern zusammen. Das Konzil von Trient tagte in mehreren Phasen zwischen 1545 und 1563. Durch das Konzil wurden grundsätzliche Aussagen zur Lehre und Praxis katholischen Glaubens und zur Kirchenverfassung beraten und festgelegt. Die Beschlüsse („Dekrete") wurden festgeschrieben und gehören seitdem zu den grundlegenden Texten der römisch-katholischen Kirche.

Inhalte der Konzilsbeschlüsse

Schaut man auf die Inhalte der Konzilsbeschlüsse, so fällt im Vergleich zu protestantischen Grundtexten derselben Zeit auf, dass in den katholischen Dekreten das Kirchenrecht und die Aussagen zu Sakramenten, Liturgie und Lebensführung eine größere Rolle spielen, während die Glaubenslehren nicht so breit ausgeführt werden. Darin zeigt sich, dass sich katholische Religiosität nicht so sehr über das sprachliche Verstehen definierte, sondern über das Erleben des Gottesdienstes und der anderen Ausdrucksformen des Glaubens. Dieser Zug zeigt sich auch über die Konzilstexte hinaus sogar dort, wo Katholiken die zunächst typisch protestantische Textgattung des Katechismus übernahmen: In einem weit verbreiteten Katechismus des katholischen Theologen Petrus Canisius (1521–1597) von 1560 wird zum Beispiel in aller Ausführlichkeit der „christliche Kalender" beschrieben, das sind alle Feier- und Fastentage des Jahres mit ihren jeweiligen Fastenvorschriften. Man kann sich vorstellen, wie katholische Erziehung darin bestand, in diesen Jahresrhythmus von Heiligen- und Märtyrertagen, speziellen Messen und Bräuchen und erzählten Geschichten, Fasten und Feiern hineinzuwachsen. Schutzheilige zur Anrufung in verschiedenen Lebenslagen, das Beten des Rosenkranzes, Prozessionen und Wallfahrten ließen den Glauben sinnlich erfahrbar werden.

Katholischer Katechismus von Petrus Canisius

Erziehung als Einbindung in den katholischen Jahresrhythmus

Beichte als Mittel moralischer Erziehung

Auch die Beichte, die durch das Konzil von Trient gestärkt wurde, war ein wesentlicher Bestandteil katholischer Glaubenspraxis. Auf das Konzil von Trient geht zum Beispiel die Einführung des geschlossenen Beichtstuhls zurück. In der Beichte geschieht lebenslange moralische Erziehung. Zur Beichte prüfen die Gläubigen ihr Handeln anhand kirchlicher Normen, sie bekennen ihr Fehlverhalten und werden mit symbolischer Wiedergutmachung (Gebete, Wallfahrten etc.) von ihrem Fehlverhalten getrennt und wieder uneingeschränkt in die Gemeinschaft der Kirche aufgenommen. Die regelmäßige Beichte führt nicht nur durch den Akt der Beichte selbst, sondern auch durch die Aussicht auf das regelmäßig anstehende Bekenntnis dazu, dass die Normen Gewicht bekommen und verinnerlicht werden. Das heißt nicht, dass die Menschen sich immer nach den kirchlichen Normen richten und nichts mehr tun, was als Sünde gilt. Aber immer wieder erinnern sie sich im Alltag an vorherige Beichtsituationen und stellten sich vor, wie sie die geplante Handlung beichten würden – dies kann dazu führen, dass als „böse" bekannte Handlungen unterlassen werden.

Den starken Hang zur Schriftlichkeit, der die Pädagogik des Protestantismus kennzeichnete, und dessen Wunsch nach einer grundlegenden Schulbildung für alle teilte der Katholizismus nicht in gleicher Weise. Nach katholischer Lehre genoss die Bibel keinen Vorzug gegenüber der mündlichen Tradition der Kirche, und auch über die richtige Auslegung von Bibeltexten entschied die Kirche. Dass Laien Texte lesen und verstehen können, besaß deshalb keinen so hohen Stellenwert. Eine hochwertige Schulbildung war vor allem für den Priesternachwuchs und für Personen mit gesellschaftlichen Schlüsselpositionen wichtig, damit sie den Protestanten nicht unterlegen waren.

Schulen für den Priesternachwuchs

Das Konzil von Trient erließ 1563 im Rahmen der Konzilsbeschlüsse eine „Vorschrift zur Einrichtung eines Seminars für Geistliche", eine Schulordnung für Schulen, in denen Jungen ab 12 Jahren zu Priestern ausgebildet werden sollten. Auch in dieser katholischen Schulordnung lassen sich ähnliche Schwerpunkte ausmachen wie in den gesamten Konzilsakten, dass Erziehung nämlich mindestens genauso stark durch die Einbindung in bestimmte Lebensvollzüge und die Teilhabe an bestimmten Erfahrungen geschieht wie über eine kognitive Wissensvermittlung und Ausbildung des Intellekts. Laut dieser Schulordnung soll die Erziehung zum Priester zu einem wesentlichen Teil dadurch geschehen, dass die Jungen in die Arbeit von Geistlichen und besonders in die liturgischen Dienste hineingenommen werden, dass sie die „Art und Weise der Ausspendung der Sakramente" und insgesamt die vorgeschriebenen Riten und Zeremonien lernen. Der Unterricht soll Grammatik, Gesang, kirchliches Rechnungswesen und andere nützliche Kenntnisse, Einführungen in die Heilige Schrift und andere heilige Bücher und das „für das Beichthören Zuträgliche" beinhalten. Die Jungen sollen bereits in ihrer Seminarzeit die Tonsur und geistliche Kleidung tragen. Die Ausbildung hat also stark praktische Schwerpunkte und nutzt außerdem die Einbindung in und Identifikation mit bestimmten Zeremonien und sichtbaren Zeichen als Erziehungsmittel, statt sich vorrangig auf sprachlich vermittelte Rationalität zu konzentrieren.

Merksatz

Die Neuformung der römisch-katholischen Kirche im 16. Jahrhundert bestimmte auch die Inhalte und Methoden des Lernens. Das grundlegende Lernen geschah innerhalb der katholischen Länder für Kinder und Erwachsene besonders dadurch, dass sie in bestimmte Riten und Glaubensvollzüge und in einen christlichen Wochen- und Jahresrhythmus hineingenommen wurden. Die Beichte verankerte außerdem die moralischen Normen im Leben jedes einzelnen Christen.

Ignatius von Loyola und die „Geistlichen Übungen"

Prägend für die Pädagogik des gegenreformatorischen Katholizismus wurde neben dem Konzil von Trient besonders das Werk von Ignatius von Loyola (1491–1556).

Ignatius von Loyola

Ignatius stammte aus einem spanischen Adelsgeschlecht. Er wurde zunächst Page und dann Ritter, bevor er eine religiöse Lebenswende erlebte und seine Waffen niederlegte. Als Pilger reiste Ignatius nach Jerusalem und nach Rom. Ungefähr in dieser Zeit verfasste er die „Exercitia spiritualia", die „Geistlichen Übungen" (1524) (siehe unten). Als über 30-jähriger holte Ignatius dann eine höhere Schulbildung nach und studierte ab 1526 Philosophie und Theologie. Er bekam zwischenzeitlich Probleme mit der katholischen Kirchenaufsicht, wurde später aber zum Priester geweiht und gründete die Ordensgemeinschaft „Societas Jesu", die später so genannten Jesuiten. Von vornherein bestand das Ziel der Jesuiten darin, dem Papst zu dienen und in den Gebieten zu missionieren, die sich durch die Reformation von der katholischen Kirche abgewendet hatten. Als Ignatius 1556 im Alter von 65 Jahren starb, gehörten bereits mehr als 1.000 Männer zum Jesuitenorden.

Abb. 3.2.1 | ▶ Ignatius von Loyola, zeitgenössisches Porträt

Geistliche Übungen

Die „Geistlichen Übungen" des Ignatius von Loyola stellen eine besondere Art der pädagogischen Institution dar, eine pädagogische Institution im übertragenen Sinne. Ignatius verfasste damit einen Lehrtext, der für die Bildung vieler Erwachsener bedeutsam wurde und indirekt auch das Schulwesen des Jesuitenordens stark prägte.

Abb. 3.2.2 | ▶ Exercitia spiritualia, Erstausgabe 1548

Die „Geistlichen Übungen" sind ein Meditations- und Bildungsprogramm, das Erwachsene in einer ca. 4-wöchigen Einkehrzeit durchlaufen können. Diese Einkehrzeit kann in einem Kloster unter Anleitung eines Geistlichen stattfinden, aber sie kann auch mit Hilfe des Textes individuell an einem beliebigen Ort gestaltet werden. Die „Geistlichen Übungen" haben zum Ziel, sich um eine Erkenntnis des Willens Gottes und um die Anpassung des eigenen Denkens, Fühlens und Handelns an diesen Willen zu bemühen. Ignatius will damit Menschen besonders in Krisenzeiten und vor großen Lebensentscheidungen ansprechen. Sie sollen eine Charakterformung erfahren, die ihr Selbstverständnis, ihre Emotionalität und ihren Willen einbezieht. Dadurch sollen sie zu sich ganz und gar an Gott und an die katholische Kirche hingegebenen Menschen werden. In einem der vorgegebenen Gebete heißt es:

Zitat

„Nehmt, Herr, und empfangt meine ganze Freiheit, mein Gedächtnis, meinen Verstand und meinen ganzen Willen, all mein Haben und mein Besitzen. Ihr habt es mir gegeben; euch, Herr, gebe ich es zurück." (Ignatius von Loyola, Geistliche Übungen 1524)

Das bedeutet für Ignatius nicht unbedingt, dass die Gläubigen einem Orden beitreten oder Geistliche werden müssen, aber viele schließen sich nach Durchlaufen der Exerzitien dem Jesuitenorden an oder unterstützen anderweitig die Ziele der Kirche.

Die „Geistlichen Übungen" bestehen in fünf einstündigen Meditationen pro Tag über einen Zeitraum von vier Wochen. In der ersten Woche richten die Übungen sich auf eine Gewissenserforschung und das Vorhalten der eigenen Sünden, in der zweiten bis vierten Woche auf eine Vorstellung des Lebens, Sterbens und Auferstehens Jesu. Bei der Betrachtung der biblischen Erzählungen geht es immer wieder darum, sich mit allen Sinnen in die jeweilige Situation hineinzuversetzen. Ignatius fordert dazu auf, sich vorzustellen, was man in der Situation sehen, hören, riechen, schmecken und tasten würde. Damit soll eine möglichst starke Wirkung auf sich selbst erzielt werden, und zwar besonders auf die Emotionalität und den Willen. Der Mensch soll tatsächlich eine große Trostlosigkeit angesichts seiner Sünden fühlen, schreibt Ignatius, und wenn die Vorstellungskraft dazu nicht ausreicht, können auch Fasten und das eigene Zufügen körperlicher Schmerzen zu Hilfe genommen werden. Genauso soll der Mensch überwältigende Ehrfurcht vor der Macht Gottes empfinden, wozu er sich zum Beispiel in eine Situation mit einem fürstlichen Menschen hineinversetzen soll, vor dem er große Ehrfurcht hat, und dieses Gefühl auf Gott überträgt. An anderer Stelle zielen die „Geistlichen Übungen" darauf, dass der Gläubige die Vorstellung der Welt als Kampfplatz zwischen Gut und Böse verinnerlicht, so dass er seinerseits bereit wird, mit allen Mitteln für das Gute zu kämpfen. Ein wichtiges Merkmal ist dabei, dass das Gute für Ignatius eindeutig durch die Kirche und den Papst definiert wird. An dieser Stelle verbietet Ignatius ausdrücklich jedes Hinterfragen und jede Kritik.

Wer die Übungen durchläuft, wird dabei immer wieder darauf hingewiesen, welche Ziele er damit verfolgt – es soll ein bewusst reflektierter Prozess der Selbstprüfung und Selbsterziehung eingeübt werden. Das Ziel besteht – religiös gesprochen – in der vollständigen Hingabe an Gott und die Kirche. Der emotionale Eindruck, der durch die Übungen erzielt wird, soll dabei so stark sein, dass er ein Gegengewicht zu den sonstigen Gefühlen von Lust und Unlust bildet, von denen sich der Mensch nicht mehr leiten lassen soll. Ignatius' „Exercitia spiritualia" sind in dieser Form eine eigene Erziehungsinstitution, die bis heute fortbesteht.

Das Schulwesen: Klosterschulen und Jesuitenschulen

Schulen als Ort katholischer Erziehung

Eine starke Durchdringung der Erziehung mit den Anliegen des Katholizismus erfolgte in dieser Zeit besonders im Schulwesen. In den katholischen Ländern lag die Verantwortung für das Schulwesen im Wesentlichen bei der Kirche. Es waren vor allem einige Orden mit pädagogischer Ausrichtung, von denen die Schulen getragen wurden. Besonders verbreitet und mächtig war der Jesuitenorden, daneben gab es aber auch andere Gemeinschaften wie zum Beispiel die von Jean Baptiste de La Salle gegründeten „Brüder der christlichen Schulen“, die Klostergemeinschaft von Port-Royal oder die Ursulinen. Gemeinsam war den katholischen Schulen dieser Zeit, dass die Lehrerinnen und Lehrer versuchten, die Kinder und Jugendlichen in einer möglichst geschützten Umgebung zu erziehen, in der sie so weit wie möglich alle Einflüsse kontrollieren konnten, denen die Kinder ausgesetzt waren. Das Ideal ist die Internatserziehung. Zwar hatte nicht jede Schule ein Internat und auch an den Internatsschulen bestand die Mehrheit der Schüler oft aus Externen, aber die Erziehung im Internat rund um die Uhr galt als Ideal und auf die Internatsschüler setzte man die größten Hoffnungen. Internatsschüler hatten wenig Kontakt mit ihren Familien; gerade die jüngeren Schüler konnten ihre Familie zum Teil nur ein- bis zweimal im Jahr besuchen, so dass die Erziehung ganz in der Hand der Schule lag.

Höhere Schulen

Das höhere Schulwesen wurde von den Jesuiten dominiert. Die Jesuitenschulen vermittelten eine höhere Bildung, die sich einerseits an Idealen des Renaissance-Humanismus und seiner Rückbesinnung auf die griechisch-römische Antike ausrichtete: Das Erlernen der lateinischen und griechischen Sprache und Rhetorik spielte eine herausragende Rolle, man las die lateinischen und griechischen Klassiker, spielte Szenen aus dem Leben im antiken Rom nach, veranstaltete Redewettbewerbe nach römischen Idealen und die Schüler mussten sich sogar untereinander auf Latein unterhalten. Der zweite und übergeordnete Gesichtspunkt, an dem sich Unterricht und Erziehung ausrichteten, waren die geistlichen Überzeugungen der Jesuiten. Dazu gehörten der unbedingte Gehorsam gegenüber Papst und Kirche und die Unterordnung des eigenen Willens unter das Ziel der Gewinnung und Rückgewinnung von katholischen Gläubigen. Die starke Betonung der rhetorischen Ausbildung unter Rückgriff auf die griechisch-römische Antike war mit den geistlichen Zielen der Jesuiten verbunden, insofern die Jesuiten diese Ausbildung für das geeignetste Mittel hielten, um hervorragend gebildete Männer hervorzubringen, die argumentative Überzeugungskraft besaßen und so für den katholischen Glauben sprechen konnten.

Einteilung der Schüler in Klassen

Unterricht und Erziehung waren in den Jesuitenschulen detailliert durchstrukturiert. Erst im 16. und 17. Jahrhundert setzte sich die Einteilung der Schüler in Klassen mit je einem Lehrer durch, in denen alle Schüler gleichzeitig die gleichen Inhalte lernen. In der Schulordnung der Jesuiten, der 1599 festgeschriebenen „Ratio stu-

Abb. 3.2.3 | ▶ Jesuitenkolleg in La Fleche, Foto von 2012

diorum“, wurden die Inhalte für die einzelnen Klassen und die Übergangsprüfungen in die nächsthöhere Klasse genau geregelt.

Zu den besonderen Unterrichts- und Erziehungsmitteln an den Jesuitenschulen gehörte eine starke Anspornung zum Wettbewerb untereinander. Öffentliche rhetorische Wettkämpfe zum Beispiel sollten das Bedürfnis der Jungen nach einem Kräftemessen nutzen und in geordnete Bahnen lenken. Statt mit körperlicher Züchtigung wurde eher mit sozialem Druck und Ansporn, mit Auszeichnungen und einem System von Hierarchien untereinander gearbeitet. Die Haltung zum Wesen der Kinder war ambivalent: Einerseits knüpfen die Lehr- und Erziehungsmethoden an natürliche Bedürfnisse und Möglichkeiten der Kinder an und wollen das Lernen angenehm machen, andererseits sollen durch permanente auch gegenseitige Überwachung viele Wünsche und Verhaltensweisen unterdrückt oder in andere Bahnen gelenkt werden. Die Kinder sollten lernen, das zu denken und zu tun, was ihnen vorgegeben und vorgelebt wurde. Das sollten sie in einer möglichst abgeschlossenen Umgebung internalisieren.

Anspornung zum Wettbewerb

Merksatz

Der Orden der Jesuiten engagierte sich stark für die höhere Schulbildung von Jungen. Die Schüler lernten exzellentes Latein und eine sehr gute Rhetorik nach antikem Vorbild. Gleichzeitig wurden sie zu einer freiwilligen Unterordnung unter die Autorität der Ordensbrüder und indirekt zur Unterordnung unter den Papst erzogen.

Elementarschulen

Die Elementarbildung gewann erst im Laufe der Zeit an Bedeutung. Hier engagierte sich im späten 17. Jahrhundert zum Beispiel Jean Baptiste de La Salle in Frankreich. Er gründete zunächst eine Armenschule und nahm dafür andere Lehrer in sein Haus auf, mit denen er gemeinschaftlich lebte und arbeitete. Sie gründeten 1684 einen katholischen Laienorden, die „Brüder der christlichen Schulen". Aus den Lehrergemeinschaften ging ein Schullehrerseminar mit kostenloser Ausbildung für zukünftige Landschullehrer hervor. In den Lehrergemeinschaften entwickelte sich außerdem ein Standesbewusstsein der Lehrer, das es zumindest für Elementarschullehrer bisher so nicht gegeben hatte. Im Unterschied zu den Jesuitenschulen konzentrierten sich die „Brüder der christlichen Schulen" nicht auf eine elitäre Schulbildung, sondern setzten sich für eine kostenfreie Elementarbildung für alle ein. Sie betrieben Volksschulen mit Unterricht in den Landessprachen (vor allem in Frankreich) und gründeten Vorläufer der Realschulen, in denen in der Landessprache auch Fähigkeiten für Kaufleute und Handwerker vermittelt wurden.

3.3 | Pädagogik im Schatten des 30-jährigen Krieges – Zerstörung und Aufbruch

Aus der Perspektive anderer, vor allem nicht-christlicher Kulturen erscheinen die Gegensätze zwischen Katholiken und Protestanten nicht sehr groß, zum Teil gar nicht verständlich. Beide Konfessionen waren sich in mehreren Dingen einig: 1. Der Mensch ist defizitär – er ist sündig. Und die Frage, wie damit umgegangen wird, steht auch im Zentrum des Nachdenkens über Erziehung und Bildung. 2. Es gibt ein Leben nach dem Tod. Die Spekulation darüber, was nach dem Tod sein wird, wird von Katholizismus und Protestantismus für die Begründung von Erziehungsszenarien benutzt. 3. Das Christentum wurde bis zur Aufklärung in der jeweiligen Ausprägung als die einzige wahre Religion betrachtet. Dieser Anspruch führte zur Intoleranz und ging oftmals soweit, dass die jeweils andere Konfession abgelehnt und als nicht-christlich verurteilt wurde. Im Extremfall galt: Protestanten sind für Katholiken Ketzer; der Papst ist für Protestanten der Antichrist. Im 16. und 17. Jahrhundert bildete diese Konstellation den religiösen, manche sagen auch ideologischen

Kulturelle Veränderungen

Hintergrund für eine Reihe von politischen und kulturellen Veränderungen, die den weiteren Verlauf der Weltgeschichte entscheidend prägen sollten. Gegensätzliche Strömungen prägten das Gesicht des europäischen Kontinents und griffen von dort aus auf den Rest der Welt über. Reformation und Gegenreformation zwangen die Europäer, sich zu einer Seite zu bekennen – Bekenntnisse, die auch immer zugleich politische Auswirkungen hatten: Auf dem Rücken der Konfessionen bildeten sich politisch-kulturelle Koalitionen, die zum einem zu einem schier unübersehbaren Geflecht von Partnerschaften und Feindschaften auswucherten und die zum anderen nach neuen Herrschaftsformen inmitten religiöser Zersplitterungen fragten. Neben die religiöse Unübersichtlichkeit traten die Diskussionen um den richtigen Zugang zur Welt und damit um das richtige Weltbild. So fielen gerade in diese Zeit einerseits die Abkehr von den alten Autoritäten und andererseits das Entstehen dessen, was wir heute *(Natur)Wissenschaft* nennen.

Dieser im Inneren Europas entstehende Druck durch die sich vervielfältigende Zersplitterung wurde noch erhöht durch den Angriff auf die räumliche Integrität des Kontinents – ein Angriff, der die Grenzen der abendländischen Welt verschob und die Bürger zusätzlich in Angst und Schrecken versetzte: Die Expansion des Osmanischen Reiches führte zu einem Gefühl der Bedrohung, welches sich zur religiös-weltanschaulichen Zersplitterung hinzugesellte. Dieser Druck entlud sich schließlich nach Innen im 30-jährigen Krieg von 1618–1648, in den fast das gesamte Europa verwickelt wurde und der Tod und Verwüstung hinterließ: Fast ein Drittel der Bevölkerung des Heiligen Römischen Reiches fand den Tod.

Abb. 3.3.1 | ▶ Jacques Callot: Les Grandes Misères de la guerre (Serie von Kupferstichen), 1633. Bild 7: Plünderung und Niederbrennen eines Dorfes

Die Pädagogik dieser Zeit spiegelte die gesellschaftlichen Entwicklungen: Das Trauma der kulturell-politischen, im Massensterben endenden Zersplitterung auf der einen und der Verlust der alten Autoritäten auf der anderen Seite formten die Pädagogik.

Die pädagogische Reaktion

Comenius

Die herausragende pädagogische Gestalt dieser Zeit war zweifellos Johann Amos Comenius (bzw. in seiner tschechischen Heimatsprache: Jan Amos Komenský, 1592–1670). In seinem Werk versuchte er, eine Antwort zu geben auf die Frage nach einem Ausweg aus der Katastrophe – eine Antwort, die pädagogisches Wirken als Bedingung der Wiedergewinnung des Heils ansieht. Comenius, der als Pfarrer den sogenannten *Böhmischen Brüdern* (einer evangelischen freikirchlichen Gemeinschaft) angehörte und der seinerseits von Wolfgang Ratke (1571–1635, deutscher Pädagoge des Barock, erfand eine neue Lehrmethode und führte den Begriff *Didaktik* ein) beeinflusst wurde, drückte seinen Wunsch bereits im programmatischen Titel seines mehrbändigen Hauptwerkes aus: *De rerum humanarum emendatione consultatio catholica* (1642–1670), was übersetzt so viel heißt wie: *Universeller Ratschlag für die Verbesserung der menschlichen Dinge.*

Weltbild

Tatsächlich sah Comenius die Welt real, geistig und spirituell in Trümmern liegen. Er zögerte nicht, den Grund hierfür in der Verwirrung der Menschen zu suchen, die hauptsächlich aus der Abkehr der Menschen von Gott resultieren würde. Die Beseitigung der Verwirrung könne daher nur durch eine Rückkehr zu Gott erreicht werden. Und es ist gerade dieser Weg der Rückkehr, den Pädagogik zuerst anstoßen und dann auch begleiten solle. Hier wurde der Pädagogik eine welt-erlösende Macht zugesprochen, und dieses utopische (und sicher auch selbst-überschätzende) Moment wird pädagogisches Denken noch sehr lange weiter begleiten.

Pädagogik und Utopie

Merksatz

Der Pädagogik – besonders der pädagogischen Theorie – ist oftmals ein stark utopisches Moment eigen: Sie hat eine zukünftige bessere Welt vor Augen, für die sie wirken möchte. Viele pädagogische Texte und Entwürfe gehören daher dem literarischen Genre der *Utopie* an.

Zitat

„Was braucht der Mensch als solcher? Weisheit, d. h. er muß es verstehen, zu den unpersönlichen Dingen der Erscheinungswelt, zu den Menschen und zu Gott die rechte Stellung einnehmen. Das erste nennt man Philosophie, das zweite Politik und das dritte Religion." (Comenius, Universeller Ratschlag für die Besserung der menschlichen Dinge, 1642–1670)

Omnes – Omnia – Omnio

Das Wohl des einzelnen Menschen und der ganzen Welt hängt also davon ab, dass der Mensch alles versteht; er muss das Richtige auf die richtige Weise lernen: Omnes – Omnia – Omnio. Das heißt: Allen alles auf die richtige Weise beizubringen, darin sah Comenius den Weg aus dem Unheil. Bereits in dieser Formel wird der umfassende Anspruch comenianischer Pädagogik deutlich:

1. Omnes – Allen etwas beibringen: Für Comenius bestand kein Zweifel daran, dass alle Menschen lernen dürfen – und auch müssen. Er kannte hier weder Unterschiede des Standes, des Geschlechts, des Vermögens, des Alters – ausnahmslos jeder Mensch muss und darf in den Genuss des richtigen, heilbringenden Lernens kommen. Und das während seines ganzen Lebens: Der gesamte Lebensweg ist ein Weg des Lernens.
2. Omnia – Alles wird gelernt: Tatsächlich ging es Comenius darum, dass alles erlernt werden muss, d. h. dass die gesamte Welt und alle Gegenstände und Bezüge in ihr gekannt und verstanden werden sollen. Lernen bedeutet also: Wissen erwerben über die ganze Welt. Wie schon die Antike (pädagogische *Ökumene* oder auch die *enkyklios paideia*), so hatte auch Comenius eine enzyklopädische Vorstellung von Lernen.
3. Omnio – Auf alle (d. h. angemessene) Weise etwas lernen: Wurden mit den ersten beiden Stichworten die Adressaten und Gegenstände des Lernens vorgestellt, so verweist Comenius mit diesem Aspekt auf die richtige Vorgehensweise beim Lernen, auf die richtige Methode. Diese richtet sich jeweils an 3 Faktoren aus: a) am Alter und Kenntnisstand der Lernenden (nicht also an Stand oder Geschlecht oder anderem); b) am Gegenstand, der erlernt, d. h. verstanden werden soll (jeder Gegenstand bedarf einer unterschiedlichen Erkenntnisweise und daher differenter Lehrverfahren und unterschiedlichen Lehrmaterials); c) an der Idee der ewigen Verbundenheit der Lehrenden und Lernenden und Lerngegenstände mit Gott (nur aus und in dieser Verbundenheit gewinnt überhaupt alles seinen Sinn).

Heil und Frieden

Es ist gerade dieser letzte Gedanke des Aufgehobenseins allen Seins und Tuns in Gott und der Notwendigkeit, dieses zu erkennen und handelnd zu realisieren, der den heil- und friedenbringenden Charakter der Pädagogik von Comenius begründet: Heil und Frieden sind nur innerhalb Gottes denkbar, weil nur dort alles mit allem verbunden und somit eine Einheit ist. Hieran lässt sich auch sehen, warum Comenius seine Pädagogik als Heilmittel gegen die Zersplitterung der Welt, in der er lebte, ansah: Es ist eine Einheits- und deswegen eine Friedenspädagogik.

Orbis Sensualium Pictus

Auch wenn sich alle Schriften Comenius‘ in diese Programmatik einordnen lassen, so lässt sich sein Grundanliegen wohl am leichtesten mit Blick auf eine Seite eines der wohl berühmtesten Bücher der Pädagogikgeschichte veranschaulichen: Comenius‘ *Orbis Sensualium Pictus* (Die sichtbare Welt), den er 1658 veröffentlichte.

JOH. AMOS COMMENII,
ORBIS SENSUALIUM PICTUS.
Hoc est,
Omnium fundamentalium in Mundo Rerum & in Vitâ Actionum
Pictura & Nomenclatura.
Die sichtbare Welt /
Das ist /
Aller vornemsten Welt-Dinge und Lebens-Verrichtungen
Vorbildung und Benahmung.

NORIBERGÆ,
Typis & Sumptibus MICHAELIS ENDTERI.
Anno Salutis cIↄ Iↄc LVIII.

Abb. 3.3.2 | ▶ Titelblatt des Orbis Sensualium Pictus (Die sichtbare Welt) von Johann Amos Comenius, Nürnberg 1658

Wie bereits im Titel des Buches deutlich wird, versuchte er nichts weniger, als die gesamte Welt darin darzustellen. Für Comenius war es das richtige Wissen um all die Dinge, welches am Ende das Heil der Welt begründen kann. Daher heißt es auch im Spruchband der Titelvignette des Buches: „Omnia sponte fluant absit violentia rebus“ (Alles fließt, Gewalt sei ferne den Dingen.) Mit anderen Worten: Das richtige Wissen um die Dinge bewirkt, dass man sie richtig gebraucht, sich ihnen gegenüber richtig verhält (und daher keine Gewalt ihnen gegenüber ausübt). Der Orbis Sensualium Pictus ist ein universales Lehrbuch, das versucht, die gesamte Welt für jede und jeden erfahrbar und damit erlernbar zu machen: Im Zusammenspiel von Text und Bild wird das Universum für alle begreifbar.

Das Buch besteht aus einer großen Anzahl von Bildtafeln, die in einer speziellen Anordnung (vom Großen, d. h. Gott, über das Kleinere, also Welt, zum Kleinen, d. h. Menschen und Dinge) die gesamte Welt vor Augen führen wollen. Die Anordnung der Tafeln bildet dabei die Ordnung der gesamten Welt ab – im Einprägen der Tafeln prägt sich der Lernende also die Welt in ihrer natürlichen Ordnung ein.

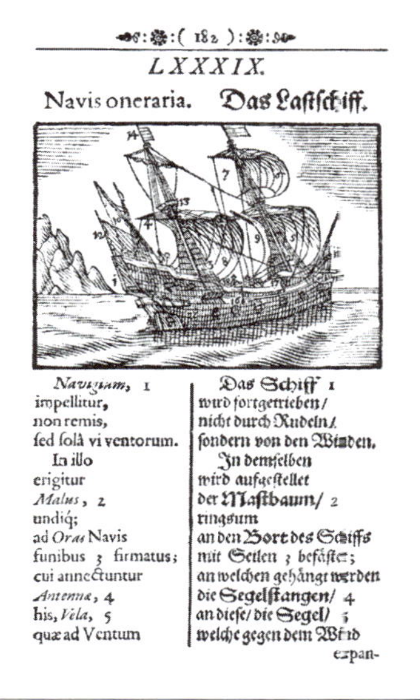
(182)

LXXXIX.

Navis oneraria. Das Lastschiff.

Navigium, 1	Das Schiff 1
impellitur,	wird fortgetrieben/
non remis,	nicht durch Rudeln/
ſed ſolà vi ventorum.	ſondern von den Winden.
In illo	In demſelben
erigitur	wird aufgeſtellet
Malus, 2	der Maſtbaum/ 2
undiq;	ringsum
ad *Oras* Navis	an den Bort des Schiffs
funibus 3 firmatus;	mit Seilen 3 befäſtet;
cui annectuntur	an welchen gehängt werden
Antennæ, 4	die Segelſtangen/ 4
his, *Vela,* 5	an dieſe/ die Segel/ 5
quæ ad Ventum	welche gegen dem Wind
	expan-

Abb. 3.3.3 | ▶ Seite aus dem Orbis Sensualium Pictus (Die sichtbare Welt) von Johann Amos Comenius, Nürnberg 1658

Deutlich wird: Der *Orbis Sensualium Pictus*, der als Sprachlehrbuch konzipiert ist, ist viel mehr als das: Er ist ein Buch, das die gesamte Welt als Summe ihrer Gegenstände und der Worte über die Gegenstände enthält. Schaut man genauer hin, so finden sich alle drei oben angeführten Grundprinzipien des Comenius hier wieder:

1. Omnes (Allen): Insofern der Text aus Worten *und* Bildern besteht, ist er allen zugänglich, also auch denjenigen, die nicht lesen können; es kann angeschaut und gelesen werden und erreicht somit Lernende jeden Alters. Es gibt auch sonst keine Beschränkungen im Gebrauch – es ist ein Buch für alle.
2. Omnia (Alles): Das Buch enthält in kondensierter Form alle (für Comenius) wesentlichen Dinge der Welt; die im Bild nummerierten und im Text entsprechend benannten Gegenstände machen in ihrer Summe die gesamte Welt aus.
3. Omnio (alle Weise): Die didaktische Leitgedanken lassen sich hier veranschaulichen: a) Die Darstellungen sind an verschiedene Lernende angepasst: Bilder für die, die (noch) nicht lesen können, und ein Text, der auf verschiedenen Ebenen entsprechend der Kenntnisstufe der Lernenden gelesen werden kann (so sollen sich die Leseanfänger nur an den groß gedruckten Wörtern orientieren, während die etwas Fortgeschrittenen noch die mittleren hinzunehmen und die weit fortgeschrittenen Leser dann den ganzen Text lesen können). b) Gegenstandsorientierung: Die Bilder orientieren sich am Wesen des zu zeigenden Gegenstandes. Handelt es sich um weltliche Gegenstände, geben die Bilder einen

Idealtyp wieder – sie sind exemplarisch und verweisen auf alle Gegenstände dieses Typs; sollen die Bilder abstrakte Gegenstände, also Ideen und Konzepte, abbilden (z. B. Gerechtigkeit), benutzen sie allgemein bekannte Symbole, um das über das Sichtbare Hinausgehende verständlich zu machen. c) Gottesverbundenheit: Die Anordnung der Tafeln und damit der Gegenstände auf den Tafeln folgt der Ordnung, die Gott der Welt gegeben hat. Daher steht auch die Tafel *Gott* (als erster zu lernender Gegenstand) ganz am Anfang des Buches – erst von hier aus gewinnt alles andere (und damit alle folgenden Tafeln) seinen Sinn; nur als passende Teile innerhalb einer göttlichen Ordnung lassen sich alle Gegenstände der Welt richtig verstehen – nichts macht für sich allein genommen Sinn.

Moderne und Tradition

Mit seiner Pädagogik erweist sich Comenius gleichzeitig als modern und traditionell: Die Umfassendheit seiner pädagogischen Theorie, die Überlegungen zum lebenslangen Lernen, zur Deutung der gesamten Welt als Lernort, Adressaten- und Gegenstandsorientierung des Lernens – all das sind Aspekte, die weit über seine eigene Zeit hinausweisen. Trotzdem bleibt der Rahmen seiner Überlegungen ein traditioneller, insofern die Welt als Gottes Welt verstanden wird und das Lernen letztlich ein Lernen für Gott, durch Gott und zu Gott ist.

Naturwissenschaft

Es ist genau das, worin sich Comenius unterschied von denjenigen, die – ebenfalls im 17. Jahrhundert – das zu etablieren beginnen, was wir heute *Naturwissenschaft* nennen und was zunehmend den Bereich der Höheren Bildung, also der Universität, mitbestimmen sollte. Hier wurden nun die einzelnen Gegenstände als solche bedeutungsvoll und nicht mehr nur vor dem Hintergrund ihrer Eingebundenheit in eine göttliche Ordnung. Man wurde sich zunehmend unsicher darüber, ob eine solche Ordnung überhaupt existiert und ob, wenn es sie wirklich geben sollte, Gott etwas mit ihr zu tun haben würde. Diese Überlegungen werden später dazu führen, dass man andere Weisen sucht – und findet –, die Welt und damit auch das Wissen von der Welt zu ordnen: Die Welt wird zunehmend eine durch wissenschaftliche Augen betrachtete Welt, der der göttliche Rahmen fehlt und die von anderen Prinzipien beherrscht wird.

Merksatz

Die Pädagogik des Comenius ist eine enzyklopädische Pädagogik: Sie versucht, die ganze Welt systematisch in einer Ordnung zu umfassen, um auf diese Weise vollständig über sie lehren und lernen zu können. Auf dem Erfolg dieses universalen Lernprogramms ruht die Hoffnung auf Heil und Frieden. Comenius' Pädagogik ist modern in ihrer Systematik, in ihrer Universalität und Weltzugewandtheit; sie ist traditionell in ihrer unbedingten Orientierung an christlichen Werten und Vorstellungen.

Die pädagogische Welt nach Comenius

Erbe des Comenius

Von Comenius blieben mindestens drei wesentliche Elemente erhalten: Zum einen die visionäre Sicht auf das Pädagogische (Pädagogik als Utopie), in der der Pädagogik die Aufgabe und die Fähigkeit zur Erlösung der Welt im Ganzen und der Individuen in ihr (was auch immer das im Einzelnen, gar in einem nicht-religiösen Rahmen heißen mag) zugesprochen wird; zum zweiten überlebte der *Orbis Sensualium Pictus* als herausragendes Beispiel eines Lehrbuchs, welches nicht nur unzählige Male neu aufgelegt, angepasst, erweitert, kopiert wurde, sondern welches in seiner Grundidee als Welt-Repräsentation bis heute fast alle Lehr- und Bilderbücher prägt; und drittens zeigt sich Comenius' Wille zur systematischen Durchdringung von Lehrstoff und Lehrmethode in zahlreichen, an ihn angelehnten pädagogischen Regelwerken, nach denen in einigen Staaten später Schulen eingerichtet wurden. Diese Schulordnungen bildeten die Grundlage für das in dieser Zeit entstehende Volksschulwesen, das von der Obrigkeit organisiert und überwacht wurde.

Höfische Erziehung

Daneben wendete sich auch die höfische Erziehung immer mehr von einem humanistischen Bildungsideal ab, welches als reine Buchgelehrtheit verschrien und zunehmend abgelehnt wurde. Noch waren es nicht die Universitäten, die das entstehende wissenschaftliche Denken propagierten – sie waren der Ort der altsprachlich-textorientierten Weisheit. Als solche verloren sie die Anziehungskraft für den weltoffener werdenden Adel, der seine Nachkommen lieber zum Lernen in die Welt schickte als in die staubigen Studierstuben. Das in Frankreich bereits etablierte höfische Bildungsideal wirkte nun auch in deutsche Lande hinein; der weltmännische, durch Reise und Gesellschaften gerüstete Lebenskünstler, der ebenso ritterlich wie selbstbeherrscht, wortgewandt und politisch-sozial erfolgreich ist, wurde zum Gegenstand einer anti-humanistischen

Abb. 3.3.4 | ▶ Vorlesungssaal des Collegium Illustre (Ritterakademie) in Tübingen 1606 (Johann Christoph Neyffer (Zeichnung)/Ludwig Ditzinger (Radierung))

Ritterakademien

Hofmeister-Erziehung, die sich seit ca. 1600 vor allem in Ritterakademien realisierte.

Wie zu sehen sein wird, öffnen sich die Universitäten erst in der Frühaufklärung diesem Ideal. Mit dieser beginnt dann der Aufschwung der Universität zum Ort der Wissenschaft im modernen Verständnis.

Merksatz

Die Pädagogik nach Comenius ist bestimmt von einer zunehmenden Kritik an der humanistischen Pädagogik, deren Ideal einer Buchgelehrtheit langsam verdrängt wird durch die Vorstellungen einer weltlich-gesellschaftlich orientierten Pädagogik.

3.4 | Expansion und Eroberung – Die Pädagogik der Neuen Welt

Bedrohungen und Unsicherheiten

Das durch die Umbrüche im 15. Jahrhundert erzeugte Gefühl der Bedrohung und der ökonomischen Unsicherheit, die etwa durch die langen Jahre des Krieges und den zunehmenden Handelswettbewerb der Staaten untereinander entstanden, brachte die christlichen europäischen Mächte dazu, noch andere Wege aus dieser Situation zu suchen: Sie antworteten mit einer räumlichen Expansion, die man gern euphemistisch als das *Zeitalter der Entdeckungen* feiert und die begann, die europäische Lebens- und Denkart auf der ganzen Welt zu verbreiten – selten allerdings friedlich. Die Seefahrten und die auf sie folgenden Kolonialisierungen sorgten für eine Vergrößerung und wirtschaftliche Konsolidierung Europas durch den Beginn eines Raubzugs im Rest der Welt.

Das Zeitalter der Entdeckungen

Zeitalter der Entdeckungen

Das *Zeitalter der Entdeckungen* bedeutete für Europa vor allem eines: eine Ausdehnung der abendländischen Welt, die zunehmend auch andere Regionen der Erde im Westen, Süden und Osten unter ihren Einfluss brachte. Getrieben von Neugier oder von wirtschaftlichen Erwägungen, erkundeten zahlreiche Seefahrer die bisher unbekannten Meere und nahmen die dabei gefundenen Gebiete im Namen ihrer Auftraggeber in Besitz.

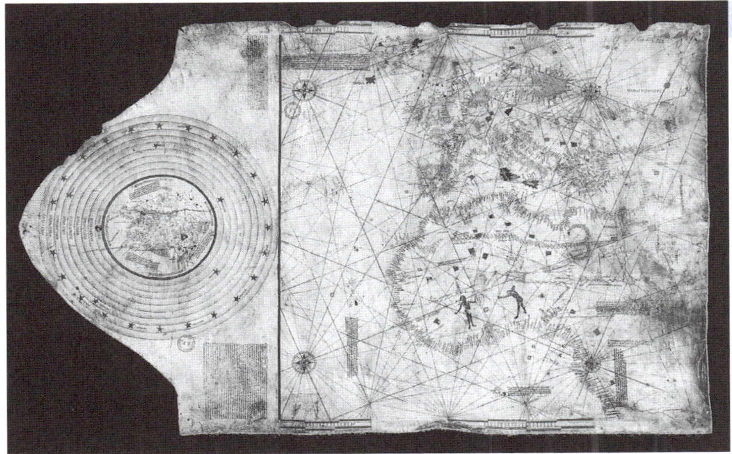

Abb. 3.4.1 | ▶ Karte der bis dahin bekannten Welt, mit der Christoph Kolumbus möglicherweise gesegelt ist, aus der Werkstatt von Bartolomeo und Christoph Kolumbus, um 1490

Entdeckungs- und Eroberungsreisen

Die Liste dieser Reisen ist lang: 1492: Christoph Kolumbus landet auf dem später *Amerika* genannten Kontinent; 1497/98: Bartholomeu Dias umrundet das Kap der Guten Hoffnung; 1497: Vasco da Gama landet an der Ostküste Afrikas, später gelangt er nach Indien;

1519–1522: Ferdinand Magellan unternimmt die erste Weltumsegelung, die erfolgreich abgeschlossen wird; 1519: Hernando Cortéz landet an der Ostküste Mexicos; 1526–28: Francisco Pizzaro landet an der Küste Perus; 1534: Jacques Cartier umsegelt Neufundland und fährt den Sankt-Lorenz-Strom hinauf.

Es ließen sich noch viele weitere Entdeckungsfahrten nennen. Entscheidend aber ist: Was für Europa ein äußerst erfolgreiches Unternehmen war, bedeutete für die entdeckten ‚neuen' Welten

Folgen

zumeist Gefahr, wenn nicht sogar Untergang, denn so lang die Liste der Entdeckungen auch ist – die Reihe der auf diesen Streifzügen durch Krieg, Sklaverei sowie eingeschleppte Krankheiten und Seuchen (gegen die die Einheimischen keine Resistenz besaßen) vernichteten Kulturen ist fast ebenso lang: das Reich der Inka in Südamerika, die Azteken in Mexiko, fast die gesamte Bevölkerung der Karibik, zahlreiche Stämme der Native Americans auf dem Gebiet der heutigen Vereinigten Staaten von Amerika und der First Nations People im heutigen Kanada usw.

Abb. 13.4.2 | ▶ John Vanderlyn (1775-1852): Landing of Kolumbus (1847), Öl auf Leinwand, 365,76 cm x 548,64 cm. Die stark heroisierende Darstellung zeigt den Moment der Landung von Kolumbus und die Inbesitznahme des Landes für den spanischen König durch das Aufpflanzen der Flagge des spanischen Königshauses. Die Ureinwohner sind dagegen als kulturlose, nackte und primitive – fast nicht-menschliche – Wesen dargestellt.

Man kann wohl sagen, dass der Beginn der Moderne Europas mit dem Blut zahlreicher Völker und dem Untergang einiger Kulturen bezahlt wurde. So muss denn auch der Blick auf diese Zeit immer beides bewusst machen: das Positive und das Negative.

Auch das pädagogische Denken, welches natürlich teilhatte an diesem Aufbruch in die Moderne, ist von dieser Ambivalenz geprägt. Weniger sind es allerdings spezielle pädagogische Theorien oder Praktiken aus diesem Kontext, die nachwirken (sieht man einmal von der Idee ab, dass Reisen generell bildet). Vielmehr sind es bestimmte Denkfiguren, die später im pädagogischen Denken wirksam werden.

Die Erweiterung des Horizontes und die Vergrößerung der Welt erbrachten den Beweis dafür, dass das Wissen nicht nur aus den Büchern der Vorfahren entnommen werden konnte, sondern in der weiten Welt selbst gefunden werden musste. Nicht mehr Texte, sondern die eigene Erfahrung wurde zur Grundlage allen Lernens. Der neue Buchdruck ermöglichte zwar das Verbreiten von Wissen in bisher ungeahntem Ausmaß, doch war die bloße Übernahme von Buchwissen nun nicht mehr ausreichend, sondern es galt, die Natur und die Welt insgesamt selbst nach ihren Geheimnissen zu befragen. Und man wurde sich zunehmend der Tatsache bewusst, dass es unendlich viel zu lernen gibt: All die neuen Welten verwiesen auf die Unendlichkeit des Wissbaren. Überhaupt stellte die neue große Welt so viele neue Herausforderungen, dass man der Überlieferung nicht mehr traute und begann, der Welt selbst grundlegende Fragen

Erfahrung als Grundlage des Lernens

Unendlichkeit des Wissbaren

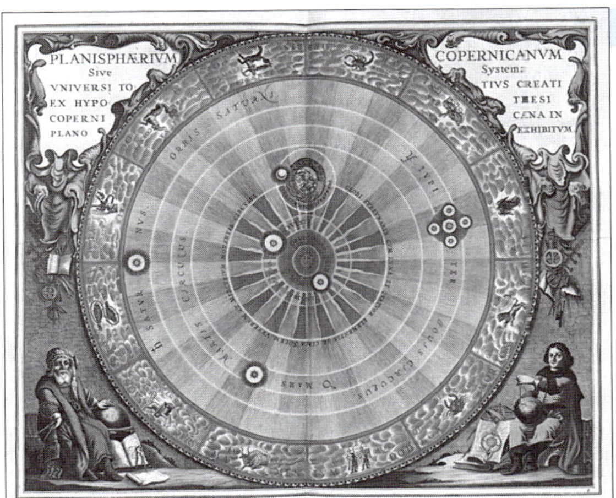

Abb. 3.4.3 | ▶ Andreas Cellarius: Die Planisphäre von Copernicus, oder Das ganze erschaffene Universum gemäß der Hypothese des Copernicus in planarer Ansicht, aus: Harmonia Macrocosmica, Amsterdam 1660. In dieser Zeit begann das kopernikanische heliozentrische Weltbild, sich durchzusetzen.

zur Deutung des Lebens zu stellen und auf ihre Antwort hoffte. Dieses nun immer stärker systematisch geplante und methodisch durchgeführte Fragen, z. B. auch in Form von gezielten Experimenten, entwickelte sich weiter zur modernen Naturwissenschaft.

Naturwissenschaft als Erforschung des Neuen

Der Blick richtete sich zunehmend nach vorn, auf das Unbekannte, das Neue, das noch zu Erforschende. Im Neuen das Heil suchend, entstand das, was die Moderne im Innersten ausmacht: die Idee von Fortschritt – eine positive Entwicklung nach vorn, von der man sich eine allgemeine Verbesserung der Lebensumstände verspricht. Nicht nur werden die Institutionen der Höheren Bildung, d. h. die Universitäten, in Zukunft von dieser Art der Erforschung des Neuen bestimmt, sondern generell wird sich pädagogisches Denken ins Verhältnis setzen zu den Vorstellungen vom Fortschritt der Menschheit.

Fortschritt

Der Preis dieser expansiven Erneuerung der europäischen Welt war oft die Vernichtung des Anderen und der Anderen: Bereits die Bezeichnung der Begegnung der Europäer mit den neuen Welten als *Entdeckung* verweist auf die rein vom europäischen Standpunkt her gedachte Erneuerung, denn selbstverständlich war alles gerade Entdeckte den in diesen Regionen Einheimischen bereits seit langem bekannt. Sie hatten bereits ein auf ihre Weise entwickeltes Wissen um ihre Welt, und das Neue war nur für die Europäer neu. Indem diese nun die ihnen bisher unbekannten Länder und Regionen besuchten, in Besitz nahmen, missionierten, katalogisierten und kartographierten, vernichteten sie oft das einheimische Wissen um die Welt, die Traditionen der Ureinwohner und mit deren Kulturen ebenso deren Wege des Lehrens und Lernens. Was in Europa begann – der Siegeszug des naturwissenschaftlichen Denkens, der ältere, traditionelle Denkformen zu verdrängen begann – setzte sich im Rest der Welt fort: Das europäische Denken verdrängte oder vernichtete das andere Denken. Gleichzeitig wurden diese Regionen zum Spielball der europäischen Mächte, wurden unter deren Einfluss gebracht: Es begann eine europäische Weltgeschichte.

Begegnung mit den Anderen

Neben dieser starken Tendenz zur Zurückdrängung anderer Kulturen gab es allerdings auch entgegen-

Merksatz

Die Etablierung der Idee eines kulturellen Fortschritts, der durch die Entdeckung von neuem Wissen realisiert werden kann, führte zu einer grundlegenden Veränderung aller Vorstellungen vom Lernen: Erfahrung als die Entdeckung von Neuem wurde zur Grundlage des Lernens – das immer stärker institutionalisierte Gewinnen von Erfahrungen entwickelte sich zur modernen Naturwissenschaft.

Mission

gesetzte Bewegungen. Vor allem im Bereich der Mission liefen Diskussionen darüber, wie diese zu gestalten sei und welches konkrete Ziel sie haben sollte. Ausgangspunkt solcher Debatten war zumeist die Frage danach, wie die Lebewesen zu klassifizieren seien, denen man in den eroberten Welten begegnete: Die rein am ökonomischen Erfolg interessierten Eroberer waren recht wenig an denen interessiert, die die besetzten Gebiete bewohnten; sie glaubten zumeist, im besten Falle etwas intelligentere Affen vor sich zu haben, die man nach Belieben besitzen, versklaven, verkaufen oder auch gleich töten könnte. Dagegen entspann sich im Bereich der Kirche und ihrer verschiedenen Orden eine Diskussion darüber, ob es sich bei den Einheimischen um echte Menschen handele (die man auch entsprechend menschlich zu behandeln hätte), oder ob es doch tatsächlich eher keine Menschen seien. Die Antwort war fast einstimmig: Es sind Menschen, und als solche sind sie mit allen Rechten und Pflichten des Menschseins ausgestattet. Im Blick der Kirche hieß das natürlich vor allem: Ihnen sollte das Christentum und die westliche Zivilisation nähergebracht werden, damit auch sie erlöst werden würden.

Menschenbild

Abb. 3.4.4 | ▶ William Lippincott: Marquette preaching to the Indians – Jacques Marquette (1637–1675) predigt zu den Indianern, ca. 1670. Aus: Edward Sylvester Ellis/Charles F. Horne: The story of the greatest nations, New York 1913. Heroisierende und zugleich romantisierende Darstellung des Jesuitenpriesters Jacques Marquette, der eine wichtige Rolle bei der Missionierung Nordamerikas spielte.

Pädagogisches Programm der Mission

Hieraus resultierte ein pädagogisches Programm der Mission, das von Pedro de Gante, einem Mönch des Franziskaner-Ordens, wie folgt beschrieben wird:

Zitat

„Meine Aufgabe und Beschäftigung ist es, Tag und Nacht zu predigen und zu lehren. Während des Tages lehre ich Schreiben, Lesen und Singen. Nachts lese ich den christlichen Katechismus vor und predige. Weil das Land riesig und von zahllosen Menschen bevölkert ist, die Prediger aber zu wenige sind, um eine so große Menge zu unterrichten, haben wir in unseren Häusern die Kinder der Herren und Vornehmen versammelt, um sie im katholischen Glauben zu unterweisen, damit sie diesen anschließend ihrerseits ihren Eltern lehren. Diese jungen Leute lernen lesen, schreiben, singen, predigen und den Gottesdienst nach Brauchtum der Kirche zu feiern." (Peter van der Moere/Fray Pedro de Gante in einem Brief von 1529 an seine Ordensbrüder in Flandern)

Die Umsetzung dieses Programms, welches sich vor allem an Kinder und Jugendliche richtete, die man für die eigene Sache zu gewinnen suchte, erfolgte nun mit mehr oder weniger Nachdruck: Gewalt und Missbrauch traten auf, doch wurden diese auch innerhalb der Kirche nicht einhellig gebilligt. Immer wieder beschwerten sich Missionare über Gewalttätigkeiten entweder der im Auftrag ihrer weltlichen Herrscher agierenden Besatzer oder anderer Missionare (eher natürlich der Missionare von anderen Orden als dem eigenen). Dagegen versuchten viele Missionare, die im Zuge der Eroberungen verschwindenden Kulturen, ihre Lebensweisen und Sprachen, zu katalogisieren und so zu bewahren – durch Zeichnungen, Beschreibungen und das Erstellen von Wörterbüchern. Allerdings muss darauf verwiesen werden, dass diese Zugewandtheit der Missionare durchaus selektiv war: So kritisierten sie etwa, dass die Eroberer die südamerikanischen Indios zur Zwangsarbeit einsetzten – nur um dann vorzuschlagen, diese Arbeit doch durch afrikanische Sklaven ausführen zu lassen. Manche Menschen waren ihnen doch etwas weniger menschlich. Insgesamt zeigt sich also dieses pädagogische Programm ambivalent: Zwar versuchten die Missionare, indigene Kulturen wenigstens teilweise zu bewahren und vor zu großer Gewalt zu beschützen, doch trugen ihre missionarischen Ziele natürlich zur Entwertung und zum Verschwinden eben jener Kulturen bei, die sie als pädagogisch zu überwindende Zustände der in ihren Augen zumeist unterentwickelten Ureinwohner betrachteten.

Ambivalenz der Mission

Merksatz

Die Pädagogik der christlichen Mission war ambivalent: Sie beförderte die wichtigen Diskussionen darüber, was es bedeutet, ein Mensch zu sein, und sie verteidigte die von den Eroberern Verfolgten, indem sie sie zu Menschen erklärte. Gleichzeitig beförderte die angestrebte allgemeine Christianisierung das Aussterben einheimischer Kulturen auf der ganzen Welt.

Utopien als Pädagogik

Utopien

Für das europäische pädagogische Denken wurde allerdings ein anderer Aspekt dieser Expansion über die Grenzen des Kontinents hinaus relevant: die sich an den Entdeckungen der Seefahrer und Eroberer und vor allem an den darüber erscheinenden Berichten entzündende Phantasie, die als eine weitere Spielart utopischen Denkens (vgl. Kap. 3.3) auftrat und die in sehr konkreter Form alternative Gesellschaften, Staaten und Verfassungen zu entwerfen begann. Diese Utopien, zumeist verfasst als fiktionale Berichte von Reisen in ferne Länder und an unbekannte Gestade, hatten natürlich Vorgänger: Es gab bereits früher solche Erzählungen. Doch nun, aufgrund der wirklichen Entdeckung der Neuen Welt, erlebte dieses Genre der Literatur einen ungeheuren Aufschwung und befeuerte die Phantasie der Menschen mit Bildern davon, wie eine bessere oder doch zumindest andere Gesellschaft aussehen könnte.

Abb. 3.4.5 | ▶ Ambrosius Holbein: The Island of Utopia (1518), Titelblatt für: Thomas Morus: Utopia, Basel 1518. Morus' Text – eine fiktive Beschreibung einer Reise zum Inselstaat Utopia – prangert die Missstände der eigenen Zeit an, indem er sie den angeblich paradiesischen Zuständen in Utopia gegenüberstellt. Das Buch wurde so erfolgreich, dass es für alle Texte dieser Art namengebend wurde

Die Möglichkeit der Realisierung dieser Utopien schien näher gerückt zu sein. Nicht nur begaben sich die Reisenden auf die Suche nach den phantastischen Orten – nach Eldorado etwa, dem Goldland –, sondern die Utopie als Reisebeschreibung wurde zum Mittel des Versuchs, die eigene Gesellschaft zu erziehen, sie zum Lernen anzuregen, sie umzugestalten. Dabei sollten die Utopien nicht nur selbst pädagogisch wirken, sondern oft enthielten sie als Entwürfe neuer, anderer Gesellschaften selbst die Beschreibungen neuer Formen und Institutionen der Erziehung und Bildung. So zeigten sie nicht nur ein Ideal, wie eine bessere Welt aussehen könnte, sondern auch gleich noch die Pädagogik, mit der man die Menschen für diese neue Welt entsprechend heranbilden könnte.

Die Verkennung des Anderen – Das Kind und der Edle Wilde

Dieser generelle Wunsch, das Paradies zu entdecken (oder vielleicht gar schon entdeckt zu haben, wie Christoph Kolumbus im Angesicht der neu entdeckten Länder meinte) und der eigenen Gesellschaft als Spiegel vorzuhalten, führte natürlich auf der anderen Seite dazu, dass man die fremden Kulturen, denen man begegnete, schon immer im Licht dieses Wunsches verkannte, sie missdeutete: Oft entsprang das Bild des Anderen nicht mehr den Beobachtungen, die man dort machte, sondern dem Wunschdenken, das den Anderen zum Teil eines pädagogischen Settings für die eigene Kultur machte.

Bild vom Anderen

Diese Tendenz der Missdeutung aufgrund eigener politischer Bestrebungen erzeugte nun ein Bild, welches besonders wichtig wurde für das nachfolgende pädagogische Denken: das Bild des *Edlen Wilden*. Mit ihm gewann die Pädagogik ein zentrales Motiv, nämlich eine neue Vorstellung vom Kind-Sein, und mit ihm verkannte sie wohl auf fundamentale Weise sowohl den tatsächlichen Bewohner jener Welten, die man gerade unter die Herrschaft Europas zu zwingen begann, als auch das Kind, für welches jener *Edle Wilde* ein Symbol wurde.

Neue Vorstellung vom Kind-Sein

Die Begegnung mit den anderen Lebewesen bot, sobald man sie einmal als Menschen anerkannte (was eben durchaus nicht immer geschah), die Herausforderung, sich zu diesen Menschen ins Verhältnis setzen zu müssen. Das fiel den Europäern nicht immer leicht – im Angesicht der scheinbar paradiesischen Lebensumstände, in denen man die Einheimischen vorzufinden glaubte. Waren sie von Gott bevorzugt worden? Warum schien es ihnen so gut zu gehen, warum der Überfluss, den die umgebende Natur bot, wo sie doch nicht christlich waren und daher kaum auf die Gnade Gottes hoffen konnten? Schien nicht das Leben der Ureinwohner zu verkünden, dass der ganze Weg der westlichen Zivilisation ein Irrweg war – ein Weg nicht hinein, sondern gerade heraus aus dem Paradies?

Verhältnis zum Anderen

Es waren solche Fragen, die später dann, im 18. Jahrhundert, in einer Kritik an der zivilisierten Kultur gipfelten und die den Ureinwohnern der Neuen Welt den Ruf, bessere, echtere Menschen zu sein, einhandelten. Man begann mit Blick auf die als gekünstelt und

Kulturkritik

hohl empfundenen Manieren der westlichen Zivilisation, die aus Büchern und Berichten bekannte Lebensweise der Ureinwohner für die echtere zu halten. Bedingung hierfür wird – wie noch zu sehen sein wird – ein Wechsel der Bewertungskriterien sein: So galt zwar weiterhin, dass nur der ein wahrhafter Mensch ist, der christlich erzogen ist und dementsprechend handelt, doch kam nun noch ein anderes Kriterium hinzu – das der Natürlichkeit. Und man hatte das Gefühl, dass die Menschen, denen man auf den neuen Kontinenten begegnete, zumindest in dieser Hinsicht überlegen waren: Sie waren offensichtlich näher dran an der Natur, lebten wortwörtlich *naturnah*. Eben genau deshalb waren sie in Augen mancher Europäer auch nicht nur die *Wilden*, sondern die *Edlen Wilden*.

Natürlichkeit

Der Edle Wilde

Hatte man sich nun zu einer positiven Bewertung der anderen Lebensweise durchgerungen, so blieb immer noch die Frage offen,

Abb 3.4.6 | ▶ Sascha Schneider: Winnetous Himmelfahrt (1904), Einband für *Winnetou III* der zwischen 1904 und 1910 erfolgenden Neuausgabe der *Gesammelten Reiseerzählungen* von Karl May. Die Figur des Apachenhäuptlings Winnetou ist insgesamt angelegt nach dem Muster des *Edlen Wilden* – ein nordamerikanischer Ureinwohner, der im Tod seine stammestypischen Insignien (die Adlerfeder) verliert und, angelehnt an Jesus Christus, in den Himmel auffährt. Das Motiv des Edlen Wilden ist also noch bis ins 20. Jahrhundert wirksam.

wie solche Menschen einzuordnen wären im Verhältnis zu den zivilisierten Europäern. Die Antwort war ebenso einfach wie folgenreich: Man befand, dass die Einheimischen *wie die Kinder* seien – noch irgendwie unbelehrt und unwissend, aber im Grunde genommen dazu befähigt, alles Relevante noch zu erlernen und auf diese Weise das ihnen innewohnende Potential zu realisieren. Diese Zusammenführung der Konzepte von *Kind* und *Edlem Wilden* war überaus folgenreich für die weitere Geistesgeschichte im Allgemeinen und die pädagogische Geschichte im Besonderen. Zuerst ermöglichte sie es den positiv gestimmten Missionaren, überhaupt ein pädagogisches Programm zu etablieren: Ausgehend davon, dass es sich bei den ‚Wilden' um Kinder handelte, wurde man verständnisvoller gegenüber etwaigen Verfehlungen derjenigen, die man nun zu wahren Christen erziehen wollte. Eine gewisse paternalistische Großzügigkeit auch gegenüber eigentlich als heidnisch und somit als verwerflich angesehenen Praktiken basierte auf dem Gedanken, es handele sich ja nur um Kinder und dementsprechend um kindliche Phantasie-Spiele. Der wohlwollende Europäer sah sich nun fast ausschließlich nur noch in einem quasi pädagogischen Verhältnis zum kulturell anders geprägten Menschen. Diese Überheblichkeit, die glaubt, den anderen belehren und erziehen zu müssen und zu dürfen, wird das gesamte Kolonialstreben des Abendlandes prägen (zusätzlich zu den rein wirtschaftlichen Erwägungen, die auch keine geringe Rolle spielen). Später, im 18. Jahrhundert, wird diese Verbindung zwischen dem Ureinwohner der Neuen Welten und dem Kind von der anderen Seite her betrachtet: Nun diente nicht mehr das Kind zur Definition des Ureinwohners, sondern der ‚Wilde' dient zur Bestimmung dessen, was es bedeutet, ein *Kind* zu sein. Und noch etwas später stabilisiert sich diese Verbindung in der Erfindung des sogenannten *Biogenetischen Grundgesetzes*, welches besagt, dass der einzelne Mensch angeblich in seiner Ontogenese die Phylogenese der Gattung wiederholen würde. Mit anderen Worten: Die Entwicklung der Menschheit (ihre Zivilisierung), deren verschiedene Stadien man besichtigen könnte mit Blick auf die ‚Wilden' und die zivilisierten Europäer (die einen in einem frühen Stadium der Menschheitsentwicklung, die anderen gewissermaßen auf deren Höhepunkt), spiegele sich wider in der Entwicklung des einzelnen Menschen vom Kind zum Erwachsenen – eine Entwicklung, die als zunehmende Zivilisierung des *Wilden Kindes* hin zum gesitteten Erwachsenen verstanden wird. Noch bis ins frühe 20. Jahrhun-

Der ‚Wilde' als Kind

Das Kind als ‚Wilder'

dert wird diese Vorstellung pädagogisches Denken prägen. Doch: Es begann hier, im späten 15. Jahrhundert auf den Schiffen derjenigen Seefahrer, die auszogen, die Welt neu zu ermessen und zu erobern und die dabei auf etwas Besonderes trafen – auf Menschen, die ganz anders waren.

Merksatz

> Die Begegnung mit den Menschen anderer Kulturen forderte eine Diskussion darüber heraus, was der *Mensch* ist und was er anstreben und werden sollte. Das ursprüngliche pädagogische Selbstverständnis der westlichen Zivilisationen wurde auf diese Weise modifiziert: Der Wert der Natürlichkeit begann, vor allem im Bereich der Pädagogik bedeutsam zu werden, und die Verbindung der Ideen vom *Edlen Wilden* und vom ‚Kind-Sein' veränderte das pädagogische Denken grundlegend.

Doch nicht nur die Begegnung mit diesen anderen Menschen veränderte die europäischen Vorstellungen davon, was es bedeutet, ein Mensch zu sein. Die politischen Spannungen im Inneren einzelner Länder führten ebenfalls dazu, dass sich das Selbstverständnis der Menschen zu wandeln begann. So ging aus den langwierigen Verwicklungen des Bürgerkriegs in England im 17. Jahrhundert ein Schriftstück hervor, das von großer Bedeutung ist für die europäischen Vorstellungen vom Bürger und seinen Rechten: 1689 wurde die *Bill of Rights* im Königreich England verabschiedet, die dem Parlament gegenüber dem König stärkere Rechte einräumte. Aus der hiermit offiziell bestätigten Einschränkung der Macht der Monarchie gegenüber dem Bürgertum wird später ein neues, modernes Selbstverständnis der Menschen hervorgehen – die Idee des freien, selbstbestimmten und selbstverantwortlichen Bürgers. Mit dieser Idee verwandelten sich auch die Vorstellungen von Pädagogik, wie zu sehen sein wird.

Bill of Rights

Zusammenfassung

Tiefgreifende Veränderungen kennzeichnen das 16./17. Jahrhundert – nicht nur in Europa: Reformation und Gegenreformation brachten eine grundlegende und nicht immer friedliche Umgestaltung der kulturell-religiösen, politischen und auch intellektuellen Landschaft mit sich; die beginnende Formierung der modernen Naturwissenschaft veränderte die Vorstellung davon, was Wissen ist, wie es erworben und wozu es gebraucht wird; und die Besetzungen der außereuropäischen Gebiete und die Begegnung mit den dortigen Einheimischen zerstörte in hohem Maße das dort ursprünglich Vorhandene und verwandelte gleichzeitig die Vorstellungen davon, was die Welt ist und was es bedeutet, ein Mensch zu sein, entscheidend. All das beeinflusste pädagogisches Denken und Handeln in bedeutender Weise: Die protestantische Betonung der persönlichen Verantwortlichkeit und die damit einhergehende Forderung nach einer entsprechenden, vor allem sprachlichen, Gebildetheit, die katholische (vor allem jesuitische) Verbindung von Intellektualität und Selbstzucht vor allem für die Eliten, der Aufstieg des naturwissenschaftlichen Experimentier- und Forschergeistes, die zunehmend zentraler werdenden Diskussionen über das Wesen des Menschen und die politischen Debatten um die Freiheit und Würde des Einzelnen prägen von nun an die Pädagogik in ihren verschiedenen Erscheinungsformen. Mit Comenius gewann sie zugleich ein herausragendes Beispiel pädagogischen Denkens, welches für den weiteren Verlauf ihrer Geschichte als Referenzpunkt dient: Immer wieder wird man auf ihn zurückkommen – auf seine umfassend-enzyklopädische Art des Systematisierens, auf seine didaktischen Einsichten, auf die utopische Gestalt seiner Pädagogik im Allgemeinen. Die Pädagogik beginnt, ihre moderne Gestalt anzunehmen.

Literatur

Bitterli, Urs: Die ‚Wilden' und die ‚Zivilisierten'. Grundzüge einer Geistes- und Kulturgeschichte der europäisch-überseeischen Begegnung. München 1991.

Dülmen, Richard von: Kultur und Alltag in der Frühen Neuzeit, Band 1: Das Haus und seine Menschen. 16.–18. Jahrhundert. München, 4. Auflage 2005.

Edelmayer, Friedrich/Grandner, Margarete/Hausberger, Bernd: Die Neue Welt. Süd- und Nordamerika in ihrer kolonialen Epoche. Wien 2001.

Goßmann, Klaus/Schröer, Henning (Hg.): Auf den Spuren von Comenius. Texte zu Leben, Werk und Wirkung. Göttingen 1992.

Huber-Rebenich, Gerlinde (Hg.): Lehren und Lernen im Zeitalter der Reformation. Methoden und Funktionen. Tübingen 2012.

Kohl, Karl-Heinz: Entzauberter Blick. Das Bild vom Guten Wilden und die Erfahrung der Zivilisation. Berlin 1981.

Leppin, Volker: Luther privat: Sohn, Vater, Ehemann. Darmstadt 2006.

Snyders, Georges: Die große Wende der Pädagogik: Die Entdeckung des Kindes und die Revolution der Erziehung im 17. und 18. Jahrhundert. Paderborn 1971.

Testfragen

1. *Warum setzten sich die Reformatoren für den Schulbesuch aller Kinder ein?*
2. *Welche pädagogischen Auswirkungen hatte die Lutherische Rechtfertigungslehre?*
3. *Welche Rolle spielte die Beichte für die katholische Kindererziehung und Erwachsenenbildung im 16. und 17. Jahrhundert?*
4. *Welche Erziehungsziele und -methoden waren typisch für die Jesuitenkollegs in dieser Zeit?*
5. *Welcher Zusammenhang bestand zwischen der politisch-kulturellen Situation in Europa und der Pädagogik des Comenius?*
6. *Wie zeigt sich das pädagogische Programm des Comenius in seinem Buch Orbis Sensualium Pictus?*
7. *Wie veränderten die Reisen und ‚Entdeckungen' des 15. und 16. Jahrhunderts das Denken der Menschen?*
8. *Worin bestand der zweiseitige pädagogische Zusammenhang zwischen dem Konzept Kind und dem Konzept des Edlen Wilden?*

Frühe Neuzeit II (1689 bis 1789) – Von der Bill of Rights bis zur Französischen Revolution | 4

Inhalt

In der Zeit zwischen 1689 und 1789 breiteten sich zwei Bewegungen in Europa aus, die die Pädagogik entscheidend beeinflussten und voranbrachten: Pietismus und Aufklärung (Kap. 4.1 und 4.2). Auch wenn sich manche ihrer Vertreter feindlich gegenüber standen, können sie als ungleiche Geschwister gelten, denen vieles gemeinsam und genauso vieles fremd ist. Beide wollten die Schrecken des 30-jährigen Krieges ein für alle Mal hinter sich lassen und ein friedliches, menschenwürdiges Zusammenleben ermöglichen. Gleichzeitig gewann im 18. Jahrhundert Erziehung als gesellschaftliche Aufgabe eine neue Bedeutung. Besonders die Philanthropen arbeiteten an einer Erziehung der Menschen zum guten und nützlichen Bürger, wohingegen Rousseau den „natürlichen" Menschen außerhalb der Gesellschaft als Ideal vorstellte (Kap. 4.3). Mit dem Nachdenken über Individuum und Gesellschaft hing schließlich auch die Propagierung der Menschen- und Bürgerrechte in der US-amerikanischen Verfassung und bei der Französischen Revolution zusammen. Allerdings galten Menschen- und Bürgerrechte nicht für alle Menschen – deshalb wird die Mädchen- und Frauenerziehung und das pädagogische Verhältnis zu Bewohnern fremder Erdteile gesondert dargestellt (Kap. 4.4).

Erziehung als Glaubensweg des Pietismus | 4.1

Die Erinnerung an die Kriege im 17. Jahrhundert sowie die sich verändernde Sicht auf die Welt und damit auch das Verständnis des Mensch-Seins hatte tiefe Spuren im kollektiven Gedächtnis Europas hinterlassen. Wie sollte man künftig mit der Religion als umfassendem Deutungsrahmen des Lebenslaufs umgehen? Und wie konnten die (aus europäischer Perspektive) neuen Entdeckungen in fernen Ländern in einen über Lehren zu vermittelnden Welthorizont eingefügt werden? Es waren Fragen wie diese, die im ausgehenden 17.

und im 18. Jahrhundert zu einer Neujustierung auch der Pädagogik drängten. Die Aufgabe bestand darin, die schmerzhaften Erinnerungen und spannenden Neuigkeiten in einem veränderten Deutungsmuster menschlichen Lernens zusammenzufügen. Dabei bildete die Frage nach der Würde und den Rechten des Menschen als Individuum eine entscheidende Rolle. Die 1689 verabschiedete Erklärung der Bill of Rights im Königreich England mit der Stärkung der Rechte des Parlaments gegenüber dem König und die Erklärung der Menschen- und Bürgerrechte im Rahmen der Französischen Revolutionen 1789 bildeten für diese Suche einen Rahmen.

Grundlagen des Pietismus

In diesem Rahmen hatte im 17. und 18. Jahrhundert eine Frömmigkeitsbewegung enormen Einfluss auf Erziehung und Bildung: der Pietismus. Den Grundstein legte der Lutherische Pfarrer Philipp Jakob Spener (1635–1705) in den 1670er Jahren in Frankfurt. Als Programmschrift des Pietismus wird Speners „Pia desideria" von 1675 bezeichnet. Einen starken eigenen Impuls setzte dann im 18. Jahrhundert August Hermann Francke (1663–1727) in Halle, der viele von Speners pietistischen Grundwerten in die Erziehungspraxis umsetzte.

Erklärung

Der Pietismus war eine religiöse Erneuerungsbewegung im Protestantismus. Sie ist gekennzeichnet durch

- *die Suche nach „wahrem Christentum" und „lebendigem Glauben",*
- *die Bildung von Gesprächs- und Gebetszirkeln, den „collegia pietatis",*
- *die Ausrichtung auf die durch den Glauben motivierte Tat, die „praxis pietatis".*

Suche nach dem wahren Christentum

Die Antwort des Pietismus auf die neue Zeit bestand in einer Suche nach einem „wahren Christentum" und „lebendigem Glauben". Den Ausgangspunkt bildete dabei zunächst eine herbe Kritik an der bestehenden Kirche und ihren Mitgliedern. Die Pietisten warfen der Kirche vor, dass zwar jeder getauft wurde, dass bestimmte äußere Verhaltensnormen durchgesetzt wurden und auf die rechte Lehre geachtet wurde, dass das Innere der Menschen dadurch aber oft kaum berührt werde. Sie stellten dem eine Vorstellung von Christentum gegenüber, bei der das Leben der Mitglieder ganz und gar von ihrem Glauben durchdrungen ist. „Lebendiger Glaube" sollte den Menschen auf allen Ebenen prägen: seinen Willen, seine Gefühle, sein Denken und sein Handeln. Taufe, sonntäglicher Kirchgang und eine vage Überzeugung von der christlichen Lehre reichen nicht aus, so die Vertreter des Pietismus.

Durchdringung des ganzen Menschen

Pädagogisch bedeutete das, dass sich die Erziehungs- und Bildungsbemühungen auf die Durchdringung des ganzen Menschen richteten. Das Ansammeln von Wissen und das Lernen bestimmter Fähigkeiten ist in dieser Erziehungs- und Bildungsvorstellung nur ein kleiner Teil eines sehr viel größeren Ziels. Wichtig ist vor allem, jeden Menschen in seinem Innern zu verändern. „Cultura animi" („Seelenpflege") ist ein Begriff, der dafür verwendet wurde. Die Kinder und Erwachsenen in ihrem Wollen und Fühlen und Denken und Handeln im Blick zu haben, führte zu einer umfassenden und gewissermaßen modernen Erziehung und Bildung. Gleichzeitig war damit ein hoher Anspruch an die Menschen verbunden, und der Schritt zum Erziehungs- und Bildungsstress war nicht groß.

Bewusste Selbstbildung als lebenslanger Prozess

Im Pietismus ging es von vornherein um die Veränderung aller Menschen, egal welcher Herkunft, welchen Geschlechts und welchen Alters. Es ging um den Lebensweg als Lernweg in einem umfassenden Sinne. Kindererziehung rückte dabei erst in einem zweiten Schritt in den Fokus – zunächst ging es um Erwachsene und Jugendliche. Ziel war ein gelebter Glaube. Die Entwicklung und Aufrechterhaltung eines lebendigen Glaubens ist in dieser Sichtweise niemals abgeschlossen. Die Situation ist in gewisser Weise mit einer permanenten Missionierung aller durch alle zu vergleichen: Jeder sollte zur Glaubensentwicklung der anderen beitragen und gleichzeitig Verantwortung für die eigene Glaubensentwicklung übernehmen. Es war ein lebenslanger Prozess, bei dem von jedem eine bewusste Selbstbildung verlangt wurde.

collegia pietatis

Dafür gab es einen institutionellen Rahmen des Lernens und der Besinnung: Versammlungen zur gemeinsamen Vertiefung des Glaubens, genannt „collegia pietatis", in denen Standesgrenzen keine Rolle spielen sollten. In den collegia pietatis trafen sich die besonders eifrigen Gemeindeglieder – die Pietisten –, um gemeinsam Abschnitte aus der Bibel zu lesen und darüber zu sprechen. Das Ideal war, dass nicht nur der Pfarrer oder einige wenige Gebildete das Wort ergreifen, sondern dass sich möglichst alle Männer beteiligen und ihre Anmerkungen oder Einsichten oder Fragen aussprechen. Frauen waren nur als Zuhörerinnen zugelassen. Die Vision der Reformatoren, dass alle Laien in der Bibel lesen und sie selbständig auslegen, wurde hier aufgegriffen und in Teilen verwirklicht. Selbstverständlich setzen sich auch hier bestimmte Interpretationen und Lehrmeinungen und Menschen durch, aber in den collegia pietatis lernten letztlich alle etwas vom Umgang mit Texten und viele übten sich im öffentlichen Reden.

Neben die Aufmerksamkeit für den eigenen Lebensweg trat das Bewusstsein einer Verantwortung für die Welt. Die praxis pietatis, die durch den Glauben motivierte Tat, brachte eine Menge sozialfürsorgerischer Aktivitäten hervor. Jeder und jede einzelne wurde zu tätiger Nächstenliebe angehalten, und bei vermögenden, einflussreichen oder besonders tatkräftigen Menschen entstanden daraus ganze Stiftungen oder Einrichtungen wie Waisenhäuser, Krankenhäuser und Armenschulen. Die praxis pietatis hatte dabei nicht nur die Linderung akuter Not als Ziel, sondern eine nachhaltige Verbesserung der Welt durch bessere Erziehung und wirtschaftlichen Aufschwung.

Tätiger Glaube

In der Kindererziehung spielte das Ideal der praxis pietatis als Erziehungsziel eine wichtige Rolle. Kinder sollten sich daran gewöhnen, fleißig zu sein. Sie sollten praktische Fähigkeiten lernen, die sie dann im Dienst für andere einsetzen können. Eine Ausrichtung auf die dingliche Welt („Realien") ergänzte den sonst üblichen Unterricht, der stärker einem klassischen Bildungsideal (Latein, Lesen, Schreiben, Rhetorik etc.) folgte.

Der Pietismus war eng mit dem angelsächsischen Puritanismus und mit einer vergleichbaren Bewegung in den Niederlanden verwandt. Er breitete sich von den deutschsprachigen Ländern vor allem nach Skandinavien und ins Baltikum aus.

Merksatz

Im Pietismus finden sich viele Kennzeichen, die man auch mit der Aufklärung verbindet und die indirekt und ungewollt auf manche Grundwerte der Französischen Revolution vorausweisen: Eine stärkere Durchdringung der Bevölkerung mit Erziehung und Bildung, Mitsprachemöglichkeiten für mehr Menschen und ein positiver und ganz praktischer Gestaltungswille für die Gesellschaft.

August Hermann Francke und die Franckeschen Anstalten in Halle

Unter den Pietisten übte August Hermann Francke den stärksten Einfluss auf die Kindererziehung und das Schulwesen aus. Francke, der ebenso wie Spener Theologe war, baute in Halle an der Saale ein Werk mit zahlreichen einzelnen Einrichtungen auf: Die Franckeschen Stiftungen. 1695 gründete er eine Armenschule, baute diese zum Internat aus und fügte 1698 ein Waisenhaus hinzu. Es folgten weitere Schulen, auch für die höheren Schichten der Bevölkerung, eine Lehrerbildungsanstalt, ein Verlag mit angeschlossener Druckerei und Buchhandlung, eine Apotheke und eine Arztpraxis sowie ein Missionswerk für die Tätigkeit in fernen Ländern. Francke und seine Mitstreiter konnten viele Spender und Mitarbeiter motivieren und die Schulen waren so erfolgreich, dass kurz vor Franckes Tod über 2.200 Schüler diese Schulen besuchten. Eltern aus ganz Europa schickten ihre Söhne nach Halle ins Internat, denn die Schulen richteten sich nicht nur mit kostenlosem Unterricht an Kinder aus ärmeren und ungebildeten Familien, sondern boten auch für Söhne aus begüterten Familien moderne und attraktive Ausbildungsmöglichkeiten. An der lateinischen Schule fand die Vorbereitung auf die Universität statt (400 Schüler), und im „Pädagogium Regium" wurden Schüler auf eine Laufbahn als Offiziere und Staatsbeamte vorbereitet (82 Schüler).

Franckesche Stiftungen

Abb. 4.1.1 | ▶ Die Franckeschen Stiftungen in Halle/Saale, 2009

Die Prägung durch die Francksche Pädagogik und Religiosität verbreitete sich aus drei Gründen sehr stark:

Verbreitung

1. Die in Halle erzogenen Söhne (vor allem aus den deutschsprachigen Ländern) brachten den Franckeschen Einfluss in ihre Heimat zurück.
2. Die in der Lehrerbildungsanstalt und den Schulen in Halle ausgebildeten Lehrer waren in Preußen und anderen Ländern ungemein gefragt, zum Teil wurde auch das Schulsystem aus Halle so gut wie möglich kopiert.
3. Das Theologiestudium in Halle wurde ebenfalls von Francke stark beeinflusst und reformiert, außerdem unterrichteten viele Theologiestudenten während ihres Studiums nebenbei an den Franckeschen Schulen und wurden dort pädagogisch geprägt. Sie gaben dies später nicht nur als Pfarrer weiter, sondern auch als (Haus-)Lehrer, denn es war üblich, dass Theologen nach dem Studium jahrelang als Lehrer arbeiteten, bevor sie als Pfarrer eine Gemeinde anvertraut bekamen.

Den stärksten Einfluss übte der Franckesche Pietismus in Preußen aus, aber auch in Schlesien, Ostpreußen, in den westdeutschen Ländern und in der Schweiz, im Baltikum, in Skandinavien und sogar in Russland waren Auswirkungen zu spüren.

Wie sah eine Erziehung in Franckes Sinne aus? Eine eingehende Beschreibung findet sich in Franckes Schrift „Kurzer und einfältiger Unterricht, wie die Kinder zur wahren Gottseligkeit und christlichen Klugheit anzuführen sind“ von 1702. Die Schrift richtete sich an Eltern, Erzieher und Lehrer. Sie enthält eine Darstellung der Ziele und Methoden der Erziehung, wie Francke sie sich vorstellte – und wie sie weitgehend in den Franckeschen Erziehungseinrichtungen praktiziert wurde. Sie ist also keine pädagogische Utopie und nicht nur eine Erziehungstheorie, sondern direkte Grundlage einer einflussreichen pädagogischen Institution.

Erziehungsziele

Die wichtigsten Ziele der Erziehung benannte Francke schon im Titel seiner Schrift. „Wahre Gottseligkeit“ und „christliche Klugheit“ sind die beiden zentralen Themen, nach denen die Schrift gegliedert ist. „Christliche Klugheit“ bedeutete für Francke nicht zuerst ein breites Wissen, sondern die Fähigkeit zu unterscheiden, was gut bzw. nützlich und was schlecht ist. Es bedeutete Urteilsfähigkeit und Weisheit im Handeln. Wissen und Erfahrung waren die Grundlagen dessen, aber es ging für Francke immer weitergehend darum, Wissen anwenden zu können und aus Erfahrung für das eigene Tun zu lernen. „Wahre Gottseligkeit“ verweist auf das letztlich religiöse

Ziel der Erziehung: Bei Kindern sollte die Grundlage für wahres Christentum und einen lebendigen Glauben im Sinne des Pietismus gelegt werden. Sie sollten „Furcht und Liebe Gottes" lernen: Ehrfurcht vor Gott, aber auch Dankbarkeit und Liebe gegenüber Gott. Für Francke spielte die „Bekehrung" zum wahren Glauben als Jugendlicher oder Erwachsener eine große Rolle, so dass der Glaube bei Kindern nur eine Vorbereitung auf den späteren Glauben sein konnte. Trotzdem sollten bereits Kinder das Gebet mit eigenen Worten und den Umgang mit der Bibel lernen und praktizieren. Außerdem leitete Francke aus dem Ziel der „Gottseligkeit" Tugenden ab, die für ihn von großer Bedeutung waren, nämlich Wahrheitsliebe, Gehorsam und Fleiß. Als Gegenteil wurden vor allem Lügen, Eigenwille und Müßiggang bekämpft. Am Beispiel des Gehorsams wird der Zusammenhang zwischen religiösem Ziel und pädagogischem Handeln besonders deutlich. Gehorsam – verstanden als Fähigkeit zur Unterordnung des eigenen Willens unter einen anderen – spielt nach Francke für ein echtes Christentum eine große Rolle, denn der Mensch muss sich Gottes Willen unterordnen und anvertrauen können. Dies wurde vorbereitend geübt, indem die Kinder lernten, sich ihren Eltern und Lehrern unterzuordnen, statt ihren eigenen Willen durchzusetzen. Die oft zitierte Formulierung Franckes, dass man den natürlichen Eigenwillen der Kinder brechen müsse, ist in diesem Zusammenhang zu verstehen. Ob die Erziehungspraxis dazu so martialisch war, wie diese Formulierung vermuten lässt, war schon bei den Schülern der Franckeschen Schulen umstritten. In Franckes Schrift findet sich als Gegengewicht die Aussage, dass das Kind nicht erbittert werden dürfe und dass alles vermieden werden solle, was den inneren Widerstand der Kinder weckt. Wenn das Ziel kein äußerlicher Gehorsam war, sondern ein inneres Einverständnis und die Einsicht in das Erziehungsgeschehen, kann das entweder als liberalisierender Zug aufgefasst werden – oder als Psycho-Terror, weil die Kinder ihre Strafen noch nicht einmal hassen dürfen und es keinen inneren Schutzraum gibt, in dem Gefühle und Gedanken frei sind.

Merksatz

In Franckes Erziehungskonzept sollten die Kinder in erster Linie „wahre Gottseligkeit" und „christliche Klugheit" lernen. „Wahre Gottseligkeit" meint vor allem religiöse Erziehung und als Teil dessen die drei Tugenden Wahrheitsliebe, Gehorsam und Fleiß. „Christliche Klugheit" meint Urteilsvermögen und die Fähigkeit, aus Erfahrung zu lernen.

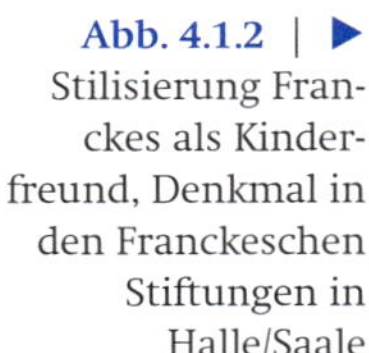

Abb. 4.1.2 | ▶ Stilisierung Franckes als Kinderfreund, Denkmal in den Franckeschen Stiftungen in Halle/Saale

Was die Erziehungsmethoden betrifft, so ist vieles bei Francke als recht modern zu bezeichnen, allerdings sind die religiösen Ziele und Inhalte an vielen Stellen für heutige Leser befremdlich. Modern ist ein gewisser Pragmatismus: Gut war für Francke bei den Methoden das, was funktioniert. Dabei bezog Francke eigene und fremde Erziehungserfahrungen ein, er versuchte die unterschiedlichen Altersstufen und auch die individuelle Natur der Kinder zu berücksichtigen. Grundsätzlich ging er dabei allerdings davon aus, dass Kinder durch die Erbsünde von Natur aus zum Bösen neigen. Erziehung müsse daher das Heranwachsen von Lastern verhindern und das Kind umformen. Franckes Abneigung gegen jede Form von Müßiggang – man könnte es auch seine Abneigung gegen „Freizeit" oder „freies Spiel" nennen – kam daher, dass er davon ausging, dass sich die Sünde in jede freie Lücke drängt und die Kinder einnimmt, sobald sie unbeaufsichtigt sind und sich selbst beschäftigen. Ein wesentliches Erziehungsmittel war daher, dass die Kinder ständig in Begleitung Erwachsener waren, nie unbeobachtet und immer mit „sinnvollen" Dingen beschäftigt.

Erziehungsmethoden

Ständige Überwachung und Beschäftigung

Für Francke waren solche Erziehungsmethoden wichtig, die ihre Wirkung im steten Zusammensein von Kindern und Erwachsenen entfalten: die Vorbildwirkung der Erwachsenen, die Gewöhnung an bestimmte Verhaltensweisen und die Nutzung von Gelegenheiten, in denen Situationen kommentiert werden, damit die Kinder daraus lernen. Für Francke waren wesentlich die Eltern für die Erziehung verantwortlich, und er sprach sie in seiner Erziehungsschrift bewusst mit an. Viele seiner Schüler waren Internatsbewohner, aber dies war für Francke nicht das Ideal (wie zum Beispiel für die Jesuiten, vgl. Kap. 3.2), sondern eher eine praktische Notwendigkeit.

Vorbildwirkung und Gewöhnung

Für den Schulunterricht waren Wiederholung und beständiges Üben wichtig. Lehrer sollten außerdem die Vorstellungskraft der

Wiederholung und Anschauung

Kinder nutzen, indem sie ihnen Gegenstände lebendig vor Augen malen und Geschichten erzählen. Besonders Tugenden und Laster hatte Francke dabei im Sinn, die veranschaulicht werden sollten. Zuneigung zu tugendhaftem Verhalten und Abneigung gegen lasterhaftes Verhalten sollte den Kindern damit eingepflanzt werden.

Urteilen und Anwenden

Bei allem Unterrichtsstoff – Deutsch- oder Lateinunterricht, Geschichte, Bibelunterricht – sollte das Urteilen und die Anwendung eine Rolle spielen. Francke wollte im Lehrplan nur Inhalte sehen, die einen anwendbaren Nutzen haben, und dieser sollte thematisiert werden. Wissen um seiner selbst willen hatte für Francke keinen Wert – erst durch die Anwendung auf einzelne Situationen und den daraus entstehenden praktischen Nutzen oder durch seine Wirkung auf die religiöse und ethische Bildung wird es für ihn bedeutsam.

Selbstreflexion und Gewissensprüfung

Franckes Ziel war es, dass die Kinder die Grundwerte übernehmen und sich dann lebenslang selbst bilden. Sie sollten lernen, nicht um der Erzieher willen auf eine bestimmte Art zu handeln, sondern um Gottes willen. Die Aussicht auf ewige Seligkeit oder ewige Verdammnis spielte dabei eine wichtige Rolle, aber das allein ist zu kurz gegriffen. Eigene Überzeugung, Einsicht, eine innere Übernahme der biblischen Werte und Normen, eine emotionale Bindung an Gott und Jesus, Ehrfurcht und Liebe – so etwa kann man umreißen, was Francke erreichen wollte. Für Francke war wichtig, dass nicht nur Inhalte gelernt werden, sondern auch Lern- und Bildungsmethoden. Die Erzieher sollten mit den Kindern einüben, Beobachtungen und Geschichten und Erfahrungen auszuwerten und daraus zu lernen. Sie sollten mit den Kindern üben, in (Bibel-)Texten anwendbare Informationen und Impulse zu finden. Sie sollten den Kindern Methoden der Selbstreflexion und Gewissensprüfung beibringen, damit ihnen diese zur Gewohnheit würden und sie damit auch später an ihrer moralischen Besserung arbeiten würden. Die Erziehung war auf lebenslanges Lernen und eine Fortsetzung durch Selbstbildung ausgerichtet.

Merksatz

Typisch für die Erziehungsmethoden im Sinne Franckes sind:

- ständige Beschäftigung und Überwachung der Kinder,
- Lernen am Vorbild der Erwachsenen,
- Lernen durch Gewöhnung und Wiederholung,
- Fokus auf dem Anwendungsverstehen,
- Einüben von Selbstreflexion und Gewissensprüfung.

4.2 Erziehung unter den Vorzeichen der Aufklärung

Auf der Suche nach Antworten auf die Frage nach der Würde und den Rechten des Menschen als Individuum spielte zwischen der Bill of Rights 1689 und der Erklärung der Menschen- und Bürgerrechte hundert Jahre später ein Denkansatz eine entscheidende Rolle, der die Welt bis heute prägt: die Aufklärung. Das 18. Jahrhundert wird als „Jahrhundert der Aufklärung" und gleichzeitig als „pädagogisches Jahrhundert" bezeichnet. Beides ist berechtigt, und beides hängt eng zusammen. Aufklärung ist im Kern ein Bildungsprozess. In seiner berühmten Darstellung „Was ist Aufklärung?" schrieb Immanuel Kant (1724–1804):

Zitat

„Aufklärung ist der Ausgang aus der selbstverschuldeten Unmündigkeit. Unmündigkeit ist das Unvermögen, sich seines Verstandes ohne Leitung eines anderen zu bedienen." (Immanuel Kant, Beantwortung der Frage: Was ist Aufklärung?, 1784)

Es geht hier im Kern darum, eigenständig denken zu lernen. Die Hoffnung, dass jeder Mensch dies lernen könne und dass dies zu einer Besserung der Menschheit und letztlich zu einer besseren Zukunft führt, trug die Aufklärungsbewegung. Das Nachdenken und Schreiben über Erziehung nahm deshalb einen zentralen Platz im Aufklärungsdiskurs ein. Es entstand eine Flut von Erziehungsschriften, in denen es nicht mehr so sehr um die richtige Art und Weise des Unterrichts geht, sondern um den umfassenden Umgang mit Heranwachsenden. Im Unterschied zum 17. Jahrhundert wurde deshalb nun der Begriff „Erziehung" zum Leitbegriff, während der Begriff „Didaktik", der im 17. Jahrhundert zentral war (vgl. Kap. 3.3), in den Hintergrund trat.

Zentrale Werte der Aufklärung: Gemeinsamkeiten und Unterschiede zwischen verschiedenen Strömungen innerhalb der Aufklärungsbewegung

Die Bewegung der Aufklärung – englisch „enlightenment", französisch „lumières" – war durch einige zentrale Werte und durch einen regen Gedankenaustausch in Schriften und Gesprächen verbunden. Gemeinsam war den verschiedenen Vertretern vor allem der Glaube

Kraft der Vernunft

an die Kraft der Vernunft und an die Vernünftigkeit des Menschen. Die menschliche Vernunft wurde nach den zermürbenden Erfahrungen mit konfessionellen Spaltungen und Religionskriegen als Mittel gesehen, das Zusammenleben zu ordnen und Verständigung zwischen den verschiedenen Parteien herbeizuführen. Die Vernunft sollte in Verbindung mit der richtigen Erziehung Frieden und Wohlstand sichern und in eine bessere Zukunft führen. Vernünftiges Denken führt nach Ansicht der Aufklärer zu vernünftigem und ethisch richtigem Handeln, da Vernunft und Moral nach ihrer Überzeugung übereinstimmen. Bei alledem gehörte zu Wertschätzung der Vernunft auch die Bestimmung ihrer Grenzen. Vernunftkritik wurde so zum Ausdruck vernünftigen Denkens.

Fortschrittsgedanke

Die Zukunftserwartung war im 18. Jahrhundert weitgehend positiv. Nach dem „dunklen Mittelalter" – eine Metapher, die in der Aufklärung gepflegt wurde – befinde sich die Menschheit nun im Übergang zu einer hellen, aufgeklärten Zeit. Der hier entstandene Fortschrittsgedanke ist durchaus bemerkenswert. Noch im Humanismus und in der Reformation galt die Wiedergewinnung vergangener glorreicher Zeiten als höchstes Ziel. Man orientierte sich an Idealen der Vergangenheit, nämlich der griechisch-römischen Antike bzw. dem Urchristentum. Fast könnte man sagen: „Alt" galt als Synonym für „gut", „neu" als Synonym für „schlecht". Tradition und Überlieferung bildeten die Norm.

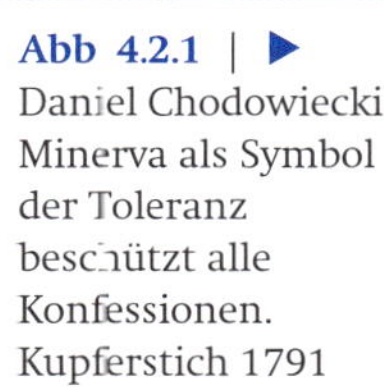

Abb 4.2.1 | ▶ Daniel Chodowiecki: Minerva als Symbol der Toleranz beschützt alle Konfessionen. Kupferstich 1791

Wissenschaft

Für die Wissenschaft bedeutete das, dass sie über Jahrhunderte hinweg im Wesentlichen aus der Auslegung überlieferter Texte bestand. Die Fixierung auf das Überlieferte änderte sich in Europa erst seit dem 17. Jahrhundert: Beobachtung und Experiment galten nun als wichtige Methoden, um neues Wissen zu gewinnen (vgl. Kap. 3.4). Die Wertschätzung der Vernunft ging einher mit einer umfassenden Aufwertung der sinnlichen Seite des Menschen. Darin wurde ein Fortschritt für die Menschheit gesehen, den Alexander Pope (1688–1744) mit Anspielung auf die biblische Schöpfungsgeschichte in seiner Dichtung feierte:

Erklärung

„Nature and Nature's Law lay hid in Night: / GOD said, *Let Newton be!* And all was Light." (Alexander Pope, Epitaph intended for Sir Isaac Newton, 1727)

Aber nicht nur Physik, Chemie und andere Naturwissenschaften entwickelten sich, auch Philosophie, Sprachwissenschaften und Geschichtswissenschaft suchten nach neuen Grundlagen und Methoden und waren von ihrem Fortschritt überzeugt. Es herrschte ein neuer Enthusiasmus: Die Menschheit kann über den Wissensstand der alten Griechen und der Bibel hinauskommen! Wir können zu einer besseren Gesellschaft kommen als die „Alten", denn Toleranz, Vernunft und Wissenschaft ermöglichen ein Leben in Frieden und Wohlstand! Diese neue Überzeugung prägte das 18. Jahrhundert.

Woher der Erkenntnisfortschritt kommt, war allerdings nicht unumstritten. Gerade weil Vernunft und Erkenntnis so wichtig wurden, wandten sich viele Gelehrte der Frage zu, wie Erkenntnis gewonnen werden kann (Erkenntnistheorie).

Erkenntnistheorie

Erklärung

Erkenntnistheorie geht der Frage nach, wie Erkenntnis bzw. Wissen gewonnen werden kann und wo die Möglichkeiten und Grenzen für menschliches Erkennen liegen.

Die Kernfrage lautete: Woher können wir verlässliches Wissen gewinnen, aus dem Hören auf die menschliche Vernunft allein oder aus den Sinneseindrücken und Erfahrungen?

Erkenntnis aus Vernunft und Denken

Die eine Antwort darauf war folgende: Erkenntnis wird durch vernünftiges Denken und Schlussfolgern gewonnen. Bestimmte Inhalte sind in der Vernunft von vornherein angelegt, so zum Beispiel ein grundlegendes Wissen um Gut und Böse. Weitere Erkenntnisse können mittels logischen Denkens aus den gegebenen Inhalten abgeleitet werden. Da es durchaus zu Sinnestäuschungen kommen kann und da es Bereiche gibt, die den Sinnen nicht zugänglich sind, wurde dies als sicherster Weg zur Erkenntnis angesehen. Wer eine solche Position vertrat, wurde als „Rationalist" bezeichnet. Weil Erkenntnisgewinn ein ähnlicher Prozess ist wie Lernen, wirkt sich diese Haltung auch auf die Gestaltung von Lehren und Lernen aus: Die Beschäftigung mit klugen Gedanken verschiedener Autoren und die Schulung und Herausforderung des Denkens sind dann für den Unterricht wichtig.

Erkenntnisgewinn durch Erfahrung

Die andere Antwort auf die Frage nach dem Erkenntnisgewinn lautete: Beobachtung und Experiment führen am besten und sichersten zu neuem Wissen. Die philosophischen Verfechter dieser

Richtung wurden „Empiristen" genannt, weil die Erfahrung (griechisch: *empeiria*) ihrer Auffassung nach entscheidend ist. Erkenntnis wird primär durch Sinneseindrücke gewonnen. Auch die empiristische Haltung wirkte sich auf Lehr-Lern-Methoden aus: Es ist hier wichtig, mit Augen und Ohren und den anderen Sinnen die Welt wahrzunehmen oder zumindest ausgewählte Gegenstände aus der Welt zu betrachten. Dieser Umgang mit sogenannten „Realien" hielt im 18. Jahrhundert tatsächlich hier und da Einzug in den Unterricht.

Verhältnis zu Religion

Wie stand es dabei mit der Religion, die bislang den Deutungsrahmen für Pädagogik bereitgestellt hatte? Was bedeutete es, wenn nicht mehr das Alte normativ ist, sondern die Vernunft – ob durch die Sinne oder die Gedanken – Neues entdeckt? Hier war die Grundstimmung in den europäischen Ländern unterschiedlich. Als beispielhaft können Frankreich auf der einen und Deutschland auf der anderen Seite gelten. Die französischen Denker der Aufklärung kamen vielfach zu scharfer Kirchen- und Religionskritik, genauso wie bei ihnen die Kritik an der politischen Herrschaft besonders ausgeprägt war und zur Revolution von 1789 führte. Im Hintergrund stand die in Frankreich extrem ausgebaute Machtposition des Königs in Verbindung mit der katholischen Kirche, die über Jahrzehnte eine strikte religiöse Konformität verlangt und Andersdenkende verfolgt hatte. Dies provozierte im 18. Jahrhundert den Widerspruch der Freigeister und verschaffte ihnen viele Sympathien. Manche wendeten sich ganz von Religion ab und sahen jeden Glauben als Aberglauben an. Besonders radikal dachte der französische Arzt und Philosoph Julien Offray de La Mettrie (1709–1751). Er gehörte zu den Begründern einer materialistischen Weltanschauung. In seinem Hauptwerk *L'homme machine* (1747) spricht er dem Menschen Seele, Freiheit und Unsterblichkeit ab. Der Mensch sei ein komplizierteres Tier und funktioniere wie die Tiere rein mechanisch. Das schließt auch das menschliche Denken ein. Erziehung hat für La Mettrie die Aufgabe, den komplizierten Mechanismus sozusagen zu justieren. La Mettries Ansichten galten auch unter den Aufklärern als skandalös: Seinen Atheismus konnten sie tolerieren, aber dass mit seinem Modell jeglicher Begriff von Moralität sinnlos wurde, ging ihnen deutlich zu weit.

Kirchen- und Religionskritik

Harmonie zwischen Glaube und Vernunft

Ganz anders als in Frankreich war das Verhältnis zur Religion in Deutschland. Viele protestantische Pfarrer und Pfarrerssöhne wurden zu Trägern der Aufklärung, ohne dabei ihren christlichen Glauben als Problem anzusehen. Grundsätzlich ging man von einer Harmonie zwischen religiösem Glauben und Vernunft aus, auch wenn sich im Lauf der Zeit die Autorität vom Glauben zur Vernunft hin verschob. Kirchliche Autoritätsansprüche und biblische Wahrheitsansprüche wurden abgelehnt, aber Religion im Allgemeinen und der christliche Glaube im Besonderen waren von dieser Kritik nicht fundamental betroffen. Im Gegenteil: Das Christentum wurde als förderlich für die Moralität der Menschen und damit als grundsätzlich gut angesehen. Gleichwohl gab es Auseinandersetzungen um zentrale Inhalte, und viele Aufklärer versuchten das Christentum mit Hilfe der Vernunft zu bereinigen. Die Lehre von der Dreieinigkeit Gottes als Vater, Sohn und Heiliger Geist zum Beispiel ist der Vernunft unzugänglich und wurde in den neuen Gesangbüchern und Katechismen häufig getilgt. Auch die Lehre, dass Jesus Christus stellvertretend für die Sünden der Menschen gestorben sei, wurde kritisiert, weil sie der Selbstverantwortlichkeit der Menschen widerspreche. Als Kern oder „Wesen" des Christentums wurde demgegenüber der Glaube an Gott als Schöpfer und an die Unsterblichkeit der Seele sowie die Orientierung am Vorbild Jesu als moralisch und religiös vollkommenem Menschen betrachtet. Weit verbreitet war unter den Aufklärern auch die Vorstellung einer „natürlichen Religion": Diese sei in der Vernunft angelegt und brauche deshalb keine spezielle Offenbarung wie die biblischen Geschichten oder den Koran. Das Christentum stimme im Kern mit der natürlichen Religion überein, und was über das zeitlos Vernünftige hinaus an Lehren und Geschichten in der Bibel stehe, sei nebensächlich.

Bildung und Erziehung

Hindernisse der Vernunft

Obwohl die Aufklärer die Vernunft sowohl als Denk- wie auch als Wahrnehmungsvermögen in jedem Menschen angelegt sahen, galt der Mensch nicht als von Natur aus vernünftig denkend und handelnd. Seine Triebe stehen dem entgegen. Sie halten ihn vom vernünftigen und tugendhaften Handeln ab. Der Mensch müsse lernen, sie durch rationale Erwägungen oder bewusste Empfindungen zu beherrschen; das ist für viele Vertreter der Aufklärung eine wichtige Aufgabe der Erziehung. Ein weiteres Hindernis für vernünftiges Denken und Handeln sind in ihren Augen falsche Vorstellungen und Traditionen, die unter dem Stichwort „Aberglaube" zusammengefasst wurden.

Hochschätzung von Erziehung und Bildung

Auf die Vernunft zu hören und den eigenen Verstand richtig zu gebrauchen, müsse gelernt werden. Hier kamen Erziehung und Bildung ins Spiel: Ohne sie könne der Mensch seiner Bestimmung als vernünftiges Wesen nicht gerecht werden. „Der Mensch kann nur Mensch werden durch Erziehung“, so brachte Kant diesen Gedanken in seinen Vorlesungen über Pädagogik auf den Punkt. Die Hochschätzung von Erziehung und Bildung bildete einen weiteren gemeinsamen Grundpfeiler der Aufklärung.

Erwachsenenpädagogik

Dabei waren als Zu-Erziehende zunächst Erwachsene im Blick, die in ihrem Alltag mit aufklärerischem Gedankengut in Berührung kamen: Alle sollten sonntags vernünftige und moralisch erbauliche Predigten hören und im Alltagsgeschäft auf neues Wissen und gute Sitten hingewiesen werden. Die Aufgeschlossenen lasen darüber hinaus Bücher und Zeitschriften, sie trafen sich in Salons und Kaffeehäusern zu Lektüre und Gespräch. Der pädagogische Eifer unter den Aufklärern war groß: Pfarrer, Dichter, Staatsmänner und Gelehrte fühlten sich als Lehrer und Erzieher derjenigen Menschen berufen, die in ihrem Einflussbereich standen. Sie taten das mit den Mitteln, die ihnen zur Verfügung standen: Pfarrer in ihren Predigten und in der Seelsorge, Literaten beispielsweise durch das Verfassen moralisch belehrender Erzählungen, Staatsmänner durch entsprechende Gesetze. Andere aufzuklären und zu belehren wurde ganz positiv gesehen, sei es untereinander im Bürgertum oder als „Volksaufklärung“ bei Bauern und Handwerkern. Die Themen der Volksbildung reichten dabei von der Kritik am wenig tugendhaften Leben des Adels über die Auseinandersetzung mit kirchlichen Dogmen bis hin zu neuen Erkenntnissen in Ackerbau und Bienenzucht. Viele Gutsbesitzer und Wirtschaftsbeamte, Geistliche und Lehrer, Ärzte und Publizisten wollten die Werte der Aufklärung auch zu den Ungebildeten bringen und schrieben spezielle Handbücher und Kalender für das bäuerliche Milieu, in denen sie u. a. auf Hygiene und Krankheitsbehandlung, vernünftiges Wirtschaften und neue Regeln für die bäuerliche Arbeit eingingen. Ein stark verbreitetes Buch (400.000 Exemplare!) stammt von Rudolph Zacharias Becker (1752–1822). Er schrieb in der Einleitung zu seinem 1788 erschienenen „Noth- und Hülfsbüchlein für Bauersleute“:

Volksaufklärung

Zitat

> „Aber ich dächte doch, es sey gut, wenn der Bauersmann zuweilen ein Buch läse, woraus er lernte, wie und auf welche Art er diese und jene Wirtschaftssachen aufs beste einrichten, und wie er sich und anderen in gewissen Nothfällen des Lebens helfen könne.“ (Rudolph Zacharias Becker, Noth- und Hülfsbüchlein für Bauersleute, 1788)

Frauenbildung durch Zeitschriften: Sophie von La Roches „Pomona für Teutschlands Töchter"

Für bürgerliche und adelige Frauen bot die Lektüre von Zeitschriften eine Möglichkeit, sich weiterzubilden – und umgekehrt konnten diese Frauen als Zielgruppe der aufklärerischen Erziehungsbemühungen durch Zeitschriften erreicht werden. Nachdem in Deutschland schon einige Frauenzeitschriften von Männern verfasst wurden, gründete Sophie von La Roche 1783 als eine der ersten Frauen selbst eine Frauenzeitschrift, die sie „Pomona für Teutschlands Töchter" nannte. Sie spach darin ihre Leserinnen direkt an, verfasste aber auch fiktive Briefe und kleine Erzählungen. Die Texte sollten gleichermaßen unterhaltsam wie lehrreich sein. Sie sollten Kenntnisse vermitteln, zum Nachdenken anregen und das moralische Urteil schulen. Das Selbstverständnis der Frauen war dabei klar: Sie sind für das häusliche und gesellschaftliche Leben zuständig und sollen sich in diesen Bereichen gut auskennen. Deshalb schrieb Sophie von La Roche zum Beispiel über die Geschichte von Möbeln, Wandschmuck und Tischsitten sowie über Erziehungsthemen. Gleichermaßen wurden die Frauen aber auch angehalten, sich für breitere Themen – also auch für ‚Männerthemen' – zu interessieren, um ihren Ehemännern ein adäquates Gegenüber im Gespräch und ihren Söhnen eine gute Erzieherin zu sein.

Schulerziehung

In der Schulerziehung sind im Zuge der Aufklärung vor allem zwei Entwicklungen zu nennen: die Verstaatlichung des Schulwesens und die sich ausbreitende allgemeine Schulpflicht. Schulen – besonders Elementarschulen – wurden bis zum 18. Jahrhundert mehrheitlich von den Kirchen betrieben. Im evangelischen Raum waren Pfarrer und Küster oft gleichzeitig die Lehrer der Dorfschulen, im katholischen Raum wurden Schulen vielfach von Ordensmitgliedern getragen (vgl. Kap. 3.1 und 3.2). Im Zuge der Aufklärung übernahmen die Landesherren stärker die Verantwortung für alle Schulen, auch für die Elementarschulen. In den Gesetzen wurde die Unterrichtspflicht oder sogar die Schulpflicht näher bestimmt oder, wenn nicht vorher schon geschehen, eingeführt (zum Beispiel in Preußen 1717 und in den Habsburgischen Ländern 1774). Meist waren es sechs Jahre, die die Kinder zur Schule gehen oder Privatunterricht

Abb. 4.2.2 | ▶ Sophie von La Roche, Mein Schreibtisch, Erstausgabe 1799

bekommen mussten. Es entstanden staatliche Schulverwaltungen und Schulaufsichten, und mancherorts beteiligte sich der Staat auch an der Finanzierung der Schulen. Trotzdem blieb die allgemeine Schulpflicht im 18. Jahrhundert eher eine Absichtserklärung, denn die flächendeckende Durchsetzung gelang nicht, und es gab abgelegene Gebiete, in denen für die Kinder gar keine Schulen erreichbar waren.

Universitätsgründungen

Die Ideen der Aufklärung spiegelten sich auch in der Gründung von Universitäten wieder, beispielhaft in Halle (1694) und Göttingen (1734/37). Die Universität Göttingen wurde bewusst als Universität der Aufklärung konzipiert. Die Unterrichtssprache war – wie schon in Halle – nicht mehr Latein, sondern Deutsch. Die Theologische Fakultät erhielt kein Aufsichts- oder Zensurrecht über die anderen Fakultäten, wie es bis dahin üblich war. In Halle und Göttingen entstanden Fächer wie Geographie, Wappenkunde und Kameralistik (d. i. Finanz- und Verwaltungswissenschaft), die zusammen mit Naturalienkabinetten und Universitätskrankenhäusern eine stärkere Ausrichtung auf Berufspraxis und Empirie zeigen. In Göttingen gab es außerdem eine große Bibliothek, die – und das ist ungewöhnlich – auch den Studenten offenstand: Studenten sollten also nicht nur aus Vorlesungen lernen, sondern selbst in Büchern forschen.

4.3 Erziehung als Formierung des Bürgers

Menschen- und Bürgerrechte

Die Aufklärungsbewegung des 18. Jahrhunderts hatte eine stark politische Komponente. Diese hatte Konsequenzen dafür, welche Funktion Pädagogik im Allgemeinen und Schule im Besonderen haben sollte. Die Höhepunkte dieser Entwicklung waren die US-amerikanische (1787) und die französische (1789) Verfassung und die Französische Revolution mit ihrem Wahlspruch „Freiheit – Gleichheit – Brüderlichkeit“. Beide republikanischen Verfassungen bestimmen die Regierung so, dass sie das Volksinteresse vertritt und dass in ihr – im Unterschied zum Absolutismus – legislative und exekutive Gewalt getrennt sind. Die Staatsgewalt ist durch das Volk begründet, nicht nur theoretisch, sondern auch durch die Mitbestimmung bzw. das Wahlrecht der (zunächst nur männlichen) Staatsbürger. Allgemeine und unveräußerliche Menschen- und Bürgerrechte gehörten zu diesen Verfassungen ebenfalls dazu: Gleichheit vor dem Gesetz, Freiheit, das Recht auf Eigentum und das Recht auf Widerstand gegen Unterdrückung wurden hier festgeschrieben. Ob bzw. wie sich dies mit der gleichzeitig legalen Sklaverei und mit der Beschränkung der Rechte auf Männer verträgt, wurde zwar von einigen wenigen kritisch diskutiert, führte aber in dieser Zeit nicht zu rechtlichen Änderungen.

Der Mensch als Bürger

Diese republikanischen Entwicklungen sind nicht denkbar, ohne dass der Mensch als Bürger ins Blickfeld der pädagogischen Bemühungen rückte.

Definition

Der Begriff „Bürger" hatte im 18. Jahrhundert vor allem zwei Bedeutungen: Erstens meinte er die Mitglieder des bürgerlichen Standes im Unterschied zu Adligen, Geistlichen und Bauern (vgl. engl. *gentleman*, franz. *bourgeois*). Zweitens meinte er den Menschen als Teil des politischen Gemeinwesens (vgl. Staatsbürger, engl. *citizen*, franz. *citoyen*).

Beide Bedeutungen sind nicht scharf voneinander getrennt und hängen inhaltlich zusammen. Hier ist jedoch vor allem die zweite Bedeutung wichtig: Der Mensch als Teil des politischen Gemeinwesens. Dabei konnte der Bürger sowohl als Untertan im absolutistischen Staat als auch als Mitgestalter eines demokratischen Staatswesens verstanden werden. In jedem Fall waren mit dem Begriff bestimmte Erwartungen verbunden, die für die Erziehung leitend waren: Welche Eigenschaften und welche Fähigkeiten sollte der Bürger haben, um seinen Teil zum Gemeinwesen beizutragen?

Wirtschaftliche Situation

Die Fortschrittshoffnung im 18. Jahrhunderts bezog sich nicht nur auf eine geistige und moralische Verbesserung der Menschheit, sondern auch auf die ganz praktische Verbesserung der Lebenssituation. Die wirtschaftliche Situation war in den europäischen Ländern in dieser Zeit schwierig. Die Ernteerträge reichten nicht aus, um die Bevölkerung zu versorgen, die nach der starken Dezimierung im 30-jährigen Krieg wieder angewachsen war. Die Verarmung vieler Menschen war ein großes Problem. Gleichzeitig entstanden, durch wissenschaftliche und technische Entwicklungen angetrieben, frühindustrielle Strukturen. Manufakturen sollten schon seit dem 17. Jahrhundert die Arbeitseffizienz und Produktivität steigern und boten neue Berufsmöglichkeiten. In der zweiten Hälfte des 18. Jahrhunderts begann in England und Schottland die Industrialisierung im eigentlichen Sinne (Dampfmaschine, Spinnmaschine, vollmechanischer Webstuhl etc.), die aber in dieser Zeit noch nicht so sehr als soziales Problem reflektiert wurde (vgl. Kap. 5.2).

Erziehung zur Arbeit

Die wirtschaftliche Situation allgemein und besonders die Fähigkeiten zur Arbeit kamen als Thema der Erziehung verstärkt in den Blick. Die Kinder der Bauern, Handwerker und Kaufleute wurden in Bezug auf ihren späteren Beruf wahrgenommen, und daran sollte sich nun auch die Erziehung orientieren. Die Berufsarbeit ist ein wesentlicher Teil dessen, was der einzelne zum Gemeinwesen beitragen sollte, und das Ziel der Erziehung war der nützliche, fleißige Bürger. John Locke (1632–1704), der in seinem Werk „Some thoughts concerning education" von 1693 die Erziehung eines „gentleman" durch einen Hauslehrer reflektiert, benennt als Ziel der Erziehung, „sittliche Persönlichkeiten und tüchtige und befähigte Männer für die verschiedensten Berufe hervorzubringen". Über sittliche Persönlichkeiten hatte man schon immer nachgedacht, aber die Orientierung an der späteren Berufsausübung war eine neue Entwicklung der Pädagogik.

Berufsausbildung fand im Mittelalter für Kinder, Knechte, Mägde und Lehrlinge statt, indem sie bei der Arbeit der fertig ausgebildeten Erwachsenen mithalfen. Die Schule hingegen richtete sich weniger an praktischen Erfordernissen aus als an einem Bildungskanon, der mit religiösen und sittlichen Bedürfnissen begründet wurde. Eine Ausnahme stellten lediglich die Ritterakademien dar (vgl. Kap. 3.3). An der bisherigen Ausrichtung der Schulen kam jetzt zunehmend Kritik auf. Warum sollen Kinder die Gelehrtensprache Latein lernen, wenn sie nie die Universität besuchen würden? Sind nicht moderne Fremdsprachen viel nützlicher? Solche Diskussionen wurden im 18. Jahrhundert lauter und wirkten sich auf die Lehrpläne aus.

Realschulen

Ein erstes Beispiel für die berufliche Ausrichtung der Schulen sind die Realschulen, die im 18. Jahrhundert entstanden. 1747 gründete Johann Julius Hecker (1707–1768) in Berlin die „Ökonomisch-mathematische Realschule". Wichtig war für diesen Schultyp die Orientierung an brauchbaren Fähigkeiten und einer Berufsausbildung: Moderne Fremdsprachen statt Latein, Fächer wie Haushaltsführung, Buchhaltung, Handwerk etc. wurden unterrichtet. Für das Lernen war das praktische Tun und Erfahren wichtig, nicht nur das Lernen aus Büchern – ganz im Einklang mit den neuen Entwicklungen der Naturwissenschaft. Die Schüler in Heckers Realschule machten Praktika in Manufakturen und Handwerksbetrieben und lernten im eigens angelegten Schulgarten. Das Modell war erfolgreich, wurde kopiert und fand Eingang in verschiedene Schulordnungen.

Philanthropen

Neben den Realschulen waren es vor allem die sogenannten „Philanthropen“, die „Menschenfreunde“, die die Schulerziehung in Richtung Arbeits- und Berufspädagogik veränderten: Männer wie Johann Bernhard Basedow (1724–1790), Joachim Heinrich Campe (1746–1818) oder Christian Gotthilf Salzmann (1744–1811). Sie verfassten nicht nur Schriften über Erziehung (für Politiker, angehende Lehrer und Eltern), sondern versuchten ihre Ideen auch umzusetzen: Sie gründeten Internate in Dessau (Basedow 1774) und Schnepfenthal (Salzmann 1784), sie verfassten Schulbücher sowie Kinder- und Jugendliteratur. Sie wollten eine Erziehung begründen, die rational, erfahrungsbasiert und kindgemäß ist. Es sollte eine Erziehung sein, die den Kindern hilft, später ihren Lebensunterhalt zu verdienen und nützliche Glieder der Gesellschaft zu sein. Damit sollte also den Kindern selbst, die zum Teil aus ärmlichen Verhältnissen kamen, eine bessere Zukunft ermöglicht werden, und gleichzeitig ging es um den Nutzen für das Gemeinwesen.

Abb. 4.3.1 | ▶ Unterricht im Philanthropin. Kupferstich von Daniel Chodowiecki, Illustration zu Basedows „Elementarwerk“

In diesem Zusammenhang spielte körperliche Ertüchtigung eine große Rolle. Der Turnunterricht wurde erfunden, und viel Bewegung im Freien wurde verordnet. Die gesunde Entwicklung des Körpers sei keinesfalls zu vernachlässigen, weil sie die Voraussetzung für alle geistige und sittliche Entwicklung sei. Auch Gartenarbeit, Nähen und ähnliche Tätigkeiten standen im Lehrplan der neu gegründeten Schulen. Kinder sollten handwerkliche Fähigkeiten lernen, die ihnen später zum Beispiel in den Manufakturen helfen würden. Genauso wichtig war es, dass ihnen Betriebsamkeit und Fleiß in Fleisch und Blut übergingen. Die Kehrseite war, dass trotz aller Bemühung um kindgemäße Lehrmethoden die grundsätzliche Ansicht bestehen blieb, dass die Kinder durch Erziehung erst zu guten Menschen gemacht werden müssen, indem ihre natürlichen Triebe überformt werden. Ein weiterer Kritikpunkt war schon damals, dass mit der Arbeit der Kinder auch manche Kosten der Schule gedeckt wurden. Was zunächst wohl eher ein willkommener Nebeneffekt als eine Ausbeutung der Kinder war, brachte später die sogenannten „Arbeitsschulen" in Verruf.

Merksatz

Die Erziehung zum Bürger betrachtete den einzelnen Menschen in seinem Verhältnis zum Gemeinwesen. Sie verfolgte das Ziel, dass der Mensch seinen Platz im Gemeinwesen einnehmen und seinen Beitrag dazu leisten kann. Dazu war für die Philanthropen besonders eine gute Arbeits- und Berufserziehung wichtig.

Die Fokussierung auf (berufs-)praktische Fähigkeiten in der Erziehung sollte gleichzeitig den Erfordernissen der Gesellschaft und den Kindern selbst gerecht werden. Die Philanthropen sahen die Erziehung zum nützlichen Bürger als hilfreich und gut für alle Seiten an. Jean-Jaques Rousseau (1712–1778), dessen Schrift „Émile oder Über die Erziehung" die Philanthropen in vielerlei Hinsicht inspirierte und begeisterte, sah diesen Aspekt kritischer.

Abb. 4.3.2 | ▶ Jean-Jaques Rousseau, Portrait von Maurice Quentin de La Tour, 18. Jahrhundert

Jean-Jaques Rousseau (1712–1778)

Gegensatz zwischen Mensch und Bürger

Rousseau sah einen deutlichen Unterschied, ja sogar einen Widerspruch zwischen der Erziehung zum Bürger und der Erziehung zum Menschen.

Zitat

„Man bekämpft entweder die Natur oder die sozialen Einrichtungen und muß wählen, ob man einen Menschen oder einen Bürger erziehen will; beides zugleich ist unmöglich." (Jean-Jaques Rousseau, Émile oder Über die Erziehung, 1762)

Die *Erziehung zum Bürger* ist für Rousseau dadurch gekennzeichnet, dass die Bedürfnisse des einzelnen denen des Gemeinwesens untergeordnet werden. Die Erziehung zu Fleiß, Pünktlichkeit und

Arbeitsmoral ist für ihn ein Teil der Erziehung zum Bürger. Das Lernen der gesellschaftlichen Konventionen, Höflichkeit, Anpassung und Unterordnung gehören ebenfalls dazu. Damit ein Gemeinwesen funktioniert, ist es laut Rousseau wichtig, dass nicht jeder Einzelne versucht, seinen Willen durchzusetzen, sondern dass sich alle dem Gemeinwohl verpflichten und den dafür vorgegebenen Regeln und Gesetzen gehorchen. An der gegenwärtigen französischen Gesellschaft kritisierte Rousseau, dass einige ihre Einzelinteressen auf Kosten der anderen durchsetzen. Außerdem herrschten Eitelkeit, Unaufrichtigkeit und Verstellung, Neid und Missgunst vor. Das sind für Rousseau die negativen Auswirkungen der Zivilisation.

Die *Erziehung zum Menschen* richte sich demgegenüber auf das Wohl und die spontanen Bedürfnisse des Einzelnen. Es ist der „natürliche Mensch", den Rousseau hier konstruiert: Das Kind, das noch ganz unbedarft seinen eigenen Wünschen folgt. Der Mensch, der nicht danach entscheidet, was andere von ihm erwarten, sondern aufrichtig ist und seiner Natur folgt.

Natur und Kultur

Wenn Natur und Kultur gegenübergestellt wurden, wurde üblicherweise die Kultur als der zivilisatorische Fortschritt betrachtet, der den Menschen aus dem „rohen" Naturzustand erlöst, ihn zur Sittlichkeit bringt und seine Lebenssituation verbessert. Rousseau sah das anders.

Zitat

„Alles ist gut, wenn es aus den Händen des Schöpfers hervorgeht; alles entartet unter den Händen des Menschen." (Jean-Jaques Rousseau, Émile oder Über die Erziehung, 1762)

Der Verweis auf den Schöpfer klingt sehr christlich – in Wirklichkeit widerspricht Rousseau hier aber der traditionellen katholischen und protestantischen Auffassung, die als „Erbsündenlehre" bekannt ist. Nach dieser ist der Mensch als Naturwesen gerade nicht gut, weil er durch die Erbsünde von Geburt an zutiefst verdorben ist. Seine Triebe und Wünsche durch die Erziehung zu bändigen und die Menschen zu lehren, diese zu beherrschen und den Regeln der (christlichen) Gesellschaft unterzuordnen, ist dann nur konsequent.

Thomas Hobbes (1588–1679)

Bei Thomas Hobbes (1588–1679), einem englischen Mathematiker und Philosophen, findet sich eine säkulare Staatstheorie, die von einem ähnlich negativen Naturzustand ausgeht wie die christliche Erbsündenlehre. Im Naturzustand müssen sich die Menschen voreinander fürchten, weil jeder Gewalt ausüben kann und dies auch tut. Die dadurch entstehende Unsicherheit wird durch eine Staatsgründung beendet: Jeder Einzelne überträgt sein Selbstbestimmungs- und Selbstverteidigungsrecht auf das Staatsoberhaupt, und das Staatsoberhaupt schützt im Gegenzug die Menschen voreinander. Hier werden also die Menschen im Naturzustand als gewalttätig vorgestellt, und erst durch die Vergesellschaftung und Unterordnung entsteht ein Umfeld, in dem alle leben können.

Bei Rousseau gibt es ein ähnliches Staatsdenken, das die Unterordnung des einzelnen unter den Allgemeinwillen („volonté générale“) voraussetzt. Aber bei Rousseau wird dies gleichzeitig kritisiert und einem imaginierten guten Naturzustand gegenübergestellt. Dies kommt in Rousseaus Vorstellung einer natürlichen Erziehung in dem bereits genannten Roman „Émile oder Über die Erziehung“ (1762) zur Geltung. Da diese Schrift das Denken über Erziehung bis heute beeinflusst, lohnt ein näherer Blick darauf. Es handelt sich um eine fiktive Erzählung, in der Rousseau seine Grundüberlegungen zur Erziehung darstellt – man könnte es auch als Gedankenexperiment bezeichnen. Der Junge mit Namen Émile wird von seinem Erzieher die ersten 15 Jahre seines Lebens in Abgeschiedenheit von aller Zivilisation in der Natur aufgezogen. Die unverdorbene Umgebung ist ein wesentlicher Teil der Erziehung: Nicht, was dem Kind beigebracht wird, sondern, wovor es geschützt wird, ist wichtig („negative Erziehung“). Das Wesentliche für die Entwicklung kommt dann aus dem Kind selbst, es ist eine Entfaltung seiner natürlichen Anlagen zum jeweils natürlichen Zeitpunkt, nach dem „Gang der Natur“. Das Ziel der Erziehung ist der glückliche Mensch, dessen Bedürfnisse und Kräfte in einem ausgewogenen Verhältnis zueinander stehen: Die Einheit von Können und Wollen ist die notwendige Voraussetzung für eine glückliche Existenz. Der Mensch soll können, was er braucht, und er soll nicht wollen, was er nicht erreichen kann. Um dieses Erziehungsziel zu erreichen, ist es wichtig, dass der Erzieher dem Kind nicht seine Kräfte leiht, um dessen Wünsche zu erfüllen: Dadurch würde das Kind gerade nicht lernen, seine eigenen Kräfte zu üben und mit dem zufrieden zu sein, was es selbst erreichen kann. Das Kind zu verwöhnen, ist für Rousseau eines der Grundübel in der Erziehung. Außerdem soll der Erzieher dem Kind nicht durch Verbote und Regeln Grenzen setzen, sondern das Kind soll die Grenzen in der Auseinandersetzung mit den Dingen erfahren. Ganz einfach gesagt: Wenn das Kind sein Spielzeug

Émile oder Über die Erziehung

verliert, schimpft der Erzieher weder, noch ersetzt er das Spielzeug, sondern das Kind lernt anhand der natürlichen Folgen, beim nächsten Mal besser aufzupassen.

Die Aufgabe des Erziehers besteht insgesamt weder darin, dem Kind Regeln und richtiges Verhalten beizubringen, noch darin, ihm die Welt zu erklären. Lernen geschieht hauptsächlich durch Erfahrung, und der Erzieher greift vor allem indirekt ein, indem er bestimmte Erfahrungen ermöglicht und das Kind mit ausgewählten Ausschnitten der Natur in Berührung bringt. Das innere Gleichgewicht des Heranwachsenden kann sich so über viele Jahre hinweg allmählich entwickeln und festigen. Die Begegnung mit anderen Menschen und der Gesellschaft kommt erst im Alter von 15 Jahren. Bis dahin ist Émile so gefestigt, dass er sich nicht mehr durch die Gesellschaft korrumpieren lässt und in ihr seine Freiheit und innere Unabhängigkeit wahren kann.

Rousseaus „Émile" ist kein Erziehungsvorbild, das in der Realität umgesetzt werden könnte. Aber seine Zivilisationskritik, der Gedanke der natürlichen Entfaltung des Kindes und die Konzeption einer negativen Erziehung bzw. einer Erziehung durch eine gestaltete Umgebung haben eine starke Wirkung entfaltet. Wo die Philanthropen die Erziehungs*mittel* der Natur des Kindes anzupassen versuchten, um das Lernen zu vereinfachen, da war Rousseau konsequenter und wollte auch das Erziehungs*ziel* der Natur des Menschen anpassen.

Merksatz

Rousseau unterscheidet: Bei der Erziehung zum Bürger sind die Erfordernisse der Gesellschaft der Maßstab und der Mensch wird vor allem als soziales Wesen angesprochen. Bei der Erziehung zum Menschen steht der Mensch als Individuum im Zentrum, und das Zusammenleben mit anderen gelingt am ehesten, wenn jeder als Einzelwesen zufrieden ist.

4.4 Erziehung an den Grenzen der Menschen- und Bürgerrechte

In der Zeit zwischen 1689 und 1789 wurden in Europa und den USA grundlegende Rechte des Individuums als Menschen- und Bürgerrechte festgeschrieben. Es setzten sich Gedanken durch, nach denen jedem Menschen von Geburt an bestimmte Grundrechte zu eigen sind. Dazu gehören vor allem Freiheit, Recht auf Eigentum, freie Meinungsäußerung, Religionsfreiheit, Gleichheit vor dem Gesetz, Widerstand gegen Unterdrückung und politische Mitbestimmung. Allerdings war die Geltung dieser Menschen- und Bürgerrechte begrenzt, und zwar im Wesentlichen auf erwachsene weiße Männer. Große Gruppen der Bevölkerung blieben lange Zeit bis ins 20. Jahrhundert davon ausgeschlossen: Ureinwohner in den Kolonien, Sklaven, Juden, Frauen. Auch Erziehung und Bildung waren bei diesen Gruppen entsprechend anders gestaltet, da das Ziel nicht der mündige Bürger war, sondern Werte wie Unterordnung und Arbeitskraft eine größere Rolle spielten. Anhand von zwei Beispielen soll Pädagogik an den Grenzen der Menschen- und Bürgerrechte dargestellt werden: an der Mädchenerziehung und an dem Umgang mit fremden Völkern.

Mädchenerziehung und Frauenbildung

Frauen wurden im 18. Jahrhundert nach wie vor eindeutig als den Männern untergeordnet angesehen. Ihre Rolle bestand darin, Ehefrau, Mutter und Hauswirtschafterin zu sein. Unverheiratete Frauen unterstützten in der Regel andere bei der Haushaltsführung und Kindererziehung, entweder in ihrer Herkunftsfamilie oder in fremden Haushalten als Mägde oder Hauslehrerinnen. Für katholische Frauen stellte der Eintritt in ein Kloster eine weitere Möglichkeit der Versorgung dar.

Erziehung zur Ehefrau, Mutter und Haushälterin

Die Erziehung der Mädchen war entsprechend auf diese Lebensaufgaben ausgerichtet: Ehefrau, Mutter, Haushälterin. Dafür wurden bestimmte Charaktereigenschaften und Fähigkeiten gefordert. Als Tugenden galten für Mädchen besonders Gehorsam, Unterordnung und Fleiß als wichtig. Mädchen sollten von klein an ordentlich und reinlich, genügsam und sittsam sein und sich immer mit etwas Nützlichem beschäftigen. Für die spätere Haushaltsführung mussten sie grundlegende wirtschaftliche Fähigkeiten lernen: sparsame Verwendung der Mittel, Anleitung von Personal sowie Rechnen und Schreiben für die eigene Buchführung. Nahrungsherstellung (Kochen, Backen, Haltbarmachen) sowie Handarbeiten wie Spinnen, Stricken, Weben, Nähen oder Klöppeln gehörten ebenso zu den Fähigkeiten, die Mädchen erlernten. Kenntnisse in der Krankenpflege und Kindererziehung waren für Mädchen ebenfalls wichtig.

Mädchen lernten diese Fähigkeiten in erster Linie im elterlichen Haushalt, in dem sie von klein auf mitarbeiteten und so nicht nur die anfallenden Arbeiten zu verrichten lernten, sondern auch durch das Vorbild der Mutter geprägt wurden. Viele Mädchen besuchten für wenige Jahre eine Elementarschule, in der sie meist getrennt von den Jungen unterrichtet wurden. Hier standen einerseits religiöse Erziehung (Katechismusunterricht etc.), Lesen, Schreiben und Rechnen auf dem Lehrplan. Andererseits waren Mädchen auch in der Schule viel mit Handarbeiten beschäftigt, die sie dort lernten und ausübten. Die Alphabetisierungsrate unter Mädchen stieg im Laufe des 18. Jahrhunderts stark an. Am Ende des 18. Jahrhunderts konnten in den deutschen Ländern rund 80% der Mädchen lesen (Jungen: 90%), in England 45% der Mädchen (Jungen: 60%) und in Frankreich 33% (Jungen: 66%).

Wenige Mädchen besuchten eine höhere Schule. Es gab Internate und Tagesschulen für Mädchen, aber allgemein herrschte auch bei denen, die sich eine längere Ausbildungszeit leisten konnten, die Meinung vor, dass Mädchen und junge Frauen am besten im Haus für die späteren Aufgaben im Haus erzogen werden sollten. Für manche Mädchen stellten ein paar Jahre als Magd in einem fremden Haushalt eine Art Lehrzeit dar, bevor sie dann heirateten und ihren eigenen Haushalt leiteten. Viele blieben aber bis zu ihrer Heirat bei den Eltern. In den höheren Schichten gab es Hauslehrerinnen, die vor allem die Lektüre der Mädchen anleiteten und von denen sie als Fremdsprache Französisch, manchmal auch Englisch lernten. Feinere Handarbeiten (Sticken, Klöppeln) gehörten oft ebenfalls zum Lernpensum. Wo es keine Hauslehrerin gab, war die eigene Lektüre ein noch wichtigeres Mittel der Bildung. Literaturempfehlungslisten, Traktate über Mädchenerziehung und Zeitschriften spielten eine Rolle in der Steuerung der Lernprozesse junger Frauen. Im 18. Jahrhundert wurde eine ganze Reihe von Schriften zur Mädchenerziehung und Frauenbildung verfasst, viele davon auch von Frauen. Darin wurden bestimmte Tugendkataloge und Rollenbilder dargelegt, aber auch Lerninhalte bis hin zur konkreten Nennung von Büchern, die gelesen werden sollten. In Hester Chapones „Letters on the Improvement of the Mind addressed to a young lady“ (1773) zum Beispiel werden als Lerninhalte auch Geographie, Geschichte, Naturgeschichte, Philosophie und Astronomie empfohlen. Wozu brauchten Mädchen solches Wissen?

Im Verlauf des 18. Jahrhunderts veränderte sich sowohl das Rollenbild der Mutter als auch das der Ehefrau. Weil das Thema „Erziehung" so viel Aufmerksamkeit bekam und durch die bessere Erziehung der Jugend eine Verbesserung der Menschheit erhofft wurde, wurde die Rolle der Mutter als Erzieherin aufgewertet. Die Mutter sollte nun nicht mehr nur die Kinder versorgen und Alltagswissen weitergeben, sondern sie wurde bewusst auch als Vorbild und Lehrerin ihrer Kinder angesprochen. Um auch für ihre Söhne ein guter Umgang zu sein, sollte sie mehr wissen und verstehen, als für die Haushaltsführung notwendig war.

Veränderung der Rolle als Mutter und Ehefrau

Zitat

> „Eine Mutter hat die Pflicht, sich zu bilden, damit sie in der Lage ist, die Erziehung ihrer Kinder zu beaufsichtigen." (Louise d'Épinay, Conversations d'Émilie, 1774)

Ganz ähnlich wurde in Bezug auf ihre Rolle als Ehefrau argumentiert. Im späten 18. Jahrhundert begann sich die Vorstellung einzubürgern, dass Mann und Frau aus Liebe heiraten und sich in der Ehe auch als Gesprächspartner begegnen sollen. Um die Liebe und den Respekt des Mannes zu gewinnen und ihm ein angenehmes und anregendes Gegenüber zu sein, brauchten dann auch Frauen ein größeres Maß an Bildung des Verstandes und des Herzens.

Vereinzelte Stimmen zum Ende des 18. Jahrhunderts gingen weiter und entkoppelten die Erziehungsziele für Mädchen von ihrer Rolle als Ehefrau, Mutter und Haushälterin. Nicolas de Condorcet (1743–1794) trat im Umkreis der Französischen Revolution für eine gleichberechtigte und gemeinsame Erziehung von Mädchen und Jungen sowie für ein Frauenwahlrecht ein. Theodor Gottlieb von Hippel (1741–1796), ein Aufklärer in Königsberg, setzte sich ebenfalls für die Gleichberechtigung von Frauen im Berufsleben und in der Erziehung ein. Olympe de Gouges (1748–1793) verfasste als Protest gegen die Beschränkung der Menschen- und Bürgerrechte der Französischen Revolution auf Männer ein Manifest „Erklärung der Rechte der Frau und Bürgerin", in dem sie aktives und passives Wahlrecht für Frauen und die völlige rechtliche, soziale und politische Gleichstellung der Frau forderte. Alle diese Ansätze konnten sich in ihrer Zeit jedoch nicht durchsetzen.

Die Begegnung mit fremden Völkern als pädagogisches Verhältnis

Im 18. Jahrhundert waren außereuropäische Menschen in Europa vor allem durch Reiseberichte präsent: Missionare, Entdeckungs- und Forschungsreisende, vor allem aber Handelsreisende brachten Erzählungen und Berichte mit. Durch einzelne jesuitische Missionare waren zum Beispiel in Japan, China, Indien und den amerikanischen Gebieten christliche Gemeinden entstanden, wobei es für die Jesuitenmission typisch war, die vorfindlichen Bräuche zu akzeptieren und nicht auf eine vollständige kulturelle Umstellung hinzuwirken (vgl. Kap. 2.1 – Inkulturationsdidaktik). In Süd-, Mittel- und Nordamerika, Indien, Indonesien, auf den karibischen Inseln und in Südafrika gab es im 18. Jahrhundert bereits europäische Kolonien. Europäer nahmen dort fremdes Land in Besitz und verdrängten, töteten oder versklavten die Einheimischen. Vor allem Spanier, Portugiesen, Engländer, Niederländer und Franzosen waren in dieser Zeit am Seehandel und der Kolonisierung beteiligt. Der Sklavenhandel mit afrikanischen Sklaven explodierte im 18. Jahrhundert förmlich, bevor sich im 19. Jahrhundert kritische Stimmen mehrten und er nach und nach verboten wurde. In Europa selbst sah man von der Sklaverei nicht viel, denn die Sklaven wurden vor allem in die kolonialisierten amerikanischen Länder und auf die karibischen Inseln gebracht. Gleichwohl wusste man von der Sklaverei, aber ebenso wie die Unterordnung der Frauen unter die Männer scheint auch die Unterwerfung nicht-europäischer Völker unter die Europäer als naturgegeben und rechtmäßig angesehen und kaum hinterfragt worden zu sein. Ihnen wurden nicht dieselben Rechte zugebilligt wie den jeweils europäischen Männern. Je nachdem konnten sie als Feinde bekämpft oder als Arbeitskräfte benutzt werden. Eine aufschlussreiche Darstellung der Haltung von Europäern gegenüber Menschen aus anderen Erdteilen findet sich in dem Roman „Robinson Crusoe“ von Daniel Defoe, der 1719 erscheint. Defoe lässt Robinson Crusoe sagen:

Kolonisierung und Sklavenhandel

Zitat

„Für mich waren diese Wilden nur Sklaven, Menschenmaterial, das wir für jede Arbeit, zu der es sich eignete, benutzten oder sogar mit Vergnügen in andere Länder transportiert hätten.“ (Daniel Defoe, Robinson Crusoe, 1719)

Die wirtschaftliche Ausbeutung war oftmals vermischt mit religiösen und zivilisationsmissionarischen Motiven. Man meinte, den anderen die eigene christliche Religion und die eigene Kultur bringen und sie von ihren falschen Vorstellungen und Bräuchen „befreien" zu müssen.

Erklärung

„Zivilisationsmission" bezeichnet analog zu religiöser Mission das Bestreben, fremde Menschen und Völker für die eigene Kultur mit ihren Werten zu gewinnen. Dabei wird die eigene Kultur als höherwertig und die fremde als minderwertig angesehen. Dazu gehört die Überzeugung, mit der Verbreitung der eigenen Kultur etwas Gutes zu tun.

Europäer als Erzieher der Nicht-Europäer

Im 18. Jahrhundert wurde es üblich, das Verhältnis zwischen Europäern und anderen Völkern als ein pädagogisches zu interpretieren. Die Europäer wurden als Erzieher aller anderen angesehen, die Fremden sah man auf einer kindlichen Entwicklungsstufe. Die Entwicklung der Menschheit stellte man sich als einen Zivilisationsprozess vor, in dem die technischen Möglichkeiten und die Naturbeherrschung immer besser, die Strukturen des Zusammenlebens komplexer, das Wissen größer und das moralische Bewusstsein reifer werden – ähnlich wie es bei der Entwicklung vom Kind zum Erwachsenen passieren sollte (vgl. Kap. 3.4). Die Europäer sahen ihre Kultur als weit fortgeschritten an und meinten deshalb, eine Machtposition, aber auch eine Erzieherrolle einnehmen zu dürfen. Sie sahen sich im Recht darin, über die anderen zu bestimmen, sie ungefragt zu ihren Diensten heranzuziehen, sie wenn nötig zu bestrafen und sie in allem zu lehren, was zu ihrer Kultur und ihrer Religion gehörte – so wie man es auch mit Kindern machte. Dies bringt einerseits die Zerstörung einheimischer Kulturen mit sich, denen kein Eigenwert beigemessen wird, und führt dazu, dass die Unterwerfung nicht als Unrecht angesehen wurde. Andererseits waren in diesem paternalistischen Rahmen auch teilweise positive Begegnungen und Beziehungen möglich, denn die Parallele zum Kind motivierte die europäischen Herrscher immerhin zu etwas Sympathie und Fürsorglichkeit.

Umgekehrt wirkte sich die Parallelisierung zwischen „Naturvölkern" und Kindheit so aus, dass sich das Ideal von Kindheit ein Stück weit an dem ausrichtete, wie man sich das Leben der afrikanischen oder karibischen Menschen im Positiven vorstellte: naturverbunden, ungezwungen, ehrlich und offen, aus Erfahrungen statt aus

Büchern lernend. Rousseaus „Émile" zeugt davon (vgl. Kap. 4.3). Es ist deshalb nicht verwunderlich, dass Rousseau als einziges Buch in der Kindheit den Roman „Robinson Crusoe" zu lesen empfahl.

Beispiel

Daniel Defoes Roman „Robinson Crusoe"

In dem Roman „Robinson Crusoe" (1719) verarbeitete Daniel Defoe zahlreiche zeitgenössische Reiseberichte. Das Buch gibt einen guten Eindruck dessen, wie die Europäer die Welt „da draußen" und die fremden Völker erlebten und wie sie sich selbst im Verhältnis zu ihnen sahen. „Robinson Crusoe" prägte im weiteren 18. und im 19. Jahrhundert die Vorstellungen eines Großteils der Bevölkerung, da sich der Roman enorm verbreitete. Er wurde in zahlreiche Sprachen übersetzt, diente als Vorlage für viele ähnliche Geschichten („Robinsonaden") und wurde in der Fassung „Robinson der Jüngere" (1779) des Philanthropen Joachim Heinrich Campe eins der ersten und erfolgreichsten Jugendbücher.

Abb. 4.4.1 | ▶ Robinson Crusoe mit seinem Diener Freitag, Abbildung von Carl Offterdinger

In den Erlebnissen und Reflexionen des Ich-Erzählers Robinson Crusoe wird offen ausgedrückt, wie man über fremde Kulturen, Kolonien, Sklaverei und ähnliches dachte. Menschenfresser, „freundliche Neger", Sklavenhaltung ohne jegliche Kritik – all das wird hier dargestellt. Die Beziehung Robinson Crusoes zu dem Afrikaner, der als „Freitag" bekannt wurde, zeigt die pädagogische Haltung der Europäer gegenüber anderen Völkern sehr deutlich. Crusoe gewährt einem jungen Mann Zuflucht, der es schafft zu fliehen, bevor seine Feinde ihn töten und essen. Das Verhältnis zwischen beiden ist von vornherein als eins der Liebe und Zuneigung, aber auch der bedingungslosen Unterwerfung dargestellt. Crusoe ist der Lebensretter. Er gibt dem jungen Mann einen neuen Namen – Freitag –, lehrt ihn seine Sprache, gibt ihm Kleider und bildet ihn im Schießen und in den Techniken aus, die er sich in den ersten Jahren auf der Insel selbst erarbeitet hat: Ackerbau, Viehzucht, Flechten, Holzarbeiten, Töpfern. Außerdem gibt er Moral und Religion an ihn weiter. Er lehrt ihn die Abneigung gegen das Essen von Menschenfleisch und erzieht ihn zum christlichen Glauben. Seine bisherige Identität wird so weit wie möglich durch eine neue ersetzt. Freitag wiederum wird an vielen Punkten als das ideale Kind dargestellt. Er ist Crusoe unendlich dankbar, weil dieser ihm das Leben geschenkt habe, er will sein Diener sein, er gehorcht ihm in allem. Er ist schön, kräftig und geschickt, fröhlich, treu und anhänglich. Vor allem aber ist er lernbegierig und sieht alles, was Crusoe ihm gibt und ihn lehrt, als Wohltat an.

Die Analogie zwischen Kindern und „Wilden" trug dazu bei, dass die Europäer ohne schlechtes Gewissen die Menschen- und Bürgerrechte in ihrem Geltungsanspruch begrenzen. Ein Kerngedanke der Menschenrechte aus heutiger Perspektive, dass sie nämlich universal für alle Menschen unabhängig von Geschlecht, Herkunft, Religion etc. gelten, war im 18. Jahrhundert noch nicht verbreitet.

Zusammenfassung

Der Pietismus prägte die Menschen im 18. Jahrhundert dahingehend, dass das Bibellesen und Bibelgespräch unter Laien die sprachlichen Fähigkeiten förderte und der Anspruch eines tätigen Glaubens sich in sozialem Engagement realisierte. Pietistische Kinder- und Jugenderziehung entwickelte und verbreitete sich besonders durch das Wirken August Hermann Franckes und seiner Mitstreiter in Halle. In den von ihnen geleiteten Schulen sollten Kinder besonders zu Wahrheitsliebe, Gehorsam und Fleiß erzogen werden. Gleichzeitig bekam das schulische Lernen eine Ausrichtung, die Erfahrung und Anwendung bewusst einbezog.
In derselben Zeit entstand in Europa die Aufklärung. Hier ging es darum, mittels Vernunft die Menschheitsprobleme zu überwinden. Fortschrittsoptimismus und Erziehungsoptimismus gingen Hand in Hand: Alle Menschen sollten zum eigenständigen Denken, zum vernünftigen Handeln und zur Moralität erzogen werden, um damit eine bessere Zukunft für die Menschheit zu erreichen. Zur Erziehung ihrer Mitmenschen und zur Selbstbildung fühlten sich alle Aufklärer berufen, seien es Philosophen, Literaten, Lehrer, Ärzte, Beamte oder Pfarrer.
Eine besondere Ausprägung gewann die Erziehung im 18. Jahrhundert bei den sogenannten „Philanthropen", die Impulse aus Pietismus und Aufklärung aufnahmen. Eine vernünftige und moralische Erziehung unter Berücksichtigung der Besonderheit der kindlichen Lebensalter sollte in den Schulen der Philanthropen stattfinden. Ein Leitgedanke war dabei die Erziehung zum Bürger, der seinen Teil

zur Gesellschaft beiträgt. Deshalb spielte auch das Erlernen von beruflichen Fähigkeiten eine wichtige Rolle. Bei Rousseau findet sich bereits eine Kritik am Gedanken der bürgerlichen Erziehung. Für Rousseau stehen sich die Bedürfnisse der Gesellschaft und die Bedürfnisse des „natürlichen" Menschen spannungsvoll gegenüber. In seinem Erziehungsroman „Émile" stellt er über weite Strecken eine „Erziehung zum Menschen" vor, die das Individuum in seiner Jugend vor den Ansprüchen und Einflüssen der Gesellschaft schützt. Obwohl sich das gesellschaftliche Bewusstsein im 18. Jahrhundert Richtung Mitbestimmung und Gleichheit der Menschen entwickelte und Ende des 18. Jahrhunderts an prominenten Stellen menschliche Grundrechte festgeschrieben wurden, lagen doch große Teile der Menschen in einem „blinden Fleck" dieser Entwicklung. Die Menschen- und Bürgerrechte galten weder für Frauen noch für Nicht-Europäer. Mädchen- und Frauenerziehung legte deshalb ganz andere Schwerpunkte als die Erziehung von Jungen und Männern: Gelernt werden sollte vor allem das, was für Ehe, Haushaltsführung und Kindererziehung wichtig war. Eine Art Pädagogisierung des Verhältnisses zwischen Europäern und Nicht-Europäern trug dazu bei, dass Sklaverei und die Auslöschung fremder Kulturen den Europäern nicht als Unrecht erschienen: Nicht-europäische Kulturen wurden als quasi kindliche Entwicklungsstufe wahrgenommen.

Literatur

Defoe, Daniel: Robinson Crusoe: erster und zweiter Band. Aus dem Englischen von Franz Riederer. Düsseldorf 2001.

Herrmann, Ulrich: Aufklärung und Erziehung. Studien zur Funktion der Erziehung im Konstitutionsprozeß der bürgerlichen Gesellschaft im 18. und frühen 19. Jahrhundert in Deutschland. Weinheim 1993.

Jacobi, Juliane: Mädchen- und Frauenbildung in Europa von 1500 bis zur Gegenwart. Frankfurt/Main 2013.

Kenklies, Karsten: Art. Bildung/Erziehung. In: Heinz Thoma (Hg.), Handbuch Europäische Aufklärung. Begriffe, Konzepte, Wirkung. Stuttgart/Weimar 2015, 161–171.

Kuhn, Thomas K.: Religion und neuzeitliche Gesellschaft: Studien zum sozialen und diakonischen Handeln in Pietismus, Aufklärung und Erweckungsbewegung. Tübingen 2003.

Schneiders, Werner: Das Zeitalter der Aufklärung. München, 5. Auflage 2014.

Wallmann, Johannes: Der Pietismus. Göttingen 2005.

Testfragen

1. *Was sind grundlegende Kennzeichen des Pietismus?*
2. *Welche Erziehungsmethoden sind bei Francke besonders wichtig?*
3. *Welches waren die zwei Wege zur Erkenntnisgewinnung, die von verschiedenen Gruppen innerhalb der Aufklärung vertreten wurden, und wie spiegelte sich das im Unterricht wider?*
4. *Was bedeutet „Volksaufklärung"?*
5. *In welchen Bereichen sollte sich die Erziehung bei den Philanthropen der kindlichen Natur anpassen und in welchen Bereichen sollte sie die kindliche Natur verändern?*
6. *Welche Ähnlichkeiten gibt es zwischen der pietistischen Pädagogik Franckes und der Erziehung zum Bürger bei den Philanthropen?*
7. *Wie stellt Rousseau die Erziehung Émiles in dem gleichnamigen Erziehungsroman dar?*
8. *Was hat das Buch „Robinson Crusoe" mit Pädagogik zu tun?*

Moderne I (1789–1920) – Von der Französischen Revolution bis zum Völkerbund | 5

Inhalt

In der Zeit von der Französischen Revolution bis zur Gründung des Völkerbundes, einer Vorgängerorganisation der Vereinten Nationen, gibt es in der Pädagogik zwei bedeutsame Entwicklungen: Zum einen formierte sich die Pädagogik neu als Wissenschaft; hier wurden Grundlagen eines wissenschaftlichen Nachdenkens über Pädagogik geschaffen, die die Funktion der Erziehung, den Weg des Erkenntnisgewinns über Erziehungsfragen und die Ausbildung von Pädagogen betreffen (Kap. 5.1). Zum anderen rückte zunehmend die einzelne Person und deren Würde in das Zentrum pädagogischer Überlegungen. Als Reaktion auf die Industrialisierung und die soziale Frage im 19. Jahrhundert entstand einerseits die Sozialpädagogik, die den einzelnen Menschen versorgen, schützen und erziehen will. Andererseits wurde unter anderem von Marx und Engels der Blick darauf gerichtet, dass es menschenunwürdige Lebensumstände als Folge von ungerechten ökonomischen Strukturen gibt und diese ökonomischen Strukturen bekämpft werden müssen, um für die Masse ein menschwürdiges Leben zu ermöglichen (Kap. 5.2). Im Gefolge einer Kritik an der gesamtkulturellen Entwicklung entsteht ein neuer Typ Pädagogik, die sich durch eine Orientierung an den spezifischen Bedürfnissen der Lebensalter auszeichnet (Kap. 5.3). Trotz dieser Entwicklungen lässt sich gerade mit Blick auf die Kolonialpädagogik dieser Zeit aber auch zeigen, wie sehr Pädagogik als Machtinstrument gebraucht und missbraucht werden kann (Kap. 5.4).

Pädagogik als Wissenschaft | 5.1

Im 18. Jahrhundert war Erziehung in Europa zu einem viel beachteten Thema geworden. Es wurde so viel darüber geschrieben und diskutiert wie nie zuvor. Um 1800 bekam dieser Diskurs eine zusätzliche Wendung: Pädagogik begann sich als wissenschaftliche Disziplin zu konstituieren.

Erziehung gibt es schon immer. Auch das Nachdenken darüber und die Sammlung und Weitergabe von Erfahrungswissen zur Erziehung ist nicht neu. Wenn wir aber von „Wissenschaft" und „wissenschaftlichen Disziplinen" im neuzeitlichen Sinn sprechen, ist damit noch etwas anderes gemeint.

Merksatz

Eine wissenschaftliche Disziplin zeichnet sich durch folgende Merkmale aus:
einen gemeinsamen (Forschungs-)Gegenstand,

- ein Set von grundlegenden Fragestellungen und Theorien,
- die wissenschaftstheoretische Reflexion über Forschungsmethoden,
- eigene Fachstrukturen wie zum Beispiel universitäre Lehrstühle, Institute und Studiengänge.

Universitäre Strukturen: Ernst Christian Trapp als Professor der Pädagogik

Im 18. Jahrhundert wurde Pädagogik zunehmend an Universitäten unterrichtet, weil der Staat dies als wichtig für angehende Lehrer ansah. Die Pädagogik-Vorlesungen wurden allerdings in der Regel durch Professoren der Philosophie gehalten, die von den jeweiligen Landesherren dazu verpflichtet wurden. Die Philosophie-Professoren griffen dabei meist auf die Lehrwerke pädagogischer Schriftsteller und Praktiker zurück, ohne dies systematisch mit der Theorie ihres eigenen Fachs zu verbinden.

Erster Lehrstuhl für Pädagogik: Ernst Christian Trapp

1779 wurde im deutschsprachigen Raum erstmals ein Lehrstuhl für Pädagogik eingerichtet, und zwar an der Universität Halle. Auf diesen Lehrstuhl wurde Ernst Christian Trapp (1745–1818) berufen, der vorher an dem von Basedow gegründeten „Philanthropin" in Dessau als Lehrer tätig gewesen war. Trapp stand in enger Verbindung zu den Philanthropen (vgl. Kap. 4.3). Er teilte deren Bemühen, die Lern- und Unterrichtsmethoden möglichst effektiv an die kindlichen Möglichkeiten und Eigenarten anzupassen, und wie die Philanthropen wollte er nüchtern und realitätsnah das praktisch Richtige und Nützliche tun.

Trapp wollte Pädagogik als wissenschaftliche Disziplin von der Beobachtung pädagogischer Wirklichkeit her begründen – und sie dabei möglichst unabhängig von philosophischen und theologischen Grundannahmen und Schlussfolgerungen machen. Obwohl er selbst in seinen eigenen Werken diesem Anspruch nicht gerecht wurde, ist doch seine Betonung einer systematisch ausgewerteten Empirie bemerkenswert. Trapp wollte pädagogisches Wissen durch Beobachtung, Erfahrung und Experimente gewinnen. Dafür sollten Lehrer oder Beobachter zum Beispiel das Verhalten ihrer Schüler im Unterricht protokollieren, um mehr über die kindliche Seele und den Vorgang des Lernens herauszufinden. Als „Experiment" sollten beispielsweise Kinder unterschiedlicher Altersstufen verschiedene Gegenstände bekommen, und es wurde beobachtet und protokolliert, wie sie darauf reagierten und was sie damit wie lange taten. Trapp wollte herausfinden, wie Aufmerksamkeit, Ermüdung und Gedächtnis funktionieren. Die Ergebnisse der Beobachtungen und Experimente sammelte er, leitete daraus Regeln ab und publizierte beides, damit Lehrer und Erzieher daraus lernen konnten.

Trapp verließ Halle bereits vier Jahre nach seinem Amtsantritt wieder, und sein Werk blieb bruchstückhaft und wenig erfolgreich. Es ist jedoch für die Entwicklung der Pädagogik als Wissenschaft zum einen bedeutsam, weil mit seinem Lehrstuhl und dem pädagogischen Seminar das erste Mal eine eigenständige pädagogische Struktur an einer Universität geschaffen wurde. Zum anderen ist Trapp ein früher Vertreter eines methodischen Ansatzes, der sich so direkt wie möglich auf die Empirie beziehen will und der die pädagogische Wissenschaft auf die Auswertung von Beobachtungen und Experimenten gründen will. So schrieb Trapp:

Zitat

> „Meine ganze Pädagogik [...] gründet sich auf solche Beobachtungen." (Ernst Christian Trapp, Versuch einer Pädagogik, 1780)

Wenige Jahrzehnte später wurden dann nachhaltige Begründungsmodelle der Pädagogik als wissenschaftliche Disziplin entwickelt. Es waren vor allem Johann Friedrich Herbart und Friedrich Daniel Ernst Schleiermacher, die im ersten Drittel des 19. Jahrhunderts das Thema der Pädagogik grundlegend durchdachten und dabei – jeder auf seine Weise – das aufnahmen, was eine wissenschaftliche Disziplin ausmacht: Sie bestimmten den Gegenstand, formulierten grundlegende Fragestellungen und Theorien und fundierten das Ganze durch wissenschaftstheoretische Reflexionen. Beide bekleideten nicht wie Christian Trapp einen Lehrstuhl speziell für Pädagogik, sondern arbeiteten von der Theologie (Schleiermacher) und

Philosophie (Herbart) her an ihren Büchern und Vorlesungen zur Pädagogik, so wie es zu ihrer Zeit üblich war. Herbart bemühte sich aber daneben in Königsberg um die Einrichtung eines pädagogischen Seminars zur Lehrerausbildung, so dass zumindest Ansätze eigener Studienstrukturen entstanden.

Johann Friedrich Herbart

Johann Friedrich Herbart (1776–1841)

Johann Friedrich Herbart (1776—1841) war Professor der Philosophie und der zweite Nachfolger Kants auf dessen Lehrstuhl in Königsberg. Herbart konstruiert die Pädagogik vom Individuum und dessen Lebenslauf aus. Wissenschaftlich ging es ihm vor allem darum, „einheimische Begriffe" für die Pädagogik zu formulieren.

Als Ausgangspunkt dachte Herbart darüber nach, welche Bedeutung Lernen im Lebenslauf hat. Ihn interessierten besonders drei Dinge: die Inhalte dessen, was gelernt werden muss, die Form der Präsentation dieser Inhalte (wie kann das für den Lernenden dargestellt werden?) und vor allem das praktische Handeln der Pädagogen.

Erziehung zur Moralität

Das Ziel aller Erziehung muss für Herbart mit dem Ziel des Lebens insgesamt übereinstimmen. Dieses Ziel ist für Herbart die Moralität, das heißt das Wollen und Tun des Richtigen und Guten in Eigenständigkeit und Mündigkeit. Im Unterschied zu Kant erkannte er, dass Moralität sich in den Menschen nach und nach entwickelt und dass diese Entwicklung beeinflussbar ist. Gleichzeitig bleibt das Problem, dass Moralität nicht einfach „machbar" ist, denn wenn ein Kind zwar das Richtige tut, dies aber unter Zwang geschieht, sind seine Gesinnung und sein Wille deshalb noch lange nicht gut. Um dieses Problem zu lösen, entwickelte Herbart eine Theorie der „ästhetischen Notwendigkeit": Wenn das Kind – oder allgemein der Mensch – lernt, die Welt und einzelne Situationen richtig wahrzunehmen, dann offenbart sich ihm darin mit „ästhetischer Notwendigkeit", was gut und richtig ist. Darin wird er so direkt tief im Innern angesprochen, dass dieses Gute und Richtige ihn überzeugt und er es nicht nur weiß, sondern auch – quasi aus eigenem Urteil – will. Auf diese Weise, so Herbart, erwirbt der Mensch nach und nach das Wissen um das Gute und gleichzeitig das Wollen des Guten. Die Aufgabe der Erziehung besteht dann darin, seine Wahrnehmung zu schulen und zur „reifen Anschauung" zu bringen, wie Herbart es nennt. Vielleicht kann man sich das so vorstellen: Wenn ein Kind zum Beispiel lernt, Käfer in ihrer Feinheit und ihren Bewe-

Wahrnehmung der Welt

gungen genau wahrzunehmen, dann empfindet es dabei selbst, dass es nicht gut ist, Käfer grundlos zu zertreten.

Herbart sah als wesentlichen Ausgangspunkt der Erziehung den einzelnen Menschen in seiner Individualität. Für ihn ging es darum, die verschiedenen Kräfte und Interessen, die der Mensch in sich trägt, in Harmonie und Ausgewogenheit auszubilden. Dies stand im Gegensatz zu einer Erziehungsauffassung, die die Kinder von vornherein für bestimmte Stände und Berufe erzog und ausbildete und ihre Zukunft damit festschrieb. Herbarts Vorstellung von Moralität zielte deswegen zum einen allgemein auf die Entwicklung einer „Vielseitigkeit des Interesses“ und zum anderen auf die Förderung einer „Charakterstärke der Sittlichkeit“. Der unter diesen Vorzeichen betrachtete Lebenslauf ist für Herbart der Kern von Erziehung. Erziehung ist die notwendige Begleitung und Förderung des Lernens im Kindes- und Jugendalter. Wenn man Erziehung so betrachtet, ist sie unumgänglich. Sie ist eine anthropologische Grundtatsache des menschlichen Lebens, eine Notwendigkeit, ohne die kein Mensch überleben kann.

Erziehung durch Unterricht

Für die Erziehung und Bildung stellte Herbart den Unterricht als Erziehungsform in den Mittelpunkt seiner Überlegungen. „Unterricht“ bedeutet dabei nicht Schulunterricht – Herbart selbst hatte als Schüler und Lehrer vorrangig Hausunterricht erlebt –, sondern steht für die strukturierte Vermittlung von Inhalten. Letztlich geht es auch hier um die Darstellung und Wahrnehmung der Welt. Dabei stellte Herbart die Frage: Was sollte wann wie gelehrt, d. h. dargestellt werden, damit es von den Schülern erstens gefasst werden kann und damit es zweitens nicht nur eine Ansammlung von Kenntnissen ergibt, sondern die Denk-, Wahrnehmungs-, Urteils- und Handlungskompetenz des Einzelnen zu entwickeln hilft? Wie funktionieren Lehr- und Lernprozesse im Detail? Herbart entwickelte hierfür ein ausgereiftes und systematisch fein gegliedertes Begriffs- und Theoriesystem. Im Unterricht werden Inhalte einerseits durch „Vertiefung“ in einzelne Gegenstände bzw. Inhalte (analytisch) und andererseits durch die „Besinnung“, d. h. die Einordnung des Einzelnen in größere Zusammenhänge (synthetisch), vermittelt. „Vertiefung“ und „Besinnung“ werden als Phasen des Lernens und Unterrichtens verstanden und weiter aufgegliedert, so dass eine Art Unterrichtskonzept daraus entwickelt werden kann. In der Folgezeit wurden besonders diese Ansätze von den sogenannten „Herbartianern“ weiterentwickelt.

Herbart unterschied klar zwischen der Pädagogik als Wissenschaft und der „Kunst der Erziehung". Die „Kunst der Erziehung" ist in seiner Darstellung eine praktische Fähigkeit und wird zunächst in der pädagogischen Praxis gelernt, durch Erfahrung und Beobachtung. Wenn ein Erzieher jedoch nur aus der eigenen Erziehungspraxis lernt, bleibt sein Handeln beschränkt, weil ihm die Fülle der Möglichkeiten pädagogischen Handelns nie erschlossen wird. Ihm werden viele Möglichkeiten nie bewusst, weil er sie nicht kennt. Hier setzt für Herbart die Funktion der Pädagogik als Wissenschaft an: Sie entfaltet systematisch die ganze Bandbreite der Reflexions- und Handlungsmöglichkeiten. So wie die richtige Wahrnehmung der Welt, die „reife Anschauung", von Kindern durch Erziehung gelernt werden soll, so sollen Erzieher eine reife Anschauung der pädagogischen Wirklichkeit lernen: Pädagogik als Wissenschaft dient der Erziehung der Erzieher.

Herbart beschrieb, dass pädagogische Theorie nicht unmittelbar für die pädagogische Praxis verwendet werden kann. Sie kann dem Erzieher oder Lehrer nicht einfach vorgeben, was er zu tun hat.

Theorie-Praxis-Problem

Herbart erkannte das, was man als „Theorie-Praxis-Problem" bezeichnet: Die *Praxis* besteht aus einer Vielzahl von einzelnen Situationen und Begegnungen von Individuen. Jede einzelne Situation ist viel zu komplex und vielschichtig, um sie in allen Facetten zu erfassen: Was tut, denkt und fühlt ein Kind in einem Moment aus welchen Gründen und unter welchen Einflüssen? Der Erzieher kann immer nur einen kleinen Ausschnitt wahrnehmen und handelt entsprechend seiner Wahrnehmung und vieler Annahmen, die er dazu macht. Im Unterschied zu den praktischen Situationen und Begegnungen, die gerade durch ihre Einzigartigkeit gekennzeichnet sind, zeichnen sich *Theorien* dadurch aus, dass sie allgemein bzw. verallgemeinerbar sind. Eine Theorie muss von den individuellen Eigenschaften und der Vielzahl von Einflussfaktoren abstrahieren, um allgemeingültige Aussagen treffen zu können. Eine Theorie besagt zum Beispiel: Das Ziel aller Erziehung ist die Entwicklung von Moralität und Mündigkeit. Oder: Im Allgemeinen unterstützen Bilder das Erfassen eines Sachverhalts. Wenn ein

Merksatz

Pädagogik als Wissenschaft entfaltet laut Herbart systematisch die ganze Bandbreite der Reflexions- und Handlungsmöglichkeiten von Erziehung. Sie lehrt die Erziehungspraktiker, wie sie die pädagogische Wirklichkeit wahrnehmen und analysieren können und wie sie zu Handlungsmöglichkeiten und Entscheidungen kommen.

Lehrer aber nun in einer konkreten Interaktion mit einem Schüler ist, können diese Theorien sein Handeln nur sehr unspezifisch leiten. Hilft es diesem Schüler jetzt, ihm ein Bild zu zeigen? Welches Bild könnte das sein? Und wie kann der Lerninhalt mit dem allgemeinen Ziel der Mündigkeit verknüpft werden?

Herbart benannte die fundamentale Differenz zwischen pädagogischer Theorie und pädagogischer Praxis. Er stellte dar, dass jeder Erzieher beim praktisch-pädagogischen Handeln eine Vielzahl von schnellen Urteilen und Entscheidungen treffen muss, um in jeder Situation zu agieren und zu reagieren. Die pädagogische Urteils- und Handlungsfähigkeit entsteht laut Herbart jedoch nicht von selbst und auch nicht rein aus der Erziehungspraxis und den entsprechenden Erfahrungen heraus, sondern sie wird durch die Beschäftigung mit Theorie geschult. Theorie – in ihrer systematischen, vielfältigen, durchdachten und über-individuellen Form – schließt den Verstand, die Wahrnehmungsfähigkeit und die Urteilsfähigkeit des Pädagogen auf, bereitet sie vor, erweitert sie, so dass pädagogische Interaktionen in der Praxis dann differenzierter wahrgenommen werden, mehr Handlungsmöglichkeiten vor Augen stehen und die Entscheidungen fundierter getroffen werden. Dieses Wahrnehmen und Entscheiden geschieht in der pädagogischen Praxis meist schnell, quasi intuitiv und ohne bewusstes Nachdenken. In dem Moment, so Herbart, kommt die geschulte Urteils- und Entscheidungsfähigkeit zum Zuge. Im Zusammenwirken der Beschäftigung mit Theorie – mit Pädagogik als Wissenschaft – und Praxiserfahrungen bildet sich das pädagogische Urteilsvermögen aus, das als Bindeglied zwischen Theorie und Praxis fungiert und das Herbart mit dem Begriff „pädagogischer Takt“ bezeichnete.

Pädagogische Urteils- und Handlungsfähigkeit

Pädagogischer Takt

Friedrich Schleiermacher

Ungefähr zeitgleich mit Herbart entwickelte auch Friedrich Daniel Ernst Schleiermacher (1768–1834) ein Theoriesystem der Pädagogik. Wenn bei Herbart der gedankliche Ausgangspunkt der Erziehung der einzelne Mensch als moralisch verantwortliches Individuum war, so war es bei Schleiermacher der Mensch bzw. die Menschen als soziale Wesen. Den Schlüssel bildete bei Schleiermacher sein Nachdenken über das Verhältnis der Generationen zueinander. Schleiermacher schaute auf die Entwicklung der Menschheit über die Jahrhunderte hinweg. Immer gibt es Erwachsene oder vielmehr

Friedrich Schleiermacher (1768–1834)

Generationenverhältnis

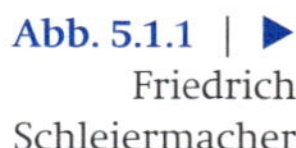

Abb. 5.1.1 | Friedrich Schleiermacher

eine Gruppe oder Gesellschaft, die ein bestimmtes Maß an Wissen und an Regeln des Zusammenlebens entwickelt hat. Nun bleibt dies aber nicht einfach so erhalten, denn die bestehende Generation wird nach und nach sterben. Dafür wachsen Jüngere nach. Damit es nicht zu einem Bruch kommt und die Gesellschaft mit ihrer Kultur einfach verschwindet, müssen die Älteren ihre Erkenntnisse und Anschauungen an die Jüngeren weitergeben. Das war für Schleiermacher der Kern von Erziehung. Erziehung ist das Scharnier zwischen den Generationen. Wenn man Erziehung so betrachtet, ist sie unumgänglich. Sie ist eine soziale Grundtatsache des menschlichen Lebens, eine Notwendigkeit, ohne die keine Gesellschaft überleben kann.

Erziehung als bewahrend und reformierend

Aus dieser Grundfunktion von Erziehung für die Menschheit leitete Schleiermacher das Ziel von Erziehung ab. Was muss Erziehung leisten und was ist für die Erziehung des Einzelnen wichtig? Es ist keine einfache und einseitige Antwort, die Schleiermacher auf diese Frage gab. Man könnte denken: Die Aufgabe von Erziehung ist – vom Generationenverhältnis her betrachtet – die Weitergabe des vorhandenen Wissens und der bestehenden Sitten an die Kinder und Jugendlichen. Man könnte denken, die Jüngeren sollten zum Abbild der Älteren erzogen werden. Das ist nicht falsch, aber für Schleiermacher ist diese erhaltende und tradierende Aufgabe von Erziehung nur die eine Seite der Medaille. Genauso wichtig ist es, dass es eine Weiterentwicklung gibt, eine Verbesserung von einer Generation zur nächsten. Erziehung hat also auch die Aufgabe, verbessernd und reformierend zu wirken. In der Erziehung soll auch die Grundlage für Neues gelegt werden. Erziehung zur Kreativität, zum Forscherdrang, zur Innovationsfähigkeit und zur individuellen Entfaltung hat hier ihren Platz.

Dialektik

Dass Schleiermacher in dieser Weise zwei Seiten einer Medaille beschrieb, die beide richtig und wichtig sind, ist typisch für sein Denken, das als „dialektisch" bezeichnet werden kann. Diese „dialektische Methode" wandte er auf alle Fragen an. Er versuchte immer, die ganze Spannbreite zu vermessen. Für ihn bestand die Wahrheit oft im „sowohl – als auch". Er orientierte sich nicht an einer „goldenen Mitte", sondern begriff die Wirklichkeit als in sich spannungsvoll. Um dem gerecht zu werden, muss man in seinen Augen die sich scheinbar widersprechenden Pole wahrnehmen und in der pädagogischen Theorie zusammenhalten. Zählen zuerst die Bedürfnisse des Individuums oder der Gesellschaft? Beides ist gleichermaßen wichtig, so Schleiermachers Antwort. Sollte sich Erziehung auf die innere Gesinnung oder auf anwendbare Kenntnisse und Fertigkeiten ausrichten? Sie muss beides im Blick haben. Muss die Kindheit als Vorbereitungszeit für das Erwachsenenleben genutzt werden – mit der Gefahr, dass sie für die Zukunft geopfert wird – oder sollte Erziehung die Kindheit als Wert für sich begreifen? Gegenwart und Zukunft sind in der Erziehung beide wichtig und keine darf für die andere geopfert werden. So arbeitete Schleiermacher in seiner pädagogischen Theorie viele Fragen und Probleme ab, die bis heute grundlegend sind. Er gab dabei keine einfachen und einseitigen Antworten, sondern zeigte die Spannung auf, in der sich der Erzieher bewegt und in der er nicht die eine Seite zugunsten der anderen vergessen darf.

Neben der theoretischen Grundlegung der Pädagogik war Schleiermacher auch bildungspolitisch aktiv. Er war maßgeblich an der heute so genannten „Humboldtschen Bildungsreform" beteiligt, vor allem an der Konzeption der neuen Vorbilduniversität in Berlin (heutige Humboldt-Universität, gegründet 1810). Er war als Gutachter und Berater für das preußische Kultusministerium tätig und in dieser Funktion an Reformen des höheren Schulwesens und der Lehrerbildung beteiligt.

Wilhelm von Humboldt und der Bildungsbegriff

Neben der theoretischen Grundlegung der Pädagogik als Wissenschaft durch Herbart und Schleiermacher war in dieser Zeit die Einführung des Begriffs „Bildung" in den deutschsprachigen pädagogischen Diskurs ein wichtiger Einschnitt. Der Bildungsbegriff prägte die neu entstehende wissenschaftliche Pädagogik im deutschsprachigen Raum. Es waren Denker wie Wilhelm von Humboldt (1767–1835), Johann Gottfried Herder (1744–1803) und Johann Wolfgang von Goethe (1749–1832), die die innere Veredelung des Menschen hervorhoben und dafür den Begriff „Bildung" entdeckten und populär machten. Der Bildungsbegriff ist seit dem 19. Jahrhundert im deutschsprachigen pädagogischen Diskurs prägend.

Bildungsbegriff

„Bildung" meint dabei eine bestimmte Art des Lernens und der Selbstvervollkommnung. Der Bildungsbegriff setzt vor allem drei Akzente:

1. Jeder Mensch hat die Aufgabe, sich zu bilden und so gut und vollkommen zu werden wie möglich („sich veredeln"). Das ist ein Anspruch, der mit dem Menschsein gegeben ist und der nie ein Ende findet, egal in welchem Alter der Mensch ist.
2. Bildung geschieht, indem das Individuum sich mit etwas außerhalb seiner selbst auseinander setzt, anders gesagt: indem es die Welt kennenlernt und in sich verarbeitet. Bildung geschieht durch „die Verknüpfung unseres Ichs mit der Welt", so Humboldt in dem fragmentarischen Text „Theorie der Bildung des Menschen" (verfasst 1793). Alle Lerngegenstände, ob Natur oder Bücher, sind nur in ihrer Funktion für die Bildung des einzelnen Menschen wichtig. Es geht nicht um den praktischen Nutzen von bestimmten Kenntnissen und Fertigkeiten – das ist eher ein Nebenprodukt –, sondern darum, was Kenntnisse und Fertigkeiten im Menschen bewirken bzw. wie sie ihn im Innern bessern können. Das Verhältnis zwischen Individuum und Welt wird hier ganz vom Individuum her gedacht. Wenn der sich bildende Mensch sich mit etwas beschäftigt, geht es darum, dass „von allem, was er außer sich vornimmt, immer das erhellende Licht und die wohltätige Wärme in sein Inneres zurückstrahle." Gelehrsamkeit, ein großes Wissen und Verstehen an sich sind hier unnütz, wenn es nicht den Menschen in seiner Gesinnung oder seinem Charakter verbessert.
3. Im Prinzip kann Bildung anhand verschiedener Gegenstände und in unterschiedlichen Kontexten stattfinden. Menschen sind unterschiedlich, und nicht jeder muss dieselben Sprachen und mathematischen Formeln und Künste lernen oder die gleichen Berufe ergreifen, um ein gebildeter Mensch zu sein. Allerdings gab es für Humboldt doch Dinge, die er als Bildungsgegenstände für besonders geeignet hielt: Das waren insbesondere die klassischen Sprachen Latein und Griechisch, das waren die Texte und Kunstwerke der griechisch-römischen Antike. Hier ist Humboldt als „Neuhumanist" zu bezeichnen. Schon die Humanisten im ausgehenden Mittelalter maßen der griechisch-römischen Antike einen besonderen Wert zu, und das wurde im 19. Jahrhundert im Neuhumanismus wieder aufgegriffen.

Neuhumanismus

Humboldt war zwischenzeitlich als Bildungspolitiker für den preußischen Staat aktiv. Unter seinem Einfluss entstanden die sogenannten „humanistischen“ oder altsprachlichen Gymnasien, in denen die Schüler viel Zeit auf den Latein- und Griechisch-Unterricht verwendeten. Unter Humboldts (und Schleiermachers) Mitwirkung geschah auch die Neugründung der Berliner Universität, die heute seinen Namen trägt. Zur Universitätsreform gehörte ein bestimmter Anspruch an das Studium: Auch für das Studium versuchte Humboldt einen Rahmen zu schaffen, in dem die Studierenden nicht nur eine Fachexpertise bekommen, sondern durch die Auseinandersetzung mit Fachinhalten und die Berührung mit der Forschung der Professoren „gebildet“ werden, also ihren Charakter und ihr Denken entwickeln.

Abb. 5.1.2 | ▶ Denkmal von Wilhelm von Humboldt vor der Humboldt-Universität zu Berlin

Schul- und Universitätsreform

Erziehung und die soziale Frage | 5.2

Im 19. Jahrhundert vollzog sich in Europa und Nordamerika ein Wandel, der die ganze Gesellschaft und die Lebensweise der Menschen zutiefst veränderte: die Industrialisierung oder „industrielle Revolution“. In England begann sie bereits Ende des 18. Jahrhunderts, in Deutschland, anderen westeuropäischen Ländern und Nordamerika im 19. Jahrhundert. Die Industrialisierung brachte auch für die Pädagogik neue Herausforderungen mit sich.

Industrialisierung und soziale Folgen

„Industrialisierung“ meint zunächst eine Veränderung der Produktions- und Arbeitsweise, die durch technische Erfindungen wie die Dampfmaschine, die Eisenbahn oder den mechanischen Webstuhl vorangetrieben wurde. Im vorindustriellen Europa war Landwirtschaft der wichtigste Wirtschaftsfaktor, daneben waren Handwerk und Handel wichtige Erwerbszweige. Im Zuge der Industrialisierung verschob sich das: Landwirtschaft und Handwerk verloren an Bedeutung, stattdessen nahm die mechanisch-industrielle Produktion von Gütern rapide zu. Das Arbeitsleben der Bevölkerungsmehrheit fand nach und nach nicht mehr in der Landwirtschaft oder in einem Handwerksbetrieb statt, sondern in Fabriken und im Bergbau. Große Menschenmassen verließen ihre angestammten Dörfer und zogen in die Städte, um bezahlte Arbeit zu finden. Dieser Prozess wird als „Landflucht" und „Urbanisierung" bezeichnet. Familien- und Sozialstrukturen veränderten sich: Während das Leben bis dahin für die meisten in der Großfamilie stattgefunden hatte, gingen nun junge Männer und Frauen in eine ihnen fremde Stadt und lebten dort in Massenunterkünften oder als Kleinfamilien zusammen. Während in den Dörfern jeder jeden kannte und die Menschen in der Dorfgemeinschaft sowohl geborgen waren als auch kontrolliert wurden, begann nun für viele ein „anonymes Großstadtleben". Erst nach und nach entstand in der Arbeiterbewegung eine Art neuer Gruppenidentität: Viele Arbeiter verstanden sich als Teil einer eigenen „Klasse", die den Fabrikbesitzern und wohlhabenden Bürgern gegenübersteht und für ihre Rechte kämpfen muss.

Landflucht/ Urbanisierung

Abb. 5.2.1 | ▶ Wohnsituation in London, Kupferstich von Gustave Dore 1872

Die industrielle Revolution brachte insgesamt einen starken Wirtschaftsaufschwung mit sich – davon hatte die Mehrheit der Bevölkerung jedoch nichts, denn der Reichtum blieb bei einigen wenigen, während die Arbeiter kaum genug Lohn bekamen, um Nahrung, Kleidung und ein Dach über dem Kopf zu bezahlen. Neben den Männern arbeiteten oft auch Frauen und Kinder den ganzen Tag, damit das Familieneinkommen zum Leben reichte. Die Arbeitszeiten betrugen oft 14 Stunden am Tag an sechs Tagen in der Woche, und die Arbeitsbedingungen in den Fabriken und Bergwerken waren häufig extrem ungesund und gefährlich – und wenn jemand beispielsweise seine Lunge ruiniert hatte oder in einer Familie die Eltern bei der Arbeit ums Leben gekommen waren, gab es keinerlei soziale Absicherung. Das wirtschaftliche und soziale Elend nahm ein zuvor unbekanntes Ausmaß an, sowohl was die Zahl der Betroffenen als auch was die tiefe Durchdringung aller Lebensbereiche anging. Erst mit den Arbeitsschutzgesetzen und den Sozialgesetzen wurde die Lage etwas entschärft. In Deutschland durften zum Beispiel seit 1891 Kinder unter 13 Jahren nicht mehr in Fabriken arbeiten, Jugendliche bis 16 Jahren durften maximal 10 Stunden täglich arbeiten. Seit 1924 gibt es auch für Erwachsene eine Arbeitszeitverordnung. 1883 wurde die Krankenversicherung, 1884 die Unfallversicherung und 1889 die Rentenversicherung für Arbeiter gesetzlich vorgeschrieben. Eine Arbeitslosenversicherung kam erst 1927 dazu. Bis dahin ist es im 19. Jahrhundert aber noch ein langer Weg.

Arbeitsschutz und Sozialgesetze

Was bedeutete die Industrialisierung mit ihren sozialen Folgen für Pädagogik im 19. Jahrhundert? Dies wird im Folgenden für den Bereich der schulischen Erziehung und für den Bereich der Sozialpädagogik bzw. den Umgang mit der „sozialen Frage" skizziert.

Familie und Schule

Familienerziehung

Wie bereits erwähnt, lösten sich im Zuge der Urbanisierung und Entstehung von neuen Arbeitsbedingungen die herkömmlichen Sozialstrukturen weitgehend auf. Am Beispiel der Familie lässt sich das gut veranschaulichen: Bei Bauern und Handwerkern waren Kinder in der Regel ein Teil des Familienbetriebs. Sie waren im Alltag ständig mit Eltern, Verwandten und Hausangestellten beisammen, halfen mit und lernten zu Hause das meiste, was sie später können mussten. Bei einer Arbeiterfamilie hingegen war die Arbeit, mit der der Lebensunterhalt verdient wurde, aus dem gemeinsamen häuslichen Kontext ausgelagert. Vater und Mutter gingen den ganzen Tag (bis zu 14 Stunden!) in die Fabrik, und weitere Verwandte waren oft nicht vor Ort. Viele Kinder mussten bereits ab dem heutigen Grundschulalter selbst den ganzen Tag arbeiten, um Geld zu verdienen. Auch als sich die sozialen Verhältnisse durch Gewerkschaften, Sozialgesetze etc. etwas gebessert hatten, blieb die Trennung von Arbeit und Familie bestehen, die es bis dahin hauptsächlich bei den

Männern des Bürgertums gegeben hatte. Dadurch bekam die Schule eine ganz andere Bedeutung: Sie wurde zum primären Ort von Lernen und Erziehung. Während der industriellen Revolution war der Schulbesuch zwar wegen der verbreiteten Kinderarbeit stark eingeschränkt. Gleichzeitig wuchs aber die Bedeutung der Schulerziehung, und in einigen Ländern (England, Frankreich) begann der Staat sich stärker als zuvor für die Schulpolitik zu engagieren. Die Schule musste zu einem großen Teil die Familienerziehung ersetzen, sowohl im Hinblick auf die Vermittlung von praktischen Fertigkeiten und tradiertem Wissen als auch im Hinblick auf die moralische Erziehung. Darüber hinaus sollte die Schule dabei helfen, neue Sozialstrukturen in den Städten zu schaffen. Verarmung und Verwahrlosung einerseits und Spannungen zwischen Arbeiterschaft und Bürgertum andererseits wurden als Destabilisierung wahrgenommen, der die Schulerziehung entgegenwirken sollte. Sie sollte gemeinsame Werte und eine gemeinsame Kultur vermitteln, um die Gesellschaft und den Staat zu stabilisieren.

Bedeutung der Schulerziehung

Weder die Familien noch die Schulen konnten jedoch mit der wachsenden Not einer breiten Bevölkerungsschicht fertig werden. Menschen jeden Alters waren betroffen, und es ging um die grundlegendsten Bedürfnisse: Essen, Kleidung, ein Dach über dem Kopf, erträgliche Arbeitsbedingungen. Wie sollten die Bessergestellten auf diese Situation reagieren? Was war aus Gründen der Mitmenschlichkeit oder der christlichen Nächstenliebe geboten, um die Not zu lindern? Und wie konnte die Gesellschaft davor bewahrt werden, durch zunehmende soziale Spannungen als Ganze in den Abgrund gerissen zu werden? Diese Probleme wurden unter dem Stichwort „soziale Frage“ diskutiert. Dabei gab es immer zwei Anliegen: Das eine betraf das Wohlergehen der von der sozialen Not Betroffenen, denen man aus Barmherzigkeit oder Gerechtigkeitsempfinden helfen wollte. Das andere betraf die Angst vor gesellschaftlichen Umwälzungen – oder, aus Sicht der Sozialisten und Kommunisten, gerade die Hoffnung darauf. Individuelles Wohlergehen und gesamtgesellschaftliche Veränderungen wurden von vielen Wortführern als zwei Seiten

Merksatz

Im Zuge der industriellen Revolution bekam die Schule für die ärmeren Bevölkerungsschichten eine neue Bedeutung: Sie musste einen großen Teil dessen übernehmen, was vorher in der Familie geschehen war. Dazu gehörte die Vermittlung von Kenntnissen und Fähigkeiten, die für die spätere Arbeit grundlegend waren, die Eingliederung in bestehende Sozialstrukturen und die moralische Erziehung.

Soziale Frage

einer Medaille wahrgenommen, und die sozialen Reformen im 19 Jahrhundert sind nicht unwesentlich dadurch zustande gekommen, dass die Machthabenden damit die Gesellschaftsordnung im Kern bewahren und größere Umwälzungen verhindern wollten. Pädagogik, Sozialfürsorge und politischer Wille waren untrennbar verbunden. Die Antwortversuche auf die „soziale Frage" gehen vor allem in zwei Richtungen: Sozialfürsorge einerseits, die von Marx und Engels beeinflusste Arbeiterbewegung andererseits.

Sozialfürsorge und Pädagogik

Die Sozialfürsorge im 19. Jahrhundert war vielfach eng mit Pädagogik verbunden. Das war nicht selbstverständlich: Almosen für Arme, Hospitäler für Kranke und Ähnliches gab es seit Jahrhunderten, ohne dass damit ein Erziehungsanliegen verbunden gewesen wäre. Die Verbindung von Sozialfürsorge und Pädagogik wurde im späten 18. Jahrhundert sowohl praktisch als auch theoretisch von Johann Heinrich Pestalozzi (1746–1827) populär gemacht. Pestalozzi arbeitete 1799 für kurze Zeit in einem Heim für verwahrloste Kinder und gelangte dort zu einer Grundeinsicht, die er in seinem berühmten „Stanser Brief" beschrieb. Pestalozzi zeigte darin, dass Erziehung, die mehr sein soll als Disziplinierung und Abrichtung, nicht gelingen oder auch nur beginnen kann, wenn die Kinder nicht ein Minimum an Umsorgtsein und Lebenssicherheit haben. Laut Pestalozzi gibt es elementare Voraussetzungen, die erfüllt sein müssen, damit Erziehung überhaupt möglich ist. Es gehört demnach zur Aufgabe des Erziehers, dafür zu sorgen, dass die Menschen leiblich und seelisch grundlegend versorgt sind, damit dann das eigentliche Erziehungsgeschäft, die Steuerung von Lernprozessen, möglich wird. Mit dieser Grundeinsicht Pestalozzis wurde die Sozialfürsorge als Teil der Pädagogik begründet. Ein frühes Beispiel für das Ineinander von Sozialfürsorge und Pädagogik ist das sogenannte „Rettungshaus" von Johannes Daniel Falk (1768–1826) im Lutherhof bei Weimar: Hier verband Falk die elementare Fürsorge für Waisenkinder mit einer fortschrittlichen Erziehung, die auch eine berufliche Ausbildung einschloss.

Johann Heinrich Pestalozzi (1746–1827)

In der Tradition Pestalozzis und Falks gingen vor allem die Kirchen mit der sozialen Frage um. Es gab viele einzelne Hilfsinitiativen durch evangelische und katholische Amtsträger und Gemeindeglieder. Eine der besonders wirkmächtigen Initiativen war in

Innere Mission

Deutschland die Gründung des „Zentralausschusses für Innere Mission“ durch den Pfarrer Johann Hinrich Wichern (1808–1881) auf dem ersten deutschen evangelischen Kirchentag 1848. „Innere Mission“ bedeutete, dass man analog zur Mission in fernen Ländern die Menschen in Deutschland für das Christentum zurückgewinnen und ihnen gleichzeitig ein menschenwürdiges Leben im Hier und Jetzt ermöglichen wollte. Es ging bei der „Inneren Mission“ nicht in erster Linie um überzeugende Predigten, sondern um praktische Nächstenliebe, also Sozialfürsorge. So wie Pestalozzi Erziehung und Sozialfürsorge zusammenband, so gehörten für Wichern und seine Mitstreiter Mission (Erziehung zum Christentum) und Diakonie (Sozialfürsorge) untrennbar zusammen. Ob die Motivation primär darin lag, den Notleidenden praktisch zu helfen oder sie für den christlichen Glauben zu gewinnen, lässt sich nicht eindeutig sagen.

Abb. 5.2.2 | ▶ Historisches „Rauhes Haus“ in Hamburg-Horn, Ursprungsbau der gleichnamigen diakonischen Stiftung, gegründet von Johann Hinrich Wichern, Foto 2016

Rauhes Haus

Wichern hatte zum Zeitpunkt der Gründung des „Zentralausschusses für Innere Mission“ bereits langjährige Erfahrung in der sozialpädagogischen Arbeit. 1833 hatte er in Horn bei Hamburg ein Heim für verwahrloste Kinder gegründet, die Rettungsanstalt „Rauhes

Haus". „Verwahrlost" bedeutete, dass die Eltern weder materiell für die Kinder sorgen noch sie angemessen erziehen konnten und die Kinder sozial gefährdet oder straffällig waren. Wichern wollte den Kindern einen Neuanfang ermöglichen und ihnen eine neue Heimat geben. Charakteristisch war das Familienprinzip: Ein Erzieher oder eine Erzieherin lebte mit maximal 12 Kindern in einem Haus zusammen, um den Kindern eine familienähnliche Umgebung zu bieten. Aus dem „Rauhen Haus" wurde eine Art Kinderdorf mit bis zu 80 Kindern in einzelnen „Familienhäusern". Die Erzieher bildete Wichern selbst aus – später werden viele dieser „Brüder" oder „Diakone" auch Armen- und Volksschullehrer oder Sozialarbeiter. Schon in dieser Zeit galt das „Rauhe Haus" in sozial engagierten Kreisen als Vorbild. Zusätzlich verbreitete Wichern seine Überzeugungen und Erfahrungen mit der hauseigenen Zeitschrift „Die fliegenden Blätter".

Unter dem Dach der „Inneren Mission" entstanden viele sozialfürsorgerische Projekte. Wichern reiste als Redner durch die Lande, um auf die sozialen Probleme aufmerksam zu machen und zum Handeln zu motivieren. In seinen Reden schonte er auch die Reichen nicht, die er für die Not ihrer Arbeiter mitverantwortlich machte. Wichern war im Auftrag des preußischen Königs auch an einer Gefängnisreform beteiligt – sein Ziel: Reue, Veränderung und Resozialisierung der Gefangenen statt Verwahrung und Bestrafung. Mit Einzelunterbringung statt Massenhaft, pädagogischem Personal statt brutaler Aufseher und Sorge für die Familien der Gefangenen sollten diese Ziele erreicht werden. Die „Innere Mission" nahm sich insgesamt einer großen Breite von Themen an: Wohnungsnot, Arbeitszeiten, Frauen- und Kinderarbeit, Rente, Krankenhäuser. Dabei ging es immer gleichzeitig um die Linderung der Not, die Wiedergewinnung der Menschen für den christlichen Glauben und die Abwehr revolutionärer kommunistischer Bestrebungen (immerhin fand 1848 nicht nur die Gründung der Inneren Mission statt, sondern auch die 1848er-Revolution in mehreren europäischen Ländern und die Abfassung des „Kommunistischen Manifests"). Im Gegensatz zu kommunistischen und revolutionären Ansätzen waren die Vertreter der Inneren Mission der Ansicht, dass die notwendigen tiefgreifenden Veränderungen nicht durch äußere Umstürze erreicht werden, sondern durch die Veränderung der Individuen. So schreibt Wichern in der „Denkschrift über die Innere Mission" 1849:

Zitat

„Nur durch eine sittliche Wiedergeburt des Volks mit seinen obern und untern Ständen kann eine befriedigende Ausgleichung zwischen den verschiedenen Besitzständen möglich werden, eine Ausgleichung, die, wenn sie gründlich und andauernd sein soll, im Innern, in den Gemütern beginnen muss." (Johann Hinrich Wichern, Denkschrift über die Innere Mission, 1849)

Was hier exemplarisch an Wichern und der „Inneren Mission" für den protestantischen Bereich gezeigt wurde, fand vergleichbar im römisch-katholischen Kontext statt. In Frankreich gab es unter dem Stichwort „Caritas" (lateinisch für „Wohltätigkeit" oder „Nächstenliebe") eine bedeutende katholisch-sozialfürsorgerische Bewegung. In Deutschland war beispielsweise der Priester Adolph Kolping (1813–1865) wichtig, der Gesellenvereine für entwurzelte Handwerker gründete. Die jungen Handwerker (oft wandernde Gesellen) fanden hier soziale Unterstüzung, Bildungsmöglichkeiten und Geselligkeit.

Adolph Kolping (1813–1865)

Erziehung durch und zum gesellschaftlichen Umsturz: Karl Marx

Eine entgegengesetzte Position zur Sozialfürsorge vertraten zur gleichen Zeit viele Repräsentanten der Arbeiterbewegung. Stellvertretend für deren pädagogische Reaktion auf die geänderten gesellschaftlichen Verhältnisse kann das Werk von Karl Marx (1818–1883) stehen. Marx war der Ansicht, dass die bestehenden ökonomischen und damit auch die sozialen Verhältnisse komplett umgestürzt werden müssen, um die Not zu beenden. Ein Ausgleich zwischen verschiedenen Besitzständen oder eine sittlichen Besserung der Reichen, damit sie freiwillig für andere sorgen, und der Armen, damit sie sich ein anständiges Leben erarbeiten können, hielt er nicht für eine realistische und umfassende Lösungsmöglichkeit. Marx sah das Grundübel in den bestehenden Eigentums- und Herrschaftsverhältnissen, die für die Ausbeutung und Entfremdung der Arbeiter verantwortlich seien. Nur mit einer Revolution der Herrschafts- und Produktionsverhältnisse könne deshalb eine wirkungsvolle Veränderung erfolgen.

Karl Marx

Mitstreiter von Marx war vor allem Friedrich Engels (1820–1895). Marx und Engels sahen, was die schlechten Arbeits- und Lebensbedingungen mit den Menschen machten: Für sie waren Verwahrlosung, Prostitution, Kriminalität, Trunkenheit, mangelndes Selbst-

Friedrich Engels

bewusstsein und ein enger geistiger Horizont die Folge der unmenschlichen Arbeitsbedingungen. Beide nahmen wahr, dass Menschen und Gesellschaften weniger durch innere Freiheit und Selbstbestimmung zu dem wurden, was sie waren, als vielmehr durch äußere, ganz materielle Strukturen.

Zitat

„Die Produktionsweise des materiellen Lebens bedingt den sozialen, politischen und geistigen Lebensprozeß überhaupt. Es ist nicht das Bewußtsein der Menschen, das ihr Sein, sondern umgekehrt ihr gesellschaftliches Sein, das ihr Bewußtsein bestimmt." (Karl Marx, Vorwort zur Kritik der Politischen Ökonomie, 1859)

Erziehung durch die Gesellschaft

Auch Erziehung begriff Marx im Zusammenhang mit den politischen und wirtschaftlichen Verhältnissen. Die Erziehung von Kindern und Jugendlichen ist laut Marx nicht „Privatsache" der Familie und Schule. Sie ist – ob gewollt oder ungewollt, bewusst oder unbewusst – immer schon bestimmt durch die gesamtgesellschaftlichen Verhältnisse, in denen Menschen aufwachsen. Schule und auch Familie sind kein politisch oder wirtschaftlich neutraler Raum, sondern in Schule und Familie werden in der Regel die bestehenden Werte und Strukturen vermittelt. In einer Gesellschaft, in der die Kapitalbesitzer die Macht haben, wird Erziehung diese Machtverhältnisse reproduzieren und die Masse der Menschen zu „Produktions-Instrumenten" erziehen, so Marx. Dem setzten Marx und Engels das Ideal einer kommunistischen Gesellschaft entgegen. In einer kommunistischen Gesellschaft wendet sich dieses Prinzip der gesellschaftlichen Erziehung ins Positive: Dort soll die Gesellschaft die Erziehung bewusst in die Hand nehmen, den Einfluss der Familien zurückdrängen und die Erziehung in eine neue Richtung steuern. Im Manifest der Kommunistischen Partei von 1848 heißt es:

Zitat

„Ihr sagt, wir heben die trautesten Verhältnisse auf, indem wir an die Stelle der häuslichen die gesellschaftliche Erziehung setzen. Ist nicht auch eure Erziehung durch Gesellschaft bestimmt? Durch die gesellschaftlichen Verhältnisse, innerhalb derer Ihr erzieht, durch die direktere oder indirektere Einmischung der Gesellschaft vermittelst der Schule usw.? Die Kommunisten erfinden nicht die Einwirkung der Gesellschaft auf die Erziehung; sie verändern nur ihren Charakter, sie entreißen die Kinder dem Einfluß der herrschenden Klasse." (Karl Marx und Friedrich Engels, Manifest der Kommunistischen Partei, 1848)

Arbeit und Entfremdung

Als zentralen Punkt für das Menschsein und die Bildung nahm Marx das Thema „Arbeit" in den Blick. Für ihn zeichnet sich der Mensch in seinem Wesen gerade dadurch aus, dass er produktiv ist und sich darin mit der Natur auseinandersetzt. Ein gesunder Arbeitsprozess besteht dabei nach Marx aus zwei Schritten: Erstens will ein Mensch etwas erreichen, setzt sich ein Ziel und plant sein Tun, und zweitens führt er seine Planung aus. Das geschieht nicht nur bei großen Projekten, sondern auch wenn ein Schuhmacher einen Schuh fertigt oder eine Magd Essen kocht: Auch dabei sehen sie den Prozess vom Beginn bis zum fertigen Produkt und planen die einzelnen Schritte auf dieses Ziel hin. In der industriellen Arbeit, wie Marx sie kennt, fehlt die Zielsetzung und Planung. Die Arbeiter überblicken den Prozess nicht, sondern führen einen minimalen Anteil aus, der ihnen vorgegeben wird (Arbeitsteilung). Die Arbeiter werden auf ihre rein körperliche Tätigkeit reduziert und sollen wie Maschinen funktionieren. Dadurch entsteht eine Entfremdung vom eigenen Handeln, die nach Marx zur Entfremdung von sich selbst und von den Mitmenschen führt. Sinnleere und Beziehungsunfähigkeit sind als Zeichen der Entfremdung anzusehen.

Arbeit – in ihrer entfremdeten, uneigentlichen Form – kann Menschen zerstören. Umgekehrt aber, so Marx, spielt Arbeit – in ihrer guten, ursprünglichen Form – auch für die positive Entwicklung des Menschen eine zentrale Rolle. Arbeit ist ein wesentliches Element der Bildung und Erziehung.

Zitat

„Die Arbeit ist zunächst ein Prozeß zwischen Mensch und Natur, ein Prozeß, worin der Mensch seinen Stoffwechsel mit der Natur durch seine eigne Tat vermittelt, regelt und kontrolliert [...] Indem er durch diese Bewegung auf die Natur außer ihm wirkt und sie verändert, verändert er zugleich seine eigne Natur." (Karl Marx, Das Kapital, Band 1, 1867)

Daher war Marx auch grundsätzlich dafür, dass bereits Kinder arbeiten. Die lange und harte Arbeit in den Fabriken und Bergwerken lehnte er ab, aber er sprach sich dafür aus, dass Kinder in Maßen am Produktionsprozess mitwirken, auch im Rahmen bezahlter Arbeit. Damit sollten sie durch dieses Arbeiten allgemein gebildet werden und gleichzeitig eine berufliche Grundausbildung bekommen. Dies müsse immer mit geistiger Erziehung verknüpft sein, so

Marx, aber weil Arbeit für das Menschsein so zentral ist, sollten Kinder davon nicht ausgeschlossen sein.

Ein weiterer Kernpunkt des Marx'schen Bildungsdenkens ist das Thema „Emanzipation". Marx ging es vor allem um die äußere Emanzipation: Die rechtliche und wirtschaftliche Stellung der Arbeiter sollte sich ändern. Dafür braucht es nach Marx eine Revolution, in der die Arbeiter die bestehenden Strukturen umwälzen. Dies geschieht jedoch nicht von allein, sondern eine politische Bewusstseinsbildung unter den Arbeitern ist notwendig. Hier sieht man, wie auch für Marx die Änderung des „Seins" (der äußeren Strukturen) und die des Bewusstseins sich gegenseitig bedingen: Der Ausgangspunkt liegt nicht allein bei den strukturellen und materiellen Veränderungen, sondern auch bei Bildung und Erziehung. Erwachsenenbildung unter Arbeitern und besonders politische Bewusstseinsbildung sind dauerhaft wichtig.

Politische Bewusstseinsbildung

Pädagogik als Anwaltschaft für die Würde der Lebensalter | 5.3

Kultureller Kontext

Der mit der Französischen Revolution verbundene Aufschwung des Bürgertums war eng mit einem ökonomischen Wandel verbunden, der sich vor allem im Verlauf des 19. Jahrhunderts bemerkbar machte. Zunehmende Industrialisierung und das Anwachsen der urbanen Ballungszentren ließen eine Kultur entstehen, die sich zum einen durch ein starkes Gefühl von Vermassung auszeichnete und die zum anderen zu einer wachsenden Geschwindigkeit und einer Unübersichtlichkeit der Lebensverhältnisse führte. Eine starke Technisierung und Rationalisierung sind seitdem ein kulturelles und ökonomisches Kennzeichen vieler Staaten. Das trifft auf die Lebens- und Produktionsweise ebenso zu wie auf die Bereiche von Volksschulbildung, Gymnasialbildung und Höherer Bildung.

So setzten sich etwa in der Wissenschaft die Ideen eines Utilitarismus und eines Positivismus durch, nach denen es letztlich in der Forschung nur darum gehen kann, immer mehr nützliche Fakten über die Welt zusammenzutragen und nach denen Fortschritt eben genau im immer größer werdenden Berg von angehäuftem Nützlichkeitswissen besteht. Hierzu dienen standardisierte Verfahren einer bestimmten Art wissenschaftlichen Arbeitens (etwa empirische Methoden), die als Ergebnis eine gewisse Objektivität und Universalität der gefundenen Fakten versprechen.

Im Gymnasialbereich wurde die Kenntnis bestimmter Sachgebiete zu einem Statussymbol von „Bildung", das nicht zuletzt einer Abgrenzung von „ungebildeten" Schichten dienen sollte. Der ursprüngliche Gedanke von Bildung bei Humboldt war damit zu seinem Gegenteil verkommen. Was im Neuhumanismus noch gedacht war als eine geistige Bildung durch die Auseinandersetzung mit (antiken) geistigen Inhalten, veränderte sich und wurde zu einer oftmals leblosen Paukerei von vor allem historischen und naturkundlichen Fakten. In der Wahrnehmung kritischer Beobachter in dieser Zeit war aus dem ehemals lebendig Gebildeten so der leblose Bildungsbürger geworden.

Schließlich erfuhr auch der Volksschulbereich eine Umgestaltung, die vor allem von einer Übertragung der Pädagogik Herbarts auf den schulischen Unterricht geprägt war. Diese Entwicklung war ambivalent. Einerseits versuchten die sogenannten „Herbartianer" wie Karl Volkmar Stoy (1815–1885), Tuiskon Ziller (1817–1862), Otto Willmann (1839–1920) oder Wilhelm Rein (1847–1929) Herbarts Grundanliegen einer Erziehung zur Moralität quasi massentauglich zu machen. Intensiv diskutiert wurde beispielsweise darüber, was alle Schulfächer zu einem gemeinsamen Ziel von Schule beitragen könnten. Andererseits mündete die Rezeption Herbarts jedoch auch in eine immer stärker werdende Standardisierung und Formalisierung des Unterrichtsablaufes, was den einzelnen Lehrer zwar entlastete, die Individualität der Schüler jedoch gleichzeitig ausblendete.

Kulturkritik

Es war der Zustand gefühlter kultureller Verstaubung, gegen den sich im letzten Drittel des 19. Jahrhunderts Widerstand vor allem

Kulturkritik

in Form von Kulturkritik formierte. So hatte bereits Rousseau im 18. Jahrhundert die Selbstverständlichkeit eines positiven Selbstbildes der (französischen) Kultur in Frage gestellt. Nun versuchte ein anderer Philosoph in Deutschland, seine Zeitgenossen aus ihrem

Friedrich Nietzsche

behäbigen Schlummer zu reißen: Friedrich Nietzsche.

Nietzsche griff dabei auf ganzer Linie an: Sowohl der rational-objektivistische Positivismus der Universitäten als auch der verknöchert-formalisierte Historismus des Schulwesens (vor allem des Gymnasiums) gerieten ins Kreuzfeuer seiner Kritik, und er befand, dass

Abb. 5.3.1 | ▶ Friedrich Nietzsche (1844-1900), Fotographie von Gustav-Adolf Schultze, Anfang September 1882

Zitat

„der Deutsche keine Kultur hat, weil er sie auf Grund seiner Erziehung gar nicht haben kann." (Friedrich Nietzsche, Unzeitgemäße Betrachtungen. Vom Nutzen und Nachteil der Historie für das Leben, 1874)

Mit Nietzsche entdeckten auch andere das Ungenügende dieser Zeit, die hinter all ihren Mechanisierungen und Formalisierungen den lebendigen individuellen Menschen vergessen zu haben schien. Es überrascht daher auch kaum, dass es gerade in dieser Zeit zu einem Aufschwung an Bürgerbewegungen kam und Menschen sich zusammenfanden, um für ihre persönlichen Rechte innerhalb dieser auf Einheit abzielenden Kultur zu kämpfen. Widerstand formierte sich etwa in der Arbeiterbewegung, in der Frauenbewegung oder auch in der Homophilenbewegung (die für die Rechte homosexueller Personen eintrat).

Bürgerbewegungen

Allen ging es um das Recht der einzelnen Person auf ihr freies, gleichberechtigtes und selbstbestimmtes Leben. Der Begriff des Lebens generell wurde zu einem Leitbegriff, auch des wissenschaftlichen Forschens. Das galt ebenso für die Pädagogik: Auch hier traten zunehmend Stimmen in den Vordergrund, die eine stärkere Orientierung an den konkreten Lebenszusammenhängen der von Pädagogik Betroffenen forderten; die Pädagogik entdeckte (erneut) die Besonderheiten der spezifischen Lebensphasen.

Begriff des Lebens

Abb. 5.3.2 | ▶ Polizei bei der Festnahme von Angehörigen der National Women's Party, die vor dem Senate Office Building in Washington protestieren, Oktober 1918. Die Frauenrechtlerinnen, sogenannte Suffragetten, kämpften vor allem für das Frauenwahlrecht.

Merksatz

Die im Zusammenhang der Industrialisierung gefühlte Entindividualisierung und Entwürdigung des einzelnen Menschen rief eine Gegenbewegung hervor. Anschließend an eine offene Kritik an den kulturellen Zuständen (Kulturkritik) und eine Einforderung der Rechte der Einzelnen auf ein selbstbestimmtes, würdevolles Leben (Bürgerbewegungen), begannen sich grundlegende Aspekte des Lebens der Menschen zu verändern.

Pädagogik der Lebensalter

Lebensalter

Bereits Comenius hatte eine alters- und fähigkeitsdifferenzierte Pädagogik vorgelegt, und – Rousseau wieder entdeckend – betonte man nun vor allem das Eigenrecht der Kindheit als besonderer und wertzuschätzender Lebensphase, für welche eine spezifische Pädagogik zu entwerfen sei. Davon zu unterscheiden wäre die Phase der Jugend und die Periode des Erwachsenenalters, für die ebenfalls gesonderte Pädagogiken entworfen werden müssten: Die neue Pädagogik ist eine Pädagogik der Lebensalter, und es war gerade das Lebensalter der Jugend, welches hier das erste Mal prominent herausgestellt, geradezu erfunden wurde.

Merksatz

Die Pädagogik gewann in diesem Zeitraum eine Dimension, die sie seitdem prägt: die Orientierung an den speziellen Bedürfnissen der verschiedenen Lebensphasen, die den gesamten Lebenslauf ausmachen. Waren es bis dahin eher Differenzierungen nach z. B. Klassen- bzw. Schichtzugehörigkeit oder Geschlecht, begann sich nun das Lebensalter zum entscheidenden Differenzierungsmerkmal zu entwickeln.

Doch auch eine andere Seite der Kulturkritik färbte auf die Pädagogik ab: Gerade weil die Kulturkritik eine Kritik an der *deutschen* Kultur war, waren die neuen Entwürfe Ansichten einer neuen deutschen Kultur, eines neuen deutschen Menschen. So brachte Julius Langbehn (1851–1907) seinen Landsleuten den (niederländischen!) Maler Rembrandt als Ideal-Gestalt eines schöpferischen Kulturmenschen näher und nährte damit die Idee einer Besonderheit des deutschen Volkes als eines einzigartigen Kulturvolkes. Betont wurde die Idee eines speziellen Nationalcharakters der Deutschen, die sich noch sehr lange halten und für die Katastrophen des 20. Jahrhunderts mitverantwortlich sein wird. Auch die Pädagogen konnten sich diesem nationalistischen Sog selten entziehen: Sie entwarfen nun eine Pädagogik für die Erneuerung des deutschen Menschen.

Nationalcharakter der Deutschen

Der für die Pädagogik allerdings systematisch bedeutsamere Gedanke bleibt der der Orientierung an den Lebensaltern, aus der drei Sphären pädagogischer Beschäftigung erwuchsen: 1. Pädagogik der Kindheit, 2. Pädagogik der Jugend und 3. Pädagogik des Erwachsenenalters.

Merksatz

Die zunehmende Ausdifferenzierung der Gesellschaft führte auch zur Ausdifferenzierung der Pädagogik in verschiedene Pädagogiken für je besondere Lebensalter. Diese Verwandlung ging – zumindest in Deutschland – einher mit einem stärker werdenden Nationalismus: Die neue Pädagogik war eine Pädagogik für den neuen Deutschen Bürger.

Pädagogik der Kindheit

Mit dem 1902 in Deutschland in Übersetzung erschienenen Buch *Das Jahrhundert des Kindes* der Schwedin Ellen Key (1849–1926) wurde ein pädagogischer Ansatz bekannt und verbreitet, für den man später eine berühmt gewordene Formel prägt: Es war eine *Pädagogik vom Kinde aus.* Orientiert an Rousseau und dessen Idee von Pädagogik als eines natürlichen Wachsenlassens (anstatt einer

Pädagogik vom Kinde aus

Pädagogik der äußeren Formung des Kindes), formierte sich damit ein Leitgedanke, der sich in verschiedensten Modellen einer Bewegung neuer Pädagogik wiederfand und den Key so beschrieb:

Zitat

„Ruhig und langsam die Natur sich selbst helfen lassen und nur sehen, dass die umgebenden Verhältnisse die Arbeit der Natur unterstützen, das ist Erziehung." (Key, Das Jahrhundert des Kindes, 1902)

Reformpädagogik

Dieser Grundgedanke war in vielen Ländern verbreitet. Auch wenn es im deutschen Sprachraum Ansätze gab, eine solche ganzheitliche Sicht auf die Lebensalter als eine spezifisch deutsche Entwicklung zu bezeichnen (Deutsche Bewegung), muss Reformpädagogik insgesamt als ein internationales Projekt verstanden werden. Im englischen Sprachraum wurden die Konzepte unter dem Label „New Education" oder „Progressive Education" zusammengefasst, im französischen Kontext als „education nouvelle" verbreitet und in Japan z. B. als „Zenjin Pädagogik" bezeichnet.

Internationalität

Neben Alfred Lichtwark, der die Kunsterziehungsbewegung ins Leben rief, standen für den deutschen Kontext bspw. Hermann Lietz als Begründer der Landerziehungsheimbewegung, Georg Kerschensteiner und Hugo Gaudig als Vertreter der Arbeitsschulbewegung, und, etwas später, Peter Petersen als Erfinder der Jena-Plan-Pädagogik. Doch eben auch in vielen anderen Ländern gab es Versuche einer neuen Pädagogik, etwa bei Alexander S. Neill (Großbritannien) mit der Summerhill School, Helen Parkhurst (USA) mit dem Dalton-Plan, John Dewey (USA) mit der Laboratory School (vgl. Kap. 6.1), Maria Montessori (Italien), Célestin Freinet (Frankreich) und Kuniyoshi Obara (Japan). Obwohl in Gestalt und Form ihrer Pädagogik durchaus unterschiedlich, einte diese Pädagoginnen und Pädagogen der Gedanke, dass jede pädagogische Theorie und jede pädagogische Praxis ihren Ausgangspunkt nehmen müssen beim Kind und seinen ureigensten Bedürfnissen, Fähigkeiten und Potentialen.

Zitat

„Der Erwachsene muss endlich einsehen, dass er selber eine zweite Stelle einnehmen muss und lernen, das Kind zu verstehen und sich zu seinem Helfer zu machen." (Montessori, Kinder sind anders, 1936)

So formulierte Maria Montessori es stellvertretend für diese Art der Pädagogik. Anschaulich wird diese Zuwendung zum Kind etwa bei dem an Kindergrößen angepassten, miniaturisierten Mobiliar der Montessori-Kindergärten und -Schulen oder daran, dass zum ersten Mal die produktiven Tätigkeiten von Kindern ernst genommen wurden, etwa in Form von Kinderzeichnungen.

Abb. 5.3.3 | ▶ Anne E. George, Gründerin der ersten Montessori-Schule in den USA (Tarrytown/New York, 1911). Die Bildunterschrift lautet: Eine typische Montessori-Gruppe: Jedes Kind ist auf seine Weise beschäftigt. Das 5-jährige Kind lernt unter der Anleitung von Frau George Buchstabieren, während Constance, 3,5 Jahre alt, braune und orange Bänder zusammenknotet. Die älteren Kinder arbeiten mit Bleistiften und aufgezogenen Phonogrammen.

So erscheint es dann auch wenig überraschend, dass 1919 in London der „Save the Children Fund" durch Eglantyne Jebb gegründet wurde, um notleidenden Kindern zu helfen – eine Initiative, die 1923 zur erstmaligen Formulierung der „Rechte des Kindes" und 1924 zu deren offizieller Verabschiedung durch den Völkerbund als „Genfer Erklärung" führte. Der Grundstein für die Kinderrechtskonvention der Vereinten Nationen von 1989 war damit gelegt.

Merksatz

Die neue *Pädagogik vom Kinde aus* versuchte, sich an den (vermuteten) Bedürfnissen und Fähigkeiten des Kindes nicht nur zu orientieren, sondern sie stellt das Kind – oder zumindest ihr Bild vom Kind – ganz in den Mittelpunkt ihres Denkens und Handelns. Unter verschiedenen Bezeichnungen lassen sich derartige Ansätze in vielen Teilen der Welt ausmachen: Die Neue Pädagogik war eine weltweite Bewegung.

Pädagogik des Jugendalters

Wie schon mit seiner Kulturkritik, so brachte Nietzsche auch ein anderes Schlagwort der Zeit auf den Punkt: Die Erneuerung der (deutschen) Kultur sei vor allem eine Sache der Jugend.

Jugend

Zitat

„Und hier erkenne ich die Mission jener *Jugend*, jenes ersten Geschlechtes von Kämpfern und Schlangentötern, das einer glücklicheren und schöneren Bildung und Menschlichkeit voranzieht, ohne von diesem zukünftigen Glücke und der einstmaligen Schönheit mehr zu haben als eine verheißende Ahnung. Diese Jugend wird an dem Übel und an den Gegenmitteln zugleich leiden: und trotzdem glaubt sie einer kräftigeren Gesundheit und überhaupt einer natürlicheren Natur sich berühmen zu dürfen als ihre Vorgeschlechter, die gebildeten »Männer« und »Greise« der Gegenwart." (Friedrich Nietzsche, Unzeitgemäße Betrachtungen. Vom Nutzen und Nachteil der Historie für das Leben, 1874)

In diesen Ruf nach neuen Idealen stimmte dann auch etwa Paul de Lagarde ein, der in seinen Schriften behauptete, dass es gerade die Ideenlosigkeit der Alten sei, welche die Jugend beschränkt und gegen welche sich die Jugend erheben solle – und auch könne. Damit sie allerdings dieser Aufgabe gerecht werden könne, müsse ihr gestattet werden, ganz anders als die Erwachsenen zu sein, um so ein neues Leben zu ermöglichen. Daran schloß sich die neue Pädagogik der Jugend an: Sie versuchte, das Anders-Sein der Jugend zu akzeptieren und sie in diesem Anders-Sein zu bestärken; die neue Pädagogik der Jugend gestand dieser zu, dass sie ein Stück weit in Opposition zur Erwachsenenwelt aufwächst. Oft wurde diese Opposition verbunden mit Begriffen wie Reinheit, Natürlichkeit und Freiheit. Ästhetisch äußerten sich diese Werte in der Gestaltung der Zeitschrift „Jugend" – von deren Name sich der Begriff des „Jugendstils" ableitet.

Andersheit der Jugend

Es war eben diese Opposition gegen die überlieferten Strukturen, gegen traditionelle Werte und Praktiken, die sich am Ende des 19. Jahrhunderts in einer Jugendbewegung organisierte: im sogenannten „Wandervogel".

Wandervogel

Die sich seit 1896/97 zunehmend stärker strukturierende und ausbreitende Wandervogel-Bewegung war zunächst nichts anderes als ein instinktiver Ausbruch aus der Erwachsenenwelt und ihrer Eintönig- und Geschäftigkeit. Dieser Ausbruch fand statt in Form von Wanderungen, die jugendliche Gymnasiasten selbst organisierten und ohne die Überwachung durch Erwachsene ausführten. 1901 wurde der „Wandervogel" als offizieller Verein gegründet, 1902 gab es 6 Fahrten mit 44 Wandertagen und 115 Teilnehmern; ein Jahr später waren es bereits 13 Fahrten mit 103 Wandertagen und ca. 250 Teilnehmern. Bis zum Ersten Weltkrieg 1914 wuchs die Bewegung (trotz Zersplitterungen und Abspaltungen) weiter an.

Abb. 5.3.4 | ▶ Auf der Landstraße, 1904. Eine Photographie von jungen Wandervögeln auf Wanderung (Kulturamt Steglitz-Zehlendorf, Wandervogelarchiv)

Ein Wandervogel berichtet:

Zitat

„Es sind ja nicht Schulspaziergänge üblicher Art mit Herdentrieb; der Wandervogel greift das Gute der alten Bachantenfahrten und der Turnfahrten Turnvater Jahns wieder auf. Es kommt ihnen nicht allein darauf an, die Jugend aus den Städten in die Natur zu führen, wandernd soll sie lernen; Schönes zu schauen, Tierwelt und Heimat zu beobachten, zu verstehen und zu lieben. Die Zwanglosigkeit und Einfachheit der Fahrten geben Gelegenheit zu selbständigem Denken und Handeln, zu vielseitiger Selbsterziehung, nicht nur der Jugend, sondern auch dem erwachsenen Führer. Erziehung zur Selbsterziehung, zur Mannhaftigkeit, der Grundlage jeder gesunden körperlichen, geistigen und sittlichen Entwicklung, der Vorbedingung zum späteren Kampf für den wahren Fortschritt der Menschheit, das ist das oberste Ziel unseres Bundes." (Ferdinand Vetter, Gründer und Schatzmeister des Wandervogels Deutscher Bund, 1907)

Selbsterziehung und Selbstbildung

Wie aus dieser zeitgenössischen Selbstbeschreibung ersichtlich wird, kann man den Wandervogel vor allem als pädagogisches Phänomen der Selbsterziehung und Selbstbildung betrachten – als Ort der Persönlichkeitsbildung von Jugendlichen. Das Medium dieser Erziehung war die Gemeinschaft, wie Ludwig Gurlitt bemerkte:

Zitat

„Unsere Studenten selbst sind hier nicht Verführer, sondern Erzieher ihrer jüngeren Brüder, Erzieher zum rechten Lebensgenusse, Wegweiser auf der Bahn, die zum wahren Lebensglücke führt." (Ludwig Gurlitt)

Jugendbewegung

Das bedeutet: In der Gemeinschaft und mit ihr formten sich die Jugendlichen selbst. Allerdings blieb auch diese Bewegung nicht von nationalistischen Gedanken verschont: Von Beginn an verstanden sich Teile des Wandervogels als deutsche Gruppe, der die Zukunft des Germanentums anvertraut ist. Damit wurden diese Teile Vorläufer von nationalistischen Gruppen, die innerhalb der in sich heterogenen Jugendbewegung Ende der 20er Jahre eine immer stärkere Bedeutung erlangten.

Sexualität

Der Aufbruch der Jugend im Wandervogel ließ aber noch ein anderes Thema (pädagogisch) bedeutsam werden: die Sexualität. Vor allem die Frauenbewegung und zu einem guten Teil auch die Homophilenbewegung hatten dafür gesorgt, dass die Frage nach dem Verhältnis der Geschlechter neu gestellt wurde. Das zeigte sich gerade in der Jugendbewegung: Sollte man mit den Mädchen gemeinsam wandern oder nicht? Was hatten die starken Gefühle der Zuneigung von Jungen untereinander innerhalb der Wander-Kameradschaften zu bedeuten? Die Antworten darauf waren ebenso vielfältig wie umstritten. Und sie waren verbunden mit Debatten über die Rolle der Sexualität beim Aufwachsen generell und in der Pädagogik im Besonderen. Gerade in dieser Zeit entstand die moderne Theorie der Pubertät als einer Zeit des Suchens und der Unsicherheit vor allem mit Blick auf die jugendliche Sexualität. Es waren auch solche Diskussionen, die die Phase der Jugend erst so richtig als eigenständige Lebensphase in den Blick der Gesellschaft treten ließen.

Merksatz

Die neue Pädagogik der Jugend war vor allem eine Pädagogik der Selbsterziehung und Selbstbildung: In Form von selbstgeleiteten Wandervereinen versuchte die Jugend, sich selbst und mit sich eine andere Gesellschaft neu zu erschaffen. Besonders die Frage nach einem guten, d. h. „natürlichen" Leben und nach dem Verhältnis der Geschlechter (auch als Sexualität) prägten (und prägen wohl heute noch) diesen Prozess der jugendlichen Selbstbestimmung.

Neben der Kindes- und Jugendpädagogik formierte sich als eine weitere Variante einer Pädagogik der Lebensalter eine gesonderte Pädagogik für Erwachsene. Diese wird mit der Verbreitung von Volkshochschulen in den Jahren nach dem Ersten Weltkrieg einen bis heute wirksamen institutionellen Rahmen finden (vgl. Kap. 6.3).

5.4 Koloniale Kultivierung – Pädagogik als Assimilation und Vernichtung

Kolonialismus

Die Zeit zwischen dem ausgehenden 18. und dem beginnenden 19. Jahrhundert wurde, wie bereits gesehen, durch eine Reihe von bedeutsamen Ereignissen geprägt. Diese wurden allerdings nicht nur für den europäischen Raum relevant, sondern sie wirkten sich auch auf diejenigen Gebiete aus, die von den europäischen Mächten außerhalb ihrer angestammten Grenzen besetzt wurden, d. h. auf die Kolonien. Der bereits im 15. Jahrhundert beginnende und sich ausweitende koloniale und missionarische Zugriff auf den amerikanischen Kontinent im Norden und im Süden, auf Afrika und Asien bedeutete oft den Untergang der einheimischen Kultur und ihrer

Träger und Trägerinnen. Das von Überheblichkeit auf Seiten der Europäer gekennzeichnete Verhältnis zu den überlebenden Ureinwohnern wurde überaus häufig pädagogisiert: In den Augen der Besatzer schien es nötig zu sein, die einheimische Bevölkerung zum richtigen Glauben und zur richtigen Kultur zu erziehen. Diese Haltung änderte sich auch dann nicht, wenn die Kolonien sich vom Heimatland lossagten und ihre Unabhängigkeit gewannen. Sie waren nun zwar keine Kolonien mehr – doch kann nicht die Rede davon sein, dass die angestammten Bewohner nun mit größerer Achtung behandelt wurden oder gar das geraubte Land an sie zurückgegeben wurde. Solche Rückgaben erfolgten erst ab der Mitte des 20. Jahrhunderts. Nicht nur begegnete man den Ureinwohnern mit wenig Respekt – das neue Land wurde zum größten Teil aufgebaut und bewirtschaftet von Menschen, die man wie Tiere behandelte, einschiffte, kaufte und verkaufte: Sklaven. An der Situation dieser beiden unterdrückten Gruppen, der Ureinwohner und der Sklaven, änderte der sich verändernde Status der Kolonien nichts. So gewannen etwa die nordamerikanischen Kolonien 1776 ihre Unabhängigkeit und erklärten sich 1787 zu den Vereinigten Staaten von Amerika, doch wurde die Sklaverei erst durch den amerikanischen Bürgerkrieg von 1861–65 offiziell beendet, und die Ureinwohner warteten vergeblich auf die Rückgabe des geraubten Landes.

Deutsche Kolonialpolitik

Im gerade erst gegründeten Deutschen Reich (1871) wuchs indessen die Sorge, ökonomisch und politisch marginalisiert zu werden, da man an der kolonialen Ausbreitung bisher nicht teilgenommen hatte. Das sollte sich ändern: War man zuerst zögerlich, wuchs das deutsche Kolonialreich seit 1884 innerhalb von zwei Jahren immens an; es breitete sich vornehmlich in Afrika aus, dazu kamen Gebiete im Pazifischen Raum und in Asien. Insgesamt jedoch blieb das Kolonialstreben des Deutschen Reiches eine kurze Episode: Ebenso plötzlich, wie es begann, endete es im Ersten Weltkrieg nach nur 30 Jahren.

Merksatz

Das Verhältnis der europäischen Staaten zu den außereuropäischen Staaten war – wenn denn überhaupt eines bestand – vor allem ein Kolonialverhältnis: Ursprünglich unabhängige Gebiete wurden besetzt und, unter weitestgehender Missachtung der einheimischen Kulturen, zu Außenposten der europäischen Kultur erklärt.

Koloniale Pädagogik

Pädagogik war auf doppelte Weise mit den kolonialen Bestrebungen des Deutschen Reiches verbunden: zum einen als Pädagogisierung der ökonomischen Bestrebungen, zum anderen in Form einer direkten Etablierung von kolonialen Erziehungs- und Bildungseinrichtungen.

Kolonialpädagogik

Die erste Erscheinungsform der kolonialen Pädagogik ist eher indirekt: Die zumeist ökonomisch-politischen Gründe für die kolonialisierende Ausbreitung wurden sehr gern in ein pädagogisches Gewand gekleidet. Vorreiter dieser paternalistischen Pädagogisierung ökonomischer Ausbeutung war der evangelische Theologe Friedrich Fabri, der 1857 zum Leitenden Inspektor der Rheinischen Mission ernannt wurde. Nach Fabri hätte das deutsche Kulturvolk die Aufgabe, in den Kolonien für eine geregelte Arbeit (meist Zwangsarbeit) zu sorgen und die abwertend als ‚Neger' bezeichneten Einheimischen für eben diese Arbeit zu erziehen. Fabri propagierte für diesen Zweck eine praktisch-pädagogische Mission und formulierte:

Indirekte Kolonialpädagogik

Pädagogisierung ökonomischer Ausbeutung

Praktisch-pädagogische Mission

Zitat

„Wir verlangen zunächst nach wirtschaftlichen Vorteilen aus unseren überseeischen Besitzungen. Das hat seine Berechtigung. […] Was in dieser Richtung zunächst Not tut, ist die Erziehung der Eingeborenen zur Arbeit." (Friedrich Fabri, Koloniale Aufgaben, 1885)

Und auch hier stand der bereits im 15. Jahrhundert entwickelte Gedanke Pate, dass die zu kultivierenden Einheimischen wie Kinder zu behandeln, d. h. zu erziehen seien (vgl. Kap. 4.4). So heißt es etwa im Bericht des deutschen Kolonialarztes Ludwig Külz von 1906:

Abb. 5.4.1 | ▶ Missionar Andreas Pfisterer 1899 bei der Schule in Akpafu, Volta-Region im heutigen Ghana, damals deutsche Kolonie Togo

Zitat

„Meiner Überzeugung nach ist die Erziehung dieses Eingeborenen in den Hauptpunkten übereinstimmend mit der Erziehung eines Kindes, aber – und diese Einschränkung muß unterstrichen werden! – eines teils noch völlig unerzogenen, teils verzogenen Kindes, verzogen von der freigebigen Natur, in der es lebt, und die ihm nahezu mühelos spendet, was es braucht. [...] Darin, daß ich die Erziehung des Schwarzen mit der des Kindes vergleiche, ist auch von selbst inbegriffen, daß ein allgemeingültiges, starres Schema selbst nicht für alle Stämme des kleinen Togolandes möglich ist. Denn es gibt eben gutmütige und störrische, rauflustige und friedliche, begabte und unbegabte Kinder. Es gibt solche, bei denen es ohne viel Schläge abgeht und solche, die den Stock haben müssen. [...] Legen wir uns jetzt nochmals die Frage vor: wozu sollen wir den Neger erziehen? Meine kurze und bündige Antwort lautet: zur Arbeit für uns. Tun wir das, so haben wir den materiellen Nutzen auf unserer und eine Veredelung der Eingeborenen auf der anderen Seite, denn Arbeit hat noch nie einen anderen als veredelnden Einfluß ausgeübt. Jede einzelne koloniale Bestrebung in der Eingeborenenpolitik, die dieses Endziel im Auge hat, kann uns willkommen sein; jede, die es hindert, muß als parasitär bekämpft werden. Zur Arbeit sollen wir den Neger erziehen, gleich wie wir das Kind durch Erziehung zur Entwicklung von Fähigkeiten bringen wollen, die es später befähigen, ein für das Gemeinwesen nützliches Glied der Menschheit zu sein." (Ludwig Külz, Tropenarzt im Afrikanischen Busch, 1906)

Zwangskultivierung

Allerdings stellte Fabri ebenso fest, dass die auf diese Weise zu Erziehenden letztlich nur mit Zwang auf diesen Pfad gebracht werden könnten. Tatsächlich zeigten sich die derart Missionierten nicht immer geneigt, eine solche ‚Kultivierung' zu ertragen: Es kam zu Aufständen, vor allem der Volksgruppen der Herero und der Nama, die mit unbarmherziger Grausamkeit niedergeschlagen wurden. Am Ende waren 80% der Herero und 50% der Nama abgeschlachtet worden. Pädagogik in dieser Form bleibt vor allem eines: ein beschönigender Deckmantel, der die, wenn nötig mit Gewalt erfolgende, Durchsetzung der Interessen der Herrschenden nur notdürftig versteckt.

Merksatz

Die bereits viel früher entwickelte Ansicht, dass der Nicht-Europäer als ein zu erziehendes und zu kultivierendes Kind betrachtet werden muss, diente auch jetzt wieder zur Verschleierung von vor allem ökonomischen Interessen: Sie bot die Grundlage für eine Zwangskultivierung und Ausbeutung der kolonial Unterdrückten.

Abb. 5.4.2 | ▶ Angehörige des Volkes der Pygmäen aus Zentralafrika bei einem Besuch im Britischen Parlament 1905, photografiert mit Mitgliedern des Parlaments. Für diese Aufnahme wurden sie mit Kindersachen ausstaffiert (Matrosenanzug), obwohl sie die Insignien ihrer Würde tragen (Waffen und Schmuck). Die Positionierung der einzigen Frau im Bild direkt hinter der Gruppe der Besucher verstärkt den Eindruck, es würde sich hier um Kinder handeln.

Doch gibt es noch eine andere Verbindung der Pädagogik zur Kolonialgeschichte: Das kultur-pädagogische Verschleiern ökonomischer Interessen blieb nicht der einzige pädagogische Aspekt der (deutschen) Kolonialgeschichte. Tatsächlich wurde in den besetzten Gebieten auch direkt pädagogisch agiert, um so den besonderen Zwecken der Kolonialherren zu dienen. Diese direkte Kolonialpädagogik realisierte sich nun in zwei unterschiedlichen Formen: in der Eröffnung von neuen Schulen bzw. der Umgestaltung bereits bestehender (Missions-)Schulen auf der einen und in der Etablierung einer generellen Bildungspolitik auf der anderen Seite.

Direkte Kolonialpädagogik

Die Eröffnung von neuen, der Regierung direkt unterstellten Schulen erfolgte zumeist in Kooperation mit den einheimischen Eliten der besetzten Länder; sie beruhten fast ausschließlich auf der Arbeit von einheimischem Lehrpersonal und präsentierten sich vornehmlich als Elementarschulen für Jungen, denen auf Deutsch eine

Kolonialschulen

basale Schulbildung vermittelt wurde. Sie dienten der Heranbildung einer einheimischen Elite, die als Vermittler zwischen der Bevölkerung und der Besatzungsmacht eingesetzt werden sollte.

Neben der Eröffnung einiger weniger, direkt von der kolonialen Verwaltung geführten Schulen, bestand die deutsche Kolonialpädagogik vornehmlich aus der Implementierung einer kolonialen Bildungspolitik. Diese beruhte auf der sukzessiven Erlassung von Regeln und Vorschriften, denen sich nun auch die bereits vorher existierenden, unverbundenen und sehr heterogenen Missionsschulen nach und nach unterwerfen mussten. Vor allem über die Gewährung von finanziellen Beihilfen und die Anerkennung von Abschlüssen durch die deutsche Kolonialmacht wurden die Schulen reguliert, so dass sich allmählich eine Vereinheitlichung einstellte.

Koloniale Bildungspolitik

Merksatz

Die Eröffnung von deutsch geprägten Kolonialschulen und die Durchsetzung einer entsprechenden Bildungspolitik dienten der Ausbildung einer einheimischen Elite, die als Verbindung zwischen Kolonialherren und Beherrschten fungieren sollte. Auf diese Weise hoffte man, das bestehende System von Ausbeutung und Unterdrückung aufrecht erhalten zu können.

Hintergründe und Folgen der Kolonialpädagogik

De facto dienten alle diese Bestrebungen der Durchsetzung und der Aufrechterhaltung der Kolonialstruktur mit Blick auf die ökonomischen Interessen, um deren Willen es diese Kolonien überhaupt gab. Dabei lässt sich nicht übersehen, dass Abhängigkeiten erschaffen wurden, die auch nach der später erlangten Unabhängigkeit der dann ehemaligen Kolonien weiterwirken und diesen Ländern teilweise bis heute eine strukturell nachteilige Position innerhalb der Weltwirtschaft aufzwingen.

Kolonialpädagogik als Pädagogik der kulturellen Vernichtung

Kolonialpädagogik war natürlich kein alleinig deutsches Phänomen. Was sie für die einheimische Kultur bedeutete, lässt sich gerade mit Blick auf die kanadischen und die australischen *Residential* und *Boarding Schools* besonders eindringlich aufzeigen – Ländern also, die ihren Status als Kolonie zu Beginn des 20. Jahrhunderts weitestgehend verloren hatten und sich nun selbst weiter als Kolonialmacht gegenüber den Ureinwohnern präsentierten.

Pädagogik als Zwangskultivierung

Wie in eigentlich allen Kolonien, so gab es auch in Kanada und Australien Widerstand gegenüber der Einführung einer allein auf den Standards der weißen Eroberer basierenden Kultur. Trotzdem erklärten die Regierungsvertreter in beiden Ländern, dass es letztlich zum Besten der Ureinwohner wäre, wenn sie so schnell wie möglich westliche Lebensformen annehmen würden. Diese Meinung bot die Grundlage für die Einführung von speziell auf die Ureinwohner beider Länder ausgerichteten pädagogischen Programmen. Zum Mittel dieser Zwangskultivierung wurden Internate auserkoren, die etwa in Kanada auf die bereits seit dem 17. Jahrhundert bestehenden, von christlichen Missionaren eröffneten Missionsschulen aufbauten. Seit dem Ende des 19. Jahrhunderts und mit Beginn des 20. Jahrhunderts begann die Legislative in beiden Ländern, Gesetze zur Entfernung von Kindern der Ureinwohner aus ihren angestammten Familien zu erlassen, um sie in zumeist christlichen Internatsschulen dauerhaft unterzubringen. So dekretierte etwa Kanada 1920 mit dem sogenannten *Indian Act*, dass alle indigenen Kinder – d. h. Kinder der Ureinwohner (und nur diese) – mindestens 10 Monate im Jahr in diesen Internaten verweilen müssten. In Australien war man nicht weniger restriktiv: Verfügt durch den euphemistisch so genannten *General Child Welfare Act* (Allgemeines Kinderfürsorge-Gesetz), wurden zwischen 1910 und 1976 Tausende Kinder der Aborigines zwangsweise aus ihren Familien gerissen und in Erziehungsheime gesteckt.

Pädagogik als erzwungene Entfremdung

Die Pädagogik dieser Internatsschulen verfolgte im Großen und Ganzen nur ein Ziel: die Entfremdung der Kinder von ihrer ursprünglichen Kultur und ihre erzwungene Eingliederung in die westliche Gesellschaft. Schulbildung im engeren Sinne war in diesen Institutionen nicht die Hauptbeschäftigung: So gab es zwar eine Anleitung in christlicher Religion und eine basale Ausbildung im Lesen, Schreiben und Rechnen, doch wurde die meiste Zeit für handwerkliche Arbeiten aufgewendet, die der Sicherung des eigenen Lebensunterhaltes während der Unterbringung in den Schulen dienten. Mit anderen Worten: Es gab eine christliche Elementarbildung und Zwangsarbeit zur Finanzierung des eigenen Gefängnisses. Dazu kam ein fortgesetzter emotionaler, psychischer, physischer, spiritueller und sexueller Missbrauch durch die pädagogischen Bevollmächtigten dieser Einrichtungen. Zusammen mit dem Verbot der eigenen Sprache und Kultur, der zwangsweisen Entfernung aus der Familie (die ein nur sehr eingeschränktes Besuchsrecht

Abb. 5.4.3 | ▶ Entfernter Blick auf die Fort Qu'Appelle Indian Industrial School, Lebret, Saskatchewan (ca. 1885), mit Zelten, Planwagen und Tipis vor dem Zaun. Den Familien der Schüler und Schülerinnen war der Aufenthalt innerhalb des Zaunes nicht gestattet, daher bleiben sie außerhalb. Die Zelte und Wagen könnten zu Métis-Familien gehören, während die Tipis typisch für First-Nations-Familien sind.

besaß) und der mehr als notdürftigen Unterbringung erzeugte diese Pädagogik mehrere Generationen traumatisierter Kinder und Erwachsener.

Man geht heute davon aus, dass infolge dieser Politik nicht nur mindestens sieben Generationen der indigenen Bevölkerung geschädigt wurden, sondern dass auch die Kulturen dieser Menschen auf nicht wieder gut zu machende Weise Schaden genommen haben: Durch die Unterbrechung der Traditionslinien gingen große Teile des ursprünglichen Wissens und Lebens dieser Völker auf immer verloren. Es war eine *Pädagogik der kulturellen Vernichtung*, deren Auswirkungen bis heute bemerkbar sind.

Merksatz

Pädagogik ist in den Händen der Herrschenden immer ein Mittel zur Aufrechterhaltung der Herrschaft; sie wird immer zur Durchsetzung bestimmter Interessen benutzt. Besonders die Kolonialpädagogik zeigte sich als Instrument der ökonomischen Ausbeutung und kulturellen Vernichtung der kolonial beherrschten Völker.

Zusammenfassung

Von der Französischen Revolution ausgehend, lässt sich beobachten, wie auch in der Pädagogik die Rechte und die angenommene Würde jedes einzelnen Menschen zunehmend Beachtung fanden: Die zunehmend als Wissenschaft auftretende Pädagogik versuchte, nach allgemein gültigen oder doch mindestens allgemein anerkannten Grundsätzen pädagogische Praktiken zu etablieren, die der Persönlichkeit und Würde der einzelnen Menschen gerecht werden. Das betraf sowohl die äußeren Lebensumstände, für deren Zustand sich die Pädagogik zunehmend verantwortlich fühlte, als auch die individuellen Charakteristiken der Einzelnen, die zunehmend für die Orientierung pädagogischen Handelns relevant wurden. Pädagogik wurde auf diese Weise Teil einer größeren Bewegung, welche die Rechte aller Individuen auf ein angemessenes Leben zu formulieren und zu verteidigen suchte und welche vorläufig, als Reaktion auf die Verheerungen des Ersten Weltkrieges, in der Gründung des Völkerbundes – einer Vorläuferorganisation der Vereinten Nationen – gipfelte. Trotz dieser Versuche, auch pädagogisch auf die Herausforderung der eben erst formulierten Menschenwürde zu reagieren, wird die Beschränktheit dieser Versuche ebenso deutlich sichtbar: Was in der westlichen Welt und für die westliche Welt als menschenwürdig formuliert und verteidigt wurde – und was gerade in Deutschland unter dem Begriff der *Bildung* gefasst und gefeiert wird –, galt in der Realität noch lange nicht für alle Menschen. Besonders der Blick auf die sogenannten Kolonien macht dieses deutlich: kaum eine Kolonialmacht, die sich nicht durch einen paternalistisch-pädagogischen Blick auf die ursprünglichen Bewohner der besetzten Gebiete auszeichnete – und kaum eine Kolonialmacht, die sich nicht der Pädagogik bediente, um ihre eigenen kulturellen und ökonomischen Interessen durchzusetzen. Die Wirksamkeit von Pädagogik als Instrument der Erhaltung der Herrschaft und der kulturellen Hegemonie und ihre Bedeutsamkeit für die Stabilisierung politisch-kultureller Verhältnisse wurden auf diese Weise erschreckend deutlich. Dieses wird sich später mit Blick auf die totalitären Staaten und ihre Pädagogik noch bestätigen.

Literatur

Bade, Klaus: Imperialismus und Kolonialmission. Wiesbaden, 2. Auflage 1982.
Benner, Dietrich/Kemper, Herwart: Theorie und Geschichte der Reformpädagogik, Teil 1–3. Weinheim/Basel 2001–2004.
Birnstein, Uwe: Der Erzieher. Wie Johann Hinrich Wichern Kinder und Kirche retten wollte. Berlin, 2., durchgesehene Auflage 2008.
Groth, Günther: Die pädagogische Dimension im Werke von Karl Marx. Neuwied u. a. 1978.
Kindt, Werner (Hg.): Grundschriften der deutschen Jugendbewegung. Düsseldorf 1963.
Kron, Friedrich W.: Wissenschaftstheorie für Pädagogen. München/Basel 1999, Kap. 4 Konstituierung der Pädagogik und ihrer Gegenstände, 97–156.
Müller, Klaus E./Treml, Alfred K. (Hg.): Ethnopädagogik. Berlin 1992.
Oelkers, Jürgen: Die große Aspiration. Zur Herausbildung der Erziehungswissenschaft im 19. Jahrhundert. Darmstadt 1989.
Weiß, Georg: Herbart und seine Schule. München 1928 (Reprint 1973).

Testfragen

1. *Was zeichnet Pädagogik als Wissenschaft im Unterschied zur Weitergabe von Praxiswissen aus?*
2. *Was meint der Begriff „Bildung"?*
3. *Warum und wie veränderte sich im Zuge der industriellen Revolution die Funktion der Schule für die Breite der Bevölkerung?*
4. *Welche Vor- und welche Nachteile sehen Sie in den Reaktionen von Wichern und Marx auf die soziale Frage?*
5. *Wogegen richtet sich die Kulturkritik in Deutschland in der zweiten Hälfte des 19. Jahrhunderts und wie äußert sich dieser Protest?*
6. *Inwiefern kann man sagen, dass die sich neu entwickelnde Pädagogik um die Jahrhundertwende eine „Pädagogik der Lebensalter" ist?*
7. *Wie lässt sich am Beispiel der Kolonialpädagogik zeigen, dass Pädagogik meistens ein Instrument der Herrschaft ist?*
7. *Inwiefern kann man mit Blick auf die Kolonialpädagogik von einer „Pädagogik der kulturellen Vernichtung" sprechen?*

Moderne II (1920–1945) – Vom Völkerbund bis zur Gründung der UNO | 6

Inhalt

Die Zeit zwischen 1920 und 1945 wird historisch vor allem mit dem Erstarken der Diktaturen und dem Zweiten Weltkrieg in Verbindung gebracht. Gleichzeitig bilden die Gründung der internationalen Organisationen des Völkerbundes und der UNO eine Art Klammer um diesen Zeitraum. Die Geschichte der Pädagogik wird für diese Zeit exemplarisch an der Gegenüberstellung einer Erziehung als Vorbereitung individueller Freiheit auf der einen und anhand totalitärer Kollektiverziehung auf der anderen Seite beschrieben. Gezeigt wird ferner, wie sich der Bereich vor allem staatlich definierter Erziehungsfelder immer stärker ausdifferenziert und zugleich institutionalisiert hat. Abschließend wird darauf verwiesen, welche Funktion der Proklamation universaler Menschenrechte für das Verständnis von Erziehung und Bildung zugeschrieben wurde.

Erziehung als Vorbereitung individueller Freiheit | 6.1

Im Zeitraum zwischen 1920 und 1945 passierten sehr viele grundlegende Dinge für die Pädagogik in der Moderne. Es war eine sehr dichte Zeit, die dazu nötigt, den Fokus auf die Verschiedenheit der Möglichkeiten zu richten, wie eine Erziehungsgeschichte geschrieben werden kann. Zunächst: In dieser Zeit geschah viel mehr, als wir hier zeigen können. Dabei spielt die Perspektive eine entscheidende Rolle. In unserer bisherigen Reise durch die Geschichte der Pädagogik haben wir ganz unterschiedliche Perspektiven eingenommen: Wir haben Konzepte wichtiger Praktiker und Theoretiker der Pädagogik betrachtet, wir haben überlegt, wie Erziehung dazu beiträgt, kulturelle Kompetenzen von einer Generation zur anderen weiterzugeben, wir haben Bildungsinstitutionen angeschaut und auf staatlich oder religiös veranlasste Erziehungssettings geblickt. Trotz aller Verschiedenheit der jeweiligen Perspektiven sind sie alle in der Frage verbunden: Wer erzieht (Erziehende) wen (Zu-Erziehende) wodurch (Erziehungsmittel) wozu (Erziehungsziel)?

Und dennoch: Jede Perspektive verändert zugleich den Blick und damit die Wahrnehmung. Die Abschnitte 6.1 und 6.2 sollen Perspektiven aufnehmen und zuspitzen, die als Spannung in der Pädagogik immer angelegt sind: Geht es eher um die Individualwerdung der Heranwachsenden (Kap. 6.1) oder – in einer sehr spezifischen, extremen Weise – um die Sozialwerdung von Individuen bzw. die Einpassung in die Gesellschaft? Letzteres wird in Kap. 6.2 in Form einer Kollektiverziehung durch den Staat und für den Staat anhand von zwei Extremformen beschrieben. Beides, die Suche nach einer Erziehung als Vorbereitung individueller Freiheit und die nach einer kollektivierenden Erziehung für den Staat durch den Staat, bildete eine Reaktion auf die Umbrüche nach dem Ersten Weltkrieg.

Historischer Rahmen

Erster Weltkrieg

Der Erste Weltkrieg (1914–1918) stellte einen tiefen Einschnitt für das Nachdenken über Erziehung und Bildung dar. Die Frage war: Wie hatte eine Situation entstehen können, in der mit Hilfe von neuer Technik (Panzer, Flugzeuge, Chemiewaffen) eine Massenvernichtung von Leben akzeptiert wurde? Welche Rolle hatte Pädagogik bei alledem gespielt? Und vor allem: Welche Rolle konnte und sollte Pädagogik künftig spielen?

Kriege hatte es schon viele gegeben, doch der Erste Weltkrieg übertraf in seinen technischen Möglichkeiten und seiner globalen Reichweite alles bislang Dagewesene. In den Schulen Europas waren vor 1914 die Überlegenheit der jeweils eigenen Nation über alle anderen Nationen und die fast uneingeschränkte Verehrung des Militärischen gelehrt worden. Und nun kam diese Katastrophe mit rund 17 Millionen Todesopfern und rund 20 Millionen verwundeten Soldaten. Es sollte – so würde die Geschichte des 20. Jahrhunderts lehren – noch eines Zweiten Weltkriegs mit noch unvorstellbareren Grausamkeiten bedürfen, bis am 24. Oktober 1945 mit dem Inkraftreten der Charta die Vereinten Nationen (UNO) gegründet wurden, die bis heute zumindest ein Kommunikationsforum für internationale Verständigung darstellen. Die UNO hatte wichtige Vorläufer nach dem Ersten Weltkrieg (vgl. Kap. 6.4). Die wichtigste, wenn auch letztlich weitgehend erfolglose Organisation war der Völkerbund, dessen Satzung im April 1919 von der Vollversammlung der Friedenskonferenz von Versailles angenommen wurde.

Vereinte Nationen (UNO)

Völkerbund

Pädagogisch übersetzt ging es bei alledem auch um das Problem, wie der Mensch als soziales Wesen gedacht werden kann und soll.

Im Ersten Weltkrieg hatte sich der Mensch als eine Bestie erwiesen, die des Menschen größter Feind ist. Die erzieherische Grundlage hierfür war die Erziehung hin auf eine Zugehörigkeit zu einer bestimmten Gruppe – definiert als Volk, Rasse, Klasse o. ä. Dies ging – wie insbesondere in Kap. 6.2 zu zeigen sein wird – mit der Ablehnung des Anderen, des Fremden einher. Demgegenüber stand eine Erziehung, die das Individuum stärken und auf soziale Verantwortlichkeit hin erziehen wollte. Diesbezüglich grundlegende Konzepte, die in diesem Zeitraum entwickelt und aufgegriffen wurden, sind die von John Dewey und Alexander S. Neill. Diese Konzepte sollen stellvertretend für das Anliegen einer an der individuellen Entfaltung ausgerichteten Erziehung näher betrachtet werden.

Das Erziehungskonzept John Deweys

Der US-amerikanische Pädagoge, Philosoph und Bildungspolitiker John Dewey (1859–1952), verband die Frage, wie das Individuum für sich und für die Gemeinschaft erzogen werden kann, mit Überlegungen zur Demokratieerziehung. Zu den ersten Stationen seiner akademischen Karriere gehörten an der Universität von Michigan in Ann Arbor die philosophische Promotion mit einer Arbeit über Kant (1884) und (nach einer kurzen Tätigkeit in Minnesota) die Übernahme einer Professur für Philosophie (1888). 1894 erfolgte die Berufung an die Universität Chicago, wo er 1896 eine sogenannte Laborschule als Praxisfeld für die weitere Entwicklung seiner philosophisch fundierten Pädagogik gründete. Diese Versuchsschule war darauf ausgelegt, in der Praxis zu testen, was in der Theorie überlegt worden war, und aus der Praxis weitere Impulse für die Entwicklung der Pädagogik zu erhalten. Seit 1904 wirkte Dewey – mit Unterbrechungen durch längere Auslandsaufenthalte – an der Columbia Universität in New York. Die theoretische Position von Dewey ist von der Beteiligung an der Entwicklung einer Philosophie des Pragmatismus einerseits und der Programmatik und Praxis der „Progressive Education", der englischsprachigen Variante der „Reformpädagogik" (vgl. Kapitel 5.3), andererseits bestimmt. Als pädagogisches Hauptwerk gilt seine Schrift „Democracy and Education: an introduction to the philosophy of education" (1916), die 1930 unter dem Titel „Demokratie und Erziehung" erstmals in deutscher Übersetzung publiziert wurde.

John Dewey

Versuchsschule

Progressive Education

Erklärung

Mit „Demokratie" ist bei Dewey nicht in erster Linie eine bestimmte politische Ordnung gemeint. Er dachte Demokratie als eine grundlegende Form des Zusammenlebens, in der prinzipiell jedes Individuum gleichberechtigt ist und Entscheidungen durch die Aushandlung von Interessen getroffen werden.

Abb. 6.1.1 | ▶ John Dewey im Jahre 1902

Gesellschaftliche Dynamik

Für Dewey ging es bei dem Zusammenhang von Demokratie und Erziehung vor allem um zwei Aspekte: *Einerseits* stellte er fest, dass die Gesellschaft des dynamischen Staates USA ständigen Veränderungsprozessen ausgesetzt war. In Großstädten dieser Zeit gab es in den USA einen ständigen Zustrom von Einwanderern, die Städte wuchsen und die Industrialisierung machte immer weitere Fortschritte. Das hatte für Pädagogik sowohl mit Blick auf die Erziehungsziele als auch in Hinsicht auf die Methoden weitreichende Konsequenzen. So war es nicht vorhersagbar, wie die Gesellschaft in zehn oder zwanzig Jahren aussehen würde, also dann, wenn die Kinder, die zu der Zeit zur Schule gingen, erwachsen sein würden. Erziehung musste also etwas bieten, was die Heranwachsenden befähigen würde, mit den gesellschaftlichen und wirtschaftlichen Veränderungen zurechtzukommen und sich auf neue Situationen einzustellen. Dewey schrieb dazu in seinem „Pädagogischen Bekenntnis":

Zitat

„Mit der Ankunft der Demokratie und unter den Bedingungen der modernen Industriegesellschaft, ist es unmöglich genau vorherzusagen, wie die Welt in 20 Jahren sein wird. Daher ist es unmöglich, ein Kind auf genau definierte Rahmenbedingungen vorzubereiten. Vorbereitung auf das Leben in der Zukunft bedeutet daher, ein Kind in die Lage zu versetzen, über das eigene Leben selbst zu bestimmen. Das bedeutet, es dahin zu erziehen, dass es alle seine Kompetenzen vollständig nutzen kann." (Dewey, Pädagogisches Bekenntnis, Artikel I, 1897)

Gesellschaftlicher Aufstieg

Andererseits nahm Dewey auch wahr, dass die Gesellschaft durch ihre Dynamik eine ganze Reihe von Aufstiegsmöglichkeiten bot. Für Dewey ging es nun darum, eine bestimmte Grundform sozialer Gerechtigkeit herzustellen. Dies ist für ihn aber nur möglich, wenn die so gegebenen Chancen auch von den Heranwachsenden genutzt werden können. Daher brauchen sie die Möglichkeit, über eine bestimmte Grundausbildung hinaus sich selber weiterzubilden und weiterzuentwickeln. In diesem Sinn ist Erziehung für Dewey nie abgeschlossen, sondern immer auch der Anfang lebenslangen Lernens.

Die Grundfragen der Demokratie sind für Dewey also erst einmal nicht – wie wir heute erwarten würden – diejenigen der Politik im weiteren Sinn oder der Gesetzgebung, sondern vor allen Dingen die Frage, wie Gesellschaft gestaltet und über Erziehung auf eine Teilhabe an der Gesellschaft vorbereitet wird. Diese Gestaltungsprozesse brauchen Menschen, die auf der einen Seite verstehen, worum es geht, und auf der anderen Seite bereit sind, sich in Veränderungen aktiv einzubringen.

Merksatz

Deweys Lernziel lautete: die Ausbildung kommunikativer Kompetenzen zur Teilhabe an demokratischen Prozessen und zugleich die Befähigung zur eigenen Weiterentwicklung, da die Zukunft offen ist.

In Deweys Vorstellung von Gesellschaft gibt es keine festen Klassen oder Stände, sondern eine dynamische Offenheit. Diese Dynamik braucht ständige Aushandlungsprozesse. Daher sind kommunikative Fähigkeiten fundamental. Zu diesen gehört natürlich auch, die Situation und die anderen Menschen zu verstehen und gemeinsam Lösungen zu finden. Zugleich gehört dazu eine Betonung des Individuums: Jedes Individuum ist gleichberechtigt und kann gleichberechtigt seine Interessen und Stärken einbringen. Daher ist es zuerst notwendig, auch diese Interessen auszubilden und die Vermittlungsfähigkeit zu entwickeln. Vor diesem Hintergrund wird deutlich, wieso Dewey davon ausging, dass Erziehung ein lebenslanger Lernprozess ist. Der stete Austausch mit immer neuen Individuen in einer immer geänderten Situation sorgte dafür, dass jeder Mensch permanente Lernprozesse durchlaufen muss.

Von diesem Punkt aus ist dann laut Dewey auch die Funktion der Schule für den Einzelnen und für die Gesellschaft zu bestimmen. Schule sei dazu da, den Grundstein für diese Lernoffenheit zu legen. Dabei war für Dewey wichtig, dass Demokratie nicht einfach Willkür oder grenzenlose Freiheit bedeutet, es also nicht um die rücksichtslose Durchsetzung von Interessen eines einzelnen Individuums geht. Das Individuum ist vielmehr durch die Gesellschaft begrenzt und an die Gesellschaft gebunden. Dewey kritisierte in diesem Kontext die bisherige Schule: Sie befähige eben gerade nicht dazu, sich aktiv in die Gesellschaft einzubringen. Vielmehr bewirke sie, dass Schülerinnen und Schüler passive Rezipienten dessen sind, was ihnen vorgesetzt wird. Schlimmer noch: Dieses Wissen habe mit der Welt, wie sie ist, und mit der Welt, wie sie sein würde, nur sehr wenig zu tun.

Wie sollte Schule also strukturiert sein, damit Deweys Ideale erreicht werden konnten? Im Zentrum von Deweys Denken steht der Begriff der Erfahrung. Er greift damit einen Gedanken auf, der schon bei Rousseau zu finden war (vgl. Kap. 4.3): Kindliches Lernen funktioniert zuerst über unmittelbar praktische Erfahrungen und erst nachträglich über die Reflexion der Erfahrung. Dewey knüpft damit an ein wesentliches Motiv des Pragmatismus an. Der Pragmatismus fragt danach, was die Folgen einer Handlung sein werden. Diese Folgen kann ich nach Dewey nur herausfinden, indem ich Erfahrungen mache.

Lernen aus Erfahrung

Pragmatismus

Eine wichtige Methode ist dabei die Projektmethode. Die Projektmethode ist eine bestimmte Form sozialen Lernens und zugleich inhaltlich auf die Beschäftigung mit einem konkreten, oftmals an den Alltag rückgebundenen Problem ausgerichtet. In der Erarbeitung einer Lösung dieses Problems geht es für Dewey auch darum, dass die Schüler selbst entscheiden, was die richtigen nächsten Schritte der Projektarbeit sind. Dabei ist es gerade die Erfahrung der eigenen Wirksamkeit und des eigenen Erfolgs, die dafür sorgt, dass die Schüler Selbstvertrauen und Selbstbewusstsein erwerben. Zugleich entstehen so kommunikative Aushandlungsprozesse, die Grundlage demokratischen Handelns sind. Im Unterschied zu den Schulen, die Dewey sonst kannte, ging es also in seiner Schule vor allem darum, Erfahrungen zuzulassen. Für Dewey sprichwörtlich geworden ist daher der Begriff „learning by doing“. Erfahrungen sollten dabei an die aktuelle gesellschaftliche Situation anschließen.

Projektunterricht

Learning by doing

Schule ist Teil der Gesellschaft und kein separater Raum. Nur dadurch, dass sie Teil der Gesellschaft und in ihrer schulischen Alltagspraxis mit Gesellschaft verbunden ist, kann sie auch auf Gesellschaft vorbereiten. So wurden in Deweys

Merksatz

Learning by doing: Schule ermöglicht Erfahrungen am besten, indem sie aktuelle Lebenswirklichkeit aufnimmt.

Versuchsschule zum Beispiel Textilien hergestellt, für die USA damals ein wichtiger Industriezweig. Darüber hinaus gehörte zu seiner Schule auch eine Bibliothek, die es ermöglichen sollte, weiteres Wissen eigenständig zu erwerben. An diesen Beispielen ist zu sehen, dass Schule für Dewey bereits berufsvorbereitend war (vgl. Kap. 4.3). Das war ein wichtiger Baustein gesellschaftlicher Teilhabe, da so auf der einen Seite die Grundlage für gesellschaftlichen Aufstieg geschaffen wurde und auf der anderen Seite für die Angehörigen der reicheren Klassen die Möglichkeit entstand, die Arbeitswelt insbesondere in der Industrie wahrzunehmen und ihre Herausforderungen und Schwierigkeiten zu verstehen.

John Deweys Ansatz hat bei aller Betonung individueller Freiheit und Verantwortung eine starke Ausrichtung auf die Gesellschaft. Dadurch entsteht eine Spannung zwischen den Fähigkeiten und der Selbstsicherheit des Individuums und dem, was es als gesellschaftliche Notwendigkeit oder gesellschaftliche Zwänge wahrnimmt. Man kann diese Spannung in beide Richtungen kritisch hinterfragen: Einerseits kann man sich fragen, ob nicht vor allem das Recht der Gesellschaft durchgesetzt werden muss, Erziehung also eine Sozialmachung des Menschen ist. Diese Seite wird vor allen Dingen in autoritären Systemen absolut gesetzt und die staatlich gelenkten Erziehungssysteme sind dort auf die Prägung der Einzelnen durch einen eng definierten Staatszweck ausgerichtet (vgl. Kap. 6.2). Andererseits kann man sich auch fragen, ob es nicht in einem sehr viel umfassenderen Sinne um eine Stärkung des Individuums als freies Wesen gehen sollte.

Für diese Seite gibt es nur wenige pädagogische Ansätze, in denen die Freiheit des Individuums und die Stärkung des Individuums gegenüber möglichen Autoritäten, ja, letztlich das Infragestellen der meisten Autoritäten ins Zentrum gerückt wird. Formuliert wird eine solche Auffassung von libertären oder anarchistischen Konzeptionen, doch der prominenteste und wirkungsträchtigste Ansatz hierzu ist sicherlich der von Alexander S. Neill (1883–1973).

Alexander S. Neill und seine Schulkonzeption „Summerhill"

Neill wurde für seine Schulkonzeption „Summerhill" bekannt. Er hatte seine erste Schule bereits 1921 in Dresden Hellerau gegründet. Den Namen „Summerhill" bekam das Schulmodell 1923, nachdem Neill seine Schule nach England zunächst in die Grafschaft Dorset in ein Haus verlagert hatte, das auf dem „Summerhill" lag. Von dort musste Neill 1927 nach Leiston an die englische Ostküste umsiedeln, wo seine Schule mit einer Unterbrechung während des Zweiten Weltkriegs über seinen Tod hinaus bis heute existiert.

Abb. 6.1.2 | ▶ Summerhill

Neills Konzeption wird in der Regel als „antiautoritäre Erziehung" bezeichnet. Dahinter steckte die Idee, dass die Freiheit des Menschen schon in der Gestaltung des Schulalltags radikal ernstgenommen werden muss. Die Autoritätsstrukturen in der Schule sind ständig kritisch zu hinterfragen. Mit diesem Ansatz verbunden war eine stark kulturkritische Sicht auf die Gesellschaft und insbesondere auf die Erziehung im Rahmen der traditionellen Schule.

Zitat

„Das geformte, abgerichtete, disziplinierte, gehemmte Kind findet man überall auf der Welt. Man braucht bloß über die Straße zu sehen. Es sitzt in einer ungemütlichen Bank in einer ungemütlichen Schule. Später wird es an noch ungemütlicheren Schreibtischen in einem Büro sitzen oder an einer Werkbank in der Fabrik. Ein solches Kind ist fügsam, gehorcht der Autorität aufs Wort, fürchtet sich vor Kritik und wünscht fast fanatisch, normal, konventionell und korrekt zu sein. Es nimmt alles, was ihm beigebracht wird, beinahe ohne Frage hin und wird all seine Komplexe, seine Ängste und seine Frustrationen an die eigenen Kinder weitergeben." (A. S. Neill: Theorie und Praxis der antiautoritären Erziehung 1960/1970)

Erziehung zur Unfreiheit

Neill kritisiert die gegenwärtige Erziehung als eine Erziehung zur Unfreiheit, die auf eine das Individuum fremdbestimmende Gesellschaft vorbereitet. Von Kindern und Jugendlichen werden von Beginn an Anpassung und Unterordnung erwartet. Dies beginnt in der frühesten Kindheit. Je länger dieser Zustand andauert, desto schwieriger wird es, ihn zu beseitigen. Um dies zu vermeiden, müssen Kinder von Anfang an frei sein. Freiheit zeigte sich in Summerhill vor allem an zwei Elementen besonders deutlich:

1. Die Teilnahme am Schulunterricht war freiwillig. Die Kinder konnten entscheiden, ob sie gar nicht, ganz oder nur teilweise zum Unterricht gehen wollten.
2. Alle Entscheidungen sollten von allen Angehörigen Summerhills demokratisch getroffen werden. Jede Person hatte eine Stimme. Daher konnte es vorkommen, dass die Schüler und Schülerinnen die Lehrer und Lehrerinnen überstimmten.

Neill erwartete, dass Kinder, die Freiheit erleben, auch lernen, sie auszufüllen. Er ging davon aus, dass sie von Grund auf neugierig und lernbedürftig sind. Nur wenn sie ihren eigenen Interessen nachgehen können, werden sie auch das Selbstvertrauen erwerben, das sie befähigt, für sich selbst einzustehen.

Dabei war die Freiheit nicht grenzenlos. Es gab in Summerhill viele verschiedene Regeln, die demokratisch bestimmt wurden. Ihre Einhaltung wurde gemeinsam überwacht und bei Nichtbeachtung wurden Urteile ausgesprochen. Allerdings war es so, dass die Regeln eben von allen gemeinsam festgesetzt wurden. In den Versammlungen wurden die grundlegenden Kompetenzen erworben und eingesetzt, die Menschen brauchen, wenn sie gemeinsam um einen Ausgleich ihrer Interessen ringen. Dazu gehörte das Vertreten der eigenen Meinung, das überzeugende Argumentieren, aber auch zu akzeptieren, dass man sich nicht immer durchsetzen kann. Insofern hatte Freiheit eine deutliche Grenze an den Grenzsetzungen der Gemeinschaft.

Neill beschrieb Kinder nicht als defizitäre und erziehungsbedürftige Wesen, sondern geht davon aus, dass sie in sich gut und richtig sind. Vor dem Hintergrund von Sigmund Freuds und Wilhelm Reichs psychoanalytischer Arbeit macht Neill dies am Beispiel der Masturbation deutlich, die er als völlig natürlich und daher als in seinem Schulkonzept erlaubt beschreibt. Sexualität an sich gehöre zum Menschsein dazu und solle daher nicht als Defizit angesehen und in

Sexualität

Merksatz

Grundidee der Erziehung bei Neill ist die Selbstakzeptanz, da sie die Akzeptanz des Anderen ermöglicht.

der Entwicklung gestört werden. Allein das Stören der angeborenen Sexualität sorge für Schwierigkeiten und Ängste in der Entwicklung.

Erziehungsziel Glück

Anders ausgedrückt: Neills Erziehungsziel ist das Glück des Individuums. Dieses Glück findet sich nur in der Akzeptanz seiner selbst und der anderen als Ausdruck gelebter Freiheit.

Individuelle Freiheit, gesellschaftliche Verantwortung und Demokratieerziehung

In Deweys und Neills Konzepten zeigt sich, dass Überlegungen zur Demokratieerziehung zwar eine Rolle spielten, aber es im Wesentlichen nicht um die Entwicklung von Demokratie in unserem gegenwärtigen Sinn ging. Vielmehr versuchten Neill und Dewey ein generelles pädagogisches Grundproblem zu benennen: die Spannung zwischen einer Erziehung des Individuums zur eigenen Freiheit und der sozialen Verantwortung. Einerseits wurde gefragt: Wie kommt die Freiheit in das Individuum, wenn es in Erziehungsinstitutionen aufwächst, die ihm sein Verhalten vorgeben? Andererseits wurde gefragt: Wie kommt die soziale Verantwortung in das Individuum, wenn es doch bei seiner Geburt zuerst darauf angelegt ist, zu überleben und also nur für sich selbst zu sorgen?

Bei Dewey und Neill steht das Individuum daher nicht über der Gemeinschaft, aber es bildet sie aktiv mit und hinterfragt somit jeweilige Normen und Regeln, prägt also mit seiner Freiheit die Entwicklung der Gesellschaft mit. Das Leitmotiv der individuellen Freiheit macht Deweys und Neills Überlegungen anschlussfähig an spätere Konzepte zur Demokratieerziehung.

In der Zeit, in der sie wirkten, war Demokratie als Staatsform in der Entwicklung begriffen und sehr unvollkommen, und das nicht nur in den Staaten Deutschland und Russland, wo Demokratie scheiterte, sondern auch in anderen sich selbst als demokratisch verstehenden Staaten. Im Sinne Deweys kann man sagen, dass die Einführung eines demokratischen Staatssystems allein noch nicht die Fähigkeiten oder auch nur den Willen hervorbringt, sich informiert in Aushandlungsprozesse einzubringen, eigene Interessen zu vertreten und diejenigen anderer zu akzeptieren. Selbst die formale Möglichkeit zur Teilhabe, die am Wahlrecht hängt, war in den demokratischen Staaten dieser Zeit bei Weitem nicht für alle gegeben.

Frauenwahlrecht

Wie lang der Weg zur Umsetzung der Demokratie war, zeigt z. B. das Wahlrecht für Frauen, das in der Weimarer Republik 1919, aber beispielsweise in Frankreich erst 1945, in Italien erst 1946 und in der Schweiz auf Bundesebene erst 1971 eingeführt wurde. Ein besonders markantes Beispiel ist auch das Wahlrecht von Afroamerikanern in den USA. Bis 1965 mussten Afroamerikaner ihre Lese- und Rechtschreibkompetenz nachweisen, um wählen zu dürfen. Dieser Bestandteil einer umfassenden Rassendiskriminierung wurde erst 1965 mit dem Voting Rights Act (Wahlrechtsgesetz für die gesamte USA) formal aufgehoben. Um nicht einer falschen Idealisierung von Demokratie und demokratischer Erziehung verhaftet zu sein, ist es notwendig, sich in die Position von marginalisierten und diskriminierten Gruppen einer demokratischen Gesellschaft hineinzuversetzen.

Wahlrecht von Afroamerikanern

6.2 Erziehung im Nationalsozialismus und Sowjetkommunismus

Gesellschaft als Erzieher

Die Ausrichtung politischer Systeme beeinflusst sowohl die Ziele als auch die Strukturen der Erziehung. Die Sozialwerdung des Individuums über Lernen und Üben wird immer von den gesellschaftlichen Systembedingungen mitbestimmt, weil sie Aussagen über die soziale Rolle des Menschen enthalten. Jede politische Form trägt jeweils eine bestimmte Lernaufforderung mit Blick auf die Herausforderung in sich, wie der Einzelne sich als soziales Wesen verstehen lernen und wie er sich verhalten soll. Nicht zuletzt geben die politischen Systeme dabei Antworten auf die Frage vor, welcher Freiraum individueller Abweichung zugestanden wird und welche Reichweite die eigene, staatliche Erziehung haben soll.

Wir haben im vorangegangenen Abschnitt gesehen, wie Neill und Dewey einen Schwerpunkt auf die Stärkung des Individuums legten, um ihm die Mitgestaltung der jeweiligen Gesellschaft zu ermöglichen. Pädagogisch lässt sich dies auch umgekehrt denken: Wenn die Gesellschaft als ans sich gut und richtig verstanden wird, kann vom Individuum erwartet werden, dass es sich an sie anpasst und sich den von ihr vorgelegten Verhaltensnormen unterwirft. Von dieser Erwartungshaltung ist in bestimmtem Maß keine Gesellschaft frei, da – wie wir schon in verschiedenen Epochen dargestellt haben – Erziehung immer auch ein Weitergeben sozial verbindlicher Normen der älteren Generation an die jüngere Generation ist. Dabei macht es jedoch einen Unterschied, welches Ausmaß an Verschiedenheit ein Staat den Menschen zubilligt und wie stark er selbst Erziehung zentral steuern will. Eine besondere Spielart stellen solche Systeme dar, in der die Einzelnen vor allem als Teil eines Staates und der Verwirklichung einer „richtigen" kollektiven Idee betrachtet werden. In besonderer Weise zugespitzt werden solche Vorstellungen eines gesellschaftlich richtigen Systems im Nationalsozialismus und im Sowjetkommunismus.

Die Demokratie der Weimarer Republik setzte auf ein breites Spektrum konkurrierender pädagogischer Leitvorstellungen und Praktiken – zwischen Arbeiterbewegung, Kirchen und konservativ-nationalen Vorstellungen. Die Weimarer Demokratie war mit der Machtübertragung auf die Nationalsozialisten (NS) 1933 gescheitert. Die dann folgende NS-Diktatur trug als totalitäres System in Bezug auf den Erziehungsbereich andere Züge. Gleiches galt mit Blick auf Osteuropa auch für den seit 1917 in Russland und den in die Sowjetunion eingegliederten Nachbarstaaten (von Estland bis Kasachstan) existierenden Sowjetkommunismus.

Während in Deutschland die Weimarer Demokratie eine Zwischenepisode darstellte, kam es in Russland direkt im Krieg 1917 zur Revolution. Die Erklärungsmodelle, warum sich die Kommunistische Partei, die sich selbst auch als Partei der Bolschewiki bezeichnete, in der Sowjetunion und die nationalsozialistische Partei in Deutschland nach 1933 durchsetzen konnten, sind vielfältig. Im Kern lassen sich aber strukturelle Ähnlichkeiten feststellen.

Beide Ideologien waren im Gefolge des Ersten Weltkriegs erfolgreich. Sie boten eindeutige Identifikationsangebote durch Ein- und Ausgrenzungen. In beiden Ländern hatte überdies der Krieg für eine zunehmende Verarmung gesorgt. Eine Empfänglichkeit für radikale Alternativen, die eine Besserung der Situation versprachen, war bei vielen Menschen vorhanden.

Was diese staatlichen Systeme ausmachte, zeigte sich vor allem auch im Erziehungsdenken und in der Erziehungspraxis. Das Erziehungsziel war in beiden Fällen die Identifikation aller Einzelnen mit dem Staat und die Unterordnung unter die staatlich gesetzten Normen, wobei diese in beiden Fällen verschieden aussahen. An dieser Stelle soll daher auch gleich ein mögliches Missverständnis ausgeräumt werden: Nationalsozialismus und Sowjetkommunismus werden im Folgenden nur anhand ihrer Erziehungsstrukturen verglichen. Die Ähnlichkeiten, die sich dabei zeigen, dürfen nicht auf andere Aspekte übertragen werden. Das ist insbesondere deswegen wichtig zu sagen, weil auf einer anderen Ebene der Vergleich deutscher Verbrechen mit den Verbrechen anderer Staaten immer wieder genutzt wird, um in Abrede zu stellen, dass der Nationalsozialismus einzigartig war – insbesondere mit Blick auf die systematische Vernichtung der Juden, die Shoa. Eine Gleichsetzung oder Aufrechnung der beiden totalitären Systeme ist hier nicht gemeint. Es geht lediglich um den Vergleich der Erziehungsstrukturen.

Bei der Betrachtung der Erziehungsstrukturen wird unter anderem ein Motiv erkennbar, das uns schon in Sparta begegnet ist (vgl. Kap. 1.2), nämlich Bildungsinstitutionen soweit zu entwickeln, dass sie die familialen Erziehungsprozesse nicht nur ergänzen, sondern ersetzen wollen, um somit eine völlige Identifikation mit dem Kollektiv zu erreichen. Diese völlige Steuerung des Lebens des Einzelnen durch Erziehungsprozesse ist ein zentrales Kennzeichen totalitärer Staaten: „Totalitär" meint in diesem Sinn die nach Möglichkeit vollständige Kontrolle des Staates über den Einzelnen. Die Frage, die daher in Deutschland nach 1933 und in der Sowjetunion wichtig wurde, lautete: Wie kann die Prägung durch Bildungsinstitutionen ausgestaltet werden, um eine totale Identifikation mit dem Staat zu erreichen? Ein pädagogisches Grundmuster der totalitär verfassten Staaten Sowjetunion und Nazideutschland war es dabei, in den Ausbau der Bildungsinstitutionen die Hoffnung zu setzen, alle Einzelnen von Kindheit an überwachen und manipulieren zu können, um in diesem Sinne ein insgesamt gehorsames Volk zu erziehen.

Die Systeme boten inhaltlich einfache Identifikationsmuster. Der Sinn des individuellen Lebens wurde als Beitrag zur Entwicklung des Kollektivs oder der Volksgemeinschaft verstanden. Die Nationalsozialisten und die Sowjetkommunisten versuchten die Gesellschaften, die sie beherrschten, zu Erziehungsstaaten umzubauen und durch die Installation von lebenslangen Erziehungs- und Überwachungssystemen sowie durch die Nutzung von Angst durch Terror und Bespitzelung die Individuen zu striktem Gehorsam zu zwingen. Ihr zentrales Symbol war das Lager als „Konzentrationslager" des Nationalsozialismus oder als „Gulag" des Sowjetkommunismus. Die Codes der Anpassungsleistungen – Symbole, Uniformen, Gesten etc. – waren unterschiedlich, aber die Grundstrukturen ähnlich.

Erziehungsstaat

Lager

Für die weitere Beschreibung sollen beide Systeme anhand der Werte und der Erziehungspraxen, die sie benutzen, beschrieben werden.

Merksatz

Die Strukturen von Gesellschaften sagen oft besser als die Schriften einzelner Pädagogen, wie Erziehung gedacht und gelebt wird.

Erziehung im Nationalsozialismus

Wenn wir uns diese Modelle der Erziehung durch den Staat und für den Staat näher anschauen, werden die strukturellen Parallelen ebenso deutlich wie Unterschiede in der ideologischen Rahmung. Der Nationalsozialismus bot Identifikation für den Einzelnen zuerst über die Zugehörigkeit zum deutschen Volk. Dies funktionierte mit einer rassischen Zuschreibung: Für den Nationalsozialismus war die germanische Rasse und dabei insbesondere die deutsche Rasse einzigartig. Sie sei die Herrenrasse, im Vergleich dazu seien andere Rassen minderwertig. Die anderen Rassen würden jedoch die germanische Rasse in ihrem Fortbestand bedrohen. Insbesondere die Juden und – in der Propaganda mit ihnen verbunden – die Bolschewisten wurden als Gefahr für das deutsche Volk beschrieben. Ihnen wurde vorgeworfen, dass sie die Weltherrschaft anstreben und dazu unter anderem die russische Revolution benutzen und gleichzeitig den sogenannten deutschen „Volkskörper" verunreinigen wollen, indem sie in deutsche Familien einheiraten. Demzufolge lehnten die Nazis sogenannte „Mischehen" und Kinder aus Ehen von Eltern verschiedener Herkunft ab. Diese rassische Ausgrenzung setzte sich fort im Umgang mit Homosexuellen, psychisch Kranken, Behinderten, Sinti und Roma oder weiteren Gruppen. Diejenigen, die nicht dazugehörten, sollten vernichtet werden. Die dafür geschaffene Vernichtungsinstitution war das Konzentrationslager. Es diente scheinbar der Bestrafung und Umerziehung, eigentlich aber der Vernichtung der geistigen, seelischen und körperlichen Gesundheit und somit letztlich des ganzen Menschen.

Allein in dem, was hier beschrieben wird, zeigt sich, dass für das soziale Lernen ein sehr einfaches Muster von „Identität" angeboten wurde, das scheinbar am eigenen Körper und an der Zugehörigkeit zu einer bestimmten Familie und einem bestimmten Volk erkannt

Erziehungsmittel Angst

werden konnte. Als Erziehungsmittel war damit das gezielte Schüren einer doppelten Angst verbunden: einerseits nicht dazuzugehören und andererseits durch sogenannte „Volksfeinde" von innen und außen bedroht zu werden. Die Rückseite dieser Erziehungslogik lautete: Es ist der „Führer" Adolf Hitler, der eine Bewältigung der Probleme bringen kann. Er behauptete, den Weg aus dieser Gefahr zeigen zu können. Die absolute Treue zum Führer als maßgeblichem Repräsentanten des Volkes wurde als Erziehungsziel für alle Deutschen ausgegeben.

Dahinter stand eine perfide Didaktik der Volkserziehung. Die Nationalsozialisten produzierten und verstärkten von Anfang an selbst die diffuse Angst vor Bedrohung, indem sie schon mit ihrer Parteigründung begannen, Terrorakte zu verüben und politische Gegner und andere sogenannte Feinde zu ermorden – damit nährten sie zunächst die Vorstellung einer Bedrohung durch „Volksfeinde", indem sie über deren angebliche böse Taten berichteten und die Festnahmen und Morde als Reaktion darauf darstellten. Nach der Machtergreifung 1933 wurden dann sehr bald Menschen in Konzentrationslager gebracht und ermordet. Dadurch wurde ebenfalls ein Gefühl von Bedrohung hervorgerufen, aber nun bei denen, die nicht der NS-Ideologie folgten: Sie mussten Angst haben, zur Zielscheibe der nationalsozialistischen Gewalt zu werden. Terror als Erziehungsmittel bedeutete hier, dass sie Angst haben mussten, verhaftet, gefoltert und getötet zu werden, wenn sie sich nicht angepasst verhielten.

Erziehungsort Massenorganisation

Darüber hinaus entwickelten die Nationalsozialisten mit der sogenannten „Gleichschaltung" ein System von Massenorganisationen, die im Prinzip jedem Deutschen die Möglichkeit geben sollten, Mitglied in zumindest einer dieser Strukturen zu sein. Massenorganisationen waren auf der einen Seite ein Erziehungsraum für die Selbstdefinition des Einzelnen. Der einzelne konnte und sollte durch sie die Verbundenheit mit anderen Menschen erfahren. Auf der anderen Seite wirkten sie direkt erzieherisch als ein weiteres soziales Druckmittel: Wer zu keiner Massenorganisation gehörte, war in Gefahr, als Gegner des Systems wahrgenommen zu werden. Für Erziehung im Kindes- und

Abb. 6.2.1 | ▶ Konzentrationslager Sachsenhausen

Jugendalter vor allem relevant war die „Hitlerjugend" (HJ), die ab 1933 für alle Jugendlichen ab dem Alter von zehn Jahren die einzig erlaubte Organisation war. Sämtliche anderen Jugendorganisationen wurden abgeschafft. Für die Nazis war die HJ von besonderer Bedeutung, da sie nicht erwarteten, dass die Schule schnell genug vollständig ihrem Ziel entsprechen würde. Dazu hätten alle Lehrer im Denken und Handeln gleichgeschaltet werden müssen, was trotz des enormen Drucks nicht möglich schien. Die HJ setzte auf eine eigene Form von Lernen durch Erfahrung. Wichtig war einerseits die Einordnung in die hierarchischen Führungsstrukturen, andererseits aber vor allem das gemeinsame Erlebnis. Durch den Anspruch, den gesamten Alltag der Jugendlichen zu umfassen und zu kontrollieren, wollten die Nazis nicht zuletzt intellektuelle Bildung erschweren. Ihnen war an Gehorsam und Körperertüchtigung gelegen. Insofern war die Schule nur neben der HJ bedeutsam, aber ihr nicht gleichgestellt. Die Strategie war zumindest von den Mitgliederzahlen her erfolgreich. Bereits 1939 gehörten 98% der Jugendlichen der HJ an.

Darüber hinaus versuchte die NS-Diktatur, auch mit den anderen Organisationen den Anspruch der Erziehung durch das Kollektiv und zugleich zum Kollektiv umzusetzen. So wurden Lehrer im Nationalsozialistischen Lehrerbund und Hochschullehrer im Nationalsozialistischen Deutschen Dozentenbund organisiert. Die Deutsche Arbeitsfront ersetzte alle Gewerkschaften. Sie gründete u. a. „Kraft durch Freude" (KdF), die die Freizeit organisierte, z. B. durch die Organisation von Sport und preisgünstigen Reisen. Auch dadurch sollte sichergestellt werden, dass die Freizeit zur körperlichen Ertüchtigung und nicht mit unerwünschten Themen (zum Beispiel im Rahmen kirchlicher Aktivitäten) verbracht wurde. Die KdF gründete das Volkswagenwerk und ließ den VW („Kraft-durch-Freude-Wagen") von Ferdinand Porsche entwi-

Abb. 6.2.2 | ▶ Grundsteinlegung des Volkswagenwerkes durch Reichskanzler Adolf Hitler, vorn rechts Ferdinand Porsche

ckeln. Als Werksort entstand die „Stadt des KdF-Wagens bei Fallersleben“, das heutige Wolfsburg.

Neben den genannten Massenorganisationen war es vor allem auch die NSDAP als Partei der NS-Diktatur selbst, die ihre Mitglieder durch Überwachung und Manipulation erziehen wollte. Ein zentraler Inhalt des Erziehungsprogramms wurde nach 1933 die Vorbereitung auf den Zweiten Weltkrieg. Die Nationalsozialisten militarisierten das gesamte Land. Militarisierung bedeutet immer, dass ein Land auf Strukturen von unbedingtem Gehorsam, der Aufgabe der eigenen Meinung und des eigenen Denkens, der Angst vor den Feinden und der Angst vor den eigenen Befehlshabern eingeschworen wird. Durch gezielte Feindbilder wird dabei Angst in Hass verwandelt.

Erziehung durch Militarisierung

Die Nationalsozialisten fügten diesen Strukturen weitere Merkmale hinzu: auf der einen Seite scheinbare Erfolge beim Kampf gegen die Arbeitslosigkeit, die allerdings durch hohe Verschuldung erkauft wurden, auf der anderen Seite Gigantomanie bei Bauprojekten wie dem Reichsparteitagsgelände in Nürnberg oder dem Bau der Autobahnen. Architektur und Technik wurden als Erziehungsmittel direkt genutzt. Ein bezeichnendes Beispiel hierfür war der Volksempfänger, ein auf Anregung des Propagandaministers Goebbels entwickeltes Radiogerät, das die Botschaften Hitlers und der Nazis direkt nachhause sendete.

Erziehungsmittel Architektur

Der NS durchdrang das Alltagsleben. Plakate, Zeitungen, Radio, Hitlerbüsten und -bilder, Aufmärsche, Uniformen etc. – das Leben war angefüllt mit der Symbolik des NS. Es war kaum möglich, sich dieser zu entziehen. Die Erziehungsmittel griffen tief in den Alltag hinein. Besonders geschah dies auf der einen Seite durch die rassische Diskriminierung vor allem der Juden – sie mussten durch das Tragen des gelben Sterns sich immer als Juden erkennbar machen –, auf der anderen Seite durch den deutschen Gruß „Heil Hitler“ als Kennzeichen der Zugehörigkeit. Diese Form der „Werbung“ bzw. des politischen Marketings sorgte dafür, dass die Erziehungsbotschaften und der Erziehungsanspruch des Staates im Alltag präsent waren. Damit einher ging auch eine sehr einfache und sehr traditionelle Zuschreibung von Geschlechterrollen: Frauen erhielten ihre entscheidende Anerken-

Abb. 6.2.3 | ▶ Goebbels vor einem „Volksempfänger“

nung über Mutterschaft. Männer waren letztlich Soldaten, Kämpfer, Verteidiger des Heims, Beschützer und Ernährer. Für den Einzelnen hatte dies alles auch eine entlastende Funktion, weil er sein Lernen unter Aufgabe des Gedankens individueller Freiheit und Verantwortung ganz an den Vorgaben des Staates ausrichten konnte.

Der NS war insofern – wie andere Diktaturen auch – eine Entkomplexisierung der Welt. Er war in seinen Grundelementen spießig, xenophob, patriarchal und letztlich menschenverachtend.

Die totalitäre Erziehung der Nationalsozialisten war nicht vollkommen erfolgreich. Immer wieder gab es auch in Deutschland Menschen, die sich nicht anpassten, sondern in die innere Emigration gingen oder – wie z. B. die Mitglieder der Weißen Rose um Sophie und Hans Scholl oder die Männer des 20. Juli 1944 – direkten Widerstand leisteten.

Auch nach dem Zusammenbruch der NS-Diktatur hallte die Pädagogik des Systems noch lange nach. Nach 1945 wurde so beispielsweise darüber diskutiert, inwieweit das deutsche Volk insgesamt für den Terror des Systems verantwortlich war. Die Gegner dieser Annahme argumentierten, man hätte ja nicht wissen können, welche Verbrechen die Nazis wirklich begangen haben. Diese Entschuldigung kann nur gelten lassen, wer annimmt, dass das Verschwinden von Tausenden von Juden, Kommunisten, Sozialdemokraten, Liberalen, Homosexuellen, Behinderten etc., der Missbrauch von Zwangsarbeitern und Zwangsarbeiterinnen, die Erschießung von Polen, Russen, Franzosen, Griechen, Italienern etc. durch SS und Wehrmacht und die weiteren unzähligen Kriegsverbrechen wirklich nicht bekannt waren. Die Leugnung von Schuld setzte letztlich das Kollektivmuster fort, sich im eigenen Lernen und Wahrnehmen auf die Preisgabe der eigenen Freiheit zurückzuziehen. Der Wunsch dazuzugehören und die Angst, selbst zum Opfer zu werden, macht Menschen jedoch automatisch zu Opfern und Tätern zugleich, da sie Zugehörigkeit durch eigene Härte, Menschenverachtung, Brutalität oder vor allem durch gezieltes Wegschauen und Nicht-wahrhaben-Wollen erweisen müssen.

Erziehung im Sowjetkommunismus

Erziehung im Sowjetkommunismus

Auf Ähnlichkeiten in den Erziehungssystemen des nationalsozialistischen Deutschland und der Sowjetunion ist schon hingewiesen worden. Dennoch trug das Erziehungssystem des Sowjetkommunismus eigene Züge. Für die Sowjetunion in der Zeit vor 1945 lassen sich drei Phasen unterscheiden. Die erste ist die von der Oktoberrevolution 1917 bis zur Staatsgründung 1922 bzw. dem Tod Lenins 1924. In dieser Zeit errangen die Bolschewiki Schritt für Schritt die Macht und setzten sich im Bürgerkrieg gegen innere und äußere Feinde durch. In der Phase der Konsolidierung bis 1941 und der Phase des Zweiten Weltkriegs bis 1945 war Josef Stalin das Staatsoberhaupt der Sowjetunion.

Die Lage am Ende des Ersten Weltkriegs kann wie folgt beschrieben werden: Russland war im Wesentlichen ein Agrarstaat, dessen größter Bevölkerungsanteil Bauern mit sehr geringem Bildungsniveau waren: Die meisten Menschen waren Analphabeten. Der erste Weltkrieg hatte in Russland zu einer starken wirtschaftlichen Verschlechterung geführt, sodass es zu einer Reihe von Hungersnöten kam. Zugleich war Russland aufgrund der Expansion der vergangenen Jahrhunderte ein Vielvölkerstaat. Zu Russland gehörten damals fast 200 Millionen Einwohner. Heute selbstständige Staaten wie Finnland, Estland, Litauen, Lettland, Weißrussland, Georgien, Armenien, Aserbaidschan, Kasachstan, Usbekistan, Teile der Ukraine und Polens etc. waren bis 1917 Teil des Russischen Kaiserreichs. Einige von ihnen erlangten danach dauerhafte (z. B. Finnland), andere vorerst temporäre Unabhängigkeit (z. B. Estland, Litauen, Lettland).

Als Erziehungsziel der von Wladimir Iljitsch Lenin geführten Kommunistischen Partei der Bolschewiki und somit als Erziehungsziel der Sowjetunion diente eine spezifische Variante des Marxismus. Karl Marx hatte angenommen, dass die Arbeiter eine eigene Klasse bilden und sich gegen die Herrschaft der sogenannten „Kapitalisten" erheben würden, und dass sie dann die Herrschaft erlangen und am Ende eine klassenlose Gesellschaft, den Kommunismus, einführen würden. Da es in Russland weniger Arbeiter als Bauern gab, erklärte Lenin nun, dass Arbeiter und Bauern gemeinsam die Herrschaft übernehmen würden. Das zentrale Identifikationsziel sozialen Lernens war also die Zugehörigkeit zu einer bestimmten Klasse. Diese Zugehörigkeit wurde sehr bald ergänzt und zum Teil abgelöst durch die Zugehörigkeit zur Kommunistischen Partei der Bolschewiki, die als einzige Partei in der Sowjetunion zugelassen war.

Kommunismus

Einparteienherrschaft

Für ihre eigene Form des Erziehungsstaats unternahmen die Bolschewiki mehrere Schritte. Der erste große Schritt war die umfassende Enteignung jeglichen Privateigentums an Industrie, Maschinen und Land. Dieses Eigentum wurde entweder in Staatshand oder in Genossenschaften überführt. Die damit verbundene Erziehungsbotschaft kann so verstanden werden: Nur die staatliche Gemeinschaft gibt die Möglichkeit, das eigene Einkommen zu erarbeiten. Wer dem Staat nicht gehorsam ist, wird vom Broterwerb ausgeschlossen. Der zweite Schritt war ein umfassendes Bildungsprogramm, das letztlich dazu führte, dass es keine Analphabeten mehr gab, dass die Zahl der Hochschulabsolventen sich deutliche vergrößerte, indem neuen gesellschaftlichen Gruppen der Zugang zu den Universitäten erlaubt wurde. Somit wurde eine wesentlich größere soziale Mobilität innerhalb der Gesellschaft ermöglicht. Im Schulsystem fanden sich in den ersten Jahren der Sowjetunion einige reformpädagogisch beeinflusste Schulversuche, die aber spätestens unter der Herrschaft Stalins beendet wurden. Zu ihnen gehörten u. a. die Arbeitsschule Pavel Petrovic Blonskijs (1884–1941), die Produktionsschule Nadeshda Krupskajas (1869–1939), der Frau Lenins, und die Heim- und Kollektiverziehung Anton Semjonowitsch Makarenkos (1888–1939).

Beseitigung des Analphabetismus

Blonskij

Krupskaja

Makarenko

Ein dritter wesentlicher Schritt der Bolschewiki war die Industrialisierung des Landes. Bis zum Ende der Sowjetunion galt es als Staatsdoktrin, dass fortschreitende Industrialisierung mit historischem Fortschritt und mit dem Sieg des Kommunismus zusammengehören würde. Damit sind zwei Erziehungsziele verbunden: 1. Man soll anerkennen, dass der Geschichte selbst eine Fortschrittslogik innewohnt, die im Kommunismus ihren Höhepunkt erreicht. Die Industrialisierung ist Symbol für diesen Fortschritt. 2. Es ist am besten, Teil des Fortschritts zu sein und der entsprechenden Klasse – der Arbeiterklasse, die die Industrialisierung vorantreibt.

In den Jahren der Sowjetunion wurden viele Erfolge erzielt, wie zum Beispiel die Elektrifizierung des Landes, der Bau von Eisenbahnen, der umfangreiche Aufbau von Schwerindustrie etc. Doch diese Entwicklung ging einher mit der Ermordung von Millionen von Arbeitskräften und bis heute bestehenden ökologischen Katastrophen wie etwa der Austrocknung des Aralsees.

Wie im Nationalsozialismus zeigt sich auch in der Sowjetunion ein Erziehungsstaat, der verschiedene Instrumente zur Herrschaftssicherung und zum Machterhalt benutzt. Das zentrale Element war auch hier der Terror, den Lenin als legitimen und sogar notwendigen Bestandteil von Politik betrachtete. Deshalb setzte er bereits kurz nach der Revolution Terror-Maßnahmen ein, um die Herr-

Erziehungsstaat

Erziehung durch Terror

schaft der Bolschewiki zu sichern. Der Terror richtete sich dabei gegen alle Feinde, das heißt gegen die militärischen und politischen Gegner. Er richtete sich aber auch gegen die Zivilbevölkerung, um ihr zu zeigen, dass Widerstand bestraft wird. Teil des Terrorregimes war die Errichtung von Lagern (Gulags), die offiziell als Erziehungslager gekennzeichnet wurden. Durch Arbeit und die Erfahrung des Kollektivs sollten die Angehörigen der Bourgeoisie und des Adels zu neuen Menschen erzogen werden. Die Gulags dienten aber zugleich als Stätten von Folter und Ermordung. Dabei wurden die Gefangenen häufig für große und anstrengende Bauprojekte eingesetzt, bei denen sie in vielen Fällen an Erschöpfung starben.

Gulag

Abb. 6.2.4 | ▶ Bauarbeiten am Weißmeer-Ostsee-Kanal (Sommer 1932), einem der ersten Großbauprojekte, bei dem vor allem Zwangsarbeiter eingesetzt wurden

Die Volkserziehung bzw. Volksdisziplinierung durch Terror wurde unter Stalin ausgebaut. Stalin ließ sogar viele Kommunisten und ehemalige Parteiführer hinrichten. Dabei nutzte er unter anderem Schauprozesse, die einen klaren erzieherischen Appell zur Unterordnung unter das System nach außen sendeten. Durch Folter wurden die Angeklagten dazu gezwungen, Verbrechen zu gestehen, die sie nicht begangen hatten. Schauprozesse, Terror und Lager waren wesentliche Elemente des kommunistischen Erziehungssystems. Sie machten deutlich, dass die Macht der Kommunistischen Partei und ihres Führers nicht in Frage gestellt werden durfte. Sie zeigten, dass absoluter Gehorsam erwartet wurde. Ähnlich wie im Nationalsozialismus wurde das Erziehungssystem durch die Schule, durch Massenorganisationen und durch die Wehrpflicht für Männer vervollständigt. Der Geheimdienst und die gegenseitige Bespitzelung der Menschen trugen zu ständiger Angst und zu Unterordnung bei.

Merksatz

Typische Erziehungsmittel von Diktaturen sind: Angst vor Terror und erfundenen Feinden, Konformitätsdruck durch Massenorganisationen und normiertes Alltagshandeln.

Erziehung des neuen Menschen

Die Schule der Sowjetunion hatte einen eindeutig politischen Auftrag. Sie sollte den neuen, den sozialistischen Menschen erziehen. Für die Schule war der Frontalunterricht typisch – eine Unterrichtsform, die allein durch ihre Raumstruktur Hierarchie und Kontrolle symbolisiert. Schule setzte – abgesehen von Reformbestrebungen der Anfangsjahre – nicht auf Eigeninitiative der Schüler, sondern auf Auswendiglernen.

Der Sowjetkommunismus und insbesondere der Stalinismus hatten zum Ziel, als einzige Modelle der Welterklärung zu dienen. Daher wurden u. a. Christen und Moslems systematisch verfolgt und ermordet, Kirchen prinzipiell enteignet und viele Kirchen und Moscheen zerstört, Priester und Gläubige allein wegen ihrer Religionszugehörigkeit umgebracht.

Der Sowjetkommunismus verstand sich zugleich als internationale Bewegung. Anders als der Nationalsozialismus ging er nicht von der Überlegenheit eines Volkes über alle anderen aus, sondern erwartete, dass die Arbeiterklasse aller Länder die Macht übernehmen und den Kommunismus zum Sieg führen würde. Tatsächlich wurden um die Mitte des 20. Jahrhunderts sehr viele Länder von kommunistischen Parteien regiert. Ein großer Teil von ihnen stand direkt unter dem Einfluss der Kommunistischen Partei der Sowjetunion. Die Erziehungsziele in diesen Staaten waren daher denen der Sowjetunion ähnlich. Dabei darf nicht übersehen werden, dass die Entwicklungen in der Sowjetunion insgesamt heterogener waren als in der hier beschriebenen Periode bis 1945 – das Land bestand bis 1991 fort.

Abb. 6.2.5 | ▶ Titelseite der Bezboshnik 1929 – Zeitschrift der militanten Atheisten

Erziehung und die Ausdifferenzierung der Institutionen | 6.3

Die Gesellschaft in den industrialisierten Staaten ist in der Moderne durch einen permanenten Ausdifferenzierungsprozess geprägt. Das zeigte sich in der ersten Hälfte des 20. Jahrhunderts vor allem an einer stärkeren Arbeitsteilung im Bereich der Industrie. Es entstanden neue, spezialisierte Berufe, für die eigene Lehr-Lern-Programme entwickelt werden mussten. Es gab dafür verschiedene Gründe: Durch die zunehmende Einführung von Maschinen bedurfte es Spezialisten, die diese Maschinen bedienen konnten. Zugleich gab es eine Art Kreativitätsdruck, durch die ständige Erfindung von neuen Produkten und Dienstleistungen für Wachstum zu sorgen. Im Bereich des Konsums war es eine zentrale Aufgabe, Produkte erfolgreich zu vermarkten. All dies verlangte nach Lernen angesichts sich wandelnder gesellschaftlicher Verhältnisse. Diese fortschreitende Ausdifferenzierung setzt sich als Merkmal bis in die Gegenwart fort – ständig entstehen neue Berufe. Zugleich sorgte die Industrialisierung für eine Trennung von Familie und Beruf in einem zuvor nicht dagewesenen Ausmaß (vgl. Kap. 5.2).

Merksatz

Die Ausdifferenzierung der Industriegesellschaft spiegelt sich in der Ausdifferenzierung der pädagogischen Bereiche und Berufe.

Die gesellschaftlichen Entwicklungen spiegelten sich im Bereich der Pädagogik. Auch hier fanden sich eine Spezialisierung der Berufe und eine Verlagerung von Aufgaben der Familie in außerfamiliale Institutionen. Der am stärksten wahrgenommene pädagogische Beruf war sicherlich der des Lehrers, der in der Weimarer Republik bereits selbstverständlich nach Schularten und Fächern ausdifferenziert war. Im Bereich der Schule zeigte sich auch ein starker Eingriff der Gesellschaft in das Private. Dies begann bereits im 17. Jahrhundert mit regionalen Modellen einer allgemeinen Schulpflicht, die aber erst mit der Weimarer Verfassung 1919 für ganz Deutschland Gültigkeit erreichte. Konkretisiert wurde diese Pflicht 1920 durch die Einführung des Reichsgrundschulgesetzes, das festlegte, dass alle Kinder am Beginn der Schullaufbahn für vier Jahre eine öffentliche Schule besuchen müssen. Im Prinzip ging es darum, am Anfang eine einheitliche und allgemeine Bildung durchzusetzen und gleichzeitig den Unterricht zuhause zu verbieten. Umstritten war (und ist bis heute) die Dauer des gemeinsamen Lernens. Die Sozialdemokratie hatte bereits 1918 den Vorstoß unternommen, eine achtjährige Ein-

Allgemeine Schulpflicht

heitsschule einzuführen, was unter anderem die Verkürzung der Gymnasialzeit oder auch die Auflösung des Gymnasiums bedeutet hätte und daher am Widerstand der Gymnasiallehrer und der konservativen Parteien scheiterte.

Die Schulpflicht an sich ist heute zwar etabliert, aber auch umstritten. So gibt es eine Position, die diese Pflicht als Misstrauen gegenüber der häuslichen Erziehung durch die Eltern oder durch Privatlehrer interpretiert. Dass es auch anders geht, zeigen bis heute verschiedene englischsprachige Länder und auch Österreich, wo es zwar eine Unterrichts-, aber keine Schulpflicht gibt. Auf der anderen Seite heben Befürworter der Schulpflicht hervor, dass damit sichergestellt ist, dass Kinder aus den sogenannten bildungsfernen Elternhäusern auf jeden Fall zur Schule gehen und nicht stattdessen arbeiten müssen und sie somit nicht zu früh von Bildung und den damit verbundenen Aufstiegsmöglichkeiten abgehängt werden. Nicht zuletzt werde damit auch sichergestellt, dass Kinder aus besonders reichen Elternhäusern wenigstens zeitweise Kontakte zu Kindern aus ärmeren und sozial schwächeren Schichten haben.

Neue Schulkonzepte

In die Zeit der Weimarer Republik fällt neben der weiteren Ausgestaltung der Schulpflicht eine reiche Entwicklung an neuen Schulkonzepten, die im Wesentlichen unter der im vorherigen Kapitel verwendeten Bezeichnung Reformpädagogik gefasst werden (vgl. Kap. 5.3). Obwohl sie in der Pädagogikgeschichte in der Regel einen besonderen Platz genießen, hatten sie doch auf das Schulsystem insgesamt nur einen begrenzten Einfluss. Sie zeigen aber, dass die verschiedenen gesellschaftlichen Gruppen das Schulsystem für sich entdeckt hatten und versuchten, eigene Erziehungsziele mit eigenen Konzepten durchzusetzen.

Insgesamt wurde als Tendenz der Moderne erkennbar, dass in ausdifferenzierten industrialisierten Gesellschaften Institutionen Aufgaben übernehmen, die zuvor entweder in der Familie verhaftet waren oder die neu entstanden und von der Familie nicht geleistet werden konnten. Dabei kam es immer wieder vor, dass die Institutionen zielgerichtet in die Familie eingriffen. Dies wurde immer dann aktuell, wenn ein weiteres Feld für eine professionelle Pädagogik entdeckt wurde und entsprechendes pädagogisches Personal dafür ausgebildet werden sollte. Das bekannteste Beispiel hierfür ist das Feld der Sozialpädagogik. Gertrud Bäumer hatte hierfür eine prägnante Definition von Sozialpädagogik formuliert.

Sozialpädagogik

Zitat

> Der Begriff „Sozialpädagogik" bezeichnet danach „nicht ein Prinzip, dem die gesamte Pädagogik sowohl ihre Theorie wie ihre Methoden, wie ihre Anstalten und Werke – also vor allem die Schule – unterstellt ist, sondern einen Ausschnitt: alles was Erziehung, aber nicht Schule und nicht Familie ist." Sozialpädagogik wird damit zum „Inbegriff der gesellschaftlichen und staatlichen Erziehungsfürsorge, sofern sie außerhalb der Schule liegt." (Gertrud Bäumer: Die historischen und sozialen Voraussetzungen der Sozialpädagogik und die Entwicklung ihrer Theorie, 1929)

Alles, was Erziehung, aber nicht Schule und nicht Familie ist, gehört in den Bereich der Sozialpädagogik. Das Jugendamt, das in der Weimarer Republik mit Einführung des Reichsjugendwohlfahrtsgesetzes 1922 deutschlandweit institutionalisiert wurde, ist mit seinen verschiedenen Aufgabenbereichen zwischen Jugendfürsorge und Jugendpflege ein wichtiges Beispiel dafür. Dabei konnte die staatliche Verantwortung für diese Bereiche an viele Vorläufer anknüpfen (vgl. Kap. 5.2). Die Industrialisierung hatte in den Städten oft zu massiver Armut und Verelendung geführt und somit eine Vielzahl von sozial Bedürftigen hervorgebracht.

Insbesondere Kinder und Jugendliche hatten im zunehmenden Maß keine Möglichkeit mehr, von der Kernfamilie aufgefangen zu werden, wenn beide Eltern arbeiten gehen mussten. Zugleich gab es eine steigende Zahl von unehelichen Kindern. Um diesen Kindern und Jugendlichen zu helfen, entstanden viele, verschieden geprägte fürsorgerische Projekte, die zum Teil von den Kirchen, zum Teil aber auch von Gewerkschaften, Parteien usw. getragen wurden.

Eine wesentliche Voraussetzung für die Arbeit des Jugendamts wurde bereits 1871 mit der Verabschiedung des Reichsstrafgesetzbuches geschaffen. Darin wurde festgelegt, dass die Bestrafung von straffälligen Kindern und Jugendlichen von der von Erwachsenen zu unterscheiden ist. In einzelnen deutschen Staaten wurden nun statt Gefängnissen für Jugendliche Einrichtungen zur Zwangserziehung geschaffen. Damit gab es innerhalb des Strafmotivs einen Paradigmenwechsel: weg von der Inhaftierung hin zur Erziehung. Ein weiteres Feld, das seit dem 19. Jahrhundert größere Wandlungsprozesse durchlief, war die Erziehung sogenannter „verwahrloster" Kinder. Insbesondere dort, wo die Schulpflicht eingeführt worden war, wurden vernachlässigte Kinder ihren Eltern entzogen und Pflegefamilien oder der Zwangserziehung zugeführt. Dies war quasi eine Nebenwirkung der Schulpflicht, ermöglichte diese doch eine

Zwangserziehung

höhere Transparenz dessen, was in den Familien passiert: Wenn ein Kind nicht zur Schule kommt, wenn es auf den Unterricht nicht vorbereitet ist, wenn es verwahrlost aussieht, kann das aufgrund der Schulpflicht nicht mehr versteckt werden. Schulpflicht ist somit in dieser Hinsicht auch ein Überwachungsinstrument.

Präventive Kinder- und Jugendarbeit

Daneben entstand ein weiterer Bereich der Jugendarbeit, die Kinder- und Jugendpflege, die präventiv dafür sorgen sollte, dass Kinder und Jugendliche erst gar nicht verwahrlosten. Dazu gehörten auch Aktionen gegen die Säuglingssterblichkeit in Form von Säuglingsfürsorge, aber auch Schulkinderfürsorge wie zum Beispiel Schulspeisung etc. Zu Beginn des 20. Jahrhunderts entstand an verschiedenen Orten das Bedürfnis, diese und weitere Initiativen zu bündeln und ihnen einen organisatorischen Rahmen zu geben. Daher wurden in verschiedenen Städten Jugendämter eingerichtet. Damit war oftmals auch das Anliegen verbunden, die Arbeit zu professionalisieren, das bedeutet, das Personal dafür auszubilden und entsprechende Ausbildungseinrichtungen zu schaffen.

Der Erste Weltkrieg verschärfte die sozialen Probleme, da nun einerseits in vielen Familien der Vater fehlte, weil er entweder an der Front oder gefallen war, und die Mutter sich folglich allein für den Lebensunterhalt zuständig sah. Auch Familien aus dem Mittelstand und aus dem gehobenen Bürgertum waren davon betroffen und verloren mit den Vätern die Ernährer. Es gab also zu Beginn der Weimarer Republik eine Vielzahl sozialer Probleme, die durch die Schaffung zentraler Institutionen angegangen werden sollten. Die Grundlage legte die Verfassung der Weimarer Republik. Das Thema „Erziehung" war Bestandteil eines wichtigen Artikels:

Zitat

> „Die Erziehung des Nachwuchses zur leiblichen, seelischen und gesellschaftlichen Tüchtigkeit ist oberste Pflicht und natürliches Recht der Eltern, über deren Betätigung die staatliche Gemeinschaft wacht." (Weimarer Reichsverfassung, Art. 120 Abs. 1)

Entscheidend ist hier die Doppelstruktur von Recht und Pflicht. Erziehung wurde zwar noch in der Familie belassen, aber die Überwachung durch den Staat wurde nun ebenfalls gefordert. In Kombination mit der Schulpflicht zeichnete sich hier ab, dass der Staat im umfassenden Sinne Kontrolle über den Bereich Erziehung erlangen wollte, ohne dass damit wie in den totalitären Staaten konkrete Inhalte oder Erziehungsziele benannt wurden.

In die Arbeit des Jugendamts war damit von Anfang an eine Grundspannung eingetragen. Einerseits repräsentierte es den Überwachungsanspruch des Staates, andererseits war seine Arbeit in einer Art Anwaltschaft auf das Wohlergehen der Kinder und Jugendlichen gerichtet. Das Jugendamt übernahm dabei konkret eine Vielzahl von Aufgaben: Jugendpflege, Säuglings- und Kleinkinderfürsorge, Schulkinderfürsorge, Pflegekinderfürsorge, Amtsvormundschaft, Krüppelfürsorge, Schutzaufsicht und Fürsorgeerziehung, Jugendgerichtshilfe. Das Jugendamt wurde und wird deswegen nicht zu Unrecht als „Gemischtwarenladen" bezeichnet, weil bei diesen sehr unterschiedlichen Zielgruppen und Themen unterschiedliche Professionen zusammenarbeiten müssen. Herausfordernd war dies auch durch eine weitere Eigenart des deutschen Systems: das Subsidiaritätsprinzip. Dieses Prinzip bedeutet, dass die schon vorhandenen zahlreichen freien Träger weiterhin tätig sind und tätig sein sollen und in die Jugendarbeit integriert werden. Der Staat stellt für sie einen Anteil der Finanzierung zur Verfügung und hat bestimmte koordinierende und auch kontrollierende Aufgaben. Er soll aber von Eigeninitiativen absehen, wenn die freien Träger eine Sicherstellung der genannten Aufgaben leisten können.

Jugendamt

Subsidiaritätsprinzip

Die grundlegende Struktur und die grundlegenden Herausforderungen des Jugendamtes haben sich bis in die Gegenwart erhalten.

Neben dem Jugendamt etablierten sich zwei weitere Institutionen: die Berufsschule und die Volkshochschule. Dies trug zu einer Ausdifferenzierung des pädagogischen Spektrums unter staatlicher Aufsicht bei.

Berufsschule

Mit dem Modell der Berufsschule wurde ein Konzept entwickelt, mit dem zum einen auf die Dynamik der Arbeitswelt vor allem im Handwerk reagiert und zum anderen der Anspruch auf Lern- und Weiterbildungsmöglichkeit eingelöst werden konnte. Seit Mitte des 18. Jahrhunderts waren bereits sogenannte Fortbildungsschulen entstanden. Die Entwicklung zur Etablierung der Berufsschule fand im Nationalsozialismus einen formellen Abschluss, in dem sie mit dem Reichsschulpflichtgesetz endgültig Bestandteil der Schulpflicht bis zum 18. Lebensjahr wurde. Die Berufsschule und die mit ihr verbundene duale Ausbildung bestehen bis heute fort und sind ein besonderes Kennzeichen des deutschen Bildungssystems, das es so nur in wenigen anderen Ländern gibt. Die Grundfrage, die mit Blick auf diesen Bereich gestellt wird, ist: Wann, wo und wie lernen Heranwachsende die für den Beruf notwendigen Fertigkeiten? Dazu gab

Duale Ausbildung

es vor der Einführung der Berufsschule eine einfachere Lösung, die auch heute noch in vielen Ländern Gültigkeit hat: durch das Dabeisein bei der jeweiligen Arbeit und das Mitmachen. Das funktioniert solange, wie die zu erledigenden Arbeiten nicht zu komplex sind und keine zu lange Ausbildungsdauer haben. Im Zuge der zunehmenden technischen und naturwissenschaftlichen Entdeckungen wurde auch für viele Ausbildungsberufe ein komplexes Zusammenspiel von Praxis und Theorie nötig. Das duale System in Deutschland kombiniert die Grundlagenausbildung in der Berufsschule mit den praktischen Anteilen im Ausbildungsbetrieb. Je nach Bedarf werden praktische Anteile auch bereits in der Berufsschule vermittelt. Der Vorteil liegt auf der Hand: Der Ausbildungsbetrieb selbst wird entlastet und zugleich können in der Berufsschule mehrere Lehrlinge von mehreren Firmen parallel und daher effizienter unterrichtet werden.

Georg Kerschensteiner

Für das deutsche, u. a. von Georg Kerschensteiner (1854–1932) entwickelte Konzept ist ein weiteres Kennzeichen von großer Bedeutung: Es geht nicht allein um die Ausbildung für den Beruf, sondern es geht auch in der Berufsschule um weiterführende moralische und staatsbürgerliche Bildung. Der Beruf ist in diesem Konzept der letzte Schritt, der einen Heranwachsenden in die Gemeinschaft einführt. Daher ist es notwendig, dass er die moralischen Werte übernimmt und ausfüllt, die von ihm als Erwachsenem erwartet werden. Berufsbildung ist also der letzte Schritt in einem Erziehungskonzept.

Wie sich gezeigt hat, umfassten die Institutionalisierungsprozesse von Erziehung und Bildung im Verlauf der Weimarer Republik nahezu das gesamte Leben. Der sozusagen letzte Bereich wurde durch die Entwicklung der Erwachsenenbildung abgedeckt. Für Deutschland besonders relevant war und ist dabei die institutionalisierte Form: die Volkshochschule (VHS) – ein Erfolgsmodell, das bis heute Bestand hat. Vorläufer gab es auch hierfür bereits im 19. Jahrhundert.

Volkshochschule

Aufklärung

Den Ausgangspunkt dieser Entwicklung bildete dabei die Aufklärung, die ein neues Selbstverständnis der Menschen hervorbrachte und die dabei gleichzeitig die Arbeits- und Lebensbedingungen der Menschen drastisch zu verändern begann (vgl. Kap. 4.2 und 4.3). Jeder war nun selbst aufgefordert, seinem Leben einen Sinn und einen Verlauf zu geben; ihrer neuen Rolle als Bürger eines vor allem ökonomisch ausgerichteten Gemeinwesens sollten alle auf neue Weise gerecht werden. Da solches erst erlernt werden musste, ent-

Bürger

stand ein Bedürfnis nach weiterer Bildung, welches vor allem durch die Gründung von zahlreichen Vereinen befriedigt wurde. Diese Vereine widmeten sich nun der Bildung ihrer Mitglieder auf verschiedene Weise.

Bildungsvereine

Der sich ab der zweiten Hälfte des 19. Jahrhunderts vollziehende Wandel zur industrialisierten Massengesellschaft zwang auch diese Bildungsvereine, sich entsprechend anzupassen. Vor allem die im Zuge der Industrialisierung entstehenden Arbeiter- und Handwerkerbildungsvereine waren für die weitere Entwicklung von Bedeutung. Aus ihnen ging die Arbeiterbewegung hervor, und mit dieser die Idee, dass Erwachsenenbildung vor allem als politische Bildung zu verstehen sei (vgl. Kap. 5.2).

Volkshochschule

Institutioneller Höhepunkt dieser Entwicklungen war die Volkshochschulbewegung während der Zeit der Weimarer Republik, die sich vor allem in der Gründung von Abendvolkshochschulen in den Städten und Heimvolkshochschulen auf dem Land realisierte. Die Idee der Volkshochschule stammt aus Dänemark von dem Theologen und Pädagogen Nikolai F. S. Grundtvig (1783–1872).

Merksatz

Die Pädagogik des Erwachsenenalters formierte sich für alle gesellschaftlichen Schichten vor allem als Bürger-Bildung: In Bildungsvereinen und in den neu gegründeten Volkshochschulen versuchten die Erwachsenen, sich an die sich verändernden gesellschaftlichen Anforderungen auf politischer und ökonomischer Ebene anzupassen.

In Deutschland wurde die Förderung der Bildung inklusive der Volkshochschulen 1919 in der Verfassung (Art. 148) verankert. Wie im Bereich der Sozialpädagogik oder der Jugendfürsorge bildeten auch in der Erwachsenenbildung verschiedene gesellschaftliche Strömungen und Interessen den Hintergrund: Neben der eher bürgerlichen standen die gewerkschaftliche, die sozialdemokratische und die kommunistische, aber auch die nationalistische Erwachsenenbildung. Daneben existierten die im ländlichen Raum angesiedelten Heimvolkshochschulen, in denen Teilnehmerinnen und Teilnehmer über eine längere Zeit zusammenlebten. Ein wesentlicher Anlass für die Gründung und den Boom der Volkshochschulen insbesondere in den Jahren zwischen 1918 und 1923 war die Hoffnung, dass die Erwachsenenbildung einerseits zur Entwicklung der Demokratie beitragen und andererseits gesellschaftlichen Aufstieg ermöglichen würde.

Neue Richtung

Für die VHS entwickelte vor allem die sogenannte Neue Richtung der Erwachsenenbildung ein Konzept, das Demokratie als Teil der

Demokratiebildung in den Volkshochschulen Arbeitsgemeinschaft

Institution der VHS verstand. Dies begann in vielen VHS mit der Selbstverwaltung. Die VHS wurden von den Dozenten, den Hörern und den Trägern (meist den Kommunen) gemeinsam verwaltet; ihre Inhalte wurden gemeinsam festgelegt. Für die Neue Richtung zeigt sich dieser demokratische Ansatz auch und vor allem in der Didaktik. Grundlegendes Prinzip war die sogenannte Arbeitsgemeinschaft. Die Alte Richtung der Erwachsenenbildung hatte den Vortrag als Methode genutzt. Dieses frontale Setting ist – ähnlich wie in Vorlesungen an der Universität heute – mit der Auffassung verbunden, so werde auf jeden Fall das Richtige gesagt und auch gelernt. Frontale Methodik gibt seit jeher zu zwei fundamentalen Kritiken Anlass: Zum einen wird eingewandt, dass das, was nur gehört wird, schlechter gelernt wird als das, was durch eigenes Tun angewandt wird. Die zweite Kritik an frontaler Didaktik ist die an der Entmündigung der Lernenden. Die Eigentätigkeiten der Lernenden wie Schreiben, (Mit-)Reden, künstlerische Arbeit, Rechnen, Anwenden in Projekten, handwerkliches oder technisches Tun ist danach dem rein frontalen Unterricht überlegen, wohingegen die Frontalstruktur oft ausschließlich für ein Auswendiglernen und nicht für das Durchdringen der Inhalte sorgt. In frontalen Settings steht die Behauptung im Zentrum, die Person, die vorn steht, habe das richtige Wissen und könne es mitteilen. Die ihr gegenüber sitzende Gruppe habe hingegen kein oder falsches Wissen und müsse zurechtergezogen werden.

Abb. 6.3.1 | ▶ Schloss Tinz (heute zu Gera); von 1920 bis 1933 Sitz der Heimvolkshochschule Tinz

Ziel der Demokratiebildung war die Fähigkeit, eine eigene Position vertreten und einbringen zu können. Die Arbeitsgemeinschaft in der VHS setzte diesen Gedanken für Erwachsene um. Verbunden war das mit der Grundannahme, dass die Erwachsenen ohnehin schon erwachsen und damit mündig seien, dass sie also wissen, was sie brauchen und was sie wollen.

Die Ambivalenz der Demokratiebildung im Sinn der Neuen Richtung kommt in der Tatsache zum Ausdruck, dass diese nicht auf eine Bildung hin zum Parlamentarismus zielte, sondern die Widersprüche, die es in der Weimarer Zeit gab, durch neue Gemeinschaftsbildung aufgehoben sehen wollte. Die angestrebte „Volksgemeinschaft" sollte durch Überwindung der Gegensätze u. a. zwischen den existierenden Klassen entstehen. Daher war es den Vertretern der Neuen Richtung besonders wichtig, Arbeiter anzusprechen und sie mit bürgerlichen Teilnehmern zusammenzubringen. Durch das Erleben von Gemeinschaft in der VHS – so der Reformgedanke – sollte die Volksgemeinschaft entstehen.

Gemeinschaftsbildung

Erziehung und universale Menschenrechte | 6.4

Zu den Reaktionen auf die Schrecken des Ersten Weltkriegs gehörten verschiedene pädagogische Initiativen, die im gewissen Sinne einen, wenn auch kleinen, Beitrag zu der 1948 im Rahmen der Vereinten Nationen verabschiedeten „Allgemeinen Erklärung der Menschenrechte" leisteten. So führte das Ringen um den Beitrag der Pädagogik zu internationaler Verständigung und zu dem großen Gedanken der Friedenserziehung zur Institutionalisierung der zuvor informellen Netzwerke der „Reformpädagogen" (vgl. Kap. 5.3). 1921 wurden diese Netzwerkbeziehungen durch die Gründung der „New Education Fellowship" (NEF; heute: World Education Fellowship, WEF) auf einer internationalen Konferenz im französischen Calais unter dem Thema „Der schöpferische Selbstausdruck des Kindes" verfestigt. Auf dieser Konferenz wurde beschlossen, eine pädagogische Weltorganisation mit drei Sektionen (in englischer, französischer und deutscher Sprache) aufzubauen. Die leitenden Perspektiven dieses Weltbundes zielten auf eine „ganzheitliche Bildung des Menschen unter Einbezug der sozialen, emotionalen und intellektuellen Kräfte in einer weltoffenen Form." Dieses weltweite Netzwerk für den Austausch über pädagogische Reform organisierte sich vor allem über zwei Kommunikationswege: über die regelmäßige Organisation internationaler Konferenzen und über die Schaffung eines gemeinschaftsstiftenden Publikationsorgans. Die publizistische Plattform bildete fortan die Zeitschrift „The New Area". Daneben waren es aber vor allem große Konferenzen, auf denen ein intellektueller Austausch über Länder-

World Education Fellowship (WEF)

und Kulturgrenzen hinweg stattfand. 1923 fand die zweite Tagung in Montreux statt. Dort wurde über „Education for Creative Service" diskutiert. Im Jahre 1925 nahmen bereits 450 Personen an der Konferenz in Heidelberg teil. Dort sprach unter anderem Martin Buber in einem Grundsatzreferat über die „schöpferischen Kräfte im Kinde". Zwei Jahre später, 1927, stellte Peter Petersen auf der Konferenz in Locarno eine Schulkonzeption vor, die unter dem Label „Jena-Plan" bekannt werden sollte. Mit 2000 Teilnehmerinnen und Teilnehmern bildete die Konferenz 1929 in Helsingör zum Thema „The New Psychology and the Curriculum" einen quantitativen Höhepunkt der Konferenztätigkeit. Die Weltkonferenz 1932 in Nizza thematisierte bezeichnenderweise „Education in a Changing Society", bevor ein Jahr später mit der Machtergreifung durch die Nationalsozialisten der Austausch auf internationaler Ebene über eine an individueller Freiheit orientierte Reformpädagogik stark eingeschränkt wurde.

Unter dem Eindruck des Zweiten Weltkriegs überlegten die Siegermächte, also vor allem die USA, die Sowjetunion, Frankreich und Großbritannien, nach 1945, wie die Welt in Zukunft sicherer gemacht werden könnte. Als weltumspannende Organisation, die dieses Ziel verfolgen sollte, wurden 1945 die Vereinten Nationen (engl.: United Nations Organization = UNO) gegründet.

Abb. 6.4.1 | ▶ Schwerter zu Pflugscharen. Die Skulptur von Jewgeni Wiktorowitsch Wutschetitsch nimmt ein Motiv aus dem Buch des biblischen Propheten Micha auf. Sie stammt aus dem Jahr 1959 und war ein Geschenk der Sowjetunion an die UNO. Die Skulptur steht im Garten des Hauptquartiers der Vereinten Nationen in New York City.

Für die Geschichte der Pädagogik sind vor allem die 1945 gegründete UNESCO und die 1948 verabschiedete Erklärung der Menschenrechte interessant. Die Gründung der UNESCO (United Nations Educational, Scientific and Cultural Organization, dt.: Organisation der Vereinten Nationen für Erziehung, Wissenschaft und Kultur) erfolgte vor allem, weil man sich fragte, wie in Zukunft Völkerverständigung über Erziehung und Kommunikation gefördert werden könnte. Damit war die Hoffnung verbunden, dass Bildung Fehlentwicklungen in Zukunft verhindern könnte.

Abb. 6.4.2 | ▶ Erklärung der Menschen- und Bürgerrechte, 1789

Welche Bildungsziele verfolgt die UNESCO? Das grundlegende Ziel ist die Ausbildung des freien Menschen. Das bedeutet, dass der Mensch sich selbst und seiner Ziele sicher ist und zugleich die Möglichkeit hat, sich frei zu entfalten. Er ist somit – und das ist das zweite wichtige Bildungsziel – auf eine demokratische Teilhabe an der Gesellschaft vorzubereiten. Er kann sich hier einbringen, muss dabei jedoch zugleich auch akzeptieren, dass die anderen anders sind. Um das zu erreichen, ist es wichtig, allen Menschen Zugang zu Lernmöglichkeiten zu geben. Das beginnt – und dies ist das dritte wesentliche Ziel – mit dem Kampf gegen Analphabetismus. Literatur eröffnet die Möglichkeit, durch die Lektüre die *Welt im Kopf* zu erweitern. Texte erlauben, neue Ideen zu entdecken und aufzugreifen, die einem von anderen Menschen vor Ort nicht unbedingt mitgeteilt werden. Daher haben auch alle Diktaturen versucht, den Zugang zu Literatur zu kontrollieren und zu beschränken. Die leichteste Kontrolle entsteht aber, wenn Menschen überhaupt nicht lesen können und gezielt vom Lernen abgehalten werden. Das vierte Bildungsziel ist Völkerverständigung. Die UNESCO setzt sich dafür ein, die verschiedenen Nationen miteinander in Austausch zu bringen, damit sie andere Kulturen, Sprachen und Identitäten kennen lernen und in ihrer Andersheit akzeptieren. Dies wird als aktive Kriegsprävention verstanden. Um dies alles zu erreichen, betrachtet die UNESCO die Professionalisierung pädagogischer Berufe als wesentliche Aufgabe. Sehr früh entstand bei ihr die Idee, die Qualität von Schulen durch den Vergleich verschiedener Ländern zu fördern. Darüber hinaus setzte sich die UNESCO die Aufgabe, in den vom Krieg in Mitleidenschaft gezogenen Ländern das Bildungswesen, Bibliotheken und Kulturgüter wieder aufzubauen.

Die UNESCO nimmt in ihrer Verfassung Bezug auf Menschenrechte. Die Diskussion um Menschenrechte hatte eine lange Tradition. Klassische Texte sind unter anderem die Amerikanische Unabhängigkeitserklärung (1776) und die Französische Erklärung der Menschen- und Bürgerrechte (1789).

Die Allgemeine Erklärung der Menschenrechte aus dem Jahr 1948 nimmt diese Traditionen und zugleich wichtige Motive der UNESCO auf. Grundlage der modernen Fassung der Menschenrechte ist, dass jeder Mensch von Geburt an als gleich viel wert gilt. Darauf baut auf, dass das Leben jedes Menschen geschützt werden muss. Menschen dürfen nicht gefoltert werden, sie haben ein Recht auf Freiheit, sie haben ein Recht auf körperliche Unversehrtheit, auf Gleichheit vor dem Gesetz und auf Teilhabe an den politischen Entscheidungen. Die Menschenrechte gelten insbesondere auch für die Geschlechter in gleicher Weise. Die Erklärung der Menschenrechte widerspricht damit dem Nationalsozialismus und dem Sowjetkommunismus sowie anderen Systemen, die lediglich einer Rasse, einer Religion, einer bestimmten Klasse etc. die Würde des Menschseins zuschreiben und zugleich das Recht zusprechen, mitzuentscheiden. In Artikel 26 wird konkret auf grundlegende Fragen der Bildung eingegangen.

Zitat

Artikel 26 der Allgemeinen Erklärung der Menschenrechte

1. Jeder hat das Recht auf Bildung. Die Bildung ist unentgeltlich, zum mindesten der Grundschulunterricht und die grundlegende Bildung. Der Grundschulunterricht ist obligatorisch. Fach- und Berufsschulunterricht müssen allgemein verfügbar gemacht werden, und der Hochschulunterricht muss allen gleichermaßen entsprechend ihren Fähigkeiten offenstehen.
2. Die Bildung muss auf die volle Entfaltung der menschlichen Persönlichkeit und auf die Stärkung der Achtung vor den Menschenrechten und Grundfreiheiten gerichtet sein. Sie muss zu Verständnis, Toleranz und Freundschaft zwischen allen Nationen und allen rassischen oder religiösen Gruppen beitragen und der Tätigkeit der Vereinten Nationen für die Wahrung des Friedens förderlich sein.
3. Die Eltern haben ein vorrangiges Recht, die Art der Bildung zu wählen, die ihren Kindern zuteilwerden soll.

Die Beachtung und Einhaltung der Menschenrechte selbst wird in der Erklärung als Bildungsziel benannt. Auch wenn die Erklärung keine Angaben darüber macht, was genau mit diesem Bildungsziel gemeint ist, so wird vor dem Hintergrund der Zeit schnell deutlich, was darunter zu verstehen ist:

- Zuerst ist es notwendig, dass man die Menschenrechte kennt, versteht und akzeptiert.
- Um die Menschenrechte umsetzen zu können, bedarf es einer Reihe von systemischen Voraussetzungen. Dazu gehört auf der einen Seite, dass das Bildungssystem Freiheit zulässt und zur Freiheit erzieht. Auf der anderen Seite ist damit verbunden, dass das politische System dem Einzelnen die Möglichkeit gibt, sich an der politischen Meinungsbildung zu beteiligen. Dafür ist u. a. die Fähigkeit notwendig, selbst lesen zu können. Schließlich ist ein Rechtssystem erforderlich, das die Rechte des Individuums schützt.
- Teil dieses Bildungsziels ist ferner, dass das Individuum genügend Selbstvertrauen und Selbstsicherheit bekommt, um Differenzen aushalten und im politischen System seine Meinung deutlich machen zu können.

Auch wenn der Alltag vieler Kinder weltweit z. B. mit Blick auf die Zugänglichkeit von Bildungsmöglichkeiten von einer solchen idealen Perspektive noch weit entfernt ist, kommt der Erklärung der

Menschenrechte doch eine wichtige Funktion zu. Mit Blick auf die Situationen, die in den Ersten und – ausgehend von der totalitären Kollektiverziehung im Nationalsozialismus – in den Zweiten Weltkrieg geführt haben, spiegelt die Erklärung eine Umwertung von Normalität wider. Bei allen Unzulänglichkeiten, die im Alltag anzutreffen sind, definieren die Menschenrechte, was als normal zu gelten hat und was nicht. Sie bringen damit eine normative Grundvorstellung zum Ausdruck, die als Korrektiv für Missstände angerufen werden kann. Für den jeweiligen nationalen Rechtskontext bildet die Erklärung in diesem Sinne eine Berufungsinstanz, die zu Rechtfertigungen und Korrekturen nötigt, wenn von den Grundanliegen dieser Konvention abgewichen wird. Betrachtet man die Erklärung als den Rahmen unterschiedlicher politischer Systeme, so wird deutlich, dass von dem Gedanken der Menschenrechte, auf die jeder Einzelne sich berufen kann, ein erzieherischer Appell ausgeht.

Zusammenfassung

Die Pädagogik der Moderne war im Zeitraum von 1920 bis 1945 von der Frage geprägt, in welchem Ausmaß und mit welchen Zielen der Staat das Lernen der Einzelnen steuern sollte. Das Idealbild des freien Individuums auf der einen und das des Menschen als Teil eines staatlich reglementierten Kollektivbewusstseins auf der anderen Seite prallten in dieser Zeit besonders deutlich aufeinander. An den Konzeptionen von John Dewey und Alexander S. Neill zeigt sich, wie die Vorstellung individueller Freiheit in Pädagogik übertragen werden kann. Insbesondere die Entwicklung in Europa wurde jedoch von zwei Kollektivsystemen geprägt, in denen die Ein- und Unterordnung unter streng geregelte Sozialnormen mit der Ausgrenzung und Verfolgung wesentlicher gesellschaftlicher Gruppen einherging. Nicht zuletzt führte der globale Expansionsanspruch dieser „Erziehungsstaaten“ in den Zweiten Weltkrieg und – speziell mit Blick auf die deutsche Geschichte – in die Katastrophe der Shoah. Mit Blick auf die Entwicklung der Bildungsinstitutionen zeigt sich in diesem Zeitraum eine zunehmende Dynamisierung der Ausdifferenzierung von Lernräumen. Neue Organisationen wie das Jugendamt oder im Bereich der Erwachsenenbildung etablierten und verbreiteten sich. Sie wurden entweder staatlich direkt gelenkt oder subsidiär gefördert. Auch wenn die Geschichte der Pädagogik ebenso wie die Geschichte insgesamt in diesem Zeitraum aus europäischer Perspektive im Schatten des Zweiten Weltkriegs steht, zeichnete sich mit der Arbeit des Völkerbunds ein Rahmen globaler Verständigung ab, der nach 1945 in die Gründung der Vereinten Nationen münden wird. In dem sich entwickelnden globalen Weltbewusstsein spielten Rechte im Bereich der Erziehung und (Aus-) Bildung als Teil der allgemeinen Rechte des Menschen eine wichtige Rolle. Sie trugen auch eine Infragestellung des Kolonialismus und der damit verbundenen Kolonialpädagogik in sich – eine Infragestellung, die in der Pädagogik der Moderne nach 1945 bedeutsam werden sollte.

Literatur

Hering, Sabine/Münchmeier, Richard: Geschichte der Sozialen Arbeit. Weinheim 5. Auflage 2014.

Herrmann, Ulrich: „Neue Erziehung" – „Neue Menschen". Ansätze zur Erziehungs- und Bildungsreform in Deutschland zwischen Kaiserreich und Diktatur. Weinheim 1987.

Keim, Wolfgang: Erziehung unter der Nazi-Diktatur (2 Bände). Darmstadt 1995 und 1997.

Lenhart, Volker: Pädagogik der Menschenrechte. Wiesbaden, 2. Auflage 2006.

Oelkers, Jürgen: John Dewey und die Pädagogik. Weinheim 2009.

Olbrich, Josef: Geschichte der Erwachsenenbildung in Deutschland. Bonn 2001.

Röhrs, Hermann: Der Weltbund für Erneuerung der Erziehung. Wirkungsgeschichte und Zukunftsperspektiven. Weinheim 1995.

Summerhill, Pro und Contra. 15 Ansichten zu A. S. Neills „Theorie und Praxis". Reinbek 1971.

Zabeck, Jürgen: Geschichte der Berufserziehung und ihrer Theorie. Paderborn, 2. Auflage 2013.

Testfragen

1. *Wie wurde das Verhältnis von Schule und Gesellschaft bei Dewey und Neill bestimmt und in schulische Praxis umgesetzt?*
2. *Inwieweit kann man vom Staat als „Erzieher" sprechen?*
3. *Was verbindet und was unterscheidet die Pädagogik von Nationalsozialismus und Sowjetkommunismus?*
4. *Welche Vorteile und welche Nachteile hat die Schulpflicht?*
5. *Wie spiegelte sich die gesellschaftliche Entwicklung in der Entwicklung der Bildungsinstitutionen?*
6. *Was kennzeichnet die Grundanliegen von UNO und UNESCO in pädagogischer Hinsicht?*
7. *Welche Funktion hat die Allgemeine Erklärung der Menschenrechte für das Verständnis von Erziehung und Bildung?*

Moderne III (1945–1992) – Von der Gründung der UNO bis zum Weltgipfel in Rio de Janeiro

7

Inhalt

In diesem Kapitel wird die Entwicklung verschiedener pädagogischer Motive nach dem Ende des Zweiten Weltkrieges bis zum Weltgipfel in Rio de Janeiro 1992 vorgestellt. Thematisiert wird hierbei nicht nur die Herausbildung zweier unterschiedlicher, dabei durchaus repräsentativer pädagogischer Wege in Ost- und West-Deutschland (Kap. 7.1), sondern auch die Bedeutung verschiedener sozialer Bewegungen (z. B. Jugendbewegung, Studentenbewegung und Bürgerrechtsbewegung) für die Formung und Gestaltung der Pädagogik: Zum einen sind es vor allem die Debatten und Experimente, die unter dem Namen „68er-Bewegung" in die Geschichte eingingen, die pädagogisches Denken und Handeln in entscheidender Weise veränderten (Kap. 7.2). Zum anderen prägen vor allem die Bemühungen, bisher marginalisierte Gruppen angemessen zu behandeln, die Pädagogik (Kap. 7.3) – eine Pädagogik, die sich zunehmend verschiedenen kulturellen Einflüssen öffnet und der Herausforderung einer globalen Verantwortlichkeit stellt (Kap. 7.4).

7.1 Pädagogik der zwei Wege – Der neue deutsche Bürger

Kultureller Kontext

Die Zeit zwischen 1945 und 1992 ist gekennzeichnet von tiefgreifenden gesellschaftlichen Wandlungen. Die mit dem Zusammenbruch des „Dritten Reiches" einsetzende und sich im Laufe der Zeit verfestigende Trennung der Welt in zwei politische Machtblöcke bestimmte die Lebenswelt der Menschen auf allen Ebenen fast ebenso stark wie daran anschließend die sukzessive Auflösung der Konkurrenz dieser beiden Systeme, die wohl um 1985 begann und mit dem Fall der Mauer in Berlin 1989 ihren emotionalen und politischen Höhepunkt fand. Die Menschen waren in ihrem Lebenslauf grundlegend davon bestimmt, auf welcher Seite des Eisernen Vorhangs sie aufwuchsen, auch wenn man immer berücksichtigen muss, dass die persönlichen Bildungsbiographien im gleichen systemischen Kontext höchst unterschiedlich geprägt sein können. Die Aufmerksamkeit wird nachfolgend auf die strukturellen Aspekte der Bildungsangebote im Gegenüber von Ost und West gerichtet.

Das Potsdamer Abkommen und die neue Pädagogik

Potsdamer Abkommen

Im *Potsdamer Abkommen* vom 2.8.1945 legten die vier alliierten Siegermächte Sowjetunion, Großbritannien, Frankreich und USA das übergeordnete Ziel für die Umformung und Neuorientierung des zukünftigen deutschen Bildungs- und Erziehungssystems fest. Dort heißt es:

Zitat

„Das Erziehungswesen in Deutschland muß so überwacht werden, daß die nazistischen und militaristischen Lehren völlig entfernt werden und eine erfolgreiche Entwicklung der demokratischen Ideen möglich gemacht wird." (Potsdamer Abkommen, Artikel 7)

Gemäß dieser, noch allgemein formulierten Vorgaben bemühten sich die Alliierten zusammen mit einer neu eingesetzten Verwaltung um einen entsprechenden pädagogischen Neuanfang. Genauer ausformuliert wurden die pädagogischen Vorstellungen dann in der Direktive 54 vom 25.6.1947. Ausgehend von der Überzeugung, dass es gerade das auf die Erzeugung einer Elite ausgerichtete, fragmentierte Bildungs- und Erziehungssystems Deutschlands war, das die deutsche Fehlentwicklung begünstigte, schlugen die Alliierten für alle vier Besatzungszonen eine neue Form des Bildungssystems vor. Zu diesen Empfehlungen gehörten die Wahrung gleicher Bildungschancen für alle, der entgeltfreie Zugang zu Bildung, eine einheitliche Beschulung (Einheitsschule) bis zum Ende der Pflichtschulzeit und die Vermittlung einer demokratischen Gesinnung. Diese Empfehlungen wurden in den vier Besatzungszonen auf sehr verschiedene Weise interpretiert.

Merksatz

Im *Potsdamer Abkommen* formulierten die vier Besatzungsmächte Vorschläge zur Umformung des deutschen Bildungs- und Erziehungssystems. Diese Empfehlungen wurden in den verschiedenen Besatzungszonen sehr unterschiedlich umgesetzt.

Die Reform des deutschen Bildungswesens in Ost und West

Eine je sehr unterschiedliche Realisierung der Vorschläge der Alliierten in den jeweiligen Besatzungszonen führte zu zwei sehr unterschiedlichen Wegen der pädagogischen Entwicklung im Nachkriegsdeutschland. So nahmen die deutschen Bildungsbeamten der amerikanischen, englischen und französischen Besatzungszonen diesen Aufruf zur Einheitsschule als Zumutung wahr: Im Kampf um den Erhalt des traditionellen gegliederten Schulsystems brachen die Umgestaltungsbemühungen sehr schnell am Widerstand der Deutschen. Diese plädierten eher für die Orientierung an den pädagogischen Strukturen der Weimarer Republik; sie standen reformierenden Experimenten eher abgeneigt gegenüber und bevorzugten stattdessen eine innere, inhaltliche Reform der Schule anstatt einer äußeren, an Strukturen ansetzenden Veränderung. Ideologisch wollte man sich wieder an den überlieferten Postulaten eines christlichen Humanismus' ausrichten, der um die Ideen einer sozial ausgerichteten Demokratie erweitert werden sollte. Im Ergebnis scheiterte die Neuausrichtung des pädagogischen Systems in den westlichen Besatzungszonen – auch daran, dass die *Re-Education*-Politik der Besatzungsmächte nicht immer einheitlich war; das als belastet wahrgenommene, gegliederte Schulsystem (Volksschule, Realschule, Gymnasium) blieb weitestgehend erhalten. Zudem wurde die Verantwortlichkeit für die Bildungspolitik den einzelnen deutschen Bundesländern übertragen (Kulturhoheit der Bundesländer). Dies wurde ebenso im neuen Grundgesetz der am 23.5.1949 gegründeten BRD festgeschrieben wie das elterliche Recht auf Erziehung der Kinder (Artikel 6) und der schulische Religionsunterricht (Artikel 7); die länderübergreifenden Regeln entsprachen zumeist den Standards der Vorkriegszeit.

Der westdeutsche Weg

Tradition statt Reform

Grundgesetz

Ähnlich konservative Strukturen zeigten sich – weitgehend unabhängig von gesetzgeberischen Vorgaben – für die private Erziehung in den Familien. Auch hier wurden traditionelle Vorstellungen weitergetragen. Dazu zählt etwa die klassische Vorstellung der Geschlechterrollen, die dem Vater die Stellung als Familienoberhaupt zuspricht, welches für den ökonomischen Unterhalt der Familie zu sorgen hat und dementsprechend innerhalb der täglichen Lebensführung zwar das Programm für die Familie vorgeben kann, an dessen Umsetzung aber nur marginal beteiligt ist. Diese Organisation des inneren Lebens der Familie inklusive der Sorge um

Geschlechterrollen

die Kinder obliegt allein der Frau, die vom Erwerbsleben weitgehend ausgeschlossen bleibt (und somit ökonomisch zutiefst abhängig ist vom Ehemann) und sich den traditionellen drei *K's* zu widmen hat: Kinder, Küche, Kirche. So besucht nur eine Minderheit der jungen Kinder staatliche oder private Betreuungseinrichtungen (Kindergärten); ihr Leben wird fast ausschließlich vom Elternhaus bestimmt.

Pädagogischer Pluralismus

Trotz dieser konservativen Tendenzen zeigte sich die Politik der *Re-Education* der westlichen Besatzungsmächte darin erfolgreich, dass sie die Deutschen in den westlichen Besatzungszonen schrittweise in die Eigenverantwortung pädagogischer Gestaltung und damit auch in den möglichen Pluralismus pädagogischer Konzepte entließ. Die Schulgesetze der einzelnen Länder waren dann auch stets das Ergebnis ausgiebiger parlamentarischer Debatten und hitziger öffentlicher Diskussionen; die pädagogische Landschaft der BRD zeigte sich weitaus weniger einheitlich und monolithisch, als das im anderen Teil Deutschlands der Fall war. Die oft nicht einfache Abstimmung der Bildungspolitiken der Länder fand dann in der *Ständigen Konferenz der Kultusminister der Länder in der Bundesrepublik Deutschland* (KMK) statt. Ein wichtiges Ergebnis solcher

Hamburger Abkommen

Abstimmungen war etwa das Hamburger Abkommen von 1964, das zu einer wenigstens strukturellen Angleichung der Schulsysteme führte: Eine vierjährige (West-Berlin: sechsjährige) Grundschule und eine fünfjährige (West-Berlin: dreijährige) Hauptschule bildeten zusammen die für alle verbindliche Schulzeit. Alternativ dazu können die Schüler nach ihrer Grundschulzeit die Realschule (führt nach der 10. Klasse zur Mittleren Reife) oder das Gymnasium (führt nach der 13. Klasse zur Hochschulreife) besuchen. 1969 wird dann die bundesdeutsche Verfassung dahingehend verändert, dass nun Bildung als Gemeinschaftsaufgabe von Bund und Ländern festgeschrieben und eine gemeinsame Bildungsplanung ermöglicht wird, in deren Ergebnis z. B. 1973 die Gesamtschule als neue Schulform zusätzlich zum bestehenden drei-gliedrigen Schulsystem vor allem in SPD-regierten Ländern eingeführt wird.

Merksatz

Die pädagogische Entwicklung der BRD orientierte sich eher an traditionellen Strukturen und sieht in der Familie den wichtigsten pädagogischen Akteur. Das staatliche Bildungssystem ergänzte die familiäre Pädagogik und wurde geprägt durch die föderale Struktur der Bundesrepublik.

Hatten sich die Westzonen gegen die Vorstellungen der Alliierten gewehrt, so begrüßten die Verantwortlichen in der sowjetisch kontrollierten Besatzungszone die entsprechenden Forderungen. Auf deren Grundlage wurde bereits 1946 mit dem *Gesetz zur Demokratisierung der deutschen Schule* ein Einheitsschulsystem etabliert, welches fast vollständig mit den bisherigen Schultraditionen in Deutschland brach und eine achtjährige gemeinsame Grundschule und eine darauf aufbauende Ober- bzw. Berufsschule vorsah.

Der ostdeutsche Weg

Einheitsschulsystem

Abb. 7.1.1 | ▶ Eine Neulehrerin, 29 Jahre alt, beim Schulunterricht in einer Mädchenklasse einer Volksschule in der Sowjetischen Besatzungszone Deutschlands. Juni 1947. Nach der Entfernung der faschistischen und vieler bürgerlicher Kräfte aus dem Schuldienst traten oft junge Anfänger und Anfängerinnen an ihre Stelle.

Die dekretierte Durchsetzung des neuen Systems verweist dabei gleichzeitig auf die zukünftige Gestalt des Erziehungs- und Bildungssystems der am 7.10.1949 gegründeten DDR, welches zentralistisch von den jeweiligen staatlichen Apparaten geleitet und dirigiert werden wird. Diese Übernahme der pädagogischen Verantwortung durch den Staat bedeutete dabei zweierlei: Zum einen verloren die traditionellen Träger pädagogischer Verantwortung an Bedeutung, allen voran die Familie, aber auch die Kirchen, insofern sich die neue staatliche Pädagogik als konsequent laizistisch, also nicht-religiös, verstand. Zum anderen plante der Staat seinen Zugriff als Projekt, welches in die gesamte Biographie der Aufwachsenden eingreift und versucht, diese auf allen Ebenen gemäß staatlicher Vorstellungen zu strukturieren. Dies mündete zum einen in einer umfassenden staatlich organisierten und getra-

Staatserziehung

genen Kinderbetreuung und einem ausschließlich staatlich getragenen Bildungssystem (keine Privatschulen), zum anderen im versuchten Zugriff des Staates auf die außerschulische Freizeit der nachwachsenden Generation durch die zunehmend erzwungene Einbindung der Kinder und Jugendlichen in staatlich gelenkte Jugendorganisationen (Pionier-Organisation und Freie Deutsche Jugend (FDJ)).

Jugendorganisationen

Abb. 7.1.2 | ▶ Fahnenappell an der Schule in Biehla in der DDR, ca. 1960

Die zumindest propagierte Gleichstellung der Frauen – die sich vor allem in einer fast vollständigen Einbindung der Frauen ins Erwerbsleben zeigt (wobei sie hier selten das Lohnniveau der Männer erreichen oder gar entsprechende Leitungspositionen besetzen dürfen) – wurde erleichtert und gleichzeitig ermöglicht durch die umfassende staatliche Fürsorge für die Kinder.

Mit dem *Gesetz über das einheitliche sozialistische Bildungssystem* gewinnt das Bildungssystem der DDR 1965 seine endgültige Gestalt, die nur noch gelegentlich internen Änderungen unterworfen wird. So heißt es in §1:

Zitat

„Das Ziel des einheitlichen sozialistischen Bildungssystems ist eine hohe Bildung des ganzen Volkes, die Bildung und Erziehung allseitig und harmonisch entwickelter sozialistischer Persönlichkeiten, die bewußt das gesellschaftliche Leben gestalten, die Natur verändern und ein erfülltes, glückliches, menschenwürdiges Leben führen." (Gesetz über das einheitliche sozialistische Bildungssystem, §1)

Die sozialistische Persönlichkeit

Hiermit wird das Ideal der „allseitig gebildeten sozialistischen Persönlichkeit" als Ziel aller pädagogischen Bemühungen – oder zumindest aller die Pädagogik betreffenden Sprachformeln, der pädagogischen Rhetorik – festgeschrieben.

Wehrerziehung

Dass dieses Ideal vor allem als Ideal *gegen* die unterstellten kapitalistischen Vorstellungen vom Menschsein entwickelt wurde, lässt sich gut an der Einführung des Wehrkundeunterrichts ablesen: Trotz (oder vielleicht auch gerade wegen) einer relativen Entspannung zwischen den beiden politischen Machtblöcken führte die DDR 1978 einen verpflichtenden Wehrkundeunterricht ein, der im Grunde genommen einer vormilitärischen Ausbildung gleichkam, der sich alle Schülerinnen und Schüler der neunten und zehnten Klassen unterziehen mussten und die die bereits in anderen pädagogischen Bereichen (Ausbildung und Hochschule) existierenden militärischen Übungen auf den unteren Schulbereich ausdehnte.

Der hauptsächliche Grund für diese zunehmende militärische Ideologisierung lag wohl in der vermuteten Abschwächung des sozialistischen Bewusstseins der Schüler und Schülerinnen. Dass diese Strategie nicht erfolgreich war (das ‚Klassenbewusstsein' verbesserte sich nicht wesentlich), kann allerdings nicht über den Sachverhalt hinwegtäuschen, dass auch hier der Staat versuchte, auf pädagogischem Wege massiv in das Leben und Denken seiner Bürgerinnen und Bürger einzugreifen.

Abb. 7.1.3 | ▶ 2.6.1979 Berlin: Festival im Zentrum der Stadt; „Wir schützen unser sozialistisches Vaterland" – Vorführungen der Pionierpanzerbrigade der Station „Junger Touristen" Bad Schmiedeberg

Merksatz

Die pädagogische Entwicklung in der DDR orientierte sich an sozialistischen Vorstellungen und sah im Staat den wichtigsten pädagogischen Akteur. Das staatliche Bildungssystem versuchte weitgehend, die familiäre Pädagogik zu ersetzen. Es wurde geprägt durch die politische Einheitskultur der DDR und deren Verbindung zum sozialistischen Staatenverbund.

Die beiden Wege

Hatten sich also die konservativ-bewahrenden Kräfte in den westlichen Besatzungszonen gegen die ausdrücklichen Wünsche der Alliierten durchgesetzt, wurden diese Erwartungen in der sowjetischen Zone zumindest formal hinsichtlich einer Einheitsschule erfüllt – um den Preis einer Totalverstaatlichung des Erziehungs- und Bildungssystems und seiner umfassenden Ideologisierung, Instrumentalisierung und Politisierung. Die aus diesen Grundentscheidungen resultierenden pädagogischen Formierungen in beiden neuen Staaten versuchten, auf die sich zunehmend anders stellenden Fragen deutscher Zukunft je anders zu antworten. So lässt sich für die BRD eine zwar demokratisch orientierte, öffentlich breit diskutierte und ökonomisch erfolgreiche, dabei jedoch gleichzeitig restaurative Neuauflage geschichtsvergessener bzw. geschichtsverleugnender, bildungsbürgerlich-elitärer pädagogischer Vorstellungen nachweisen, die erst mit der Ende der 60er Jahre hervortretenden Studentenbewegung in Frage gestellt werden. Der ökonomische Erfolg, der sich vor allem den Mitteln verdankte, die die BRD aus dem Marshallplan der USA erhielt (der das Land als Bollwerk gegen den immer mehr als Bedrohung wahrgenommenen sozialistischen Staatenblock und gegen ‚den Kommunismus' stärken sollte), stabilisierte die Bundesrepublik in ihren bisherigen gesellschaftlichen Strukturen. In der DDR führte man dagegen die angestrebte Vereinheitlichung des Schulsystems fort, rhetorisch geleitet von sozialistischen Visionen einer Gleichberechtigung und Chancengleichheit für alle Menschen. Gleichzeitig wuchs hier allerdings die Kluft zwischen diesen auf staatlicher Ebene formulierten Zielen und propagierten Selbstbildern und den real erlebten Verhältnissen, was nicht nur zu weitreichenden gesellschaftlichen Problemen führte (blutig niedergeschlagener Aufstand 1953, Mauerbau und damit Einsperrung der Bürgerinnen und Bürger seit 1961), sondern auch zur Spaltung der Republik in eine innere und eine äußere Sphäre von Realität und Propaganda – eine Spaltung, die viele Bürgerinnen und Bürger auch auf ihr alltägliches Leben übertrugen, da sie die Hohlheit der staatlichen Rhetorik zwar durchschauten, sie aber trotzdem öffentlich zumeist aufrechterhielten, während sie sich privat davon distanzierten.

Beurteilung

Letztlich lässt sich wohl sagen, dass beide Wege wohl kaum zur Realisierung der ursprünglichen Ziele der Alliierten führten: Weder das alte Muster kopierende, bildungsbürgerlich-konservativ orientierte Bildungswesen der BRD, noch das lediglich rhetorisch einheitliche, sozialistische Schulsystem der DDR konnten bis weit in die 60er Jahre für sich in Anspruch nehmen, Gerechtigkeit und Chancengleichheit für alle Schülerinnen und Schüler zu realisieren. Beide Wege lassen sich als Realisierungen zweier grundsätzlich verschiedener pädagogischer Organisationsformen verstehen: Manifestierte sich in der DDR eher ein Modell staatlich gelenkter Pädagogik, deren Ziel ganz klar in der (politisch vorgegebenen) Gestaltung der Gesellschaft lag, wobei die Bedürfnisse der Einzelnen hinter dem Wohlergehen der Gesellschaft zurücktraten (nach dem Motto: „Wenn es dem Staat gut geht, geht es auch den einzelnen Bürgern gut."), zeigt sich die bundesrepublikanische Pädagogik eher familienorientiert, wobei das staatliche Schul- und Bildungssystem hier versucht, den notwendigen gesellschaftlichen Zusammenhalt durch Werteschulung (etwa im Religionsunterricht oder durch Propagierung eines Demokratiebewusstseins) herzustellen. Die hierbei zwischen der staatlichen und der familiären Ebene auftretenden Spannungen wurden mit Blick auf die Pädagogik nicht immer zufriedenstellend gelöst (Beispiel hierfür ist der Sexualkundeunterricht: Unterschiedliche Auffassungen auf staatlicher und familiärer Seite führen bis heute gelegentlich zu hitzigen Debatten).

Pädagogische Organisationsformen

Merksatz

Die unterschiedlichen pädagogischen Wege, die in den beiden deutschen Staaten eingeschlagen wurden, lassen sich systematisch verstehen als je unterschiedliche Möglichkeiten, das Verhältnis von Individuum und Staat pädagogisch zu formulieren. Während die eine Pädagogik das Individuum und die Familie in den Vordergrund stellt, ist die andere fast ausschließlich am Staat orientiert.

Pädagogik der 68er-Bewegung – Eine Zeitenwende | 7.2

Kultureller Kontext

Die restaurativ-konservativen (BRD) und ideologisch-zentralistischen (DDR) Entwicklungen seit 1945 führten zunehmend zu einem inneren Druck in beiden deutschen Staaten, der durch die Unzufriedenheit und wachsende Opposition der jeweiligen Einwohner erzeugt wurde. Die Reaktion des Staates bzw. die Folgen für die einzelnen Bürger, die Kritik übten, unterschieden sich jedoch grundlegend: Während die Staatsmacht der DDR mit Hilfe des Sicherheitsapparates (vor allem des *Ministeriums für Staatssicherheit, MfS*) alles dafür tat, die Kritik zu unterdrücken und eventuelle Kritiker mundtot zu machen, löste sich in der BRD die Spannung durch den Ausbruch eines offenen Konfliktes, der in die sogenannte *68er-Bewegung* mündete und die Republik für immer veränderte. Dagegen versandeten solche Liberalisierungsbestrebungen in der

DDR recht schnell: Die Vernichtung des Freiheitsstrebens in der Tschechoslowakei durch die sowjetischen Panzer im *Prager Frühling* 1968 zeigte, dass offener Aufstand im real existierenden Sozialismus zum Scheitern verurteilt zu sein schien; Kritik wurde immer leiser und privater geübt (und – mit Hilfe eines fast undurchlässigen Netzes an Bespitzelung durch das MfS – trotzdem gehört). Die, die sich nicht völlig ins Private zurückziehen wollten, fanden etwa unter dem Dach der Kirchen in den *Jungen Gemeinden* Orte der Begegnung, wo sie ihre Opposition zum sozialistischen System ein Stück weit ausleben konnten. Vor allem Jugendlichen boten die *Jungen Gemeinden* eine Möglichkeit zur Flucht aus den allgegenwärtigen staatlichen Jugendorganisationen, die zusammen mit dem gesamten Bildungswesen zunehmend als propagandistische Institutionen des Staates wahrgenommen wurden und nicht etwa als Advokaten der Jugend. Das Aufwachsen der meisten Jugendlichen fand nun paradoxerweise im und gleichzeitig gefühlt gegen das staatliche System statt. Dagegen war es in der BRD vor allem das Bildungs- und Erziehungssystem, in welchem sich die Liberalisierungsbestrebungen der 68er-Bewegung realisierten. Geboren zumeist in den Anstalten der Höheren Bildung, den Universitäten, als Studentenbewegung, verbreitet in einer großen Anzahl moderner westlicher Industrie-Staaten (etwa in Großbritannien, den USA, Frankreich, Japan), ergriff die Bewegung sehr schnell die gesamte Pädagogik und sorgte für deren grundlegende Veränderung.

Verschiedene Faktoren begünstigten in der BRD den Ausbruch der Revolte: Der Kalte Krieg war auf seinem eisigen Höhepunkt angelangt – man begann, sich gegenseitig mit atomaren Waffen zu bedrohen; der allseits abgelehnte Vietnam-Krieg kostete die USA die Reputation als Befreier und Vorbild; die Morde an John F. Kennedy und Martin Luther King wirkten wie ein Schlag ins Gesicht der Jugend, die einen Neuanfang ersehnte und in beiden ihre weisen Führer erblickt zu haben glaubte; das Erstarken der Black-Power-Bewegung trug zur Entmythisierung der realen Verhältnisse und zum Aufdecken des alltäglichen Rassismus der USA bei; die Aufdeckung der faschistischen Vergangenheit hochrangiger Politiker der BRD machte das Schweigen unerträglich, in welches sich die Kriegs- und Nachkriegsgeneration zur Frage nach der deutsch-faschistischen Vergangenheit hüllte.

In dieser patriarchalischen Atmosphäre von Schweigen, Enttäuschung, Frustration und Verklemmtheit genügte ein kleiner Funke an der Freien Universität in Berlin, um den Aufruhr beginnen zu lassen: Eine Diskussion um Studienzeiten und angedrohte Exmatrikulationen trieb die Studierenden auf die Barrikaden und eröffnete die deutsche 68er-Bewegung, die nicht weniger forderte als die vollkommene Umgestaltung des Landes, eine Neuausrichtung der Politik und eine Neuerfindung der gesellschaftlichen Strukturen – eine Neuorientierung, deren theoretischer Hintergrund sich vor allem dem Marxismus, dem Liberalismus und der neuen Sozialphilosophie der sogenannten *Frankfurter Schule* verdankte und die vor allem die ökonomische Ausbeutung in der kapitalistischen Gesellschaft und ihr soziales Gefüge kritisierte, das – so der Vorwurf – noch immer jene autoritären Strukturen aufweisen würde, welche die Nation in die Barbarei des Faschismus hatte abgleiten lassen. Beides gälte es daher zu überwinden.

Abb. 7.2.1 | ▶ Hörsaal der Universität Lyon mit einem Graffito „DE L'HISTOIRE KARL MARX", während der Besetzung des Campus durch Studierende im Mai 1968

Merksatz

Das politische Klima der Angst und Bedrohung und die Atmosphäre des elterlichen Schweigens in Bezug auf drängende Fragen erzeugten eine wachsende Unzufriedenheit bei vielen Jugendlichen. Diese führte, nicht nur in Deutschland, sondern weltweit, zu einer jugendlichen Bewegung des Protestes und des Aufbegehrens, die das Leben von vielen stark veränderte.

Die 68er-Bewegung in der Pädagogik der BRD

Die aus der Geisteshaltung der 68er hervorgehende Pädagogik richtete ihre Aufmerksamkeit sowohl auf die bloße Existenz pädagogischer Institutionen als auch auf die in diesen Institutionen vorherrschenden (Autoritäts-)Verhältnisse und die in ihnen vermittelten Inhalte. Nicht allein die Schulen, sondern auch die Kindergärten und die Universitäten wurden analysiert und kritisiert.

Studentenbewegung

Der Beginn der Proteste an den Universitäten initiierte dort eine Debatte um die Gestalt, die Inhalte und die Organisation dieser Anstalten der Höheren Bildung, die man unter dem Label der *Ordinarien*-Universität als konservativ-patriarchalische, äußerst hierarchisch geordnete und zutiefst elitäre Lehranstalten zu begreifen begann, die noch immer jenen unseligen Geist beherbergte, der zum Faschismus führte.

War man zu Beginn der Aufstände noch einig in einem zwar allumfassenden, dabei aber doch gleichzeitig liberal offenen „Schafft alles ab!" als Absage an alle Lebens- und Denkformen der Eltern-Generation (hierin der Jugendbewegung um 1900 sehr ähnlich), so färbte sich diese Offenheit bald rot: Der Protest äußerte sich zunehmend in marxistisch-maoistischen Schlagwörtern; ein sich zunehmend radikalisierender Teil der Studierenden versammelte sich unter dem Banner einer sozialistisch-kommunistischen Revolte und suchte seine Verbündeten jenseits des Eisernen Vorhangs (ohne allerdings vom real existierenden Sozialismus mit großer Begeisterung empfangen zu werden).

Weit weniger radikal, dafür aber langfristig erfolgreicher waren jene Studierenden, die unter dem Dach z. B. der Sozialphilosophie der *Frankfurter Schule*, der sogenannten *Kritischen Theorie*, oder unter Berufung auf Theorien des Liberalismus oder eines gemäßigten Sozialismus eine Umwandlung der bisherigen Wissenschaften in *Kritische Wissenschaften* anstrebten. Deren Hauptziel sollte es nun sein, die gesellschaftlichen Strukturen kritisch zu analysieren, um darauf aufbauend eine bessere, weil gerechtere und sozialere Gesellschaft zu entwerfen und zu verwirklichen. Vor allem Studierende der Geistes- und Sozialwissenschaften beteiligten sich an diesen Aktivitäten – und hinterließen einen nachhaltigen Eindruck in einigen dieser Wissenschaftsdisziplinen, die seitdem nicht mehr dieselben sind. Das betrifft vor allem auch die Pädagogik in ihrer wissenschaftlichen Form als Erziehungswissenschaft: Ihr Gegen-

Kritische Wissenschaften

stand, die Praxis der Pädagogik, wurde nun auf ganz neue Weise diskutiert und wandelte sich aufgrund dieser Diskussionen; sowohl Kindergärten als auch die Schulen und, wie bereits gezeigt, die Universitäten veränderten sich durch die neuartigen Debatten.

Merksatz

Die Reformbestrebungen der 68er-Bewegung richteten sich vor allem auf eine Neugestaltung des Erziehungs- und Bildungssystems: Alle Institutionen der Erziehung und Bildung – vom Kindergarten bis zur Universität – sollten reformiert werden. Utopisches Ziel war es dabei, den Aufbau einer neuen, gerechteren und freieren Gesellschaft zu ermöglichen. Eine neue Pädagogik sollte dabei eine entscheidende Rolle spielen: keine neue Welt ohne eine neue Pädagogik!

Formen der Pädagogik als Reaktion auf die 68er-Bewegung

Drei Ausprägungen der Pädagogik

Schematisch betrachtet lassen sich drei Ausprägungen der Pädagogik als Reaktion auf die 68er-Bewegung unterscheiden: eine radikale Anti(autoritäre)-Pädagogik, die gemäßigtere Kritische Pädagogik und die als Reaktion auf den Linksruck entstehende Neo-Konservative Pädagogik.

Kritische Pädagogik

Die Kritische Pädagogik, die in sich Positionen der verschiedenen reform-orientierten Strömungen aufnimmt, kann als Mittelglied zwischen den beiden anderen Positionen angesehen werden. Sie nimmt die Politisierung der Pädagogik insofern auf, als für sie Erziehung und Bildung einen politischen Auftrag haben. So formulierte z. B. der Philosoph Theodor W. Adorno 1966 in seinem berühmten Text *Erziehung nach Auschwitz* diesen Auftrag in folgenden Worten:

Zitat

„Die Forderung, daß Auschwitz nicht noch einmal sei, ist die allererste an Erziehung. Sie geht so sehr jeglicher anderen voran, daß ich weder glaube, sie begründen zu müssen noch zu sollen. Ich kann nicht verstehen, daß man mit ihr bis heute so wenig sich abgegeben hat. Sie zu begründen hätte etwas Ungeheuerliches angesichts des Ungeheuerlichen, das sich zutrug." (Adorno, Erziehung nach Auschwitz, 1966)

Deutlich wird an dieser Forderung zweierlei: Zum einen gilt als Hauptziel allen pädagogischen Bemühens, dass so etwas wie die Institutionalisierung barbarischer Grausamkeit („Auschwitz") niemals wieder entstehen darf; zum anderen verweist Adorno darauf, dass man dieses Ziel bisher noch nicht so deutlich gesetzt hat. Bisher schwieg man in Deutschland meistens über die Zeit des Faschismus und versuchte gar nicht erst, die eigene Schuld aufzuarbeiten. Genau das war einer der Hauptvorwürfe der jüngeren Generation an die ältere, und eben hier setzten die Überlegungen zur Umgestaltung ein.

Autorität oder Freiheit und Mitbestimmung

In den Augen der Studierenden war es der blinde Autoritätsgehorsam, der die Barbarei des Faschismus ermöglichte. Dem stellten sie nun das Ideal eines selbstbestimmten und mündigen Individuums gegenüber, welches eine Gesellschaft auf der Basis von Freiheit und Humanität erschaffen würde. Da die bisherige, auf bloß belehrender Autorität der Lehrer und Eltern (vor allem der Väter) basierende Pädagogik ein solches Ziel in den Augen der Kritiker nicht erreichen konnte, wurden neue, stärker von Selbstbestimmung und Freiheit der Kinder und Jugendlichen getragene Erziehungs- und Bildungspraktiken entworfen und etabliert. Konkret bedeutete das, dass Erziehung und Bildung nun vor allem als Kommunikationsprozesse (fast) gleichberechtigter Partner verstanden wurden, in denen sich Mitsprache- und Mitentscheidungsrecht der Kinder und Jugendlichen verwirklichen können. In einem gewissen Maße sollten also die pädagogischen Verhältnisse jene Verhältnisse widerspiegeln, die man sich für die Gesellschaft als ganze wünschte.

Merksatz

Die Kritische Pädagogik, die aus einer Reihe verschiedener Reformbestrebungen hervorging, sieht vor allem im freien und selbstbestimmten Individuum das Ziel aller pädagogischen Bemühungen. Als notwendig hierfür erachtet sie eine nicht auf bloße elterliche oder institutionelle Autorität, sondern auf Mitbestimmung und Dialog aufbauende pädagogische Praxis.

Anti(autoritäre)-Pädagogik

Anti-Pädagogik

Von der Kritik an bisherigen Autoritätsverhältnissen ausgehend, entwickelte sich allerdings auch eine wesentlich radikalere pädagogische Position: die der Anti(autoritären)-Pädagogik, die nicht nur etwa die Schule insgesamt abschaffen wollte (Anti-Pädagogik), sondern auch in den Kindergärten völlig neue, von einem extremen Maß an (so verstandener) Freiheit geprägte Formen pädagogischen Zusammenseins ausprobierte (Antiautoritäre Pädagogik). Zu den Verfechtern einer radikalen Schulreform im Sinne ihrer Abschaffung gehören zum Beispiel Paul Goodman und Ivan Illich. So plädierte etwa Goodman für die Auflösung der bisherigen Beschulungsformen zugunsten einer vielfältigeren Lern-Landschaft:

Zitat

> „Wir sollten experimentieren mit verschiedenen Arten von Schulen, mit Verzicht auf Schule, mit der Stadt als Schule, mit Farmschulen, mit praktischen Lehrlingsstellen, gelenkten Reisen, Work-Camps, kleinen Theatern und lokalen Zeitungen, Gemeindedienst und mit vielen anderen Experimenten, die andere Leute sich ausdenken können." (Goodman, Das Verhängnis der Schule, 1975)

Illich sprach sogar von einer „Entschulung der Gesellschaft". Radikaler noch sind die Thesen Ekkehard von Braunmühls, der 1975 mit seiner Schrift *Anti-Pädagogik* jene radikale Ent-Pädagogisierung der Lebenswelt von Kindern und Jugendlichen auf den Punkt brachte.

Diese Strömung verstand sich als einzig wahre Erbin der Pädagogik vom Kinde aus, da in ihren Augen nur die Auflösung aller Pädagogik wirklich dem Kind gerecht wird: als Beendigung aller Einflussnahme auf die Kinder und Jugendlichen.

Antiautoritäre Pädagogik

Praktisch umgesetzt wurden diese Ideen als Antiautoritäre Pädagogik noch am ehesten in der sogenannten *Kinderladen*-Bewegung, die im studentisch-revolutionären Milieu entstand und alternative Formen der Kinderbetreuung praktizierte. Was dort tatsächlich geschah, kann man auf sehr unterschiedliche Weise betrachten: Während Befürworter und Kritiker sich einig waren darin, dass diese Praxis mit ‚pädagogischer Betreuung' kaum noch etwas zu tun hatte, insofern man die Kinder fast vollständig ihrem eigenen Willen überließ (und die Kritiker eben genau darin eine sträfliche pädagogische Unterlassung sahen), ließe sich doch auch zeigen, wie sehr auch diese scheinbar antiautoritäre Pädagogik äußerst ideologisierend und einflussnehmend war, indem sie als Gegenentwurf zum bürgerlichen Leben eine Vielzahl von Ideen und Ansichten propagierte und direkt oder indirekt zu vermitteln versuchte. Dieser praktische Protest gegen die als äußerst restriktiv und verklemmt wahrgenommene Welt der Erwachsenen richtete sich dabei nicht nur gegen das politische Schweigen, sondern auch etwa gegen das Schweigen im Bereich der Sexualität. Diesem wurde nun mit der neuen Pädagogik ein Modell der Offenheit gegenübergestellt, welches alle Bereiche menschlichen Lebens explizit thematisiert und nichts tabuisiert. Zwar hatte es bereits seit den 50er Jahren zaghafte Versuche einer öffentlichen Sexualaufklärung gegeben, doch erst jetzt wurde auch dieser Aspekt menschlichen Daseins in der Pädagogik thematisiert

Sexualpädagogik

– und zwar bereits im Kindergartenalter. Das führte nicht selten zu Situationen, die aus heutiger Sicht eher problematisch erscheinen, insofern die Grenzen zwischen sexueller Befreiung und sexuellem Missbrauch kaum noch klar gezogen wurden.

Merksatz

Die Anti(autoritäre)-Pädagogik strebte eine fast vollständige Abschaffung aller pädagogischen Institutionen an, um das Lernen wieder zu einem natürlichen Teil des alltäglichen Lebens zu machen und die unberechtigte Ausübung von Macht durch die Erwachsenen auf die Kinder zu beenden. Pädagogische Verhältnisse sollten, wenn sie denn überhaupt existierten, ohne jegliche erzwungene oder aufgenötigte Autorität bestehen.

Neo-Konservative Pädagogik

Es verwundert kaum, dass diese Entwicklungen eine heftige Gegenreaktion hervorriefen: Gegen den Frontalangriff auf die Pädagogik und die angestrebte Auflösung aller Autorität formierte sich Widerstand vor allem unter älteren Intellektuellen. Dieser vereinigte sich und fand seine neo-konservative Stimme in neun Thesen, die als Ergebnis des 1978 in Bonn stattfindenden Kongresses „Mut zur Erziehung“ veröffentlicht wurden. So heißt es dort etwa:

Zitat

„Wir wenden uns gegen den Irrtum, die Mündigkeit, zu der die Schule erziehen soll, läge im Ideal einer Zukunftsgesellschaft vollkommener Befreiung aus allen herkunftsbedingten Lebensverhältnissen. In Wahrheit ist die Mündigkeit, die die Schule unter jeweils gegebenen Herkunftsverhältnissen einzig fördern kann, die Mündigkeit derer, die der Autorität des Lehrers schließlich entwachsen sind. Denn wenn die Schule die Mündigkeit einer Zukunftsmenschheit zum pädagogischen Ideal erhöbe, erklärte sie uns über unsere ganze Lebenszeit bis in die Zukunft hinein zu Unmündigen.“ (Mut zur Erziehung, 1978, These 1)

Mit anderen Worten: Die Schule soll ihre Schüler im Sinne der bestehenden Kultur, d. h. der Kultur der bereits Erwachsenen, erziehen und mündig werden lassen – und nicht im Sinne einer ganz anderen, rein spekulativen und noch gar nicht existierenden Kultur, für die bisher noch niemand Experte ist und die niemand so richtig kennt.

Den auf dem Kongress Versammelten war vor allem daran gelegen, die in ihren Augen übermäßige Politisierung der Pädagogik ebenso zu beenden, wie sie dem Generalverdacht, Pädagogik würde die Menschen immer autoritär entmündigen, entgegentreten wollten. Für sie konnte Erziehung gar nichts anderes bedeuten als die

Pädagogik als Kulturtransfer

schrittweise Hinführung der Zöglinge zu den kulturellen Werten und Normen, von denen die Gesellschaft getragen wird und deren Bewahrer natürlich die Erwachsenen sind. Gegen die in ihren Augen ausufernde Vielfalt und Unübersichtlichkeit der Verhältnisse, die die verunsicherten Kinder und Jugendlichen zum blinden Herumtasten und Ausprobieren verurteilen würden, stellten sie ein positives Verständnis von pädagogischer Autorität und Führung, derer es bedürfte, um ein sicheres und von stabilen Werten und Normen geleitetes Aufwachsen zu ermöglichen.

Merksatz

Die Neo-Konservative Pädagogik entstand vor allem als Reaktion auf die antiautoritären und utopischen pädagogischen Bestrebungen der 68er-Bewegung. Sie verteidigte die Ansicht, dass die Pädagogik vor allem die Aufgabe hat, die nachwachsende Generation in die bestehende Kultur einzuführen, und dass daher die Erwachsenen ein gewisses Maß an Autorität ausüben müssten, da sie als Träger dieser Kultur gleichsam Experten für sie sind.

Auswirkungen der 68er Pädagogik

Diese drei pädagogischen Positionen, die in der und als Reaktion auf die 68er-Bewegung entstanden, prägen bis heute die Diskussionen über die Pädagogik: Hier wurden die Eckpfeiler für alle zukünftigen Debatten um Erziehung, Bildung und Unterricht gesetzt. Nicht nur wird seitdem offen über einen etwaigen politischen Auftrag der Pädagogik gestritten, sondern auch darüber, inwieweit die Schule dem Ideal einer zukünftigen, anderen Gesellschaft verpflichtet ist oder der Bewahrung der bestehenden Kultur. Außerdem ist man deutlich sensibler mit Blick auf die Bedürfnisse von Kindern und Jugendlichen in allen Bereichen des Lebens und deren mögliche Gefährdung durch zu viel oder zu wenig pädagogische Autorität.

Merksatz

Die Diskussionen und Reformen, die aus der 68er-Bewegung hervorgingen, veränderten das Bild der theoretischen und der praktischen Pädagogik nachhaltig. Auch wenn selbstverständlich keine Einigkeit über die aufgeworfenen Fragen oder gar deren Beantwortung erzielt werden konnte und auch immer noch nicht wird, so müssen sich doch alle Pädagoginnen und Pädagogen seitdem in ein Verhältnis setzen und sich positionieren zu diesen Fragen und den möglichen Antworten.

7.3 Pädagogik zwischen Universalisierung und Pluralisierung

Kultureller Kontext

Die kulturelle und damit auch pädagogische Entwicklung in der zweiten Hälfte des 20. Jahrhunderts wurde von zwei gegenläufigen, sich dabei aber ergänzenden Tendenzen geprägt: Zum einen lässt sich eine Form der globalen Vereinheitlichung erkennen, die – vor allem mit Blick auf wirtschaftliche Veränderungen – als *Globalisierung* bezeichnet wird. Politisch drückt sich das etwa durch eine zunehmende Einbindung aller Staaten in internationale Organisationen (z. B. die UNO) aus, während auf kulturellem Gebiet durch Massenkommunikationsmittel (z. B. Radio, Fernsehen) und Konsumverhalten ein immer stärker werdender Austausch und damit eine kulturelle Angleichung über alle Grenzen hinweg stattfindet.

Demgegenüber verstärkte sich allerdings auch eine Tendenz der Pluralisierung und Individualisierung, die vor allem aus den stärker und erfolgreicher werdenden Kämpfen um Bürgerrechte resultierte. Die hier stattfindenden Auseinandersetzungen um die Anerkennung von bisher unterdrückten Gruppen – deren Diskriminierung z. B. auf ihrer kulturellen Herkunft, ihrer Hautfarbe, ihrem Geschlecht oder ihrer sexuellen Orientierung basierte – führen zur Ausdifferenzierung von Gesellschaften, die sich bisher eher als homogen und gleichartig verstanden und diese Gleichartigkeit auch verteidigten. Die neue Herausforderung besteht also darin, allen individuellen Interessen gerecht zu werden, ohne dabei den inneren Zusammenhang der Nationalstaaten und Gesellschaften zu gefährden und das soziale Band, das alle zusammenhält, zu zerschneiden.

Diese beiden Tendenzen und die damit einhergehenden Herausforderungen lassen sich auch mit Blick auf die Pädagogik erkennen.

Merksatz

Zu Beginn dieser Periode gibt es in der Pädagogik vor allem Bestrebungen, allen Menschen die gleichen Rechte (etwa auf Bildung und Erziehung) zu sichern und somit ihre Gleichheit zu betonen. Später resultieren daraus dann stärkere Bemühungen, den Besonderheiten der einzelnen Personen gerecht zu werden.

Tendenzen der Universalisierung

Es wurde bereits darauf hingewiesen, dass mit der Allgemeinen Erklärung der Menschenrechte und der Gründung der UNO nach dem Zweiten Weltkrieg wichtige Impulse für die Pädagogik in der gesamten Welt gegeben wurden (vgl. Kap. 6.4). Damit war allerdings die Beschäftigung mit Erziehung, Bildung und Ausbildung auf globaler Ebene noch nicht zu einem Ende gekommen: Es wurde schnell deutlich, dass die Allgemeine Erklärung der Menschenrechte ergänzt werden musste durch eine spezifische Deklaration für die Kinder dieses Planeten.

Universalisierung

Vorläufer solcher Überlegungen gab es bereits: So verabschiedete etwa 1924 der Völkerbund (ein Vorläufer der UNO) die sogenannte *Genfer Erklärung*, in der das erste Mal die speziellen Bedürfnisse der Kinder anerkannt wurden. Dort heißt es in den Punkten 1 und 5:

Genfer Erklärung 1924

Zitat

Genfer Erklärung

1. Das Kind soll in der Lage sein, sich sowohl in materieller wie in geistiger Hinsicht in natürlicher Weise zu entwickeln.
5. Das Kind soll in dem Gedanken erzogen werden, seine besten Kräfte in den Dienst seiner Mitmenschen zu stellen.

Wie zu sehen ist, beziehen sich diese Artikel auf pädagogische Prozesse: Während Artikel 1 thematisiert, was zum Wohle des Kindes an Entwicklung notwendig ist, wird in Artikel 5 vor allem aus gesellschaftlicher Perspektive ein Ziel jeglicher pädagogischer Einwirkung auf das Kind formuliert. Hier lassen sich deutlich die beiden Pole erkennen, zwischen denen sich moderne Pädagogik immer positioniert: zum einen die Orientierung am Individuum und seinem Wohl, zum anderen die Orientierung an der Gesellschaft und ihrem Wohl.

Auch wenn hier das erste Mal offiziell die Rechte der Kinder formuliert wurden, so blieb dieses doch nicht das letzte Mal. Die Allgemeine Erklärung der Menschenrechte hatte die Kinder noch nicht eigens in den Blick genommen. Weil dies zunehmend als Defizit empfunden wurde, verabschiedete die Hauptversammlung der UNO 1959 die Erklärung der Rechte des Kindes. Diese Erklärung war in ihren zehn Artikeln fast vollständig mit Blick auf pädagogisch gelei-

Erklärung der Rechte des Kindes 1959

tete bzw. begleitete Entwicklungsprozesse der Kinder verfasst. So heißt es dort etwa:

Zitat

Erklärung der Rechte des Kindes

Artikel 1
Das Kind genießt alle in dieser Erklärung aufgeführten Rechte. Alle Kinder ohne jede Ausnahme haben ohne Unterschied oder Diskriminierung auf Grund der Rasse, der Hautfarbe, des Geschlechts, der Sprache, der Religion, der politischen oder sonstigen Überzeugung, der nationalen oder sozialen Herkunft, des Eigentums, der Geburt oder der sonstigen Umstände, die in der eigenen Person oder in der Familie begründet sind, Anspruch auf diese Rechte.

Artikel 2
Das Kind genießt besonderen Schutz und erhält kraft Gesetzes oder durch andere Mittel Chancen und Erleichterungen, so dass es sich körperlich, geistig, moralisch, seelisch und gesellschaftlich gesund und normal und in Freiheit und Würde entwickeln kann. Bei der Einführung von Gesetzen zu diesem Zweck sind die Interessen des Kindes ausschlaggebend.

Artikel 5
Das Kind, das körperlich, geistig oder sozial behindert ist, erhält die besondere Behandlung, Erziehung und Fürsorge, die seine besondere Lage erfordert.

Artikel 6
Das Kind braucht zur vollen und harmonischen Entfaltung seiner Persönlichkeit Liebe und Verständnis. Es wächst, soweit irgend möglich, in der Obhut und unter der Verantwortung seiner Eltern, auf jeden Fall aber in einem Klima der Zuneigung und der moralischen und materiellen Sicherheit auf; ein Kleinkind darf — außer in außergewöhnlichen Umständen — nicht von seiner Mutter getrennt werden. Die Gesellschaft und die öffentlichen Stellen haben die Pflicht, Kindern, die keine Familie haben, und Kindern ohne ausreichenden Lebensunterhalt besondere Fürsorge zuzuwenden. Staatliche Geldleistungen und andere Unterhaltshilfen für Kinder aus kinderreichen Familien sind wünschenswert.

Artikel 7
Das Kind hat Anspruch auf unentgeltlichen Pflichtunterricht, zumindest in der Elementarstufe. Ihm wird eine Erziehung zuteil, die seine allgemeine Bildung fördert und es auf der Grundlage der Chancengleichheit in die Lage versetzt, seine Fähigkeiten, sein persönliches Urteilsvermögen, seinen Sinn für moralische

> und soziale Verantwortung zu entwickeln und ein nützliches Glied der Gesellschaft zu werden.
> Die Interessen des Kindes sind die Richtschnur für alle, die für seine Erziehung und Anleitung verantwortlich sind; diese Verantwortung liegt in erster Linie bei den Eltern.
> Das Kind hat volle Gelegenheit zu Spiel und Erholung, die den gleichen Zielen wie die Erziehung dienen sollen; die Gesellschaft und die öffentlichen Stellen bemühen sich, die Durchsetzung dieses Rechts zu fördern.
>
> Artikel 10
> Das Kind wird vor Praktiken geschützt, die eine rassische, religiöse oder andere Form der Diskriminierung fördern können. Es wird erzogen im Geist der Verständigung, der Toleranz, der Freundschaft zwischen den Völkern, des Friedens und der weltweiten Brüderlichkeit sowie im vollen Bewusstsein, dass es seine Kraft und seine Fähigkeiten in den Dienst an seinen Mitmenschen stellen soll.

Kind-Sein bedeutet in den Augen dieser Erklärung vor allem eines: ein Mensch zu sein, der sich am Anfang eines Entwicklungsprozesses befindet und der für diesen Prozess sowohl Hilfe und Unterstützung als auch genügend Freiraum benötigt. Mit anderen Worten: Ein Kind zu sein, bedeutet hauptsächlich, in pädagogische Prozesse eingebunden zu sein; ein Kind ist ein Mensch, der das Recht auf eine besondere Form der Pädagogik hat – eine Pädagogik, die für sein eigenes Wohl und für das Wohl seiner Mitmenschen Sorge trägt. Auch hier sind wieder die individuelle und die soziale Perspektive wichtig.

UNO-Kinderrechtskonvention 1989

Dieser bereits gegenüber der *Genfer Erklärung* von 1924 erweiterten Fassung der Kinderrechte durch die UNO folgte dann schließlich 1989 die UNO-Kinderrechtskonvention (Übereinkommen über die Rechte des Kindes/Convention on the Rights of the Child), die 1990 in Kraft trat. Dieser Konvention traten mehr Staaten bei als jeder anderen Konvention der Vereinten Nationen bis dahin (wenn auch manche zuerst mit Vorbehalt; so etwa auch Deutschland, das erst 2010 vorbehaltlos der Erklärung zustimmte). Die in nun 54 Artikeln formulierte Kinderrechtskonvention ging weit über die fast ausschließlich pädagogisch zu nennende Orientierung der Erklärung von 1959 hinaus. Die Rechte auf eine gesunde Entwicklung, auf wohlwollende Erziehung, auf Bildung und Ausbildung bleiben zwar weiterhin Bestandteile auch dieser Konvention, doch hatten die real-geschichtlichen Prozesse seit dem Ende der 1960er Jahre gezeigt, dass es noch viel mehr gibt, vor dem Kinder scheinbar erst durch eine explizite Inschutznahme bewahrt werden können, z. B. Entführung, Kinderhandel, Folter, Todesstrafe, Militäreinsatz (Kindersoldatentum). Man könnte wohl sagen: Der sich rein auf das Pädagogische konzentrierende Geist von 1959 war von der realen Geschichte ein-, wenn nicht gar überholt worden: Kind zu sein um 1990 bedeutete, vor wesentlich mehr beschützt werden zu müssen als noch 30 Jahre zuvor. Hier hatte sich wohl die Realität ebenso geändert wie der Blick auf die Gefahren, denen Kinder ausgesetzt sind (und es womöglich schon immer waren). So lässt sich z. B. Artikel 30 lesen als direkte Antwort auf die oben beschriebene koloniale Pädagogik der kulturellen Vernichtung:

Zitat

Artikel 30 – Minderheitenschutz
In Staaten, in denen es ethnische, religiöse oder sprachliche Minderheiten oder Ureinwohner gibt, darf einem Kind, das einer solchen Minderheit angehört oder Ureinwohner ist, nicht das Recht vorenthalten werden, in Gemeinschaft mit anderen Angehörigen seiner Gruppe seine eigene Kultur zu pflegen, sich zu seiner eigenen Religion zu bekennen und sie auszuüben oder seine eigene Sprache zu verwenden.

Die Entwicklung der Formulierung der Kinderrechte jedenfalls zeigt die angesprochene Tendenz zur Universalisierung: Über Staats- und Kulturgrenzen hinweg wird nicht nur die Notwendigkeit pädagogischer Einflussnahme auf das Kind – als Hilfe beim Aufwachsen verstanden – anerkannt, sondern ebenfalls eine spezielle Ausrichtung dieser pädagogischen Einflussnahme. So heißt es in Artikel 29 etwa:

Zitat

Artikel 29 – Bildungsziele; Bildungseinrichtungen
Die Vertragsstaaten stimmen darin überein, dass die Bildung des Kindes darauf gerichtet sein muss,
die Persönlichkeit, die Begabung und die geistigen und körperlichen Fähigkeiten des Kindes voll zur Entfaltung zu bringen;
dem Kind Achtung vor den Menschenrechten und Grundfreiheiten und den in der Charta der Vereinten Nationen verankerten Grundsätzen zu vermitteln;
dem Kind Achtung vor seinen Eltern, seiner kulturellen Identität, seiner Sprache und seinen kulturellen Werten, den nationalen Werten des Landes, in dem es lebt, und gegebenenfalls des Landes, aus dem es stammt, sowie vor anderen Kulturen als der eigenen zu vermitteln;

das Kind auf ein verantwortungsbewusstes Leben in einer freien Gesellschaft im Geist der Verständigung, des Friedens, der Toleranz; der Gleichberechtigung der Geschlechter und der Freundschaft zwischen allen Völkern und ethnischen, nationalen und religiösen Gruppen sowie zu Ureinwohnern vorzubereiten;
dem Kind Achtung vor der natürlichen Umwelt zu vermitteln.

Auch hier findet sich die pädagogische Grundspannung zwischen der Förderung der individuellen Persönlichkeit bei gleichzeitiger Wahrung einer gewissen Form der Sozialität des Kindes, d. h. also zwischen individuellem und gesellschaftlichem Wohl. Mögen sich die verschiedenen Staaten und Kulturen also in vielem uneinig sein – mit Blick auf die Pädagogik scheinen im Grundsatz alle übereinzustimmen.

Ebenfalls von Bedeutung sind die Festlegungen in Bezug auf die Rechte aller Kinder, die besonderer Unterstützung bedürfen. Dies ist vor allem in Artikel 23 geregelt. Dort heißt es etwa:

Zitat

Artikel 23 – Förderung behinderter Kinder

(1) Die Vertragsstaaten erkennen an, dass ein geistig oder körperlich behindertes Kind ein erfülltes und menschenwürdiges Leben unter Bedingungen führen soll, welche die Würde des Kindes wahren, seine Selbständigkeit fördern und seine aktive Teilnahme am Leben der Gemeinschaft erleichtern.

(2) Die Vertragsstaaten erkennen das Recht des behinderten Kindes auf besondere Betreuung an und treten dafür ein und stellen sicher, dass dem behinderten Kind und den für seine Betreuung Verantwortlichen im Rahmen der verfügbaren Mittel auf Antrag die Unterstützung zuteil wird, die dem Zustand des Kindes sowie den Lebensumständen der Eltern oder anderer Personen, die das Kind betreuen, angemessen ist.

(3) In Anerkennung der besonderen Bedürfnisse eines behinderten Kindes ist die nach Absatz 2 gewährte Unterstützung soweit irgend möglich und unter Berücksichtigung der finanziellen Mittel der Eltern oder anderer Personen, die das Kind betreuen, unentgeltlich zu leisten und so zu gestalten, dass sichergestellt ist, dass Erziehung, Ausbildung, Gesundheitsdienste, Rehabilitationsdienste, Vorbereitung auf das Berufsleben und Erholungsmöglichkeiten dem behinderten Kind tatsächlich in einer Weise zugänglich sind, die der möglichst vollständigen sozialen Integration und individuellen Entfaltung des Kindes einschließlich seiner kulturellen und geistigen Entwicklung förderlich ist.

Dieser Erklärung folgte dann 1994 die international anerkannte Erklärung von Salamanca, in der noch einmal gesondert auf das Recht auf eine inklusive Pädagogik für alle Menschen – egal, welche besonderen Bedürfnisse sie auch haben – eingegangen wird.

Salamanca-Erklärung 1994 – Inklusionspädagogik

Doch nicht nur mit Blick auf mögliche *besondere* pädagogische Bedürfnisse wurde versucht, gleiches Recht und Gleichbehandlung für alle durchzusetzen. Auch andere Traditionen der Ungleichbehandlung wurden nun als solche erkannt und schrittweise abgeschafft – wenigstens auf dem Papier. So wurde etwa in der DDR ab den 1950er Jahren, in der BRD sogar erst in den 1970er Jahren flächendeckend die Koedukation, d. h. der gemeinsame Unterricht für Jungen und Mädchen, eingeführt. Und obwohl der Oberste Gerichtshof der USA bereits 1954 in einem Urteil erklärte, dass die bis dahin übliche und gesetzlich festgeschriebene Rassentrennung in Schulen (d. h. die getrennte Unterrichtung von weißen Kindern und Kindern anderer Hautfarbe) verfassungswidrig und daher zu beenden ist, dauerte es noch volle zehn Jahre, bis Präsident Lyndon B. Johnson 1964 im *Civil Rights Act* die Rassentrennung in allen öffentlichen Einrichtungen der USA beendete.

Koedukation

Rassentrennung in Schulen

Abb. 7.3.1 | ▶ Clinton, Tennessee, 4. Dezember 1956. Das Bild zeigt eine Gruppe afro-amerikanischer Schüler, die durch eine Ansammlung weißer Jungen laufen, während der gewalttätigen Unruhen, die auf die Aufhebung der Rassentrennung in den amerikanischen Schulen folgten.

All diese Bemühungen haben wichtige Veränderungen auf den Weg gebracht, aber auch noch heute verteidigt eine große Anzahl von Menschen weltweit diese (auch pädagogischen) Ungleichbehandlungen – sei es wegen der Hautfarbe, sei es wegen des Geschlechts, der sexuellen Orientierung, der Religion oder anderer Merkmale.

Diesem Trend zur Universalisierung ist eine Anerkennung von Pluralität und Heterogenität implizit, also einer positiv wahrgenommenen Vielfältigkeit, die sich aus der zunehmenden Anerkennung der Verschiedenheit der Menschen zwischen den Gesellschaften und Kulturen, aber selbst innerhalb dieser ergibt – eine Verschiedenheit, die ja im oben genannten Artikel 29 der UNO-Kinderrechtskonvention ausdrücklich geschützt wird.

Merksatz

Die zweite Hälfte des 20. Jahrhunderts war gekennzeichnet von einer starken Tendenz zur Universalisierung: Man versuchte, die gleichen Rechte für alle Menschen zu formulieren und durchzusetzen und dabei alle Formen der Diskriminierung, auch in der Pädagogik, abzuschaffen.

Tendenzen der Pluralisierung

Pluralisierung

Wie oben zu sehen war, bemühte man sich zunehmend, die gleichen Rechte für alle Menschen auch in weltweit gültigen Regeln festzuschreiben. Dieses Bewusstsein für die Gleichberechtigung aller führte natürlich gleichzeitig dazu, dass immer mehr die verschiedenen Ansichten und Bedürfnisse der Menschen zwischen den Kulturen, aber auch innerhalb der Kulturen und Gesellschaften als berechtigt und beachtenswert angesehen wurden. Dies wurde bedeutsam, weil in modernen Gesellschaften Menschen mit verschiedenen kulturellen Wurzeln und verschiedenen individuellen Lebensgestaltungen zusammenleben.

Postmoderne und postmodernes Denken

Diese Realität des eigentlich gleichberechtigen alltäglichen Nebeneinanders verschiedener Ansichten und Lebensentwürfe (das natürlich leider oft nur auf dem Papier wirklich gleichberechtigt ist) wurde reflektiert in einer Denkschule, die sich ca. seit den 1980er Jahren entwickelte und die zunehmend einflussreicher wurde: das *postmoderne* Denken. Die hiermit verbundenen Vorstellungen sehen die Welt in eine neue Phase der Moderne eingetreten – die *Postmoderne* –, welche die klassische Moderne, die mit der Aufklärung begonnen hatte, ablöst. Der Namen leitete sich daher auch ab von dieser Idee der Ablösung: *Post* bedeutet auf Latein *nach* – die Postmoderne ist also die Zeit *nach* der klassischen Moderne.

Am besten lässt sich das postmoderne Denken verstehen in der Gegenüberstellung zu den Ideen, welche die Moderne bis dahin auszeichnen und die seit ihrem Aufkommen in der europäischen Aufklärung als universal, d. h. für alle Menschen der Welt, für alle Kulturen und Gemeinschaften, gültig, angenommen wurden. Mit anderen Worten: Obwohl diese Ideen im Abendland entwickelt wurden, sollen sie für alle richtig und wichtig sein. Dazu gehören vor allem die Vorstellung einer universalen Vernunft (d. h. alle Menschen würden eigentlich gleich denken), die Vorstellung eines universalen Fortschritts (d. h. es wäre für alle Menschen besser, sich am Fortschritt vor allem der westlichen Welt zu orientieren) oder auch die Vorstellung einer universalen Ethik (d. h. im Grunde genommen würden alle Menschen die Einschätzung davon teilen, was jeweils Gut oder Böse ist). Man könnte auch sagen, dass die Tendenzen der Universalisierung, die oben besprochen wurden, genau aus dieser Art des Denkens hervorgehen – eines Denkens, das eher nach den Gemeinsamkeiten aller Menschen sucht (und dabei gelegentlich deren Unterschiedlichkeit ignoriert oder vielleicht, etwa im Kolonialismus, sogar explizit zu vernichten versucht).

Nun zeigte sich in der Realität zunehmend, dass diese Vorstellungen keineswegs so ohne Weiteres von allen Menschen geteilt wurden. Es zeigte sich sogar, dass selbst innerhalb der sich eigentlich in dieser Perspektive als homogen verstehenden westlichen Gesellschaften nicht alle an diese Vorstellungen glaubten. Hinzu traten Debatten innerhalb jener Sphären, in denen über solche Ideen vornehmlich diskutiert wird: an den Universitäten, vor allem in den Geistes- und Sozialwissenschaften. Aus diesen beiden Richtungen kommt also eine Kritik an der Moderne und ihren universalistischen Ideen, und es ist diese Kritik, die sich zur Denkschule der Postmoderne formiert.

Postmoderne vs. Moderne

Postmodernes Denken stellt nun alle diese modernen Vorstellungen der Universalität in Frage: Es geht etwa davon aus, dass nicht alle Menschen gleich denken, dass nicht eine Lebensweise die beste für alle ist und dass es letztlich keine universal gültige Vorstellung davon gibt, was Gut und Böse, richtig und falsch ist. Diese Art des Denkens versucht nun zum einen, diese Pluralität zu ergründen, zu verstehen und zu beschreiben – und zum anderen zu analysieren, wie eine Welt funktioniert oder funktionieren könnte, in welcher diese Pluralität ernst genommen wird.

Merksatz

Postmodernes Denken kritisiert die stark universalisierenden Vorstellungen, die in der Moderne entwickelt wurden. Es verweist darauf, dass die angeblich universal gültigen Vorstellungen vor allem westlich-abendländisch geprägt sind und keineswegs für alle Menschen gleich gültig sind.

Das Denken der Postmoderne und die neu gewonnene Sensibilität für die Unterschiedlichkeit der Menschen beeinflusst auch zunehmend die Pädagogik. Hieraus entstehen verschiedene Bewegungen innerhalb pädagogischen Denkens und Handelns, die nun versuchen zu erfassen, wer vielleicht bisher in der Pädagogik nicht adäquat behandelt worden ist. Denn es wurde immer deutlicher: Wollte man allen gleichermaßen gerecht werden, galt es, die bisher übersehenen oder ignorierten Bedürfnisse Einzelner oder gar ganzer Gruppen von Menschen wahrzunehmen und sich dieser pädagogisch anzunehmen, d. h. Theorien und Praktiken für eine Pädagogik der Pluralität zu entwickeln.

Pädagogik in der Postmoderne

Pädagogik der Pluralität

Im Ergebnis dieser Bemühungen entstehen in den letzten Jahrzehnten des 20. Jahrhunderts spezielle Pädagogiken, die sich den bisher Ausgeschlossenen, den *Anderen*, widmen: die Interkulturelle Pädagogik, die Integrationspädagogik und die Feministische Pädagogik. Allen diesen pädagogischen Richtungen ist das Bemühen gemeinsam, auch denen gerecht zu werden, die man bisher entweder ganz ausgeschlossen hatte oder sie einfach behandelte wie alle anderen auch (und damit ihre Besonderheit ignorierte). Dabei widmet sich die Interkulturelle Pädagogik der Frage nach den pädagogischen Herausforderungen, die eine Gesellschaft stellt, in der Menschen mit verschiedenen kulturellen Hintergründen und Traditionen gleichberechtigt zusammenleben sollten; die Integrationspädagogik stellt sich die Frage, wie man gerecht mit denen umgehen sollte, die – aus verschiedenen Gründen, z. B. einer sogenannten Behinderung – gesonderter Aufmerksamkeit bedürfen; die Feministische Pädagogik widmet sich der Pädagogik aus der Sicht der Frauen und Mädchen, um hier Entwürfe vorzustellen, die weniger geprägt sind von der seit Jahrhunderten bestehenden Vorherrschaft der Männer.

Interkulturelle Pädagogik

Integrationspädagogik

Feministische Pädagogik

Diese Tendenzen zur Pluralisierung sind seit dieser Zeit im pädagogischen Denken wirksam; die einmal etablierte Sensibilität wirkt weiter fort. So kommt es immer wieder zur Identifizierung von bisher in der Pädagogik marginalisierten Gruppen, und immer wieder folgt hierauf eine pädagogische Diskussion darüber, wie

Pädagogik und Marginalisierung

man auch diesen Menschen gerecht zu werden vermag. So gab es etwa Debatten um den richtigen Umgang mit Menschen aus bildungsfernen Schichten (sogenannten Arbeiterkindern) oder (gerade erst heute beginnende) Untersuchungen darüber, wie man unterschiedlichen sexuellen Orientierungen pädagogisch sensibel begegnen könnte.

Merksatz

Die Pädagogik der Postmoderne widmet sich vor allem der Entwicklung einer Pädagogik der Pluralität, die allen Gruppen und Individuen gerecht zu werden versucht. Besondere Bedürfnisse und Lebensumstände sollen auf diese Weise pädagogisch beachtet und anerkannt werden.

Pädagogische Universalisierung und Pluralisierung

Beide Tendenzen – die Universalisierung und Pluralisierung – ereignen sich unmittelbar nacheinander. Es überrascht daher auch nicht, wenn das pädagogische Denken mal mehr der einen, mal mehr der anderen Seite zuneigt. Tatsächlich sind beide Seiten untrennbar miteinander verbunden: Erst aus einer Anerkennung universal gültiger Rechte ergibt sich das Recht auf Individualität jedes einzelnen Menschen und das Recht darauf, gerecht behandelt zu werden. Trotzdem ergibt sich für Pädagogen und Pädagoginnen aus dieser Verschränkung immer wieder die zu beantwortende Frage: In welchen Aspekten sind die Menschen gleich – und worin unterscheiden sie sich und wie kann und muss darauf pädagogisch reagiert werden?

Merksatz

Die Beachtung der Besonderheiten von Menschen und deren Anerkennung basiert auf der vorhergehenden Idee von universalen Menschenrechten. Weil man alle Menschen als im Prinzip gleich und daher auch als gleichberechtigt ansieht, ergibt sich die Forderung, allen gemäß ihrer Besonderheiten gerecht zu werden. Pädagogik ist daher immer gleichzeitig einer Universalität und einer Pluralität verpflichtet – und die Unterscheidung zwischen beidem gehört zu ihren schwierigsten Aufgaben.

7.4 Begegnung der Kulturen – Neue Ideale in der neuen Einen Welt

Kultureller Kontext

Bereits die Existenz zweier politischer Machtblöcke machte den Menschen bewusst, dass sie Teil einer größeren Welt waren: Die politischen Krisen (Kuba-Krise, Vietnam-Krieg u. a.) zeigten bereits die globalen Verstrickungen, in die man unausweichlich eingebunden ist. Neben dieser politischen ereignete sich allerdings auch eine kulturelle Globalisierung, die für pädagogisches Denken und Handeln relevant war, weil sie die Vorstellung vom guten Leben und dem, was dafür pädagogisch (durch Erziehung und Bildung) zu leisten ist, veränderte. Vor allem für den Bereich der Bildung, also für die Selbstformung des Menschen, wurden neue Ziele und Wege gefunden, die oft aus anderen Kulturen stammten und für den abendländischen Kontext angepasst wurden. Im Ergebnis entstand zum einen eine Gesellschaft der sogenannten *Transkulturalität* – also eine Gesellschaft, in der sich verschiedene Kulturen vermischen und zu einem neuen Ganzen zusammensetzen. Zum anderen erhöhte diese kulturelle Annäherung auch das Bewusstsein für die Bedeutung und den Wert anderer Kulturen – das ursprünglich vor allem durch koloniales Denken geprägte Verhältnis des Westens zum Rest der Welt veränderte sich: Zumindest ein Teil der Jugendlichen versucht nun, sich anderen Kulturen respektvoll zu nähern.

Unzufriedenheit der Jugendlichen

Ausgangspunkt dieser kulturellen Veränderung war die stetig steigende Unzufriedenheit der Jugendlichen mit der gesellschaftlich-politischen Situation nach dem Zweiten Weltkrieg: Die soziale und ökonomische Konsolidierung der westlichen Staaten ging einher mit einem stärker werdenden Konservativismus und einer Verfestigung der Systemgrenzen der politischen Machtblöcke, die sich zunehmend feindlicher gegenüberstanden und sich mit immer gewaltigeren Waffen gegenseitig bedrohten. Diese äußere Bedrohung und der auf das kleine, private Glück (Arbeit und Wohlstand) ausgerichtete Lebensstil der Erwachsenen fühlte sich für viele Jugendliche zunehmend wie eine Sackgasse an – sie begannen, nach einer eigenen Sprache und nach einer eigenen Antwort auf diese unbefriedigende Situation zu suchen. Und sie fanden beides: Die Suche führte sie im Äußeren nach Osten und nach Westen, im Inneren in die Tiefe der eigenen Seele; sie fanden eine eigene Sprache, mit der sie sich gegen die Erwachsenen absetzen und ihre eigenen Vorstellungen vom guten und richtigen Leben ausdrücken konnten und die sie bis heute nahezu weltweit miteinander verbindet: die (Pop/Rock-)Musik. Musik wurde das herausragende Medium jugendlicher (Selbst-)Verständigung.

Neue Wege

All das lief nicht unabhängig voneinander ab: Der Aufbruch, die Reisen nach Westen und Osten waren initiiert und begleitet von Musik; die Musik selbst veränderte sich durch dieses kulturelle Abenteuer. Der Geist dieses Abenteuers, der auch die Pädagogik grundlegend veränderte, wurde salopp zusammengefasst als *Sex, Drugs & Rock 'n' Roll*. Was in dieser Formulierung als rein auf Vergnügen ausgerichtetes Abenteuer erscheint, war in Wahrheit viel mehr. Es war der Entwurf eines neuen Lebensstils, eines neuen Lebensgefühls, welches zum zentralen Orientierungspunkt der Lebensgestaltung vieler Jugendlicher werden sollte und das bis heute, wenn auch nicht ungebrochen, wirksam ist: Es führt ein Weg von Woodstock zur Love Parade und zum Fusion Festival – und in der Musik wurde und wird den Jugendlichen ein pädagogisches Angebot gemacht: In ihr und vor allem auch durch diejenigen, die sie machen – die Stars –, werden Bilder eines gelingenden Lebens transportiert, Bilder davon, wie man sein und leben kann und sollte – Aufforderungen, sich dementsprechend zu bilden, sich zu formen und zu verhalten. Das blieb und bleibt natürlich ambivalent: Zum einen scheitern offensichtlich eine ganze Menge Stars an ihrem eigenen Leben – als Vorbild können sie so nur bedingt gelten; zum anderen wurde das Angebot zunehmend zur Aufforderung: Die Freiheit des neuen Lebens wird zum Zwang, zur Mode, zur Bedingung von Akzeptanz; nur, wer die richtige Musik hört, die richtige Kleidung trägt, sich an den richtigen Stellen weigert – nur der wird innerhalb der Jugendkultur anerkannt. Das neue Leben erscheint an vielen Stellen als ebenso zwanghaft wie das alte.

Sex, Drugs & Rock 'n' Roll

Bildung durch Musik

Merksatz

Bildung als die Art und Weise, in der man sich zu sich selbst verhält und sich selbst formt, wird entscheidend beeinflusst von außen: von Angeboten und Vorbildern, nach denen man sich zu formen beginnt. Ab den 60er Jahren des 20. Jahrhunderts entsteht eine neue Jugendkultur, die vor allem über Musik ein neues Lebensgefühl und einen neuen Lebensstil zu vermitteln beginnt.

Schauen wir im Folgenden etwas genauer, was sich hinter dem Stichwort *Sex, Drugs & Rock 'n' Roll* verbirgt. Beginnen wir mit dem Motor der ganzen Sache, der Musik: Let's *Rock 'n' Roll*.

Rock 'n' Roll – Eine neue Sprache von Liebe und Protest

Zitat

> „Ich glaube, Rockmusik kann alles machen. Sie ist ein Vermittler für wirklich alles. Sie ist der beste Vermittler für wirklich alles, was man sagen möchte, was man herunterreißen, aufbauen, töten und neuschaffen möchte. Man kann damit alles machen." (Pete Townsend, *The Who*)

Rockmusik als Medium

Mit diesen Worten beschrieb Pete Townsend, Mitglied der einflussreichen Rockgruppe *The Who*, die Macht, welche Rockmusik in den Händen der Jugend seit Mitte der 1960er Jahre besaß. Ihre Entwicklung zum beherrschenden jugendlichen Medium began im 19. Jahrhundert in Nordamerika mit zwei musikalischen Traditionen: dem *Blues* der afro-amerikanischen Sklaven und der von der Volksmusik der europäischen Einwanderer geprägten *Country & Western*-Musik. Aus beidem speiste sich der in den 1950er Jahren entstehende *Rock 'n' Roll*, der es über den großen Teich schaffte. Vor allem in England begeisterten sich Jugendliche für den *Rock 'n' Roll* und stellten eine Verbindung her, die es so bisher im amerikanischen Kontext nicht gegeben hat: die Verbindung von Musik einerseits und Opposition und Revolte andererseits. Die aus dem *Rock 'n' Roll* entstehende *Beat*-Musik verstand sich von vornherein als Alternative zur leicht konsumierbaren, kommerziellen Schlagermusik der Erwachsenen. Obwohl sie keineswegs aus dem für die *Beat*-Musik typischen Arbeitermilieu entstammten, sorgten vor allem die *Beatles* für den weltumspannenden Erfolg dieser Musik: Die ständig wachsende, internationale jugendliche Fangemeinde (die etwa bis nach Asien und Australien reicht) bildete in ihrer fast hysterischen Anhängerschaft (*Beatlemania*) die Basis für das Entstehen einer Welt-Jugend, die sich vor allem über ihren Musik-Geschmack und ihren (Kleidungs-)Stil – über den Starkult – zusammenfindet und definiert. Doch auch die hiermit, trotz aller Protesthaltung, verbundene Kommerzialisierung kennzeichnet die Jugendkultur seitdem. Mit der Ausweitung der *Beatlemania* nach Nordamerika schloß sich der Kreis: Die Rezeption der *Beatles*, vor allem auch die Aufnahme des elektrischen Instrumentariums in die *Rhythm & Blues*- und die *Folk*-Musik, ließ das entstehen, was später als *Rock*-Musik (durchaus in verschiedenen Spielarten) bekannt wird. Mit ihr hatte sich Musik endgültig zur universalen Sprache entwickelt, mit der die Jugend gegen die Erwachsenen auftritt und in der sie ihre Träume ausdrückt. Diese Träume waren inspiriert durch Reisen – Reisen nach

Weltweite Jugendkultur

Außen und nach Innen, die begleitet oder manchmal sogar erzeugt wurden durch gefährliche Hilfsmittel: Drogen.

Merksatz

Die (Rock-)Musik wird zum vorherrschenden Ausdrucksmedium der neuen Jugendkultur: In ihr und durch sie wenden sich die Jugendlichen in Protest von den Erwachsenen ab und formulieren neue Lebensziele, und in ihr erfahren sie sich als Gruppe über alle Ländergrenzen hinweg – geeint (und sogar manchmal vereinheitlicht) durch ihren Lebensstil und Geschmack.

Drugs – Aufbruch in Neue Welten und Zeiten

Zitat

„Die Revolution findet jetzt statt. Wir schaffen die Revolution, indem wir sie leben." (Jerry Rubin, 1971)

Neue Welten

Ende der 1960er Jahre begannen die Jugendlichen in den USA, von einer Neuen Welt nicht nur zu träumen, sondern diesen Traum auch in die Tat umzusetzen: Das spießige Leben ihrer Eltern, das durch Arbeit, Familie und Konsum bestimmt wird, ablehnend, erfanden sie sich neu als Menschen mit einer gesteigerten Sensibilität. Dieses neue Lebensgefühl wurde ausgedrückt in berühmt gewordenen Slogans wie „Flower Power", „Make love not war" und „Love and Peace".

Hippie-Bewegung

Vor allem Musik und Drogen dienten diesen als „Hippies" bekannt gewordenen Jugendlichen als Mittel, einen anderen Blick auf die Welt zu gewinnen als ihre Eltern. Auch ihr Äußeres setzte sich radikal vom Bisherigen ab: lange Haare, selbstgefertigte Kleidung, Blumen (daher der deutsche Ausdruck „Blumenkinder") und Sandalen prägten ihre Erscheinung. Zentrum dieser Bewegung und ihres auf Natürlichkeit, Authentizität und Freiheit ausgerichteten Lebensstiles wurde Haight Ashbury, ein Stadtteil San Franciscos. 1966 fand hier das erste große Konzert statt, auf welchem sich das neue Lebensgefühl formiert: Im LSD-Rausch lauschten ca. 5000 Jugendliche einer vorwiegend aus stundenlangen Improvisationen bestehenden Musik, die

Abb. 7.4.1 | ▶ Antikriegsdemonstration 21. Oktober 1967 in Arlington, Virginia, USA

später auch als *Psychedelic Rock* bekannt wird und die hier zum Medium der Emanzipation, der Selbstbefreiung und Selbstverwirklichung der Jugendlichen wurde.

Abb. 7.4.2 | ▶ Werbeplakat für ein Mantra-Rock-Dance-Festival am 29. Januar 1967 in San Francisco

In einer von Technik und Konsum beherrschten Welt fand die Jugend hier ein neues Idealbild vom Mensch-Sein als freies und ungebundenes Bewusstsein. Dieses spiegelte sich in der und wird gleichzeitig verstärkt durch die Musik und die Drogenerfahrungen. Neben dieser Freiheit und Bewusstseinserweiterung ging es allerdings auch um Politik: Nicht nur versuchten die Hippies, die bis dahin rassistisch ausgegrenzte afro-amerikanische Bevölkerung mit einzubinden, die sie als Verbündete im Kampf gegen das bürgerliche Establishment wahrnahm, sondern es wurden auch sehr direkte politische Statements abgegeben: Auf dem legendären Woodstock-Festival, das im März 1969 in der Nähe von New York stattfand, wurde mit Jimi Hendrix nicht nur ein afroamerikanischer Künstler als Star gefeiert, sondern Hendrix selbst kommentierte auf seine eigene Weise den gerade im Vietnam-Krieg verratenen *American Dream*: Auf seiner E-Gitarre zerfetzt er auf eine bis dahin nie gehörte und gewagte Weise die amerikanische Nationalhymne *Star Sprangled Banner* – ein symbolischer Moment des Widerstands nicht nur gegen das rassistische, sondern auch gegen das imperialistische Amerika und die ganze westliche Welt.

Von Amerika breitete sich die Bewegung aus und fand auch in Europa Anhänger: Sowohl die entsprechende Musik (in Deutschland als „Krautrock“ bekannt) als auch der Lebensstil und die Kleidung verbreiteten sich zunehmend. Sogar in der derartige Einflüsse gezielt unterdrückenden DDR fanden sich Begeisterte: Unter der Selbstbezeichnung als „Blueser“, „Tramper“ oder „Kunden“ versammelten sich Jugendliche zu einer eigenen Gruppe, die sich mit Idealen wie Freiheit, Pazifismus und Non-Konformismus gegen die offizielle Jugendkultur der DDR richtete. Trotz des Namens wurde

Abb. 7.4.3 | ▶ Eröffnungszeremonie Woodstock Festival, 14. August 1969. Ein indischer Guru und Yoga-Meister, Satchidananda Saraswati (1914–2002), geboren als C. K. Ramaswamy Gounder und bekannt als Swami Satchidananda, hält die Eröffnungsrede.

hier nicht nur Blues gehört, sondern fast die gesamte Spannbereite westlicher Rockmusik; ein spezieller Kleidungsstil (Kutten, Jeans, Jesus-Latschen oder Tramper, Batik-Sachen) machte die von der Obrigkeit beobachteten Jugendlichen erkennbar. Wie im Westen auch, diente nicht nur Musik als Tor zu anderen Welten: Hier wurde ebenso, wenn auch weniger verbreitet, mit Drogen experimentiert – meistens mit Alkohol, aber auch mit eigenen Psychopharmaka-Mischungen oder eingeschmuggeltem LSD.

Merksatz

Die Verbindung von Musik und Drogen erzeugte jene Atmosphäre von Emanzipation und Selbstbefreiung, die innerhalb der Jugendkultur zur Etablierung einer neuen Weise der Selbstverwirklichung führte: Natürlichkeit, Friedlichkeit und Authentizität waren die neuen Bildungsideale, die die Welt in Zeiten des Kalten Krieges erwärmen sollten.

Allerdings war der Aufbruch in neue Welten nicht nur einer, der – drogen- und musik-induziert – im Inneren stattfand: Viele Jugendliche begannen, neue Wahrheiten für sich in ganz anderen Kulturen zu suchen. Den Ausgangspunkt dieser Entwicklung bildete, neben dem plötzlich erwachenden Interesse für die Kultur der amerikanischen Ureinwohner, die Entdeckung Asiens, dessen Traditionen und Spi-

Auf dem Weg nach Asien

ritualität (und dessen billige Drogen) dem nahe kamen, was die Hippies für sich als Alternative zum westlichen Lebensstil suchten. Man begann, sich für asiatische, vor allem indische, Musik zu interessieren.

Neben dem Einzug Asiens in die westliche Welt zog es auf der anderen Seite auch viele Westler nach Asien: Auf dem Hippie-Trail reisten Tausende Jugendliche nach Indien, später auch noch weiter gen Thailand und Japan, um auf diese Weise nicht nur das moderne Backpacking und Aussteigertum zu begründen, sondern um bei den Meistern und Gurus des Hinduismus und Buddhismus Erleuchtung zu erlangen. Man lebte in Ashrams (Meditationszentren) und Tempeln, lauschte den Lehren der Gurus und versuchte, sein eigenes Ich mit dem Kosmos in Einklang zu bringen. Die, die nach Westen zurückkehrten, brachten die Weisheitslehren mit: Sie sprachen von der Inneren Mitte, vom Inneren Gleichgewicht, von Innerer und Kosmischer Energie, von Versenkung und Erleuchtung – und etablierten auf diese Weise eine völlig neue Art des Sprechens über das richtige Leben und Mensch-Sein. Statt beruflichem oder kommerziellem Erfolg galten nun die persönliche Energie-Bilanz, innere Ausgeglichenheit und kosmische Verbundenheit als Ziele der individuellen Formung, d. h. der Bildung. Und die Erleuchteten sprachen

Neue Weisheiten und Wege

Abb. 7.4.4 | ▶ Bhaktivedanta Swami im Golden Gate Park, San Francisco, mit einer Statue des hinduistischen Gottes Jagannath zu seiner Rechten, Februar 1967

Abb. 7.4.5 | ▶ Meditationskreis, Snoqualmie Moondance Festival, August 1992

nicht nur von den Zielen: Sie brachten auch gleich die Wege und Techniken mit, auf denen diese Ziele zu erreichen seien. Weit über das, was seit Beginn des 20. Jahrhunderts im Westen bekannt war, verbreiteten sich nun Kenntnisse über Yoga, Meditation, autogenes Training, über die Kampfkünste (etwa Tai Chi oder auch Karate und Kung Fu) und Ayurveda und andere Formen der Selbstsorge (die inzwischen zum Standard-Repertoire fast jeder deutschen Krankenkasse gehören). Doch auch die hierfür notwendigen spirituellen Grundlagen fanden zunehmend Anhänger und Anhängerinnen: der Buddhismus – vor allem der Zen-Buddhismus – breitete sich nun ebenso aus wie hinduistische Religionsvarianten (etwa die sehr erfolgreiche Hare-Krishna-Bewegung).

Die bereitwillige Aufnahme alternativen Gedankenguts führte zur Entwicklung einer speziellen synkretistischen (d. h. zusammengesetzten) Spiritualität, die als *New Age* bekannt geworden ist und die bereits im Namen auf ein kommendes neues Zeitalter verweist. *New Age* führte dabei verschiedenste spirituelle Traditionen zusammen: In einem entsprechenden Laden konnte man (und kann man immer noch) Tarot-Karten ebenso kaufen wie astrologische Tabellen, ayurvedische Heilpläne, nordische Runen, Bücher zu Tai Chi, Meditation, Weißer Magie, Heilfasten, indianischen Weisheiten, Hildegard von Bingen und anderem.

New Age

Merksatz

Die neue Jugendkultur suchte verstärkt Inspirationen außerhalb der europäisch-westlichen Kultur: Vor allem asiatisches Denken beeinflusste (und beeinflusst noch heute) auf vielfältige Weise die Wege, auf denen das neue Leben gestaltet wurde und wird.

Im Ergebnis dieser inneren und äußeren Bewegungen wurde nicht nur die westliche Kultur in einer ganz neuen Weise transkulturell – d. h. sie bildet ein Gemisch aus verschiedenen Traditionen. Darüber hinaus gewann die Jugend neben einer eigenen universalen Sprache auch ein neues Weltbewusstsein, welches versucht, auch noch die entlegensten Gebiete und ihre Bewohner und Bewohnerinnen mit in den Gedanken von „Love and Peace" einzuschließen und als gleichberechtigte Brüder und Schwestern willkommen zu heißen. Man begann schließlich, die Erde selbst als großen lebenden Organismus zu begreifen, der geliebt und beschützt werden muss. So überrascht es denn auch nicht, dass 1971 das erste große Benefiz-Konzert stattfand: organisiert von George Harrison, einem Mitglied der *Beatles*, unter dem Titel *Concert for Bangla Desh*, um dem notleidenden Nachbarstaat Indiens zu Hilfe zu kommen. Diese Verbindung von Musik und Welt-Gewissen blieb noch lange bestehen, und der Beweis, dass es gerade die Musik ist, in der sich die Jugend als Weltbürger in der Welt und mit der Welt verbunden sieht, wurde und wird immer wieder neu angetreten: 1978 entstand die Bewegung *Rock against Racism* in Großbritannien, 1979 fand das erste *Rock-gegen-Rechts*-Konzert in der BRD statt, 1982 folgte *Rock für den Frieden* in der DDR. 1984 sammelte das *Band-Aid*-Projekt von Bob Geldorf das erste Mal Geld für das hungernde Afrika, 1985 fand mit *Live Aid* das wohl bisher größte, weltweit übertragene Benefiz-Konzert gleichzeitig in London und Philadelphia statt.

Neues Weltbewusstsein

Benefiz-Konzerte

Abb. 7.4.6 | ▶ Live Aid im JFK Stadion, Philadelphia, 13. Juli 1985

Auch in der BRD organisierten sich unter dem Namen *Band für Afrika* herausragende Künstler und Künstlerinnen und veröffentlichten mit *Nackt im Wind* einen Benefiz-Song. Der Zusammenhang von Musik und Politik prägte noch die erste *Love Parade* der Techno-Kultur 1989 in Berlin; allerdings begann hier auch der Wandel der Protest-Musik zur Vergnügungsmusik – die Pop(uläre)-Kultur verlor das Interesse an der Revolution.

Ökologie-Bewegung

Gleichzeitig mit diesen antikolonialen Verbrüder- und Verschwesterungen entsteht die Ökologie-Bewegung: Man anerkennt die ganze Erde als zu schützendes Gut, welches durch die zunehmende Industrialisierung, den hohen Rohstoffverbrauch und das Bevölkerungswachstum in starke Bedrängnis gerät. Sogenannte „grüne" Parteien entstehen, Vegetarier- und Veganertum breiten sich aus (wo das Verhältnis des Menschen zum Tier neu gedacht wird). Das Band der Liebe soll alle verbinden, und die Sorgen wachsen, dass etwas mit der Welt nicht stimmen könne, wenn Menschen, Tiere und die Natur offensichtlich leiden.

Merksatz

Die neue Jugendkultur sah sich zunehmend in der Verantwortung, die Fehler der Elterngeneration (Kolonialismus, Rassismus, Naturzerstörung u. a.) wiedergutzumachen. Es entstand das (Vor-)Bild eines Menschen, der – getragen von einem Gefühl universeller Liebe – nicht nur für sich selbst, sondern für die ganze Welt Sorge tragen kann und sollte.

Das neue Lebensgefühl äußerte sich dabei nicht nur mit Blick auf die fernen Brüder und Schwestern oder gar die Erde selbst: Auch im Nahbereich zwischenmenschlicher Beziehungen änderte sich das Bild. „Make love not war" wurde vor allem im unmittelbaren Bekanntenkreis sehr ernst genommen.

Sex – Die Idee einer neuen Gemeinschaft

Neue Beziehungsformen

Wie schon zu sehen war, etablierte sich ein völlig neues Gefühl der Gemeinschaft unter den Jugendlichen: Musik als universale Sprache und Spiritualität als universaler Geist stifteten nicht nur neue Beziehungen zwischen verschiedenen Kulturen und Kontinenten – sie revolutionierten auch die Formen der Beziehungen zu den nächsten Menschen, zur Familie, zwischen den Geschlechtern und den Generationen. Geschlechtliche und soziale Beziehungen wurden von manchen auf eine völlig neue Grundlage gestellt: Unter Ablehnung der Idee der patriarchal geführten bürgerlichen Kleinfamilie fanden sich Menschen in Kommunen zusammen, lebten und liebten frei mit- und untereinander. In Deutschland las man in dieser Bewegung vor allem Wilhelm Reich und Herbert Marcuse und ließ sich durch diese zur Sexuellen Revolution und zur Freien Liebe aufrufen. Unterstützt durch die 1960 eingeführte Anti-Baby-Pille, wurde Sexualität nun zu wesentlich mehr als nur einem Akt der Fortpflanzung: Es setzte sich die Anschauung durch, dass Sexualität ein soziales Band untereinander erzeugt – deshalb wurden auch Themen wie wie außerehelicher Sex, Homosexualität und die Sexualität des Kindes und der Frau plötzlich ganz neu diskutiert. Damit wandelten sich auch die traditionellen Geschlechterrollen. Hatten die Eltern noch Bilder vom Vater als dem Ernährer und Herrscher der Familie und von der Mutter als der Fürsorgerin und Kindererzieherin, so wandelte sich das nun: Auch manche Väter entdeckten ihre pädagogische Verantwortlichkeit und ihre ‚weiche' Seite – und fanden sich in Männergruppen zusammen, um ihre neue Rolle im Geschlechterverhältnis einzuüben und auszudiskutieren. Man liebte sich und redete darüber – das gefühllose Schweigen der elterlichen Kriegs- und Kriegergeneration sollte auf diese Weise überwunden werden. Die Kommune, das freie Zusammenleben mehrerer Personen ohne Trauschein, wurde dabei zur beispielhaften Lebensform: Das durch ausgiebige Kommunikation und Diskussion begleitete gleichberechtigte Miteinander der Geschlechter und Generationen stellte den Gegenentwurf dar zur verrufenen bürgerlich-patriarchalischen Familie. Das funktionierte allerdings nicht immer: Manche Kommunen wurden von charismatischen Führern geleitet, unter denen sich vielfältige Formen von Missbrauch und Vergewaltigung ausbreiteten; vor allem die Erziehung der Kinder erscheint hier als eine Art Gehirnwäsche. Doch obwohl auch solche negativen Beispiele natürlich existieren, setzte sich vor allem unter Jugendlichen und Studierenden diese Lebensform ein Stück weit durch: Noch jede heutige studentische Wohngemeinschaft nimmt Motive der Kommune auf, wie sie in den 1960er Jahren entwickelt wurde, wobei die konkrete Ausgestaltung des Zusammenlebens Gleichaltriger sehr unterschiedlich ausfällt.

Freie Liebe und Anti-Baby-Pille

Neue Geschlechterrollen

Idee der Kommune

Auch wenn natürlich nicht alle Jugendlichen Teil dieser Bewegungen waren, so stand nun doch eine viel breitere Palette an Möglichkeiten zur Verfügung, das eigene Leben zu gestalten: Der Spielraum dessen, was möglich war, wurde wesentlich größer.

Merksatz

Die Idee der universellen Liebe sorgte auch für eine Umgestaltung der Beziehungen zu den nächsten Personen: Das Geschlechter- und Generationen-Verhältnis wurde neu – weniger autoritär und hierarchisch – gedacht, Sexualität bekam einen neuen Stellenwert und die Formen des Zusammenlebens änderten sich radikal.

Scheitern der Hippie-Bewegung

Die Hippie-Bewegung, die die Sache ins Rollen brachte, zerbrach allerdings schon bald an jenen Widersprüchen, die bisher noch jede Lifestyle-Bewegung dieser Art kennzeichneten: Je mehr Menschen sich ihr anschließen, desto gründlicher wird sie vermarktet und damit Teil dessen, was sie einst bekämpfte. Anfang der 1970er Jahre war die Bewegung praktisch tot; einige zogen sich zum freien Leben in die Einsamkeit zurück, andere politisierten sich weiter und bilden den Kern der 68er-Bewegung, die nun auf ganz neue Weise den Kampf um das Anders-Sein von Individuen und Gesellschaft austrägt; mit dem Punk eroberte eine neue Jugendsprache die Welt – wieder zum Erschrecken der Erwachsenen, obwohl er doch eine Antwort ist auf jene gefühlte Gefahr atomarer Welt-, Zukunfts- und damit Sinnvernichtung, die die gar nicht so weisen Väter und Mütter heraufbeschworen hatten. Geblieben ist allerdings das internationale Bewusstsein, das Gefühl der Verantwortlichkeit der Jugend gegenüber denjenigen, die noch durch ihre Väter und Mütter versklavt und kolonialisiert wurden. Jeder Eine-Welt- oder Fairtrade-Laden trägt das Erbe dieses Aufbruchs in sich.

Erbe der Bewegung

Auch wenn die Antwort der Hippies auf die Frage nach dem richtigen Leben scheinbar dem Ausverkauf durch Markt und Konsum zum Opfer gefallen ist, so bleiben doch manche Teile dieser Antwort bis heute wichtig: Asiatische Kultur ist nicht mehr aus dem Westen und seiner Pädagogik wegzudenken, Musik ist nach wie vor eine internationale Jugendsprache, die Verantwortlichkeit des Westens für die schlechte Situation vieler ehemalig kolonisierter Länder ist allgemein anerkannt, um die Gleichberechtigung der Geschlechter und Generationen (etwa auch im pädagogischen Verhältnis) muss – zumindest auf dem Papier – nicht mehr gestritten werden. Und selbst im Scheitern der Bewegung zeigen sich Strukturen, die bis heute gültig sind: Mechanismen des Marktes nehmen Protestbewegungen auf und verkehren sie – gerade wenn sie antikapitalistisch sind – in ihr Gegenteil. Die Musikindustrie ist ebenso wie die Bekleidungsindustrie eifrig dabei, die aufkommenden Jugendbewegungen, deren Protest und deren Ideale vor ihren ökonomischen

Karren zu spannen. Es bleibt richtig, was der Musikjournalist Michael Lydon bereits 1969 bemerkte:

Zitat

> „Traurig aber wahr: Die Erwachsenen lachen trotzdem zuletzt. Rock ist ein hübscher Spielplatz, und hier haben die Jugendlichen mehr Freiheit als irgendwo sonst in dieser Gesellschaft, aber die Mauern um den Spielplatz werden sorgfältig bewacht." (Michael Lyndon, 1969)

Merksatz

> Das Scheitern der Jugendbewegung, ihr kommerzieller Ausverkauf, änderte nichts an ihrer Wirksamkeit: Die Vielfalt der Wege und Ziele, die heute Prozesse jugendlicher (und auch erwachsener) Bildung, Selbstverwirklichung und Selbstformung ausmachen, und das prinzipielle Gefühl der Verantwortlichkeit gegenüber Mitmenschen und Mitwelt bestimmen noch immer die Vorstellungen von einem gelingenden Leben.

Zusammenfassung

Im vorliegenden Kapitel zeigt sich auf vielfältige Weise die Abhängigkeit pädagogischen Denkens von gesamtkulturellen Entwicklungen: Nicht nur die verschiedenen politischen Systeme lassen unterschiedliche Pädagogiken entstehen, indem sie verschiedene Antworten darauf geben, was durch Pädagogik wie erreicht werden soll, sondern auch (pop-)kulturelle Bewegungen verändern pädagogisches Denken und Handeln nachhaltig. Am Ende dieser Periode muss sich auch die Pädagogik nicht nur den Herausforderungen einer zunehmend transkulturellen Welt der Pluralität stellen – und immer wieder neu die schwierige Frage nach dem Verhältnis von Allgemeinheit und Individualität stellen und beantworten. Sondern sie muss sich auch positionieren in den Diskussionen um eine ökologische und nachhaltige Entwicklung der Gesellschaften, wie sie etwa auf dem Weltgipfel in Rio de Janeiro 1992 geführt werden, und ihre Rolle für solche Entwicklungen bestimmen.

Literatur

Baader, Meike Sophia (Hg.): „Seid realistisch, verlangt das Unmögliche": wie 1968 die Pädagogik bewegte. Weinheim 2008.

Farin, Klaus: Jugendkulturen in Deutschland 1950–1989. Bonn 2006.

Ferguson, Marilyn: Die sanfte Verschwörung. Persönliche und gesellschaftliche Transformation im Zeichen des Wassermanns. München 1982.

Heinemann, Manfred (Hg.): Umerziehung und Wiederaufbau. Die Bildungspolitik der Besatzungsmächte in Deutschland und Österreich., Stuttgart 1981.

Hoffmann, Dietrich (Hg.): Erziehung und Erziehungswissenschaft in der BRD und der DDR (3 Bände). Weinheim 1994–95.

Schmitz-Forte, Achim: Die UN-Konvention über die Rechte des Kindes. Eine Einführung. Köln 2001.

Prengel, Annedore: Pädagogik der Vielfalt. Verschiedenheit und Gleichberechtigung in interkultureller, feministischer und integrativer Pädagogik. Opladen 1993.

Wicke, Peter: Anatomie des Rock. Leipzig 1987.

Testfragen

1. *Wodurch sind die beiden pädagogischen Wege in Ost- und Westdeutschland jeweils gekennzeichnet, wie sind sie verlaufen?*
2. *Welche grundsätzlichen Modelle liegen der Pädagogik in Ost und West jeweils zugrunde?*
3. *Welche drei Strömungen lassen sich in der Pädagogik nach 1968 ausmachen, und wodurch sind diese gekennzeichnet?*
4. *Was sind die zentralen Fragen und Probleme, die die Diskussionen um die Pädagogik im Gefolge der 68er-Bewegung bestimmen?*
5. *Welche universalisierenden und welche pluralisierenden Tendenzen lassen sich in der Pädagogik des 20. Jahrhunderts feststellen?*
6. *Welcher systematische Zusammenhang besteht zwischen Universalität und Pluralität im Allgemeinen mit Blick auf die Pädagogik?*
7. *Welcher Zusammenhang besteht zwischen Jugendkultur und Pädagogik (z. B. mit Blick auf die Jugendkultur(en) der 1960er und 1970er Jahre)?*
8. *Was bedeutet die Transkulturalität der modernen Gesellschaft(en) mit Blick auf die Pädagogik?*

Geschichte der Pädagogik – Ein Blick zurück nach vorn

Alles könnte auch anders sein. Unsere Normalität ist kein Schicksal, ist nicht die einzige Möglichkeit; sie hat sich entwickelt und kann und wird sich weiter entwickeln, wird sich verändern und kann verändert werden. Die Situation, in der die vorliegende Geschichte der Pädagogik gelesen wurde, ist nur ein Augenblick in einer Reihe von Veränderungen, und es bleibt die Frage offen, wie der nächste Schritt aussehen wird. Auf jede Frage an die Geschichte, wie es war, fragt sie zurück, wie es morgen sein wird. Auch wenn sie uns keine Anweisungen an die Hand gibt, was wir tun sollen, so macht sie uns doch zunächst deutlich, dass das Morgen anders aussehen kann und es also auch von uns abhängt, wie es aussehen wird.

„Normalität“

1492 – Columbus: Aufbruch in eine (aus europäischer Perspektive) Neue Welt.

1992 – Rio: Zwischenbilanz auf dem Weg in unsere globale Neue Welt.

Wir haben uns entschieden, unsere Geschichte der Pädagogik im Jahre 1992 enden zu lassen – 500 Jahre, nachdem sich 1492 Christoph Columbus auf die Reise gemacht hatte, eine „Neue Welt“ zu entdecken und zu erobern. 1992 wurde auf einer Konferenz der Vereinten Nationen über Umwelt und Entwicklung (englisch: United Nations Conference on Environment and Development, UNCED), kurz auch Weltgipfel oder Rio-Konferenz genannt, im brasilianischen Rio de Janeiro ein neuer Rückblick und zugleich Ausblick auf die Geschichte formuliert. Es waren zwei Themen, die hier miteinander verbunden wurden und die auch das Nachdenken über eine zeitgemäße Pädagogik für das 21. Jahrhundert prägen: Umwelt und Entwicklung.

Rio-Konferenz 1992

Erklärung

„Entwicklung“ meint in diesem Kontext zunächst die wirtschaftliche Entwicklung. Darüber hinaus steht der Begriff für die Verbesserung der Lebensstandards in einem umfassenden Sinn. Neben dem Pro-Kopf-Einkommen und der Vermeidung von Armut sind hier Bildungsmöglichkeiten, Gesundheitsversorgung und Lebenserwartung sowie politische Grundrechte wichtige Indikatoren.

Wirtschaftliche Entwicklung und Umweltschutz

Im Kontext der Rio-Konferenz ist vor allem die Verbindung von wirtschaftlicher Entwicklung und Umweltschutz wichtig. Die Konferenz reagierte damit darauf, dass zunehmend erkannt wurde, wie problematisch eine einseitige Fokussierung auf industrielle Entwicklung und Wirtschaftswachstum ist und wie eine solch einseitige Fokussierung maßgeblich zur ökologischen Krise auf der Welt beigetragen hatte. Pädagogik kann heute diese beiden Aspekte, die Auseinandersetzung mit der Konzeption wirtschaftlichen Wachstums und mit der ökologischen Krise, nicht ausblenden. Vielmehr wird Pädagogik diese Themen aufnehmen und sowohl hinsichtlich der Bedingungen als auch der Ziele von Erziehung berücksichtigen müssen.

Rio-Erklärung

Auf der Rio-Konferenz wurde zunächst die „Rio-Erklärung über Umwelt und Entwicklung" (englisch: Rio Declaration on Environment and Development) verabschiedet. Ökonomie sollte nun als „nachhaltige Entwicklung" in Einklang mit ökologischen Zielen gebracht werden. Die „Rio-Erklärung über Umwelt und Entwicklung" enthält 27 Grundsätze, in denen dargelegt ist, wozu sich die unterzeichnenden Staaten selbst verpflichten.

Zitat

„Grundsatz 1: Die Menschen stehen im Mittelpunkt der Bemühungen um eine nachhaltige Entwicklung. Sie haben das Recht auf ein gesundes und produktives Leben im Einklang mit der Natur. [...] Grundsatz 8: Um nachhaltige Entwicklung und eine höhere Lebensqualität für alle Menschen herbeizuführen, sollten die Staaten nicht nachhaltige Produktionsweisen und Konsumgewohnheiten abbauen und beseitigen und eine geeignete Bevölkerungspolitik fördern." (Rio-Erklärung 1992, Grundsatz 1 und 8)

Ein zentrales Stichwort hierbei ist das der *nachhaltigen Entwicklung*. Das Konzept der nachhaltigen Entwicklung steht in der Tradition des Brundtland-Berichts der Vereinten Nationen von 1987, in dem es heißt:

Zitat

„Humanity has the ability to make development sustainable to ensure that it meets the needs of the present without compromising the ability of future generations to meet their own needs. The concept of sustainable development does imply limits – not absolute limits but limitations imposed by the present state of technology and social organization on environmental resources and by the ability of the biosphere to absorb the effects of human activities. But technology and social organization can be both managed and improved to make way for a new era of economic growth." (United Nations: Our Common future, 1987, § 27)

Nachhaltigkeit

Das Prinzip der Nachhaltigkeit wurde erstmals bereits im 18. Jahrhundert für die Waldwirtschaft aufgestellt und mit diesem Begriff benannt: Es sollten nur so viele Bäume abgeholzt werden, wie in absehbarer Zeit wieder nachwachsen. Ein vergleichbarer Umgang mit natürlichen Ressourcen wird heute für alle Bereiche gefordert. Hier spielt nicht nur der Blick auf die kommenden Generationen eine Rolle, sondern auch die globale Perspektive: Der überproportionale Ressourcenverbrauch und die Produktion von Müll und klimaschädlichen Abgasen in den Industrieländern wirkt sich auf alle Länder aus, sogar besonders auf die weniger industriell entwickelten Länder der Südhalbkugel. Nachhaltigkeit hat deshalb nicht nur den Aspekt der Gerechtigkeit zwischen den jetzigen und zukünftigen Generationen, sondern auch der Gerechtigkeit zwischen den Menschen dieser Generation auf der ganzen Welt.

Agenda 21

Neben der Rio-Erklärung war es jedoch vor allem ein anderes, sehr viel umfangreicheres Dokument, das eine weltweite Wirkung entfaltete und zugleich auch einen neuen Rahmen für Pädagogik markierte: die Agenda 21. Diese Agenda wurde von 172 Staaten auf der Konferenz in Rio beschlossen und ist ein entwicklungs- und umweltpolitisches Aktionsprogramm für das 21. Jahrhundert. Das entscheidende Stichwort in pädagogischer Hinsicht lautet: Neuausrichtung der Bildung auf eine nachhaltige Entwicklung. Das bedeutet, dass bei allen Prozessen der Bildung und Erziehung das Ziel einbezogen werden soll, dass die Lernenden in all ihrem Handeln die Konsequenzen für Umwelt und Entwicklung zu berücksichtigen lernen. Natürlich gilt auch für Pädagogen, dass sie in ihrem pädagogischen Handeln immer die Konsequenzen für Umwelt und Entwicklung mitbedenken sollen. Umwelt und Entwicklung bieten also einerseits einen Deutungsrahmen für allgemeines pädagogisches Handeln. Andererseits gibt die geforderte Ausrichtung von Bildung und Erziehung auf nachhaltige Entwicklung auch konkret bestimmte Lerninhalte vor wie den fairen Handel (Fair Trade) oder eine notwendige Sensibilität für ökologische Themen (angefangen vom Verpackungsmüll bis hin zur umweltverträglichen Urlaubsgestaltung). Auch wenn die Agenda 21 wegen der großen und teilweise abstrakten Zielsetzungen kritisiert wurde, hat sie doch unmittelbare Folgen auf ganz unterschiedlichen Ebenen gehabt. Das Dokument umfasst mehrere hundert Seiten und besteht aus 40 Kapiteln, die auf vier große Abschnitte verteilt wurden.

Die vier Abschnitte der Agenda 21 beschäftigen sich mit folgenden Aspekten einer nachhaltigen Entwicklung:

1. Soziale und wirtschaftliche Dimensionen
2. Erhaltung und Bewirtschaftung der Ressourcen für die Entwicklung
3. Stärkung der Rolle wichtiger Gruppen
4. Möglichkeiten der Umsetzung

Unter dem letzten Abschnitt finden sich im 36. Kapitel ausführliche Überlegungen zur ‚Förderung der Schulbildung, des öffentlichen Bewusstseins und der beruflichen Aus- und Fortbildung'. Die Agenda 21 war der Ausgangspunkt für eine breite, weltweite Diskussion um „Bildung für nachhaltige Entwicklung (BNE)" (englisch: Education for Sustainable Development – ESD). Die Herausforderung für die Weiterentwicklung der Pädagogik im 21. Jahrhundert im Sinne des Nachhaltigkeitsgedankens wird wie folgt beschrieben:

Bildung für nachhaltige Entwicklung (BNE)

Zitat

„Sowohl die formale als auch die nichtformale Bildung sind unabdingbare Voraussetzungen für die Herbeiführung eines Bewusstseinswandels bei den Menschen, damit sie in der Lage sind, ihre Anliegen in Bezug auf eine nachhaltige Entwicklung abzuschätzen und anzugehen. Sie sind auch von entscheidender Bedeutung für die Schaffung eines ökologischen und eines ethischen Bewusstseins sowie von Werten und Einstellungen, Fähigkeiten und Verhaltensweisen, die mit einer nachhaltigen Entwicklung vereinbar sind, sowie für eine wirksame Beteiligung der Öffentlichkeit an der Entscheidungsfindung." (Agenda 21, Kapitel 36)

Die praktische Umsetzung dieser Programmatik erfolgt auf ganz unterschiedlichen Ebenen. Zu den unmittelbaren Folgen gehörte die Gründung vieler lokaler Agenda-21-Gruppen. Wissenschaftlich ging es darum, Bildung als Globale Bildung theoretisch zu bestimmen. Daneben wurde jedoch insbesondere die Institution Schule als ein Raum der Bildung für Nachhaltige Entwicklung in den Blick genommen. Das galt sowohl für die Lehrplan-Inhalte als auch für Strukturen und Initiativen in dieser Institution (z. B. in Form von Schüler-Cafés, Entwicklungspartnerschaften, Schulreisen etc.).

UN-Dekade

Von Rio 1992 gingen auch wesentliche Impulse für die Selbstverständigung der Staaten im Rahmen der Vereinten Nationen aus. So wurde beispielsweise von 2005 bis 2014 eine UN-Dekade „Bildung für eine nachhaltige Entwicklung" ausgerufen, die die Staaten dazu verpflichten sollte, die Prinzipien der Nachhaltigkeit in ihren Bildungssystemen zu verankern. Bildung für nachhaltige Entwicklung (BNE) wird dabei so verstanden:

Zitat

> „Gemeint ist [mit BNE] eine Bildung, die Menschen zu zukunftsfähigem Denken und Handeln befähigt: Wie beeinflussen meine Entscheidungen Menschen nachfolgender Generationen oder in anderen Erdteilen? Welche Auswirkungen hat es beispielsweise, wie ich konsumiere, welche Fortbewegungsmittel ich nutze oder welche und wie viel Energie ich verbrauche? Welche globalen Mechanismen führen zu Konflikten, Terror und Flucht? Bildung für nachhaltige Entwicklung ermöglicht es jedem Einzelnen, die Auswirkungen des eigenen Handelns auf die Welt zu verstehen und verantwortungsvolle Entscheidungen zu treffen. (Deutsche UNESCO-Kommission, www.bne-portal.de/de/einstieg)

Die Geschichte der Pädagogik für unsere Gegenwart unter den Vorzeichen von Nachhaltigkeit fortzuschreiben, könnte an ganz unterschiedliche Motive unserer Alltagswelt anknüpfen. Die rasanten Veränderungen in der Medienwelt durch Internet und Smartphones, die neuen (und zugleich alten) Debatten um Bildungsgerechtigkeit, die Balance von Ökologie und Ökonomie, die Ausbreitung von statistischen Verfahren zur Vermessung der Wirklichkeit (PISA) – die Stichworte ließen sich leicht vermehren, von denen aus Geschichte weitergedacht und fortgeschrieben werden könnte. Dabei erscheint es sinnvoll, sich immer wieder daran zu erinnern, wo der Fokus einer Geschichte der Pädagogik liegt bzw. liegen sollte. Uns leitete dabei die Idee, dass dort Pädagogik stattfindet, wo Lernen absichtsvoll gesteuert, d. h. initiiert und angeleitet wird – sei es in einer Steuerung durch einen selbst, sei es durch eine andere Person, sei es in direkter Begegnung oder durch vermittelnde Medien oder Strukturen. Dies alles können wir sowohl in der Darstellung einer sozialen Praxis als auch in der Beschreibung von Ideen antreffen.

Absichtsvolle Steuerung von Lernen

Die „ästhetische Darstellung der Welt“ ist das „Hauptgeschäft der Erziehung“ – diese These hatte Johann Friedrich Herbart (vgl. Kap. 5.1) in seiner gleichnamigen Frühschrift aus dem Jahre 1804 aufgestellt. Zu den zentralen Aufgaben pädagogischen Handelns gehört es demnach, den einzelnen Menschen auf seine letztlich je individuelle Wahrnehmung der Welt vorzubereiten. Dabei werden pädagogische Theorie und Praxis beim Nachdenken über diesen Weltbezug an die Wahrnehmungsmuster anknüpfen, die ein Individuum in die Betrachtung von und den Umgang mit Welt einträgt. Bei den Lernenden geht es – wie Herbart in seiner „Allgemeinen Pädagogik“

Johann Friedrich Herbart

aus dem Jahre 1806 formuliert hat – in diesem Sinne um die Beförderung einer reflektierten Weltwahrnehmung und eines verantwortungsvollen Weltumgangs. Der Aufbau einer „Vielseitigkeit des Interesses“ und die Anbahnung einer „Charakterstärke der Sittlichkeit“ sind die zwei Seiten der pädagogischen Gestaltungsaufgabe. Ob sie erfüllt ist, zeigt sich im Weltumgang. Der Horizont von Welt bildet somit letztlich den Kontext, in dem alle Individuen sich zurechtfinden müssen. Mit diesem und in diesem Horizont von Welt müssen sich die Einzelnen orientieren lernen. Die vorliegende Einführung hat zu zeigen versucht, dass die Geschichte der Pädagogik eine zeitliche und räumliche Weite hat und durch die Auseinandersetzung mit dieser Geschichte ein Stück weit globales Lernen eröffnet wird. Dieses Lernen wird dadurch eröffnet, dass wir uns vor Augen führen, welche Impulse und Irritationen aus der Geschichte gewonnen werden können, dass aber ein solcher Gewinn darauf angewiesen ist, sich der eigenen Perspektivität bewusst zu werden. Wenn wir uns der eigenen Perspektivität bewusst werden, dann ist Geschichte der Pädagogik – in allen Beschränkungen einer komprimierten Darstellung – gar nicht anders denn als global und das heißt multiperspektivisch denkbar. Auf diese Weise bedingen sich Historische Pädagogik und Globale Bildung wechselseitig.

Vielseitigkeit des Interesses

Charakterstärke der Sittlichkeit

Globale Bildung

Quellenverzeichnis

1.1

Homer: Homer: Ilias. Übertragen von Hans Rupé. München 1961^{2}, 389 (Gesang XI, 784).

Hesiod 1: Hesiod: Sämtliche Gedichte. Übersetzt und Erläutert von Walter Marg. Zürich 1970, 316.

Hesiod 2: Hesiod: Sämtliche Gedichte. Übersetzt und Erläutert von Walter Marg. Zürich 1970, 319.

Hesiod 3: Hesiod: Sämtliche Gedichte. Übersetzt und Erläutert von Walter Marg. Zürich 1970, 320.

1.2

Plutarch: Plutarch: Große Griechen und Römer (Bd. 1). Übersetzt und mit Anmerkungen versehen von Konrat Ziegler und Walter Wuhrmann. Mannheim 2010, 173.

Thukydides 1: Thukydides: Geschichte des Peloponnesischen Krieges (II, 37). Übersetzt von Georg Peter Landmann. München 1991, 140.

Thukydides 2: Thukydides: Geschichte des Peloponnesischen Krieges (II, 39). Übersetzt von Georg Peter Landmann. München 1991, 141.

Platon: Platon: Menon. In: Werke II. Hg. von Gunther Eigler. Darmstadt 1973, 505–599, hier: 541 (=81d).

1.3

5. Buch Mose: Die Bibel. 5. Buch Mose, Kapitel 6, Vers 4ff. (Anm.: Von der Bibel gibt es natürlich viele verschiedene Übersetzungen).

1.4

Kaivalya-Upanishad: Die Upanishaden. Zitiert nach: Upanishaden. Die Geheimlehre der Inder. Übertragen von Alfred Hillebrandt. Köln 1977, 214.

Kung Fu Tse 1: Konfuzius: Gespräche des Meisters Kung (Lun Yü). München 1991^{4}, 37.

Kung Fu Tse 2: Konfuzius: Gespräche des Meisters Kung (Lun Yü). München 1991^{4}, 42.

Kung Fu Tse 3: Konfuzius: Gespräche des Meisters Kung (Lun Yü). München 1991^{4}, 109.

Lao Tse 1: Lao Tse: Tao Te King. Übertragung und Kommentar von Victor von Strauß. Hg. von W. Y. Tonn. Zürich 1959, 57.

Lao Tse 2: Lao Tse: Tao Te King. Übertragung und Kommentar von Victor von Strauß. Hg. von W. Y. Tonn. Zürich 1959, 58.

2.1

Markus-Evangelium: Die Bibel. Markus-Evangelium. Kapitel 16, Vers 15f. (Anm.: Von der Bibel gibt es natürlich viele verschiedene Übersetzungen).

Beda der Ehrwürdige: Beda der Ehrwürdige: Kirchengeschichte des englischen Volkes. Hg. von Günter Spitzbart. Darmstadt 1997^{2}, 111.

Benedikt von Nursia 1: Benedikt von Nursia: Die Regel des Heiligen Benedikt. Aus dem Lateinischen übersetzt von P. Pius Bihlmeyer. Kempten 1914, 20.

Benedikt von Nursia 2: Benedikt von Nursia: Die Regel des Heiligen Benedikt. Aus dem Lateinischen übersetzt von P. Pius Bihlmeyer. Kempten 1914, 61.

Benedikt von Nursia 3: Benedikt von Nursia: Die Regel des Heiligen Benedikt. Aus dem Lateinischen übersetzt von P. Pius Bihlmeyer. Kempten 1914,70.

2.2

Seneca: Seneca: Briefe an Lucilius. Zweiter Teil: Brief 82–124. Übersetzt, mit Einleitung und Anmerkung versehen von Otto Apelt (= Philosophische Schriften, Bd. 4, orig. 1924). Hamburg 1993, 232.

2.3

Anselm von Canterbury: Anselm von Canterbury: Proslogion. Lateinisch/Deutsch. Übersetzt, Anmerkung und Nachwort von Robert Theis. Stuttgart 2005, 21.

Salutati: Salutati, Lino Coluccio: Antike und Moderne. Brief an Poggio Bracciolini (1405). In: Garin, E. (Hg.): Geschichte und Dokumente der abendländischen Pädagogik. Bd. II. Humanismus. Reinbek 1966, 137–141, hier: 139.

Johannes von Beka: Johannes von Beka: Schwertleite (1247). Zitiert nach: Erziehung und Unterricht im Mittelalter. Ausgewählte pädagogische Quellentexte. Hg. von Eugen Schoelen. Paderborn 1965[2], 136.

2.4

Der Koran: Der Koran. Sure 96. *(Anm.: Ebenso wie von der Bibel gibt es vom Koran natürlich viele verschiedene Übersetzungen)*

3.1

Luther: Luther, Martin: Thesen gegen den Ablass (1517). Zitiert nach: Luther lesen. Die zentralen Texte. Bearbeitet und kommentiert von Martin H. Jung. Herausgegeben vom Amt der Vereinigten Evangelisch-Lutherischen Kirche Deutschlands (VELKD). Göttingen 2016, 21–29, hier: 22.

Luther: Luther, Martin: Rede auf dem Reichstag zu Worms (1521). Zitiert nach: Luther lesen. Die zentralen Texte. Bearbeitet und kommentiert von Martin H. Jung. Herausgegeben vom Amt der Vereinigten Evangelisch-Lutherischen Kirche Deutschlands (VELKD). Göttingen 2016, 89–92, hier: 92.

3.2

Ignatius: Ignatius von Loyola: Geistliche Übungen (1524). Nach dem spanischen Autograph übersetzt von Peter Knauer SJ. Würzburg 2008, 100f.

3.3

Comenius: Comenius, Johann Amos: Das einzig Notwendige (Unum necessarium). Jena 1904, 107.

3.4

Peter de Gante: Schmitt, Eberhart (Hg.): Der Aufbau der Kolonialreiche. Dokumente zur Geschichte der europäischen Expansion, Bd. 3. München 1986, 504.

4.2

Kant: Kant, Immanuel: Beantwortung der Frage: Was ist Aufklärung? (1784) In: Ehrhard Bahr (Hg.): Was ist Aufklärung? Kant, Erhard, Hamann, Herder, Lessing, Mendelssohn, Riem, Schiller, Wieland. Stuttgart 1996, 8–17, hier: 9.

Pope: Pope, Alexander: Epitaph intended for Sir Isaac Newton in Westminster-Abbey (1727). In: The Works of Alexander Pope, Esq., in Nine Volumes, Complete. Volume the Second. London 1797, 403.

Becker: Becker, Rudolph Zacharias: Noth- und Hülfsbüchlein für Bauersleute, oder Freuden- und Trauergeschichten des Dorfes Mildenheim. Für Junge und Alte beschrieben. Gotha und Leipzig 1788, 40.

4.3

Rousseau: Rousseau, Jean-Jaques: Emil oder Über die Erziehung (1762). In neuer deutscher Fassung besorgt von Ludwig Schmidts. Paderborn 1993[13], 12.

Rousseau: Rousseau, Jean-Jaques: Emil oder Über die Erziehung (1762). In neuer deutscher Fassung besorgt von Ludwig Schmidts. Paderborn 1993[13], 9.

4.4

D'Épinay: Louise d'Épinay: Conversations d'Émilie (1774). Zitiert nach: Jacobi, Juliane: Mädchen- und Frauenbildung in Europa: Von 1500 bis zur Gegenwart. Frankfurt/Main 2013, 126.

Defoe: Defoe, Daniel: Robinson Crusoe: Erster und zweiter Band. Aus dem Englischen von Franz Riederer. Düsseldorf 2001, 462.

5.1

Trapp: Trapp, Ernst Christian: Versuch einer Pädagogik. Berlin 1980, 80.

5.2

Wichern: Wichern, Johann Hinrich: Denkschrift über die Innere Mission (1849). Zitiert nach: Greschat, Martin (Hg.): Vom Konfessionalismus zur Moderne. (Kirchen- und Theologiegeschichte in Quellen Bd. 4). Neukirchen-Vluyn 2012[4], 217–220, hier: 220.

Marx: Marx, Karl: Kritik der Politischen Ökonomie. Vorwort. In: Marx, Karl und Engels, Friedrich: Werke. Bd. 13. Berlin 1971[7], 10.

Marx/Engels: Marx, Karl und Engels, Friedrich: Manifest der Kommunistischen Partei (1848). Berlin 1967, 43.

Marx: Marx, Karl: Das Kapital. In: Marx, Karl und Engels, Friedrich: Werke. Bd. 23. Berlin 1968, 192.

5.3

Nietzsche: Nietzsche, Friedrich: Unzeitgemäße Betrachtungen. Vom Nutzen und Nachteil der Historie für das Leben (1874). In: Nietzsche, Friedrich, Werke in drei Bänden, Bd. 1. München 1954, 209–284, hier: 279.

Key: Key, Ellen: Das Jahrhundert des Kindes. Berlin 1905, 110.

Montessori: Montessori, Maria: Kinder sind anders. Stuttgart 1997, 84.

Nietzsche: Nietzsche, Friedrich: Unzeitgemäße Betrachtungen. Vom Nutzen und Nachteil der Historie für das Leben (1874). In: Nietzsche, Friedrich, Werke in drei Bänden, Bd. 1. München 1954, 209–284, hier: 281f.

Vetter: Ahrens, Heinrich: Die deutsche Wandervogelbewegung von den Anfängen bis zum Weltkrieg. Hamburg 1939, 89.

Gurlitt: Ahrens, Heinrich: Die deutsche Wandervogelbewegung von den Anfängen bis zum Weltkrieg. Hamburg 1939, 23.

5.4

Fabri: Bade, Klaus: Imperialismus und Kolonialmission. Wiesbaden 1982^{2}, 110.

Külz: Külz, Ludwig: Tropenarzt im Afrikanischen Busch. Berlin 1943 (nach: http://gutenberg.spiegel.de/buch/tropenarzt-im-afrikanischen-busch-2973/24; Zugriff am 13.9.2016).

6.1

Dewey: Dewey, John: My pedagogic creed, School Journal vol. 54; 1897; 77–80, eigene Übersetzung nach http://dewey.pragmatism.org/creed.htm, Zugriff am 22.12.2016.

Neill: Neill, Alexander Sutherland: Theorie und Praxis der antiautoritären Erziehung (1960). Reinbek 1970, 105.

6.3

Bäumer: Bäumer, Gertrud: Die historischen und sozialen Voraussetzungen der Sozialpädagogik und die Entwicklung ihrer Theorie. In: Nohl, Herman / Pallat, Ludwig (Hg.), Handbuch der Pädagogik. Bd. V, Langensalza 1929, 3.

Verfassung der Weimarer Republik 1919: http://www.jura.uni-wuerzburg.de/fileadmin/02160100/Elektronische_Texte/Verfassungstexte/Die_Weimarer_Reichsverfassung.pdf; Zugriff am 21.12.2016.

6.4

Allgemeinen Erklärung der Menschenrechte 1948, http://www.un.org/depts/german/menschenrechte/aemr.pdf; Zugriff am 21.12.2016.

7.1

Potsdamer Abkommen 1945: Nach: http://www.documentarchiv.de/in/1945/potsdamer-abkommen.html; Zugriff am 13.9.2016.

Gesetz über das einheitliche sozialistische Bildungssystem 1965: Nach: http://www.verfassungen.de/de/ddr/schulgesetz65.htm; Zugriff am 13.9.2016.

7.2

Adorno: Adorno, Theodor W.: Erziehung zur Mündigkeit. Frankfurt a.M. 1971, 88.

Goodman: Goodman, Paul: Das Verhängnis der Schule. Frankfurt a.M. 1975, 101f.

Mut zur Erziehung: Anweiler, Oskar et al.: Bildungspolitik in Deutschland 1945–1990: Ein historisch-vergleichender Quellenband. Opladen 1992, 97.

7.3

Genfer Erklärung: Nach: http://www.humanium.org/de/genfer-erklarung-1924/; Zugriff am 13.9.2016.

Erklärung der Rechte des Kindes: Nach: http://www.humanium.org/de/erklarung-der-rechte-des-kindes-1959/; Zugriff am 13.9.2016.

UN-Kinderrechtskonvention: Nach: http://www.humanium.org/de/konvention-rechte-kindes/; Zugriff am 13.9.2016.

7.4

Townsend: Wicke, Peter: Anatomie des Rock. Leipzig 1987, 17.

Rubin: Wicke, Peter: Anatomie des Rock. Leipzig 1987, 101.

Lyndon: Wicke, Peter: Anatomie des Rock. Leipzig 1987, 125.

8.

Rio-Erklärung. Nach: http://www.un.org/depts/german/conf/agenda21/rio.pdf; Zugriff am 20.01.2017.

United Nations: Our Common future. Nach: http://www.un-documents.net/our-common-future.pdf; Zugriff am 20.01.2017.

Agenda 21: Nach: http://www.un.org/depts/german/conf/agenda21/agenda_21.pdf; Zugriff am 20.01.2017.

Deutsche UNESCO-Kommission. Nach: www.bne-portal.de/de/einstieg; Zugriff am 20.01.2017.

Bildquellen

Abb. 1.1.1: Löwen in der Höhle von Chauvet, Reproduktion aus dem Pavilon Anthropos in Brünn, Foto: HTO 2009, Public domain via Wikimedia Commons: https://commons.wikimedia.org/wiki/Category:Chauvet_Cave?uselang=de#/media/File:Lions_painting,_Chauvet_Cave_(museum_replica).jpg

Abb. 1.1.2: Linear-B-Schrift, lizensiert unter Wikimedia Commons als GNU: https://commons.wikimedia.org/wiki/File:Linearb.png

Abb. 1.1.3: Kopf des Homer, Epimenides-Typus. Moderne Kopie eines Originals in der Glyptothek, Museum für Abgüsse klassischer Bildwerke, Foto: Bibi Saint-Pol 2007, Public domain via Wikimedia Commons: https://commons.wikimedia.org/wiki/File:Homeros_MFA_Munich_272.jpg

Abb. 1.1.4: Odysseus bei den Sirenen, British Museum, Foto: Jastrow 2006, Public domain via Wikimedia Commons: https://commons.wikimedia.org/wiki/File:Odysseus_Sirens_BM_E440.jpg?uselang=de

Abb. 1.1.5: Hesiod auf dem Mosaik des Monnus in Trier, Johann Jakob Bernoulli: Griechische Ikonographie Bd. 1, München 1901, S. 27

Abb. 1.2.1: Platon und Aristoteles, Ausschnitt aus dem Fresko *Schule von Athen*, Sixtinische Kapelle, 1509

Abb. 1.3.1: Seneca-Skulptur in Cordoba, Foto: Rafaelji 2004, lizensiert unter Wikimedia Commons als GNU: https://commons.wikimedia.org/wiki/File:SenecaELWI.jpg

Abb. 1.3.2: Cicero, Holzschnitt-Vignette von Hieronymus Scotus (alias Girolamo Scoto), Venedig 1547

Abb. 1.4.1: Buddha in Kamakura, Japan, Foto: Dirk Beyer 2005, lizensiert unter Wikimedia Commons als GNU: https://commons.wikimedia.org/wiki/File:Kamakura_Budda_Daibutsu_front_1885.jpg

Abb. 1.4.2: Konfuzius, Gouache auf Papier, unbekannter Künstler, um 1777, Public domain via Wikimedia Commons: https://commons.wikimedia.org/wiki/File:Konfuzius-1770.jpg?uselang=de

Abb. 1.4.3: Ying Yang, John Langdon 2013, lizensiert unter Wikimedia Commons als Creative Commons: https://commons.wikimedia.org/wiki/File:Black_and_White_Yin_Yang_Symbol.png?uselang=de

Abb. 2.1.1: Konstantin der Große, Mosaik in der Hagia Sophia, Verlagsarchiv

Abb. 2.1.2 a-d: Die vier Evangelisten in Ölgemälden von Frans Hals, um 1625

Abb. 2.2.1: Klosterschule, unbekannter Künstler, Darstellung aus dem Decretum Gratiani, Mitte des 14. Jhd., UB Leipzig, Rep. II 9b (CCXLIII), fol. 200v, Public domain via Wikimedia Commons: https://commons.wikimedia.org/wiki/File:Schueler%2B.JPG

Abb. 2.2.2: Karl der Große und Pipin der Bucklige, Miniatur, Kopie aus dem 10. Jhd. Original vermutlich gefertigt zwischen 829 und 836 in Fulda für Eberhard von Friaul, Public domain via Wikimedia Commons: https://commons.wikimedia.org/wiki/File:Karl_der_Grosse_-_Pippin_der_Bucklige.jpg

Abb. 2.3.1: Albert der Große, Fresko von Tommaso da Modena, San Niccolò, Treviso, Public domain via Wikimedia Commons: https://commons.wikimedia.org/wiki/File:Tommaso_da_modena,_ritratti_di_domenicani_

(vescovo)_1352_150cm,_treviso,_ex_convento_di_san_niccol%C3%B2,_sala_del_capitolo.jpg?uselang=de

ABb. 2.3.2: Nikolaus von Kues, De docta ignorantia (Anfang) in der Handschrift Bernkastel-Kues, St. Nikolaus-Hospital, 218, fol. 1r., Public domain via Wikimedia Commons: https://commons.wikimedia.org/wiki/File:Nicholas_of_Cusa,_De_docta_ignorantia,_Ms._218.jpg

Abb. 2.4.1: Die fünf Säulen des Islam, Xxedcxx 2014, lizensiert unter Wikimedia Commons als Creative Commons: https://commons.wikimedia.org/wiki/File:F%C3%BCnf_S%C3%A4ulen_des_Islam.svg

Abb. 2.4.2: Wappen der Waldenser, 1859, Public domain via Wikimedia Commons: https://commons.wikimedia.org/wiki/File:5730_-_Waldensian_-_Emblem_candle_burning_in_the_darkness.jpg?uselang=de

Abb. 3.1.1 Gerrit Dou: Lesende alte Frau, um 1630, Rijksmuseum Amsterdam

Abb. 3.1.2: Lucas Cranach der Ältere: Martin Luther, 1529, Galleria degli Uffizi Florenz

Abb. 3.1.3: Maarten van Heemskerck: Familienporträt, um 1530, Museumslandschaft Kassel

Abb. 3.2.1: Ignatius von Loyola, Radierung, unbekannter Künstler

Abb. 3.2.2: Titelblatt der ersten Ausgabe der Exercitia Spiritualia von Ignatius von Loyoly, 1548

Ab. 3.2.3: Jesuitenkolleg in La Fleche, Foto: Selbymay 2012, lizensiert unter Wikimedia Commons als Creative Commons: https://it.wikipedia.org/wiki/File:La_Fleche_-_Prytanee_02.jpg

Abb. 3.3.1: Jacques Callot: Les Grandes Misères de la guerre, Blatt 7: Plünderung und Niederbrennen eines Dorfes, Kupferstich, 1633

Abb. 3.3.2: Titelblatt des Orbis Sensualium Pictus (Die sichtbare Welt) von Johann Amos Comenius, Nürnberg 1658

Abb. 3.3.3: Seite aus dem Orbis Sensualium Pictus (Die sichtbare Welt) von Johann Amos Comenius, Nürnberg 1658

Abb. 3.3.4: Johann Christoph Neyffer, Ludwig Ditzinger: Vorlesungssaal des Collegium Illustre (Ritterakademie) in Tübingen, 1606, Stadtmuseum Tübingen

Abb. 3.4.1: Christoph-Kolumbus-Karte. Lissabon, wahrscheinlich aus der Werkstatt von Bartolomeo und Christoph Kolumbus, um 1490

Abb. 3.4.2: John Vanderlyn: Die Landung des Kolumbus, 1847, Architect of the Capitol

Abb. 3.4.3: Andreas Cellarius: Die Planisphäre von Copernicus, oder Das ganze erschaffene Universum gemäß der Hypothese des Copernicus in planarer Ansicht, aus: Harmonia Macrocosmica, Amsterdam 1660

Abb. 3.4.4: William Lippincott: Marquette predigt zu den Indianern, um 1670. Aus: Edward Sylvester Ellis / Charles F. Horne: The story of the greatest nations; a comprehensive history, extending from the earliest times to the present, founded on the most modern authorities, and including chronological summaries and pronouncing vocabularies for each nation; and the world's famous events, told in a series of brief sketches forming a single continuous story of history and illumined by a complete series of notable illustrations from the great historic paintings of all lands, New York 1913

Abb. 3.4.5: Ambrosius Holbein: Karte in Thomas Morus: Utopia, Basel 1518

Abb. 3.4.6: Sascha Schneider: Winnetous Himmelfahrt, Einband für *Winnetou III* von Karl May, 1904

Abb. 4.1.1: Francksche Stiftungen, Waisenhaus, Foto: Timo Pilgram 2009, lizensiert unter Wikimedia Commons als Creative Commons: https://commons.wikimedia.org/wiki/File%3AFranckesche_Stiftungen_Waisenhaus_2009.jpg

Abb. 4.1.2: Denkmal für August Hermann Francke (1663–1727) im Lindenhof der Franckesche Stiftungen Halle, Foto: Bettenburg 2006, lizensiert unter Wikimedia Commons als Creative Commons: https://commons.wikimedia.org/wiki/File%3ADenkmal-Francke.jpg

Abb. 4.2.1: Daniel Chodowiecki: Minerva schützt die Gläubigen aller Religionen, Kupferstich, 1791

Abb. 4.2.2: Sophie von La Roche, *Mein Schreibetisch*, Erstausgabe, 1799

Abb. 4.3.1: Daniel Chodowiecki: Tab. XLVIII. Wirkungen der Religion, Kupferstich, 1774

Abb. 4.3.2: Maurice Quentin de La Tour: Portrait von Jean-Jaques Rousseau, 1750–1775

Abb. 4.4.1: Carl Offterdinger: Robinson Crusoe und Freitag

Abb. 5.1.1: Ernst Hader: Porträt von Friedrich Schleiermacher, 1913

Abb. 5.1.2: Martin Paul Otto: Denkmal für Wilhelm von Humboldt vor dem Hauptgebäude der Humboldt-Universität in Berlin-Mitte, Unter den Linden, 1883, Foto: Beek100 2009, lizensiert unter Wikimedia Commons als GNU: https://commons.wikimedia.org/wiki/File%3ABerlin%2C_Mitte%2C_Unter_den_Linden%2C_Denkmal_Wilhelm_von_Humboldt_03.jpg

Abb: 5.2.2: Gustave Dore: Harrow alley, Houndsditch, Kupferstich, 1872, Wellcome Images, Library reference: Slide number 456, Photo number: L0000879, lizensiert unter Wikimedia Commons als Creative Commons: https://commons.wikimedia.org/wiki/File%3AHarrow_alley%2C_Houndsditch_Wellcome_L0000879.jpg

Abb. 5.2.2: Historisches „Rauhes Haus“ in Hamburg-Horn, Ursprungsbau der gleichnamigen diakonischen Stiftung, Foto: Uwe Rohwedder 2016, lizensiert unter Wikimedia Commons als Creative Commons: https://commons.wikimedia.org/wiki/File%3ARauhes_Haus_2016.JPG

Abb. 5.3.1: Nietzsche (1844–1900), Foto: Gustav-Adolf Schultze, Anfang September 1882

Abb. 5.3.2: Police arresting party demonstrators outside Senate Office Building, Foto: Harris & Ewing 1918, Public domain via Wikimedia Commons: https://commons.wikimedia.org/wiki/File%3APolice_arresting_party_demonstrators_276029v.jpg , Library of Congress, Source Collection Records of the National Woman's PartyCall Number Location: National Woman's Party Records, Group II, Container II:276, Folder: Group Photographs Nos. 88–99

Abb. 5.3.3: Anne E. George, Gründerin der ersten Montessori-Schule in den USA (Tarrytown/New York, 1911). Foto aus McClure's Magazine, Juni 1912, S.179

Abb. 5.3.4: Auf der Landstraße, 1904, Kulturamt Steglitz-Zehlendorf. Wandervogelarchiv

Abb. 5.4.1: Missionar Andreas Pfisterer 1899 bei der Schule in Akpafu, Volta-Region im heutigen Ghana, damals deutsche Kolonie Togo, Fot: Norddeutschen Mission, Bremen, lizensiert unter Wikimedia Commons als Creative Commons: https://commons.wikimedia.org/wiki/File%3AMissionar_Pfisterer_Norddeutsche_Mission_1899.jpg

Abb. 5.4.2: Angehörige des Volkes der Pygmäen aus Zentralafrika bei einem Besuch im Britischen Parlament 1905. Für diese Aufnahme wurden sie mit Kindersachen ausstaffiert (Matrosenanzug), obwohl sie die Insignien ihrer Würde tragen (Waffen und Schmuck). Aus: John Benjamin Stone: Sir Benjamin Stone's pictures; records of national life and history reproduced from the collection of photographs made by Sir Benjamin Stone, M.P., London 1906

Abb. 5.4.3: 3 Distant view of Fort Qu'Appelle Indian Industrial School with tents, [Red River] carts and teepees outside the fence, Lebret, Saskatchewan, [May 1885?], The tents and carts might belong to Métis families, while the teepees probably belong to First Nations families of the students, O.B. Buell / Library and Archives Canada / PA-182246

Abb. 6.1.1: John Dewey at the University of Chicago, Foto: Eva Watson-Schütze 1902, John Dewey Photograph Collection (N3-1104, N3-1109), Special Collections, Morris Library, Southern Illinois University at Carbondale

Abb. 6.1.2: Hauptgebäude der von A. S. Neill begründeten Internatsschule Summerhill im englischen Leiston; Foto: Axel Kühn 1993

Abb. 6.2.1: KZ Sachsenhausen, Häftlinge bei Zählappell, Bundesarchiv, Allgemeiner Deutscher Nachrichtendienst – Zentralbild (Bild 183), Bild 183-78612-0003, lizensiert unter Wikimedia Commons als Creative Commons: https://upload.wikimedia.org/wikipedia/commons/d/da/Bundesarchiv_Bild_183-78612-0003%2C_KZ_Sachsenhausen%2C_H%C3%A4ftlinge_bei_Z%C3%A4hlappell.jpg

Abb. 6.2.2: Grundsteinlegung der KdF-Wagen-Fabrik bei Fallersleben durch den „Führer", 1938,. Bundesarchiv, Allgemeiner Deutscher Nachrichtendienst – Zentralbild (Bild 183), Bild 183-H06734, lizensiert unter Wikimedia Commons als Creative Commons: https://commons.wikimedia.org/wiki/File%3ABundesarchiv_Bild_183-H06734%2C_Grundsteinlegung_f%C3%BCr_Werk_des_KdF-Wagens.jpg

Abb. 6.2.3: Besuch von Joseph Goebbels auf der „Großen Deutschen Rundfunkausstellung" mit Hans Kriegler vor Radiogerät („Volksempfänger"), 1938, Bundesarchiv, Allgemeiner Deutscher Nachrichtendienst – Zentralbild (Bild 183), Bild 183-H10252, lizensiert unter Wikimedia Commons als Creative Commons: https://commons.wikimedia.org/wiki/File%3ABundesarchiv_Bild_183-H10252%2C_Berlin%2C_Funkausstellung%2C_J._Goebbels%2C_H._Kriegler.jpg

Abb. 6.2.4 Bauarbeiten am Weißmeer-Ostsee-Kanal, Foto: unbekannt, 1932, Public domain via Wikimedia Commons: https://commons.wikimedia.org/wiki/File%3A1932_belomorkanal.png

Abb. 6.2.5: Titelseite der Bezboshnik 1929 – Zeitschrift der militanten Atheisten, Public domain via Wikimedia Commons: https://commons.wikimedia.org/wiki/File%3ABezbozhnik_u_stanka_22-1929.jpg

Abb. 6.3.1: Schloss Tinz (heute zu Gera); von 1920 bis 1933 Sitz der Heimvolkshochschule Tinz, Postkarte 1905

Abb. 6.4.1: Jewgeni Wutschetitsch: Schwerter zu Pflugscharen, Geschenk der Sowjetunion an die UNO, 1959, Foto: Neptuul 2014, lizensiert unter Wikimedia Commons als Creative Commons: https://commons.wikimedia.org/wiki/File%3ASchwerter_zu_Pflugscharen_-_Bronze_-_Jewgeni_Wutschetitsch_-_Geschenk_der_Sowjetunion_an_die_UNO_-_1959.jpg

Abb. 6.4.2: Jean-Jacques-François Le Barbier: Erklärung der Menschen- und Bürgerrechte, 1789, Musée Carnavalet

Abb. 7.1.1: Schulklasse und Lehrerin. Der Aufbau der demokratischen Schule in der Sowjetischen Besatzungszone Deutschlands, Foto: Illus-Heinscher, 1947, Bundesarchiv, Allgemeiner Deutscher Nachrichtendienst – Zentralbild (Bild 183), Bild 183-S75969, lizensiert unter Wikimedia Commons als Creative Commons: https://commons.wikimedia.org/wiki/File%3ABundesarchiv_Bild_183-S75969%2C_Schulklasse_und_Lehrerin.jpg

Abb. 7.1.2: Fahnenappell an der Schule in Biehla ca. 1960, Foto: Lutz Bruno, Public domain via Wikimedia Commons: https://commons.wikimedia.org/wiki/File:Fahnenappell_JP_Biehla.jpg

Abb. 7.1.3: Berlin, Wehrerziehung, Foto: Rainer Mittelstädt, 1979, Bundesarchiv, Allgemeiner Deutscher Nachrichtendienst – Zentralbild (Bild 183), Bild 183-U0602-047, lizensiert unter Wikimedia Commons als Creative Commons: https://commons.wikimedia.org/wiki/File:Bundesarchiv_Bild_183-U0602-047,_Berlin,_Wehrerziehung.jpg

Abb. 7.2.1: Classroom at the University of Lyon with markings on wall reading "DE L'HISTOIRE KARL MARX, Foto: George Garrigues, 1968, George Louis, lizensiert unter Wikimedia Commons als Creative Commons/GNU: https://commons.wikimedia.org/wiki/File%3AGraffito_in_University_of_Lyon_classroom_during_student_revolt_of_1968.jpg

Abb. 7.3.1: Clinton, TN. School integration conflicts, Foto: Thomas J. O'Halloran, 1956, Library of Congress,LC-U9- 657B-14 [P&P] USN&WR COLL – Job no. 657B, frame 14 (contact sheet); LC-DIG-ppmsca-03089 (digital file from original), Public domain via Wikimedia Commons: https://commons.wikimedia.org/wiki/File%3AAfro-American_students_enter_Clinton_High_School.tif

Abb. 7.4.1: Eine Demonstrantin bietet eine Blume der am Pentagon wachhabenden Militärpolizei während einer Anti-Vietnam-Demonstration in Arlington (Virginia, USA) an. Foto: S.Sgt. Albert R. Simpson. Department of Defense. Department of the Army. Office of the Deputy Chief of Staff for Operations. U.S. Army Audiovisual Center, 1967, Public domain via Wikimedia Commons: https://commons.wikimedia.org/wiki/File:Vietnamdem.jpg

Abb. 7.4.2: Promotional poster for Mantra-Rock Dance musical event, Harvey W. Cohen, 1974, lizensiert unter Wikimedia Commons als Creative Commons: https://commons.wikimedia.org/wiki/File%3A1967_Mantra-Rock_Dance_Avalon_poster.jpg

Abb. 7.4.3: Opening ceremony at Woodstock, Foto: Mark Goff, 1969, Public domain via Wikimedia Commons: https://commons.wikimedia.org/wiki/File:Swami_opening.jpg

Abb. 7.4.4: Bhaktivedanta Swami with Jagannath in Golden Gate Park Foto: Mukunda Goswami, 1967, lizensiert unter Wikimedia Commons als Creative Commons: https://commons.wikimedia.org/wiki/File%3ABhaktivedanta_Swami_with_Jagannath_in_Golden_Gate_Park%2C_February_1967.jpg

Abb. 7.4.5: Meditation circle, Foto: Joe Mabel, 1992, lizensiert unter Wikimedia Commons als Creative Commons/GNU: https://commons.wikimedia.org/wiki/File:Snoqualmie_Moondance_meditation_02.jpg

Abb. 7.4.6: Live Aid at JFK Stadium, Foto: Squelle, 1985, lizensiert unter Wikimedia Commons als Creative Commons/GNU: https://commons.wikimedia.org/wiki/File%3ALive_Aid_at_JFK_Stadium%2C_Philadelphia%2C_PA.jpg

Personenregister

Sachregister

Werkregister